当代中国民法典编纂研究

Study on Codifaction of Civil Code in Contemporary China

梁慧星 · 著

当代中国出版社
Contemporary China Publishing House

图书在版编目(CIP)数据

当代中国民法典编纂研究 / 梁慧星著. -- 北京 :
当代中国出版社, 2022.9
ISBN 978-7-5154-1218-4

Ⅰ. ①当… Ⅱ. ①梁… Ⅲ. ①民法—法典—研究—中国 Ⅳ. ①D923.04

中国版本图书馆 CIP 数据核字(2022)第 147451 号

出 版 人 冀祥德
责任编辑 刘文科 沈秋彤
责任校对 贾云华
印刷监制 刘艳平
封面设计 马 帅 鲁 娟
出版发行 当代中国出版社
地 址 北京市地安门西大街旌勇里 8 号
网 址 http://www.ddzg.net
邮政编码 100009
编 辑 部 (010)66572744
市 场 部 (010)66572281 66572157
印 刷 北京中科印刷有限公司
开 本 787 毫米×1092 毫米 1/16
印 张 29.75 印张 369 千字
版 次 2022 年 9 月第 1 版
印 次 2022 年 9 月第 1 次印刷
定 价 98.00 元

作者简介

梁慧星

1944年生，四川省青神县人。著名民法学家，中国社会科学院学部委员，法学研究所研究员，研究生院教授、博士生导师。第四、五、六届国务院学位委员会委员，第十届政协全国委员会委员，第十一届全国人大代表（主席团成员）、第十一届全国人大法律委员会委员。曾任山东大学法学院院长，最高人民法院、最高人民检察院专家咨询委员，公安部监督员。现任北京仲裁委员会主任，北京理工大学珠海学院特聘教授、民商法律学院名誉院长。1986年国家人事部批准为“有突出贡献中青年专家”，1992年起享受国务院颁发的政府特殊津贴。

著有《民法》《民法总论》《民法解释学》《裁判的方法》《法学学位论文写作方法》《中国民法经济法诸问题研究》《民法学判例与立法研究》《为中国民法典而斗争》《生活在民法中》《民法第一课》《民法总则讲义》《民法物权讲义》《合同通则讲义》《民事解答录》等；合著有《合同法》《物权法》；主持编写《民法债权》《中国物权法研究》《中国民法典草案附理由》；编辑出版《民商法论丛》《中国民商法专题研究丛书》《新时代法学学术文库》；主编《从近代民法到现代民法》《为权利而斗争》等。

序言：国家的事，我尽了我的职责

一

改革开放以前，没有真正的民法。

我1962年考上西政，所学习的专业课程中只有宪法学和婚姻法学有正式教材。作为专业基础课的民法学，已经改名为"民事政策学"，刑法学改名为"刑事政策学"。薄薄的两个小本，是当时民事政策、刑事政策的资料汇编，既没有法律，也没有理论。

毕业后，我被分配到昆明的一个小国企。直到1978年，全国开始招收研究生。法学专业，仅北京大学和中国社科院两个单位招生，我填报了中国社科院法学所民法学专业。当时民法就招了两个研究生，另外一位同学后来做了律师。

1985年开始起草《民法通则》。佟柔、江平、王家福和魏振瀛四位教授作为立法机关的咨询专家，后来被称为"民法四先生"。

这四位老师把草案拿回本单位讨论，我在这样的场合发表自己的意见。

当时魏振瀛先生提出，要把"法无禁止即自由"写进《民法通则》里，这句话让江平先生都很震惊。那个时候，连物权都不能提,很多法还没制定。在法律起草过程中,不断面临的是"资产阶级法律"的攻击。

改革开放需要这样一部法律,《民法通则》在1986年获得通过。1987年修改《经济合同法》,我加入了修改小组。在这个过程当中我还参与了几个重要的立法,例如《消费者权益保护法》《反不正当竞争法》《产品质量法》等。

其中最重要的就是《合同法》的制定。

我1978年成为王家福先生的研究生,是最早研究合同法的,硕士论文就是合同制度研究。我的同学给我取了个绰号,就叫"梁合同"。

改革开放以后,法律的研究首先是研究合同法。我先后参与撰写了《合同法》《民法债权》等著述,这为后来《合同法》的起草提供了理论基础。

二

1993年,邓小平同志南方谈话,《宪法》把国家实行公有制计划经济改为实行社会主义市场经济,在这个背景下,立法机关马上启动了《合同法》的制定。

《合同法》的制定,在我国的立法当中有很多经验。它是先由立法机关在北京召开了一个小型专家会,讨论制定《合同法》的方法。当时推荐了8位学者、专家来设计立法方案。

8个人开了3天的会,讨论民法发展的趋势、国际上合同法理论的发展,也讨论中国改革开放以来现实当中存在的一些问题。讨论形成一致意见,我执笔完成立法方案。

立法方案拿出来以后,1994年1月就召开了大规模的讨论会,有11个单位、10个大学、1个社科院,先是讨论通过立法方案,然后分头承包起草工作,1994年的下半年完成。

这些草案汇集到法工委,法工委委托我来统稿。我邀请本所的张广新教授、博士生傅静坤，在法学所花了半个月的时间统稿，早上8:30到下午5点，中午就在法学所旁边的沙滩后街小馆子吃饭。

当时没有用国家一分钱，法工委胡康生同志说："这样吧，给你们报销3000块钱的饭费。"结果这3000块钱的饭费需要拿发票去报，我们在小馆子里吃饭，不好意思让人家开发票，最后还是法学研究所自己解决了。

《合同法》当时采取这种立法方式，水平是很高的。正式进入讨论后，《国际商事合同通则》公布了，并有了中文译本。在讨论修改的过程中，又大量地采纳了上述合同通则的内容，所以《合同法》的商法色彩特别浓厚。

立法方案指导思想第1条就讲到，要广泛参考借鉴发达国家和地区的成功立法经验和判例学说，并且要与国际公约和惯例协调一致，还要充分地结合中国的国情，解决中国现实当中的法律问题。

《合同法》的制定，把原来的工商局管合同全部废止了。改革开放初期，工商局推行合同制度，工商局可以鉴证合同，可以认定合同无效，等等，后来把它们全部取消了。工商局强烈反对，称《合同法》是资产阶级自由化。

为什么《合同法》第4条没有用合同自由，而是说合同自愿，就是因为被批得太猛烈了。但我们肯定不能再继续对合同搞行政的那一套，这个改革是阻挡不了的。

还有另外一个争论，就是国家科学技术委员会在1987年主持制定了《技术合同法》，为了推行技术的生产力，从中央到地方建立了一支技术合同的管理队伍，有点像工商机关管理队伍一样，他们强烈要求合同法中的技术合同是特殊的，不能够合并。

三法合一还是两法合一？李鹏委员长主持专家讨论会进行讨论。大家比较坚定，市场经济要求交易规则的统一、完善和现代化，保留了特殊合同，交易规则就不统一了。最后李鹏委员长主持确定了"三法合一”的原则。

合同法的争论很多。但整个民法学界都没有预见到，以后制定物权法，会受到更严峻的“意识形态”的挑战。

三

1998 年 10 月，民法起草工作小组第一次会议，由我来报告物权法的立法方案。我报告完以后，王利明教授说，我不赞成梁慧星教授的意见。

争论在什么地方呢？叫国家财产特殊保护。我的想法是平等保护原则，一体保护。《物权法(草案)》在设置规则的时候，不区分所有制作为标准。在这个草案上，没有集体所有权、个人所有权、国家所有权。王利明教授提出要严格按照所有制来划分，并且提出了一个关键原则，叫国家财产特殊保护。

学术界争论愈演愈烈，概括为三分法还是一元论的争论也是非常厉害，直到 2004 年、2005 年，学界慢慢统一。概括为三分法，但是不再特殊保护。因此，虽然不是一元论，但是原则基本上是一样了。2005 年，经常委会议审议后，向社会公开征求意见，最后没有料到出现了社会上的剧烈争论。

北京大学法理学某教授上书中共中央、全国人大，并将一封名为《一部违背宪法和背离社会主义基本原则的〈物权法〉草案》的信在网上公布。

他给物权法加上了四项罪名。一是物权法“违宪”，认为物权法规定平等保护原则，违背现行宪法，背离了马克思主义；二是物权法奴隶般地抄袭资本主义的法律；三是物权法与国民党的“六法全书”没有本质的区别；四是物权法有利于富人，不利于穷人。

这位教授代表了一大股势力，他组织人搞了一个上书签名，这个签名队伍成了一个方阵，有 3000 多人，从高层干部到普通学生。

为什么他们要反对物权法？这有一个国际背景。当时拉丁美洲很多国家兴起国有化，强调国有化社会主义，他们打出了一个旗号：反对新自由主义。他们的背后是很多经济学家，也有法学家，他们认为要按照拉丁美洲的经验，我们的改革方向要往后退，中央在改革开放问题上，至少要停顿。

当时中国在改革开放和社会主义市场经济取得伟大成就的同时，发生了两个严重社会问题：一个是国有资产的严重流失，另一个是两极分化的扩大。

正是这两大社会问题，使一些人对改革开放的方向产生了怀疑、动摇，抓住《物权法（草案）》公布征求意见这个机会，指责《物权法（草案）》。所谓“违宪”、所谓背离社会主义、所谓搞私有化，其实质是挑战改革开放的既定方向，反对社会主义市场经济体制，反对继续改革开放。

这个时候中共中央政治局常委会专门开了一个会，由胡锦涛总书记主持，人大委员长吴邦国专题汇报《物权法》。最后常委会形成一致意见：改革开放不能倒退，要确保《物权法》通过。

中央做了很多工作，法工委的同志分赴各省，给人大代表每人发一份草案，给予讲解。委员长把常委中的党员召集起来，开特别会议，贯彻中央的意图。

民法学界也召开了一些会议，驳斥某些人对《物权法》的指责。但我们民法学者大多不善于论战，太过于书生气了。学术讨论要讲道理，而论战是不讲道理的，而是讲事实。因为各有各的道理，所谓“公说公有理，婆说婆有理”，而事实只有一个，是明摆着的。

论战的规律是，你砍我一刀，我就要还你一刀，一定要针锋相对。当时我就在网上发了一篇文章——《谁在曲解宪法、违反宪法？》，副标题是“正确理解宪法第十一条，揭穿个别法理学教授的谎言！”，并在文章前面写上“著作权声明：欢迎一切媒体免费转载！”。

在这场争论中，中国民法学界经受住了考验，经受住了前所未有的严峻的来自意识形态的考验。没有动摇,没有分裂。

《物权法》通过后,《南方周末》发表了一篇文章——《中国物权立法历程:从未如此曲折—从未如此坚定》。所谓“从未如此曲折”,当然是指立法进程;所谓“从未如此坚定”,当然是指中国民法学界。

四

民法学者的使命到底是什么?首先可以用这么一句话来说:就是制定一部先进的、科学的、完善的民法典。只有一部先进的、科学的、完善的中国民法典才能够向世界表明中华民族已达到她的高峰。这是我的老师谢怀栻先生去世之前所讲的。

1990 年是《民法通则》颁布的五周年,当时某刊物发表了一期文章,批判《民法通则》资产阶级自由化。

在这之后的一个讨论会上,我讲到中国制定民法典这个目标不能放弃。我申请成立了一个民法典立法研究课题组,从国家社科基金处得了 6 万元的资助,完成了一个草案,1900 多条,共 9 卷,约 400 万字。

这个草案我做了 20 年,于 2013 年完成。2010 年,我的眼睛黄斑穿孔,视网膜脱落,做了手术以后看书就很困难了。但是这个时候我还在统稿。草案后来出版了,也翻译到了国外。

1998 年,时任人大常委会副委员长的王汉斌同志,找了我们几位民法学者开会说:“这届期满我就要退休了,退休前我最放心不下的就是民法典的起草工作。”他在内部成立了一个专家小组,指定了 9 个人负责民法典的起草工作,就叫“民事立法研究小组”。

20 年过去了,这个小组的 9 个人,王家福不在了,王保树不在了,魏振瀛不在了,魏耀荣不在了,一多半都不在了。

国家的事,我尽了我的职责。我最担心的是将来子孙后代说,别人不懂,你懂,别人不知道,你知道,但你不敢说。

留给后人说短长。

目　录

侵权责任法制定　第三编

民法总则制定　第四编

民法典编纂　第五编

民法方法　第六编

附录

第一编

经济合同法修订与统一合同法制定

《经济合同法》的修订*

一、修订的理由

现行《经济合同法》的起草工作，是在1980年至1981年进行的。当时的立法背景是，经济体制改革还主要在农村进行，城市的经济体制改革只在若干大中城市试点；国民经济还主要依靠指令性计划和行政手段管理，原有经济体制还没有发生大的改变。在经历了"文化大革命"十年动乱和长期的法律虚无主义之后，法学教育和法学研究刚刚恢复，缺乏深入的法学理论研究作为立法的理论基础。这就决定了《经济合同法》必定受到原有经济体制及反映该体制的法学理论的局限。经济体制改革愈深入，这一局限性愈是突出。现在我国社会经济生活已经发生了根本性的变革，一个统一的社会主义市场已经初步形成。因此，有必要对《经济合同法》进行修订，使其与已发生根本变革的社会经济生活相适应。

受立法当时的历史条件限制，许多重要问题（例如，合同成立的要约、承诺规则、法定解除权、可撤销合同、同时履

---

* 本文写作于1991年。《经济合同法》于1981年12月13日颁布并实施，至1999年10月1日《合同法》开始施行后失效。

行抗辩权、损害赔偿的范围和限制等问题)在《经济合同法》中未作规定,给法院和仲裁机构裁判合同案件带来很多困难。因此,有必要在总结实践经验的基础上,参考国外成功的立法经验,完善《经济合同法》的各项制度和规则。

自《经济合同法》颁行以来,我国又相继制定了《涉外经济合同法》《技术合同法》,尤其是制定了具有民事基本法性质的《民法通则》,迫切需要解决《经济合同法》与这些法律的相互衔接和协调问题。这是修订《经济合同法》的主要理由之一。

还有解决合同纠纷的手段和程序问题。《经济合同法》同时采用诉讼和仲裁解决合同纠纷,当事人在选择了仲裁之后并不丧失向法院起诉的权利,即仲裁裁决不是终局裁决,当事人不服仲裁裁决还可以向法院起诉。这样一来,一个合同案件往往要经过"两裁""两审",实践证明这样做不利于迅速解决纠纷,不利于加快经济流转。法院和仲裁机构均要求改革这一制度。这也是修订《经济合同法》的一个原因。

二、修订的指导思想

一部分民法学者主张对《经济合同法》作大幅度修改。他们所建议的修订方案包括:(1)废弃"经济合同"概念,将法律名称改为"中华人民共和国合同法";(2)删除不属于民法规范的第六章"经济合同的管理";(3)删除第二章和第四章中有关各种合同的规定,因为这些规定与各合同条例的内容重复,使修订后的合同法成为我国民法的合同法通则。他们所提出的体例如下:第一章"总则";第二章"合同的订立";第三章"合同的担保";第四章"合同的履行";第五章"合同的变更、转让和终止";第六章"违反合同的责任";第七章"解决争议的方式";第八章"附则"。

这无疑是一个比较理想化的方案。我国从 1979 年至 1986 年曾经发生过民法与经济法两大部门法学者之间的激烈争论,《经济合同法》的归属问题正是论争的一个焦点,虽然因为《民法通则》的颁布使论争暂告停止,但两派分歧远未消除。采纳上述方案,尤其是废弃“经济合同”概念和变更法律名称,势必遭到大多数经济法学者的反对,重新挑起论争并延误法律的修订工作。虽然不能说概念和法律名称问题不重要,但其与法律的实质性内容相比毕竟居于次要地位。应当把修订的重点放在法律实质性内容上,即尽量充实和完善反映现代商品经济共同规律的规则和制度,以避免因概念和名称引发大的论争而延误法律修订。基于这些考虑,我们主张在维持《经济合同法》体例和结构大体不变的前提下进行法律修订。这也正是大多数民法学者和经济法学者都能接受的主张。

所谓维持经济合同法体例和结构大体不变,包括:(1)保留经济合同概念并维持法律名称不变。经济合同概念虽然为苏联经济法学派所创,但自20世纪50年代传入我国后,经立法机关采用,沿用至今,实际上相当于国外的“商事合同”概念。(2)法律结构大体不变。立法是从实际需要出发,而不是从某种完美的理论模式出发。在民事法律文件中包含少量公法性规范,并不少见。经济合同的管理,是我国法律中一项有特色的制度,实践证明是有效的。因此,修订后的《经济合同法》仍应保留合同管理一章。我们主张结构大体不变,并不妨碍对各章作增删调整,甚至增加新的章、节。(3)现行民事立法格局应维持不变。现行民事立法格局是,《民法通则》属于民事基本法,在基本法之下,由《经济合同法》《涉外经济合同法》《技术合同法》构成“三足鼎立”的格局。三个合同法是以调整范围划分的。这一格局应维持不变,但不妨碍在《经济合同法》中增加属于合同法通则性的规定。在维持基本结构和立法格局大体不变的前提下,认真总结《经济合同法》自实施以来的实践经验,吸收国外立法中反映现代商品经济共同规律的卓有成效的制度和原则,进行增删修改,使修订后的《经济合同法》更加适应改革开放和发展社会主义商品经济的要求,并与《民法通则》

《涉外经济合同法》《技术合同法》相互衔接,保持协调一致。

三、修订的主要内容

(一)调整范围

原法第2条规定了经济合同的定义。凡属经济合同,均由经济合同法调整。由于受苏联经济法学派强调以主体划分经济合同的主张的影响,原法第2条规定“经济合同是法人之间为实现一定经济目的,明确相互权利义务关系的协议”。这一规定就是在立法当时也与实际生活不符。因而立法者不得已在附则中规定第54条:“个体经营户、农村社员同法人之间签订经济合同,应参照本法执行。”这次修订应彻底放弃“主体划分法”,以当事人双方是否为了实现一定生产经营目的,作为划分经济合同与其他民事合同的标准。使经济合同主体可以包括法人、个体工商户、合伙人、农村承包经营户、未取得法人资格的企业及企业法人的分支机构。这样,经济合同概念即相当于国外的商事合同概念,《经济合同法》则相当于国外的商事合同法。

(二)经济合同的订立

原法第3条规定经济合同,除即时清结者外,应当采用书面形式,而第9条规定双方依法就主要条款经过协商一致,经济合同就成立。而书面形式究竟是不是合同成立要件,法律未明确规定,导致解释上发生歧见,影响法律适用。这次修订应着重规定书面经济合同的成立,要求凡是法律规定或当事人要求采用书面形式的经济合同,应当自双方就主要条款达成协议并签字或盖章时起成立;法律、法规要求须经国家机关批准的合同,自批准之时起成立。这样规定将与《涉外经济合同法》第7条相一致。

原法第12条规定经济合同应具备“主要条款”。按照合同法理论,合同主要条款的效力决定合同的成立。而原规定"主要条款"的范围过宽,与当代合同法的发展趋势不符。例如,"违约责任""争议的解决方式"等本属一般条款而非主要条款,未规定这类条款并不影响合同的成立和有效。因此,建议修订稿删去"主要条款"四字,可改为"经济合同应具备以下条款",其中既包括主要条款,也包括某些一般条款如违约责任及争议的解决方式等。至于哪些条款属于合同主要条款,法律不作规定,留给理论和判例去解释。

关于经济合同的订立,建议修订稿规定要约、承诺规则。

(三)经济合同的履行

建议增加关于同时履行原则及由此产生的同时履行抗辩权和不安抗辩权的规定。此为合同法关于合同履行的基本规则,各主要国家和地区立法莫不规定,如《法国民法典》第 1613 条,《德国民法典》第 320、321 条,《日本民法典》第 533 条,《苏俄民法典》第 177 条。我国《涉外经济合同法》第 17 条的规定,相当于大陆法系民法的不安抗辩权。规定这两项抗辩权,对于解决(减少)企业间存在的"货款拖欠"问题,有重大意义。近几年的经济合同实践中发现有的人自己并不准备履行合同,而是通过订立经济合同使对方"违约",以获取违约金和赔偿金。规定同时履行抗辩权和不安抗辩权,可以使这种伎俩不能得逞。建议条文如下:

> 经济合同当事人的一方于对方未履行义务前,有权拒绝履行自己的义务,但依法律规定、合同约定或者合同性质应当先履行义务的一方除外。
>
> 依法律规定、合同约定或者合同性质应当先履行义务的一方,有对方不能履行义务的确切证据时,有权中止履行义务,但应当立即通知对方,当对方就履行义务提供了充分的担保时,应当履行义务。

（四）经济合同的转让、变更和解除

原法未规定合同的转让问题。但《民法通则》第 91 条和《涉外经济合同法》第 26 条对合同的转让均有规定。因此，建议修订后的《经济合同法》应增加关于合同转让的规定，以适应经济生活的要求，并与《民法通则》和《涉外经济合同法》相协调一致。需说明的是，此所谓合同的转让，包括了大陆法系民法所谓债权让与和债务承担两个概念。此外，在大陆法系民法中，对于债权让与，仅要求通知债务人，而不必征得债务人同意；债务承担，须经债权人承认始能生效。但我国民法关于合同的转让，不论债权让与还是债务承担，一律要求征得对方的同意，否则不发生合同转让的效力。法律规定应经国家机关批准的合同，其转让须经原批准机关批准；法律禁止转让的合同，不得转让。

原法关于合同的解除，未区分协议解除与法定解除权，在实践中造成执行困难。修订《经济合同法》应对此作区分，并规定发生法定解除权的原因。法定解除权，性质上为形成权，其效力在于依权利人意思表示而消灭法律关系，无须征得对方当事人同意。因此，发生法定解除权的原因应限于那些界限明确、易于判断的情形。例如，国家指令性计划被修改、取消；发生不可抗力，企业关闭、停产、转产、破产，或者个体工商户被责令停业或吊销营业执照；对方违约。“国家政策变动”不应作为法定解除权发生原因，因为这是一个极不明确的概念。各主要国家和地区的做法是，承认“国家政策变动”为一种情事变更，当事人可依情事变更原则，请求法院解除合同。按照情事变更原则，决定权不在当事人而在法院。是否有政策变动、是否构成情事变更、是否达到必须解除合同的程度，均由法院审查判断并作出判决，这有利于正确协调当事人利害冲突，维护经济秩序的稳定。

情事变更原则是现代商品经济社会中一项不可或缺的民法制度。

其实质与功能在于，贯彻公平及诚实信用原则，消除因情事发生变更所致不公平后果，协调合同当事人利害冲突，维护社会公平及经济流转法律秩序。这一原则的立法化已是当代民法不可逆转的潮流。

我国《民法通则》规定公平及诚实信用为我国民法之基本原则，原《经济合同法》第 27 条第 1 款第 4 项对情事变更已有规定，加之我国加入《联合国国际货物销售合同公约》，该公约第 79 条规定的情事变更原则成为我国《涉外经济合同法》之一部分。因此，当前所要解决的问题，是在现行立法基础上，借鉴各主要国家和地区立法经验和理论研究成果，通过修订《经济合同法》完善情事变更原则法律制度。鉴于原《经济合同法》第 27 条第 1 款第 4 项关于情事变更的规定不够明确，因而在实务上难以适用，且规定法律后果为发生法定解除权与情事变更原则本意不符，因此建议删去原第 27 条第 1 款第 4 项，在该章末尾另立一条规定情事变更原则。建议条文如下：

> 经济合同成立后，因不可归责于当事人的原因发生情事变更，致法律行为基础丧失，使当事人目的无法实现或对价关系障碍，仍维持合同效力显失公平，则受不利影响的一方当事人有权请求人民法院或仲裁机构变更合同内容或解除合同。

（五）违反经济合同的责任

1. 关于责任原则

现代《合同法》关于违约责任均规定以过错责任为原则。责任之成立，须以违约人有过错为要件。但原告并不负证明被告对于违约有过错的举证责任，而是采用举证责任倒置，使被告负担证明自己对于违约并无过错的举证责任。因此，属于推定过错责任。原《经济合同法》第 32 条规定，“由于当事人一方的过错，造成经济合同不能履行或者不能完全履行，由有过错的一方承担违约责任”，未明确规定举证责任应由违约方负担。建议修订时，明定为过错推定责任，以便于法律

的正确适用,可采用下述条文:

> 经济合同当事人一方未按合同的约定履行义务的,应当承担违约责任,但能证明自己没有过错的除外。

2. 关于"双方违约"

原《经济合同法》第32条规定,"如属双方的过错,根据实际情况,由双方分别承担各自应负的违约责任"。理论和实务中称为"双方违约"。《民法通则》第113条在此基础上更向前进了一步,明定为"双方违反合同";"当事人双方都违反合同的,应当分别承担各自应负的民事责任"。1990年7月26日的《经济合同法》修订送审稿,将原法第32条上述规定和《民法通则》第113条予以折中,规定为修订稿第37条第2款:"当事人双方都没有按合同约定履行义务的,应当分别承担各自应负的违约责任。"

所谓"双方违约"在理论上是错误的,在实践上是有害的。因为合同法上有同时履行原则及同时履行抗辩权和不安抗辩权,当事人在对方未履行义务时,有同时履行抗辩权,他之拒绝履行义务为正当行使权利,不构成违约,合同通常约定一方先履行义务,在应先履行一方未履行时,另一方的履行义务不发生效力这种情形中,只有应先履行一方违约,而另一方并不违约。如果应先履行一方有另一方不能履行的确切证据(如陷于支付不能),可以行使不安抗辩权,中止履行义务,也不构成违约。应先履行一方没有对方不能履行的确切证据而中止履行,或在对方已提出充分担保后仍中止履行,则构成违约。但无论什么情形,均只有一方违约。在实践中,法官往往利用这一规定任意指责"双方违约",迫使受害方让步,接受调解或判决,致受害方利益得不到充分保护。因此,建议删去关于"双方违约"的规定。

3. 关于损害赔偿的范围和违约金

原《经济合同法》和《民法通则》未明确规定损害赔偿的范围以及约定违约金和法定违约金的适用顺序,致使实践中存在的否定对可得利益的赔偿及片面强调法定违约金的倾向得不到纠正,近年来又发生了一些当事人借约定高额违约金或赔偿金谋取不当利益的现象。因此,建议修订《经济合同法》时,采纳各主要国家和地区民法的共同规则,即约定违约金和损害赔偿条款优先适用;无约定时损害赔偿应包括实际损失和可得利益损失;约定违约金、赔偿金过高或过低时,法院或仲裁机构依当事人申请可予减少或增加;损害赔偿额不得超过违约方在订约时应当预见到的损失。

4. 关于不可抗力免责

原《经济合同法》第 34 条规定,“当事人一方由于不可抗力的原因不能履行经济合同时,应及时向对方通报不能履行或者需要延期履行、部分履行经济合同的理由,在取得有关主管机关证明以后,允许延期履行、部分履行或者不履行,并可根据情况部分或全部免予承担违约责任”。其中将通知和提供证据作为不可抗力免责的先决条件,与不可抗力制度本意不符。通知对方发生不可抗力事故(不是通报有关情况和理由),并提供证据,属于附随义务,其根据为诚实信用原则。另外,提供证据,一般应由公证机构负责,企业上级主管机关的证明不应算数,因为它们与企业有利害关系,不具有公信力。建议修改为:

当事人因不可抗力不能履行或者不能按照约定期限履行合同义务的,不承担违约责任,但应当及时通知对方,并在合理期间内提供有关机构出具的证明。

(六)经济合同的无效和撤销

原法第 7 条规定,“下列经济合同为无效:一、违反法律和国家政策、计划的合同……”修订送审稿专设一章(第五章)规定合同的无效和撤销,将上述条文修改为“违反法律和国家政策、指令性计划的合同”。建议作进一步修改:

下列经济合同无效:一、违反国家法律和政策的强制性和禁止性规定及违反国家指令性计划的合同。

理由如下:法律有强行性(包括强制性和禁止性)规定与任意性规定之分。所谓强行性规定,即不问当事人意思如何,必须适用之规定。所谓任意性规定,即允许当事人予以变更或以意思表示排除其适用之规定。凡是关系国家根本利益、社会秩序、市场交易安全及直接关系第三人利益的事项,法律设强制性或禁止性规定,以排斥当事人之意思自由。凡是关系当事人自己利益的事项,法律设任意性规定,旨在补充当事人之约定,或作为解释当事人意思之标准。公法为强行性规定。民法总则及关于物权、继承之规定大部分为强制性和禁止性规定,而关于合同的规定大部分为任意性规定。法律上所称违法,指违反强行性规定;违反任意性规定,不构成违法。各主要国家和地区法律上作为影响合同效力的原因之一的"违法",均指违反强行性规定。例如,《德国民法典》第 134 条规定,法律行为违反法律的禁止性规定者无效。我国台湾地区"民法"第 71 条规定,法律行为违反强制或禁止之规定者,无效。英美法中的"违法"分为制定法上的违法和普通法上的违法。其中,制定法上的违法,是指违反制定法的禁止性规定;普通法上的违法,是指违反公共秩序。

由于现行法未明确规定"违法"概念,导致实践中出现任意扩大"违法"的范围,甚至滥用"违法无效"规定的倾向。许多案件判决,将不属于违法的情事作为"违法",例如所谓"主体违法""形式违法"等。这些情事虽然也可能导致合同不成立或无效,如主体不合格、超越经营范围、未采法定形式等,但与违法致合同无效的情事不同,因此应予以区别,不能混淆。

原法第 16 条第 2 款规定"违反国家利益或社会公共利益的合同",修订送审稿将该款规定作为第 54 条第 4 款,并增加"对故意的双方或一方,还可视其情节轻重,追究其经济、行政责任直到刑事责任"一句。这一规定所存在的问题,在于"违反国家利益或社会公共利益"

过分广泛，有加以限制的必要。否则，不能纠正实践中已出现的滥用此规定的倾向。另外，应明确规定行政制裁措施，并将损害第三人利益也包括在内。建议修改为：

经济合同违反国家法律和政策的强制性和禁止性规定，严重损害社会公共利益、国家利益或者第三人利益的，除应确认合同无效外，对故意的双方或一方，应追缴其非法所得的财产收归国库或者返回第三人。并可视其情节轻重，依据法律规定给予训诫、罚款或者拘留等处罚；构成经济犯罪的，应依法追究刑事责任。

（七）合同争议的处理

我们赞成修订送审稿关于经济合同仲裁的规定，即工商行政管理机关设立的经济合同仲裁委员会，根据合同仲裁条款或事后达成的仲裁协议受理仲裁案件，实行两裁终局制。但我们不赞成赋予合同管理机关直接从当事人账户“扣留”“划拨”款项和“变卖”当事人财产的权力。我们认为，如果当事人对于生效的仲裁决定书拒不执行，只能由对方当事人向人民法院申请执行，不能由工商行政管理机关自己执行。理由如下：

(1)任何法治国家，执行权均统一归法院行使，法院以外的其他任何机关不得享有执行权。尽管在第二次世界大战以后，各国执行干预经济的政策，使得行政机关权力膨胀，甚至拥有了某些准立法权和准司法权，即使这样，行政机关仍不能享有执行权。执行权统一归法院，这是保障公民权益不受行政权非法侵害的重要原则。

(2)我国行政权历来十分强大，不少行政机关不仅有行政权，而且有某种“立法权”和“司法权”。以经济合同管理机关为例，它可以制定实施条例，解释法律；可以确认合同无效，并且一并处理当事人之间的财产返还和赔偿；在仲裁案件时，可以仲裁机关名义决定采取保全措施,“查封、扣押、冻结”当事人财产。其权力已非常强大。若再授予它“划拨”当事人款项和“变卖”当事人财产的执行权,则合同管理机关实际上变成了另外一个“人民法院”,不利于保障公民权益和民主法制建设。

(3)依修订送审稿,合同管理机关已拥有决定采取保全措施的权力。它可依当事人申请(当然应责令申请人提供担保)决定采取保全措施,查封、扣押当事人财产,冻结当事人账户存款。这对于保证裁决的执行已经足够。

(4)现今不少行政机关纷纷伸手要执行权,此例一开将导致国家司法权、执行权被肢解瓜分。如果众多行政机关均可凭自己意志执行公民和企业财产,动辄冻结账户,扣留、划拨款项,直至封门、变卖财产,其严重后果不堪设想。维护执行权统一由法院行使的原则,使法院对行政行为和仲裁决定有进行司法监督,纠正错误的行政决定和仲裁裁决的机会,对于保障公民和企业合法权益及民主法制的发展,有极重大意义。

中华人民共和国合同法立法方案*

一、立法指导思想

（1）从我国改革开放和发展社会主义市场经济，建立全国统一的大市场及与国际市场接轨的实际出发，总结我国合同法立法、司法实践经验和理论研究成果，广泛参考借鉴市场经济发达国家和地区立法的成功经验和判例学说，尽量采用反映现代市场经济客观规律的共同规则，并与国际公约和国际惯例协调一致。

---

* 1993年10月法工委邀请北京部分民法学者座谈讨论制定统一合同法事宜，与会学者一致赞同立即着手起草，并推举8位法学学者研拟立法方案。这8位学者是：中国政法大学江平、中国社会科学院法学研究所梁慧星、中国人民大学王利明、中国社会科学院法学研究所张广兴、烟台大学郭明瑞、吉林大学崔建远、最高人民法院李凡、北京市高级人民法院何忻。当月下旬在北京召开了研拟立法方案的座谈会，会议开了3天。先用两天时间分析法律发展潮流、发达国家和地区的经验、我国经济生活中发生的问题，讨论立法指导思想、价值取向、基本原则和法律结构等问题，第三天分两组分别设计总则和分则章节。在集体讨论基础上由梁慧星执笔完成立法方案草案。11月4日，法工委邀请北京部分学者对该立法方案草案进行了初步讨论。1994年1月上旬在北京召开了有12个单位的学者参加的合同法起草工作会议。这12个单位是：北京大学、中国人民大学、中国政法大学、对外经济贸易大学、武汉大学、吉林大学、烟台大学、西南政法大学、中南政法学院、华东政法学院、西北政法学院、中国社会科学院法学研究所。会议经逐条讨论后一致通过《中华人民共和国合同法立法方案》。然后由各单位自选承担其中一章或几章的起草工作。要求严格按照立法方案规定的原则和要点起草，预定在6月底完成，实际是11月全部完成。在各章草案基础上，由梁慧星、张广兴、傅静坤3人负责统稿，于1995年1月完成《中华人民共和国合同法（建议草案）》。

（2）充分体现当事人意思自治，在不违反法律和公序良俗的前提下，保障当事人享有充分的合同自由，不受行政机关及其他组织的干预。非基于重大的正当事由，不得对当事人的合同自由予以限制。

（3）考虑到本法制定和实施的时代特点，本法应能适应我国建成社会主义市场经济后对法律调整的要求，同时应兼顾目前由计划经济体制向市场经济体制过渡的时期的特点，但对落后的现实不应迁就。

（4）本法在价值取向上应兼顾经济效率与社会公正、交易便捷与交易安全。即在拟定法律规则时，既要注重有利于提高效率，促进生产力发展，又要注重维护社会公益，保护消费者和劳动者权益，维护市场经济的道德秩序，不允许靠损害国家、社会利益，损害消费者和劳动者而发财致富；既要体现现代化市场经济对交易便捷的要求，力求简便和迅速，又不可因此损及交易安全，应规定必要的形式和手续。

（5）应注重法律的规范性和可操作性，条文繁简适当，概念尽量准确，有明确的适用范围、构成要件和法律后果，以便于正确适用。

二、调整范围及与其他法律的关系

（1）本法调整平等主体之间的合同关系。

（2）本法仍维持狭义合同概念，即本法所称合同为债权合同。基于身份关系的协议如结婚、离婚、收养、遗赠扶养协议等均非本法所称合同。所谓行政合同亦不受本法调整。

（3）基于前述立法指导思想，本法坚持统一的合同概念，不区分经济合同与非经济合同，商事合同与民事合同，国内合同与涉外合同。

（4）非平等主体之间的承包关系，如企业内部承包、企业承包等尽管采取合同形式，亦不受本法调整。

（5）本法在坚持民商合一体制的前提下，处理与民（商）事单行法的关系：凡单行法有特别规定的，适用该特别规定；凡单行法无特别规定的，应适用本法。这里所说的民（商）事单行法，是指公司法、票据法、证券法、海商法、保险法、专利法、商标法、著作权法等。

三、基本结构及起草提要

本法分为总则、分则、附则。总则包括 9 章,分则包括 28 章,附则 1 章,共 38 章。各章名称及内容提要如下。

总　　则

第一章　一 般 规 定

提要:

第 1 条规定本法立法目的:保护合同当事人合法权益,促进社会主义市场经济的发展。

第 2 条规定合同定义:平等主体之间设立、变更、终止债权债务关系的协议。

第 3 条以下,规定基本原则:(1)合同自由原则;(2)平等原则;(3)公平原则;(4)诚实信用原则;(5)公序良俗原则。

说明:(1)关于合同定义,有学者提出应不受《民法通则》定义的束缚,建议采传统民法经典定义;(2)关于基本原则,有学者建议规定合法原则;(3)有学者提出基本原则的效力问题,建议规定法院在裁判案件时,如无具体条文可以适用,或适用具体规定所得到的结果显然违反社会正义,则可以不适用该具体规定而适用基本原则。为避免基本原则的滥用,可规定法院于直接适用基本原则裁判案件时,应报经最高人民法院核准。

第二章　合同的成立

提要:

章名用合同的成立或合同的订立,尚可斟酌。

建议设要约、承诺、合同的成立、缔约过失责任共4节。

第一节 要约

规定要约的概念;要约的构成要件;要约的形式;要约的效力。

关于要约的生效,采到达生效主义。

关于要约的形式,应对要约与要约邀请作出界定。商品标价陈列、自动售货机之设置、投标书之寄送,为要约。商品广告、招标公告为要约邀请。

关于悬赏广告,采单独行为说,故非要约。

第二节 承诺

规定承诺的概念;承诺的构成要件;承诺的方式;承诺的效力;承诺的撤回;交叉要约、同时表示。

关于承诺的概念应与国际买卖合同公约相协调。对非主要条款修改后的承诺仍构成承诺。

关于承诺的生效时间,区分对话方式和非对话方式。对话方式,即时成立合同;非对话方式,采到达主义。

第三节 合同的成立

规定成立的时间;成立的地点;成立的形式;成立要件。

关于成立的时间,应区分诺成合同与实践合同,要式合同与非要式合同。

关于成立的形式,原则上合同既可采用书面形式,也可采用口头形式,但当事人有特别约定或法律有特别规定的,依当事人约定或法律规定。

规定合同成立要件:须有双方当事人;须以订立合同为目的;须意思表示一致。

第四节 缔约过失责任

采纳德国法上的缔约过失责任制度。可规定缔约之际,当事人负有相互保护、通知义务;并规定相应的责任,此所谓缔约过失责任,包括合同不成立时对先期履行的返还及对所发生损害的赔偿。

说明:(1)有学者认为,不必规定成立要件;(2)关于公用事业服务合同,应规定经营者有承诺义务;(3)关于要求登记或批准的合同,在书面订立后,未登记或未批准之前,应为“已成立但未生效”;(4)预约、意向书不必规定,因预约、意向书受到损失的,应依缔约过失责任制度处理。(5)关于“书面形式”应做扩大解释,除合同书外,应包括电报、电传、传真、电脑数据。

第三章　合同的效力

提要:

建议分为7节,规定:生效要件;效力补正;无效合同;可撤销合同;合同无效和被撤销的法律后果;附条件、附期限、附获奖机会的合同;标准合同。

第一节　生效要件

合同的生效要件为:当事人有相应的行为能力;意思表示真实;不违反法律强行规定或公序良俗;标的确定和可能。

第二节　效力补正

规定无行为能力或限制行为能力人订立的合同、无权代理人所订合同、无权处分人所订合同,须经补正方能生效。但无行为能力人或限制行为能力人订立的纯获利益的合同无须补正。

第三节　无效合同

无效合同有以下四种:

(1)违反法律强行性和禁止性规定的合同。

(2)违反公共秩序与善良风俗的合同。

(3)双方代理的合同。

(4)自己代理的合同(使被代理人纯获利益的行为除外)。

可在本节对狭义无权代理、表见代理和法定代表人越权行为作出规定。狭义无权代理而被代理人未追认的,由无权代理人履行或承担责任;表见代理,由被代理人承担责任;法定代表人的越权行为,在对方当事人为善意时,为有效,对方当事人为恶意时,为无效。

第四节　可撤销合同

导致合同可撤销的原因有以下五种:

(1)欺诈。

(2)胁迫。

(3)重大误解。

(4)显失公平。

(5)不当影响。

其中,显失公平应增加主观要件,该主观要件不使用像"乘人之危"之类用语,应尽量具体,但不能像《德国民法典》"暴利行为"的主观要件那样严格。"不当影响"系新创概念,指一方或双方迫于第三人如上级主管机关的压力而签订的合同,受不当影响的一方或双方,有权请求法院予以撤销。

可撤销合同当事人可不请求撤销而请求变更。当事人请求撤销时,法院可不予撤销,而径予变更;但当事人请求变更时,法院不能予以撤销。

撤销权的除斥期间为1年。

第五节　合同无效和被撤销的法律后果

合同被认定无效或被撤销的,已履行部分应予返还(包括孳息);返还不能的应予补偿。有过失的一方应赔偿对方所受损失。

本法不宜直接规定行政责任和刑事责任。合同违反行政或刑事法规时,以上法律后果不影响对违法行为人追究行政责任或刑事责任。

第六节　标准合同的效力

建议专设一节规定:标准合同的概念;对其有效或无效的判定;其

解释原则;对标准合同的法律控制。

第七节　附条件、附期限、附获奖机会的合同

附获奖机会的合同,如有奖销售、有奖储蓄等。

说明:(1)有学者认为不必规定合同生效条件,因为从正反面同时规定生效条件和无效合同,而二者并不周延,但另有学者认为应规定生效条件,不具备生效条件与无效合同不是一回事;(2)可撤销合同应规定谁有权主张撤销;(3)有学者指出,民法通则所谓“重大误解”属于传统民法中的“错误”,建议使用“错误”概念;(4)本章变更《民法通则》之规定较多,应详述理由。

第四章　合同的履行

提要:

拟分7节。

第一节　合同履行的一般规定

要求当事人应严格按照合同的约定履行义务。

我国原有民法理论上所谓实际履行原则,系高度集中的计划经济体制的产物,为本法所不采。

第二节　双务合同的抗辩权

规定双务合同的同时履行原则;同时履行抗辩权;不安抗辩权。

不安抗辩权与英美法上的“预期违约”为相似制度,但预期违约的适用范围比不安抗辩权更宽。此不采预期违约制度,可考虑在规定不安抗辩权时,适当吸收预期违约制度的某些优点。

第三节　向第三人履行义务和由第三人履行义务

规定在这两种情形下的履行原则。

第四节　合同约定不明时的履行

规定在合同约定不明或未有约定时的履行准则。参照《民法通

则》第88条,应比第88条更完善。

第五节 债权人迟延

规定在债权人受领迟延条件下履行债务的原则。

第六节 合同履行的保全

规定债权人的代位权和债权人的撤销权。

第七节 情事变更原则

参考德国法上的“行为基础制度”、其他国家的有关立法及我国司法实践,规定情事变更原则。

说明:(1)本法不规定合同的履行原则,第一节为一般规定;(2)有学者认为英美法的预期违约比大陆法的不安抗辩权好,请起草人斟酌;(3)情事变更原则非关于合同的解除问题,而是合同的履行问题,因此,应在本章规定。

第五章 合同权利义务的转让

提要:

拟分4节。

第一节 一般规定

合同权利义务原则上可以转让。

不可转让的合同如下:

(1)当事人约定禁止转让。

(2)法律规定禁止转让。

(3)合同性质决定不可转让。

可考虑规定限制转让的合同。

转让应依原合同形式。

第二节 债权让与

规定债权让与的概念;债权让与的条件;债权让与的效力。

债权转让仅以通知债务人为已足,不要求获得债务人同意。

第三节　债务承担

规定债务承担的概念;债务承担的条件;债务承担的效力。

债务承担应获得债权人同意。

第四节　债权债务的概括移转

概括移转,即合同当事人一方将债权债务一并转让。

规定概括移转的概念;条件;效力。

概括移转应经对方当事人同意。

第六章　合同的解除与终止

提要:

拟分3节。

第一节　合同的约定解除

约定解除,指依合同约定条件产生解除权。

第二节　合同的法定解除

法定解除,指法定解除权。产生法定解除权的事由如下:

(1)合同履行不能。

(2)债务人逾期经债权人催告且在债权人指定的或合理的期限内仍未履行。

(3)债务人逾期致债权人目的不达或逾期后的履行对债权人重大不利的,无须催告。

大陆法传统上有“期限代人催告”的原则,依此原则,债务人一经逾期,立即成立解除权,而无须债权人催告。考虑到此原则对债务人过苛,因此,改为以催告为原则,以与《联合国国际货物销售合同公约》相一致。

此外,应规定解除权行使的期限;解除的效力。

第三节　合同的终止

合同的终止,指双方当事人协商一致消灭合同的效力。

说明:《民法通则》及《经济合同法》有所谓合同的变更,考虑到所谓合同变更乃合同自由应有之义,因此本法不作规定。

第七章　合同的消灭

提要:

拟分6节。

第一节　一 般 规 定

规定合同消灭的原因;合同消灭的效力;合同消灭后的义务。

合同消灭的原因有:清偿;抵销;提存;免除;混同。

合同消灭后的义务,即学说上所谓"后契约义务",指某些合同消灭后,依诚实信用原则,当事人间仍有保密、协力、通知等义务。

然后,第二节至第六节,分别规定清偿、抵销、提存、免除、混同。

第八章　违 约 责 任

提要:

拟分5节。

第一节　一 般 规 定

规定归责原则;第三人侵害债权;违约形态;免责事由;免责约款。

违约责任虽为过失责任,但并不要求受害人对违约方的过失举证,而是允许违约方证明自己无过失而获免责。实际上为过失推定责任。因此,本法应明文规定,采过失推定责任原则。

并规定,当事人应对自己一方的第三人(如配件供应人、分包人、受托履行义务人)的原因造成的违约负责。自己一方的上级机关的原因造成合同不能履行,也应适用此原则。

合同债权虽为相对权,但自本世纪以来,判例学说已承认得为侵权行为标的,即第三人侵害债权,构成侵权行为。为强化对合同关系的保护,有必要在此对第三人侵害债权作出原则规定。

违约形态可规定四种:拒绝履行;履行不能;逾期履行;瑕疵履行。

免责事由:不可抗力。

关于合同中的免责约款,应规定原则上有效,但以下责任不得事先免除:

(1)因故意或重大过失所致责任。

(2)人身伤害的责任。

(3)消费者保护法禁止免除的责任。

第二节 违 约 金

合同约定违约金视为约定的损害赔偿。

约定的违约金过高或过低,当事人可请求法院或仲裁机构予以适当降低或提高。

第三节 损害赔偿

本法以金钱赔偿为原则。

允许当事人事先约定赔偿金额或损害赔偿额的计算方法。

当事人未约定时,赔偿范围包括:实际损失(财物的毁损、灭失和费用支出),及可得利益损失。

并应规定扩大损害规则;过失相抵规则;损益相抵规则;合理预见规则。

最后规定,法律规定有最高限额的,依法律规定。

第四节 其他方式

规定强制实际履行;定金制裁;修理、更换、重作。

强制实际履行的条件:受害人请求;合同有履行可能;有强制履行必要;法院认为适于强制履行。

第五节　责任竞合

规定在同时成立违约责任和侵权责任的情形,由当事人选择。

说明:(1)有学者建议不规定上级机关的原因造成的违约;(2)违约金是否区分为迟延的违约金、不能履行的违约金;(3)起草时请注意联合国关于违约金条款的统一规则;(4)请考虑定金与违约金、定金与预付款的关系。

第九章　合同的解释

提要:

规定解释合同的原则:

(1)探求真意,不拘泥于文字。

(2)整体解释。

(3)依诚实信用和交易习惯。

(4)符合合同目的。

分　　则

第十章　买卖合同

提要:

拟设3节。

第一节　一般规定

应在本节规定所有权转移;危险负担;即时取得;瑕疵担保。

关于所有权转移,不区分特定物与种类物。原则上有约定的依约定;无约定的,再区分法律是否要求登记;法律要求登记的依登记;不要求登记的依交付。

危险负担随所有权。

第二节　特种买卖

拟规定：(1)保留所有权的分期付款买卖；(2)附所有权让渡的分期付款买卖；(3)附买回条件的买卖；(4)样品买卖；(5)试验买卖；(6)赊销；(7)拍卖；(8)连续供应合同。

第三节　互　　易

互易为两个买卖的重合，因此规定在买卖一章。

说明：(1)有学者指出将互易定性为两个买卖的重合是错误的，认为应将互易单列一章。考虑到起草的便利，暂作为一节起草，待定稿时再决定是否单列一章。(2)关于房屋买卖，是作为特种买卖之一种，或者单列一节，或者单列一章，由起草人斟酌决定。

第十一章　土地使用权转让合同

提要：

第一节　国有土地使用权转让合同

第二节　农村土地承包合同

说明：关于国有土地使用权的合同，是对出让、转让一并规定，或是仅规定转让，或是对国有土地使用权出让、转让均不规定，意见尚不统一。是否规定农村土地承包合同，意见亦未统一。有学者提出，土地使用权的出让和转让属于物权行为，应在《物权法》中规定。经商定本章暂予保留并委托起草，待定稿时结合《物权法》的制定做最后决定。

第十二章　企业经营权转让合同

提要：

此所谓企业经营权转让，即通常所谓企业承包。关于本法是否规定企业承包合同,有不同意见。因为现实中的企业承包情况复杂,有的是主管机关与企业之间的关系,行政色彩较浓;但亦有由企业发包人与承包人之间签订的经营性承包合同,难说有什么行政色彩,实质上类似于租赁,发生纠纷亦由法院受理。多数学者认为,后一类企业承包关系属于民事合同关系,本法应予规定,为了区别,改名为企业经营权转让合同。对于合同名称,起草人尚可斟酌。

第十三章　赠与合同

提要:

关于赠与合同为诺成合同或实践合同,各主要国家和地区立法及学说有分歧。本法采诺成合同。同时,为平衡双方利益,规定有法定原因时,赠与人可以撤销赠与。

关于赠与可否附条件,各主要国家和地区立法有不同。本法允许赠与附条件,但条件违反公序良俗者无效。

标的物有瑕疵时,赠与人以有重大过失为限,负瑕疵担保责任。

第十四章　借贷合同

提要:

第一节　一般规定

第二节　金钱消费借贷

在概念上不分银行借贷与公民间的借贷,但在条文上针对银行借贷与公民间的借贷的特殊性,应有不同规定。

规定禁止高利贷。

第十五章 租赁合同

提要：

第一节 一般规定

第二节 动产租赁

第三节 不动产租赁

其中包括房屋租赁与土地使用权租赁。

第十六章 融资租赁

提要：

基于融资租赁的特殊性，应单列一章。

第十七章 借用合同

提要：

借用合同的标的物为不消费物，借贷合同的标的物为消费物。

借用合同为无偿合同，而借贷合同为有偿合同。

标的物有瑕疵时，出借人以有重大过失为限，负瑕疵担保责任。

第十八章 承揽合同

提要：

第一节 加工承揽合同

加工承揽包括：加工、定作、维修、改建、印刷、复制、勘测、设计、检验、鉴定。

第二节　建设工程承包合同

不区分所谓基本建设工程与一般建筑工程，但不包括所谓“交钥匙工程”。

可借鉴日本法上的“工事完成保证人”制度，规定履约保证人，承包人不履约时，由保证人代为履行。同时，为保护承包人利益，可规定承包人对建设工程有法定抵押权。

第十九章　运送合同

提要：

第一节　一般规定

第二节　旅客运送合同

第三节　货物运送合同

第四节　联运合同

第五节　管道运输合同

建议对运送合同规定无过失责任，并规定不得以免责条款事先免责。另由有关法律、法规规定赔偿限额。

建议规定承运人对所运送货物和旅客的行李有留置权。

货物或行李运到约定地点后，超过规定期限未被领取的，承运人应予提存。

第二十章　委托合同

提要：

应严格区分委托与代理。代理关系之基础为代理权。在委托合同中，委托人可授予受托人以代理权，亦可不授予代理权。

第二十一章　行 纪 合 同

提要：

行纪合同为民法传统合同,此前亦有称之为信托合同的。为避免与英美法上的信托相混淆,本法称为行纪合同。

第一节　一 般 规 定

第二节　代　理　商

目前我国外贸中所称的代理,实为行纪关系。从事外贸代理业务的法人和自然人,称为代理商。

第二十二章　居 间 合 同

提要：

居间合同亦为民法传统合同,亦可称为中介合同。原则上为诺成、有偿、不要式合同。

第二十三章　保 管 合 同

提要：

第一节　一 般 保 管

一般保管合同为实践合同。

第二节　仓储保管合同

仓储保管合同为诺成合同。

第二十四章　医 疗 合 同

提要：

医院或开业医生与病人之间的关系为医疗合同关系。医疗合同的成立不要求书面形式。

应规定医院方对于病人负有高度注意义务，同时对于病人身体及在病人死亡后对于尸体有保护义务。

医疗事故的责任及重大过失的责任，不能免除。病人入院或手术前医院方提出的免责条款，虽经病人或其家属签字，亦不发生免责的效力。

承认违约责任与侵权责任的竞合。

第二十五章　旅 游 合 同

提要：

旅游合同应强调对游客利益的保护。旅游服务提供者（旅游公司）对游客的人身和财产损害承担严格责任。免责事由限于：不可抗力；受害人故意。

免责条款无效。

发生原因竞合，即损害是由旅游服务提供者的原因和第三人的原因所造成，应由旅游服务提供者承担全部责任。但旅游服务提供者对该第三人有求偿权。

受害游客有重大过失时，可减轻旅游服务提供者的责任。

第二十六章　住宿、饮食服务合同

提要：

应强调对顾客利益的保护。

服务提供者对顾客负有保护义务和安全保障义务。

服务提供者对顾客的人身和财产损害承担严格责任。免责事由限于：不可抗力；受害人故意。

免责条款无效。

原因竞合的情形，由服务提供者承担全部责任。但服务提供者对第三人有求偿权。

顾客有重大过失时，可减轻服务提供者的责任。

第二十七章　邮政通讯服务合同

提要：

包括信函、包裹、快递、专递、电话、电报、电传、传真。

应由服务方承担无过失责任。

免责条款（如电报迟误仅退还发报费）应无效。

说明：有学者认为邮政服务合同规定服务方承担无过失责任不具有可操作性，因为国际邮政联盟都是过失责任，建议不规定邮政通讯服务合同。

第二十八章　培 训 合 同

提要：

培训方应对培训（教学）质量负责。国家或有关部门定有标准的，应符合该标准;无标准的依约定。培训方提供的附带服务的质量依约定。

第二十九章　出 版 合 同

提要:

《著作权法》虽规定了著作权、出版权,但未规定出版合同。因此,本法应规定出版合同。

第三十章　演 出 合 同

提要:

表演权虽在《著作权法》中规定,但《著作权法》未规定演出合同问题。因此,本法应规定演出合同。

第三十一章　储 蓄 合 同

提要:

包括银行储蓄和邮政储蓄。现金卡合同亦应在此作出规定。

第三十二章　结 算 合 同

提要:

包括通过银行进行的现金、票据结算、托收承付、委托收款、信用证结算及信用卡结算。

关于银行单方面扣收贷款问题,应在此规定:只在借款合同有抵销约款时,银行才能从借款人账户扣收贷款。

应规定银行的审查义务。

第三十三章　合 伙 合 同

提要：

第一节　一 般 规 定

第二节　合 资 合 同

第三节　联 营 合 同

《民法通则》关于合伙、联营的规定，系对组织体的规定。本法所规定的是该组织体的基础关系，即合同关系。

要求合同应以书面形式签订。主要条款包括：出资比例和出资方式；利益分配比例；亏损负担比例；事务的执行；退出；合同终止时财产的分割等。

说明：有学者提出应规定隐名合伙。

第三十四章　雇 佣 合 同

提要：

本章规定雇佣关系之基本问题。在《劳动法》有具体规定时，应适用《劳动法》的规定；《劳动法》无规定时，则应适用本章的规定。

本法不采依雇佣方所有制性质区分雇佣合同与劳动合同的见解，一律称为雇佣合同。

应强调对劳动者利益的保护。

对劳动保护、安全卫生条件、劳动者的休息权及带薪假日等，应作规定。

雇佣方辞退受雇方或受雇方要求离职，须提前通知对方。长期合同，应提前 3 个月通知；短期合同，应提前 2 个周通知。

说明:有学者提出雇佣关系应由劳动法规定,本法不予规定。经研究认为《劳动法》不可能调整全部雇佣关系,应由本法规定其基本关系,并调整《劳动法》未涵盖的雇佣关系。但定名为雇佣合同抑或劳动合同,请起草人斟酌。

第三十五章 保证合同

提要:

本章涉及《担保法》与本法的关系问题。

第一节 一般规定

应规定保证人资格,国家机关(财政部除外)和公益法人不能担任保证人。

关于保证人责任,应规定责任性质(履行责任或赔偿责任);责任范围;连带责任与非连带责任。

应规定保证人的权利。

保证合同与主合同的关系。主合同无效,保证合同当然无效;只在保证人有明示或有过失时,保证人才对主合同无效后的财产返还负责。

主合同的债权人变更,保证合同有效;债务人变更,保证合同消灭;履行期提前,保证合同有效;履行期延长,保证合同消灭;主债扩大,保证人对扩大的部分无保证义务;主债缩小,保证合同有效;主合同标的、性质变更,保证合同消灭;标的质量标准提高,保证人只保证原定质量;标的质量标准降低,保证合同有效。

一般保证,保证人只负补充责任,保证人有后诉利益和检索抗辩权。须对主债务人申请执行无结果,保证人才负保证责任。连带保证人与主债务人负连带责任。

同时存在保证和物的担保时,应先执行物的担保。

第二节　共同保证

共同保证人对共同保证人间如何承担责任有约定时,依约定;无约定时,相互承担连带责任。

第三节　银行保证

银行保证,即银行保函。

应区分无条件保证即凭要求即付保证与附条件保证。

说明:正在起草中的《担保法》亦包括保证,保证合同是在本法规定,抑或在《担保法》中规定,由立法机关内部协调决定。因此,本章暂不起草。

第三十六章　保险合同

提要:

只规定保险合同的基本关系。《保险法》有具体规定时,适用《保险法》的规定;《保险法》无规定时,则适用本章的规定。

说明:鉴于《保险法》正在制定中,本法应否规定保险合同,由立法机关协调决定。因此,本章暂不起草。

第三十七章　技术成果转让、许可合同

提要:

只规定技术成果转让、许可合同的基本关系。《专利法》《商标法》有具体规定时,适用该具体规定,无具体规定时,则适用本章的规定。

说明:多数学者认为,现行《技术合同法》所规定的合同,即技术开发合同、技术服务合同、技术转让合同,不是典型合同。技术开发、技术服务,应适用本法关于合伙合同、委托合同、雇佣合同等的规定,而

技术转让因标的的特殊性,不能适用买卖合同、租赁合同等的规定。因此,本法应规定技术成果转让、许可合同。此所谓技术成果,包括专利技术、非专利技术、商标权等。

附　　则

第三十八章　附　　则

提要:

规定本法的生效。本法生效后,《经济合同法》《涉外经济合同法》《技术合同法》一并废止。

规定法律适用问题。凡单行法有特别规定的,适用单行法的规定;单行法无特别规定的,适用本法;本法无规定的,适用《民法通则》的规定。

应规定本法生效前的合同关系,在本法生效后涉讼的,如何适用法律的问题。

本法解释权归全国人民代表大会常务委员会。

本法生效后不制定实施细则,但不排除针对个别合同制定单行法。

四、对本法起草的要求

(一)本方案对起草人的约束力

(1)起草人在草拟条文时,应遵循本方案第一部分关于立法指导思想和第二部分关于调整范围及与其他法律的关系的规定。

(2)起草人在草拟各章条文时,应遵循各章提要中已肯定的原则和基本点。

(3)起草人在草拟分则各章时,对于章名、节名、节的划分可以变更,甚至可以增列新的合同。

(4)起草人在草拟条文时,应注意与其他各章的协调。

(二)对起草条文的技术要求

(1)每一章要求有一个对本章内容、目的和指导思想的说明。

(2)每一节也要求有一个对本节内容、目的和指导思想的说明。

(3)重要的条文或理论、实践有分歧的条文,要求附立法理由:所根据的学说;实践经验;外国立法例;所针对的社会问题;尚未解决的难点;不同方案。

(4)每一条要求拟一个条名。

(5)章下分节,节下设条,条下分款,款下分项。章、节、条序号用“第一”“第二”“第三”等;款、项序号用阿拉伯数字1、2、3等。

(6)条文安排要求有逻辑顺序:从一般到特殊;从抽象到具体。

(7) 要求概念准确,尽量使用法律固有概念。使用新创概念要说明理由。使用同一概念,要前后一致。

中国统一合同法的起草*

一、引言

中国尚未制定民法典，在现行体系中相当于民法典的基本法地位的是1986年通过、1987年生效的《民法通则》。在《民法通则》之下，并存三个合同法，即《经济合同法》(1981年12月13日公布，1982年7月1日生效，1993年9月2日修订并重新公布)、《涉外经济合同法》(1985年3月21日公布，同年7月1日生效)、《技术合同法》(1987年6月23日公布，同年11月1日生效)。此外，在《海商法》《保险法》《民用航空法》等单行法中，均有关于合同的规定。

实践证明，《民法通则》、三个合同法及其他单行法的规定，对于规范市场交易行为，保护当事人合法权益，促进市场经济的发展，维护市场经济秩序，发挥了重要作用。当前中国的合同法律制度存在的重要问题是，三个合同法各自规范不同的关系和领域，相互之间存在不一致和不协调，且法律规定过于原则化，可操作性不够，社会生活中还有许

---

* 本文原载《民法学说判例与立法研究(二)》，国家行政学院出版社1999年版。

多合同缺乏法律规定。因此,自 1992 年中国政府确定以建立社会主义市场经济体制为改革的目标以来,在现行《民法通则》和三个合同法的基础上,制定一部统一的、较为完备的、现代化的合同法,就成为建立和完善社会主义市场经济法律体系的一项重要任务。下面谨就起草工作的概要、统一合同法草案总则部分的新规定及起草中存在的问题,作简要报告。

二、起草工作概要

(一)起草工作的开始和合同法立法方案

党中央《关于经济体制改革的决定》提出,要尽快建立社会主义市场经济法律体系,并特别指出要坚持市场经济法制的统一。中国合同法的统一和完善,只能通过制定统一的合同法来实现。《关于修改〈中华人民共和国经济合同法〉的决定》通过后不久,在全国人大常委会法制工作委员会召开的一个专家研讨会上,与会专家学者一致认为制定统一合同法的时机已经成熟,建议由专家学者承担起草工作并委托部分学者先提出一个立法方案。这就产生了由中国政法大学江平、中国人民大学王利明、吉林大学崔建远、烟台大学郭明瑞、最高人民法院李凡、北京市高级人民法院何忻、《法学研究》杂志编辑部张广兴和笔者共同提出的《合同法立法方案》。

立法方案确立的立法指导思想如下:(1)从中国改革开放和发展社会主义市场经济,建立全国统一的大市场及与国际市场接轨的实际出发,总结中国合同立法、司法实践经验和理论研究成果,广泛参考借鉴市场经济发达国家和地区立法的成功经验和判例学说,尽量采用反映现代市场经济客观规律的共同规则,并与国际公约和国际惯例协调一致。(2)充分体现当事人意思自治,在不违反法律和公序良俗的前提下,保障当事人享有充分的合同自由,不受行政机关及其他组织的干预。非基于重大的正当事由,不得对当事人的合同自由予以限制。(3)考虑到本法制定和实施的时代特点,本法应能适应中国建成社会主义市场经济体制后对法律调整的要求,同时应兼顾目前由计划经济体制向市场经济体制过渡的时期的特点,但对落后的现实不应迁就。(4)本法在价值取向上应兼顾经济效率与社会公正、交易便捷与交易安全,即在拟定法律规则时,既要注重有利于提高效率,促进生产力发展,又要注重维护社会公益,保护消费者和劳动者权益,维护市场经济的道德秩序,不允许靠损害国家、社会利益,损害消费者和劳动者权益而发财致富;既要体现现代化,市场经济对交易便捷的要求,力求简便和迅速,又不可因此损及交易安全,应规定必要的形式和手续。(5)应注重法律的规范性和可操作性,条文繁简适当,概念尽量准确,有明确的适用范围、构成要件和法律后果,以便于正确适用。

立法方案规定了统一合同法的调整范围及与其他法律的关系。维持狭义合同概念,即本法所称合同为债权合同。基于身份关系的协议如结婚协议、离婚协议、收养协议、遗赠扶养协议等均非本法所称合同。所谓行政合同亦不受本法调整。坚持统一的合同概念,不区分经济合同与非经济合同、商事合同与民事合同、国内合同与涉外合同。在坚持民商合一体制的前提下,处理与民(商)事单行法的关系。凡单行法有特别规定的,适用该特别规定;凡单行法无特别规定的,应适用本法。这里所说的民(商)事单行法,是指公司法、票据法、证券法、海商法、保险法、专利法、商标法、著作权法等。

(二)1995 年 1 月统一合同法建议草案(第一稿)

立法方案经过 1993 年 11 月 4 日法制工作委员会邀请北京部分专家出席的讨论会,以及 1994 年 1 月法制工作委员会邀请全国 12 个单位的学者专家出席的讨论会征求意见和论证,最后确定下来,并由法制工作委员会委托 12 个单位的学者分别起草一章或几章。这 12

个单位是:中国政法大学、北京大学、中国人民大学、中国社科院法学研究所、对外经济贸易大学、吉林大学、烟台大学、武汉大学、西南政法学院、中南政法学院、西北政法学院、华东政法学院。1994 年 11 月,各单位起草的条文汇总,由法制工作委员会委托梁慧星、张广兴、傅静坤 3 人统稿,完成《合同法(建议草案)》,于 1995 年 1 月提交全国人大常委会法制工作委员会。

建议草案共 34 章 528 条。其中总则 9 章,第 1 条至第 164 条,即第一章一般规定;第二章合同的成立;第三章合同的效力;第四章合同的履行;第五章合同权利义务的转让;第六章合同的解除与终止;第七章合同的消灭;第八章违约责任;第九章合同的解释。分则 24 章,第 165 条至第 525 条,即第十章买卖合同;第十一章赠与合同;第十二章租赁合同;第十三章融资租赁合同;第十四章土地使用权出让与转让合同;第十五章企业经营合同;第十六章借贷合同;第十七章借用合同;第十八章承揽合同;第十九章运送合同;第二十章储蓄合同;第二十一章结算合同;第二十二章出版合同;第二十三章演出合同;第二十四章委托合同;第二十五章居间合同;第二十六章行纪合同;第二十七章保管合同;第二十八章合伙合同;第二十九章雇佣合同;第三十章保证合同;第三十一章技术开发与技术服务合同;第三十二章技术、商标转让与使用许可合同;第三十三章保险合同。附则,第三十四章,第 526 条至第 528 条。

(三)1995 年 10 月统一合同法草案试拟稿(第二稿)

全国人大常委会法制工作委员会以学者提出的建议草案为基础,进行删节修改,形成法制工作委员会 1995 年 10 月合同法试拟稿,即第二草案。第二草案分总则 7 章,分则 22 章,附则 1 章,共 30 章。总则 7 章,即一般规定、合同的成立、合同的效力、合同的履行、合同的变更和转让、合同的终止、违约责任。分则 22 章,包括买卖合同、供电供水供热供气合同、农村土地承包经营权许可使用或转让合同、承揽合同、工程建设合同、运输合同、借贷合同、储蓄合同、结算合同、租赁合同、融资租赁合同、保管合同、仓储合同、借用合同、技术合同、出版合同、雇佣合同、合伙合同、赠与合同、委托合同、居间合同、经纪合同。与建议草案相比,增加了供电供水供热供气合同、农村土地承包经营权许可使用或转让合同,另从保管合同中分出仓储合同,从承揽合同中分出工程建设合同,将运送合同改为运输合同,行纪合同改为经纪合同,将技术开发与技术服务合同,与技术、商标转让与使用许可合同合并,改称技术合同,删去企业经营合同、保证合同、保险合同。

(四)1996年6月统一合同法草案试拟稿(第三稿)

1996年5月27日至6月7日,全国人大常委会法制工作委员会在北京西郊龙泉宾馆召开会议,修改统一合同法草案。参加会议的专家学者有:中国社会科学院法学研究所的梁慧星研究员、《法学研究》编辑部张广兴副主编、中国人民大学的王利明教授、中国政法大学的徐杰教授、对外经济贸易大学的王军教授、中国国际贸易促进会的高隼来教授、最高人民法院经济审判庭奚晓明副庭长、最高人民法院民事审判庭李凡副庭长、北京市高级人民法院告申庭何忻庭长、国家工商行政管理局法规司王学政司长。修改工作是以1995年1月的学者建议草案(第一稿)和1995年10月全国人大常委会法制工作委员会民法室的试拟稿(第二稿)为基础,将第一稿和第二稿相互对照,修改形成新的草案即第三稿。全国人大常委会法制工作委员会领导特别指示,此次修改工作应充分尊重专家学者的意见,对于学者建议草案中的新制度,凡是符合中国实际的,要尽可能予以采纳。会议经过两周时间,与会学者对建议草案和第二稿进行逐条对照比较,仔细研究和争论,最后按照预定计划形成了统一合同法草案1996年6月7日试拟稿(第三稿)。

第三稿包括总则 7 章、分则 21 章、附则 1 章,共 29 章 376 条。与建议草案比较,第三稿除条文总数减少了 152 条外,在结构上也与建议草案稍有差异,总则由 9 章减为 7 章,即第一章一般规定;第二章合同的订立;第三章合同的效力;第四章合同的履行;第五章合同的变更和转让;第六章合同的终止;第七章违约责任。分则由 24 章减为 21 章,即第八章买卖合同;第九章电力自来水热力燃气供应合同;第十章承揽合同;第十一章工程建设合同;第十二章运输合同;第十三章租赁合同;第十四章融资租赁合同;第十五章委托合同;第十六章行纪合同;第十七章居间合同;第十八章保管合同;第十九章仓储合同;第二十章储蓄合同;第二十一章借贷合同;第二十二章借用合同;第二十三章技术开发与技术转让合同;第二十四章咨询合同;第二十五章服务合同;第二十六章赠与合同;第二十七章合伙合同;第二十八章雇佣合同。附则第二十九章。

(五)1997 年 5 月统一合同法草案征求意见稿(第四稿)

全国人大常委会法制工作委员会对第三稿稍作修改形成 1997 年 5 月 14 日的《合同法草案(征求意见稿)》(以下简称“征求意见稿”),即第四稿,发给各地法院、各部门和各法律院系征求修改意见。

征求意见稿包括总则 7 章、分则 22 章、附则 1 章,共计 30 章,390 条。与第三稿相比,增加 1 章,即第二十六章旅游合同。

1997 年 6 月 9 日至 18 日,全国人大常委会法制工作委员会邀请北京的民法学者专家召开合同法草案征求意见稿讨论会。出席会议的学者专家有:中国社会科学院法学研究所研究员王家福、谢怀栻、梁慧星,中国政法大学教授江平,中国人民大学教授王利明,北京大学教授魏振瀛,清华大学教授崔建远,最高人民法院审判委员会委员费宗祎、最高人民法院经济审判庭庭长黄赤东、最高人民法院民事审判庭副庭长李凡,国家工商行政管理局法规司司长王学政,外经贸部条约法律司司长张月姣，国家科委政策法规与体制改革司司长段瑞春，国务院法制局顾问郭日齐。这次讨论会只是将各种修改意见记录在案，并未形成新的草案，会上对若干重要问题的争论情况，将在后文介绍。

三、合同法总则部分的新规定及其修改

（一）关于合同义务的扩张

其一，关于缔约过失责任。

建议草案在第二章“合同的成立”中设第四节“缔约过失责任”，包括第 29 条：“当事人在为订立合同而进行磋商的过程中，相互负有协力、保护、通知及其他依诚实信用原则和交易惯例所要求的义务。”（第 1 款）“当事人违反前款义务，给对方造成损害的，应当承担赔偿责任。”（第 2 款）另在第 30 条专门规定保密义务：“在为订立合同而进行磋商的过程中，若一方当事人提供信息时要求保密，则另一方当事人有义务不泄露或者不得不正当地使用这些信息。如违反上述义务，受损害的当事人有权请求损害赔偿。”

在 1996 年的修改会上，决定将以上两条合并为一条，这就是第三稿第二章第 30 条：“当事人在订立合同过程中，相互负有协助、保护、通知以及其他依照诚实信用原则和交易惯例所要求的义务。”（第 1 款）“在订立合同过程中，如果一方当事人提供信息时要求保密的，另一方当事人不得泄露。”（第 2 款）“当事人违反前两款义务，给对方造成损害的，应当承担赔偿责任。”（第 3 款）征求意见稿保留了这一制度，但作了改动，将三款合并为两款，这就是征求意见稿第 24 条：“当事人在订立合同过程中，因违背诚实信用原则或者交易习惯给对方造成损害的，应当向对方赔偿因此而受到的实际损失。”（第 1 款）“当事人在订立合同过程中，因泄露或者不正当地使用对

方秘密造成损害的，应当承担赔偿责任。”（第2款）

其二，关于后合同义务。

关于后合同义务，建议草案规定在第七章“合同的消灭”中的第112条：“合同消灭后，当事人在必要时应承担保密、协力、通知等义务。”1996年5—6月的修改，着重增加了后合同义务的根据，即合同性质、交易习惯和诚实信用原则。这就是第三稿第六章“合同的终止”中的第68条：“合同终止后，按照合同性质、交易习惯和诚实信用原则，当事人应当承担保密、协助、通知等义务。”征求意见稿保留了这一规定，文字稍有改动，这就是征求意见稿第六章“合同的终止”中的第64条：“合同终止后，根据合同性质、交易习惯或者依照诚实信用的原则，负有通知、协作、保密等义务的，当事人应当继续履行。”

其三，关于附随义务。

关于附随义务，建议草案规定在第四章“合同的履行”中的第65条：“合同双方当事人对于合同的履行有相互协力的义务。”1996年5—6月的修改，将关于附随义务的规定与合同履行原则的规定合并为一条，即第三稿第四章第47条：“当事人应当按照合同的约定，全部履行自己的义务，并应当遵循诚实信用原则，履行协助、保护、通知的义务。”其特色是明文表述附随义务的根据是诚实信用原则。征求意见稿对此作了文字上的改动，这就是征求意见稿第四章“合同的履行”中的第41条：“当事人应当按照合同的约定履行自己的义务。合同虽然没有约定，但依照诚实信用原则或者根据交易习惯，负有通知、协作、保密等义务的，当事人也应当履行。”

（二）关于代理制度的完善

建议草案涉及代理制度的新规定，主要是第三章第37条关于双方代理的规定，第38条关于自己代理的规定，第39条关于表见代理的规定，第41条关于狭义无权代理的规定，第45条关于狭义无权代理情形善意相对人的保护的规定等。1996 年 5—6 月的修改,为求简明,只着重规定了狭义无权代理情形保护善意相对人,以及表见代理制度。这就是第三稿第三章“合同的效力”中的第 43 条:“无代理权人以他人名义订立的合同,未经本人追认,对本人不生效力。相对人可以在合同成立之日起 1 个月内催告本人予以追认。本人在收到催告通知之日起 15 日内不作表示的,视为追认。合同未经追认前,善意相对人有撤销的权利。撤销应当以明示的方式作出。”(第 1 款)“无权代理时,善意相对人有正当理由认为以他人名义与其订立合同的人有代理权的,该代理行为视为有效。”(第 2 款)征求意见稿对此未作改动,规定在第三章“合同的效力”的第 30 条第 1 款、第 2 款。

(三)关于法定代表人的越权行为

关于法定代表人超越权限所订立的合同,在《民法通则》颁布后的一个长时期内,司法实践倾向于一律认定为无效,但自进入 20 世纪 90 年代以来司法实践采取灵活的态度,认为不应一律无效。建议草案第三章“合同的效力”中的第 40 条规定法定代表人越权行为:“法人或者其他组织的法定代表人超越法律、章程规定的权限范围订立的合同,对方当事人于合同订立时明知或因重大过失而不知该法定代表人越权的无效。”1996 年 5—6 月的修改,考虑到民法代表制度与代理制度的类似性及法定代表人的越权行为与表见代理的类似性,将其合并规定在第三稿第三章关于代理问题的第 43 条,安排在表见代理的规定(第 2 款)之后,作为第 43 条的第 3 款:“法人或者其他组织的法定代表人超越法律、章程规定的权限订立的合同,准用前款规定。”对法定代表人的越权行为“准用”表见代理的规定,当然也有方便适用的考虑。征求意见稿对此作了改动,在第 30 条第 3 款规定:“法人或者其他组织的法定代表人超越法律、章程规定的权限订立的合同,除善意相对人有重大过失的以外,该代理行为视为有效。”缺点是将法定代表人的代表行为混同于代理行为。

（四）关于合同效力类型之调整

现行法关于民事行为的效力，分为有效、无效与可撤销三类，漏掉了关于效力未定尤其是关于无权处分的规定，且将欺诈和胁迫作为无效原因亦有不当。因此建议草案对此作了调整，在第三章“合同的效力”的第二节规定无效合同，第三节规定合同效力的补正，第四节规定可撤销合同。1996年5—6月的修改，以建议草案的规定为基础，作了简化和归并。征求意见稿又做了若干改动。

关于无效原因，第三稿第三章第二节第37条规定了4项合同无效原因：（1）恶意串通，损害国家或者第三人利益的；（2）以合法形式掩盖非法目的的；（3）违反国家指令性计划的；（4）违反法律、行政法规或者社会公共利益的。征求意见稿回到《民法通则》的立场，将欺诈、胁迫作为合同无效原因，这就是征求意见稿第三章第32条：“有下列情形之一的，合同无效：（1）受欺诈、胁迫订立的；（2）恶意串通，损害国家、集体或者第三人利益的；（3）以合法的形式掩盖非法目的的；（4）违反国家计划管理或者社会公共利益的；（5）违反法律、行政法规的。”

关于免责条款的无效，第三稿第38条规定了三种免责条款无效：（1）免除故意和重大过失的责任的；（2）免除人身伤害的责任的；（3）排除一方基本权利或者免除一方基本义务的。征求意见稿规定免责条款无效的第33条，仅保留前两种，删去了第三种。

关于可撤销合同，第三稿第三章第39条规定了三种可撤销合同：（1）受欺诈、胁迫而订立的合同，受欺诈或受胁迫的一方可以撤销；（2）有重大误解的，误解的一方可以撤销；（3）一方利用优势或对方没有经验致使双方权利义务显失公平的，另一方可以撤销。其中，重要的修改是对“显失公平”增加了主观要件的限制。值得注意的是，第三稿未采纳建议草案新创的“不当影响”概念。征求意见稿将受欺诈、胁迫恢复为合同无效原因，使合同可撤销原因仍为重大误解和显失公平两种，这就形成了征求意见稿第三章第 35 条：“当事人可以撤销因重大误解订立的合同，但误解是因自己的重大过失造成的，或者对方已经开始履行合同，并且对方没有过错的，不得撤销。”（第 1 款）“当事人订立的合同显失公平的，使一方获得不正当利益的，另一方可以撤销该合同。”（第 2 款）值得注意的是，第三稿为显失公平增加的“一方利用优势或对方没有经验”这一主观要件，被删去了。

关于无权处分行为，建议草案第三章对无处分权人订立的合同作了规定，即第 46 条“以处分他人财产权利为内容的合同，经权利人追认或行为人于订约后取得处分权的，合同自始有效。行为人不能取得处分权，权利人又不追认的，无效。但其无效不得对抗善意第三人”。1996 年 5—6 月的修改，考虑到实践中共有人未经其他共有人同意而处分共有财产的行为与其类似，因此合并规定为一条，并照顾到无权处分与善意取得制度的关系。这就形成了第三稿第三章第 44 条：“无处分权的人处分他人财产而订立的合同，未经权利人追认或行为人于合同成立后未取得处分权的，该合同无效。共有人未经其他共有人同意处分共有财产而订立合同的，该合同无效。”（第 1 款）“无处分权的人处分他人财产或者共有人未经其他共有人同意处分共有财产，善意相对人因交付或者登记已经取得该财产的，受法律保护。”（第 2 款）征求意见稿对此作了文字上的修改和简化，并将两款合并为一款，这就是征求意见稿第三章第 31 条：“无处分权的人处分财产或者共有人未经其他共有人同意处分共有财产，善意相对人因交付或者登记已经取得该财产的，合同视为有效，但该财产对处分权人具有特殊作用的除外。”其中，增加“但该财产对处分权人具有特殊作用的除外”这一“但书”不知是何用意？

（五）关于定式合同的规制

建议草案第三章第六节规定定式合同,共4条。这就是第55条:“由当事人一方为与不特定多数人订约而预先拟定的,且不允许相对人对其内容作变更的合同条款,为定式合同条款。”第56条:“依定式合同条款订立合同时,定式合同条款使用人应以明示方法提请相对人注意定式合同条款,并使其能够以合理方法了解定式合同条款的内容。”第57条:“定式合同条款违背诚实信用原则而予相对人不合理的不利益的,无效。”“有下列情形之一的,推定其违背诚实信用原则而予相对人不合理的利益:(1)定式合同条款与法律基本原则不相符合或者规避法律强行性规定的;(2)定式合同条款排除或者限制因合同而发生的重要权利或者义务,致使合同目的不能达到的。”第58条:“定式合同应依可能订约的一般人合理的理解予以解释。”(第1款)“解释定式合同,遇有两种或两种以上不同的解释时,应采纳其中最不利于定式合同条款使用人的解释。”(第2款)

1996年5—6月的修改,为求简明,删去关于定式合同定义的规定,将定式合同条款的无效归入关于免责条款的无效(第38条),仅保留一个条文着重规定定式合同文本使用人的义务和定式合同的解释原则。这就是第三稿第二章第29条:“采用定式合同文本订立合同的,制定合同文本的一方应当采取合理的方式提请对方注意其免除责任的条款以及负有主要义务的条款,并应对方的要求对上述条款予以说明。对定式合同条款的理解发生争议的,应当作出有利于对方的解释。”(第1款)“使用行业协会、主管部门或者母公司制定的定式合同文本订立合同的,适用前款规定。”(第2款)

征求意见稿对此作了改动,并将“定式合同”改为“格式合同”,这就是征求意见稿第二章的第23条:“采用格式合同文本订立合同的,提供合同文本的一方应当采取合理的方式提请对方注意免除或者限制其责任的条款,并应对方的要求,对该条款予以说明。提供合同文本的一方未尽到提示义务或者拒绝说明的,该条款不发生效力。”(第1款)“对格式合同条款的理解发生争议的,应当作出有利于对方的解释。格式合同条款与非格式合同条款的约定不一致的,应当采用非格式合同条款。”(第2款)“定式合同”一词恐怕比“格式合同”要好。

(六)关于诚实信用原则

建议草案第一章“一般规定”中第6条规定诚实信用原则,包括3款:“双方当事人行使权利履行义务,应当遵循诚实信用原则。”(第1款)“法院于裁判案件时,如对于该待决案件法律未有规定,或者虽有规定而适用该规定所得结果显然违反社会正义时,可直接适用诚实信用原则。”(第2款)“法院直接适用诚实信用原则裁判案件,必须报请最高人民法院予以核准。”(第3款)关于建议草案的上述规定所发生的争论,在于是否认可诚实信用原则有变更现行法的作用,以及在适用程序上面临的难题。因此,1996年5—6月的修改将第2款、第3款删去,仅保留第1款。这就是第三稿第一章第6条:“当事人行使权利、履行义务,应当遵循诚实信用原则。”征求意见稿又进一步将关于诚实信用原则的规定与关于公平原则的规定合并为一条,显然是为了与《民法通则》第4条的规定保持一致,这就形成了征求意见稿第5条:“当事人应当遵循公平、诚实信用的原则,应当恪守诺言,相互协作,不得有欺诈行为。”

(七)关于情事变更原则

建议草案未规定情事变更原则。考虑到近年审判实践中已有适用情事变更原则的事例(最高人民法院1992年第27号函),因此认为有必要规定情事变更原则。这就形成了第三稿第四章第55条:“合同生效后,因当事人以外的原因发生情事变更,致使履行合同将对一方当事人显失公平的，该当事人可以请求人民法院或者仲裁委员会变更或者解除合同。”征求意见稿对此作了改动，这就形成了征求意见稿第四章第 52 条：“除不可抗力外，因当事人不能预见、不能避免的客观情事发生重大变化，致使履行合同将对一方当事人显失公平的，该当事人可以要求另一方就合同的内容重新协商；协商不成的，可以请求人民法院或者仲裁委员会变更或者解除合同。”其中增加关于重新协商的规定，显系参考了《国际商事合同通则》第 6.2.3 条关于再交涉义务的规定。

（八）关于同时履行抗辩权

建议草案在第四章第二节第 66 条规定了同时履行抗辩权：“双务合同规定的相互义务，双方当事人应同时履行。法律另有规定或合同另有约定的除外。”（第 1 款）“双务合同双方债务均已到履行期，一方当事人在对方未履行或者提出履行之前有权拒绝其履行请求，对方当事人仅履行部分义务或者履行不适当的，则仅得在未履行或不适当履行的范围内拒绝对方的履行请求。”（第 2 款）第三稿保留了这一规定，仅在文字上作了变动。这就形成了第三稿第四章第 51 条：“当事人没有约定或者法律没有规定双务合同履行顺序的，当事人应当同时履行双务合同的主要义务。”（第 1 款）“同时履行双务合同义务的，当事人一方在对方未履行之前有权拒绝其履行请求，在对方部分履行或者履行不适当时，有权相应地拒绝其履行请求。”（第 2 款）征求意见稿保留了这一条文，仅对其中第 1 款稍作改动，这就形成了征求意见稿第四章第 45 条：“当事人对双务合同的履行顺序约定不明确，根据交易习惯又不能确定的，当事人应当同时履行各自的主要义务。”（第 1 款）第 2 款未作改动。

（九）关于不安抗辩权

建议草案第四章第67条关于不安抗辩权的规定如下："依合同约定或合同性质应先为履行的一方当事人，有确切证据证明对方有下列情形之一的，可以暂时中止履行合同：(1)已丧失履行合同债务的能力；(2)没有履行诚意并且可能丧失履行能力；(3)资信状况严重恶化。"（第1款）"中止履行合同的一方应当立即通知对方，当对方恢复履行能力或者对履行合同提供了适当的担保时，应当履行合同。"（第2款）"中止履行后，对方在合同所要求的期限内仍未恢复履行能力或未能提供相应担保的，中止履行方可以解除合同。"（第3款）可见建议草案参考了英美法"预期违约"制度，删去了传统大陆法不安抗辩权要求的"履行期到来"的要件。1996年5—6月的修改，进一步对不安抗辩权的适用事由加以具体化，以期正确适用。这就形成了第三稿第四章第52条："按照合同约定或者依照法律规定应当首先履行义务的当事人，有证据证明对方有下列情形之一的，可以中止履行：(1)丧失履行债务能力；(2)转移财产，抽逃资金，以逃避债务的；(3)有欺诈行为的；(4)经营状况严重恶化，可能丧失履行债务能力的；(5)合并分立或者变更住所没有通知债务人的。"（第1款）第2、3款与建议草案同。

征求意见稿从建议草案第67条第1款规定的行使不安抗辩权的五种情况中删去第(5)种，并将第(4)种并入第(1)种，并将第2、3款合并，这就形成了征求意见稿第四章第46条："按照合同约定或者交易习惯应当首先履行债务的当事人，有证据证明对方有下列情形之一的，可以中止履行；(1)丧失或者可能丧失履行债务能力的；(2)转移财产，抽逃资金，以逃避债务的；(3)有欺诈行为的。"（第1款）"当事人中止履行合同时应当立即通知对方，当对方恢复履行能力或者对履行合同提供了适当担保时，应当履行合同。中止履行后，对方在合理的期限内未恢复履行能力或者未能提供适当担保的，中止履行方可以

解除合同。当事人违反上述规定中止履行合同的,应当承担违约责任。"(第 2 款)

(十)关于合同债权人的代位权

建议草案第四章第五节规定"合同履行的保全",其第 72 条规定合同债权人的代位权:"在债务清偿期届至时,债务人怠于行使对第三人到期债权的,债权人可以自己的名义代位行使债务人对第三人的债权。但依法律规定或者债权性质不能适用代位权的除外。"(第 1 款)"代位权的行使以保全债权的必要为限。"(第 2 款)"代位权行使的效果归于债务人。"(第 3 款)1996 年 5—6 月的修改,对代位权的行使规定了适用条件,即严重损害债权人的到期债权,并明示代位权的行使须以诉讼方式为之。这就形成了第三稿第四章第 53 条:"因债务人怠于行使对第三人的债权,严重损害债权人到期债权的,债权人可以自己的名义通过诉讼代位行使债务人对第三人的债权,但法律规定或者按照债权性质不能适用代位权的除外。代位权的行使范围以债权为限。"(第 1 款)"行使代位权取得的财产,归债务人后再清偿债权。"(第 2 款)征求意见稿对此未作任何改动,规定在第四章第 50 条。

(十一)关于合同债权人的撤销权

建议草案关于撤销权规定在第 73 条:"债务人所为之无偿行为损害债权时,债权人可向法院请求撤销该行为。"(第 1 款)"债务人所为之有偿行为,行为时明知损害债权人权利,受益人于受益时亦明知其情事者,债权人可向法院请求撤销该行为。"(第 2 款)"债务人行为被撤销,该行为自始无效。"(第 3 款)另在第 74 条规定撤销权的行使期间为 1 年。1996 年 5—6 月的修改,考虑到建议草案未明确债务人放弃债权的行为是否可以撤销,因此将债务人放弃债权的行为也纳入撤销权的范围。关于债务人有偿转让财产的行为,建议草案未限于"低价转让”似对受让人不利，因此需要加以限制，并限于对债权人造成严重损害的。这就形成第三稿第 54 条：“因债务人放弃对第三人的债权或者有无偿转让财产的行为，严重损害债权人利益的，债权人可以向人民法院请求撤销债务人的行为。债权人的撤销权应当自知道或者应当知道撤销原因之日起 1 年内行使。”（第 1 款）“债务人低价转让财产，受让人取得财产时明知债务人的行为严重损害债权人利益的，适用前款规定。”（第 2 款）征求意见稿将上述两款合并为一款，而将撤销权的除斥期间另作一款，这就形成征求意见稿第 51 条：“因债务人放弃对第三人的债权或者有无偿转让财产的行为，严重损害债权人利益的，债权人可以向人民法院请求撤销债务人的行为。债务人低价转让财产，并且受让人取得财产时有过错的，债权人也可以向人民法院请求撤销债务人的行为。”（第 1 款）“债权人的撤销权应当自知道或者应当知道撤销原因之日起 1 年内行使。”（第 2 款）

（十二）关于法定解除权

关于合同的解除，建议草案专设一章即第六章，共 15 个条文。后来修改，将合同的解除并入合同的消灭作为第六章，章名为“合同的终止”。这里仅介绍关于法定解除权的规定。

关于合同的法定解除权，建议草案规定了 11 个条文，即第 96 条因履行不能的解除；第 97 条拒绝履行的解除；第 98 条非定期债务迟延履行的解除；第 99 条定期债务的解除；第 100 条因不完全履行的解除；第 101 条部分债务不履行与附随义务不履行的解除；第 102 条解除权的行使；第 103 条解除的效力——恢复原状；第 104 条解除的效力——损害赔偿；第 105 条解除的效力——同时履行；第 106 条解除权的消灭。1996 年 5—6 月修改时，认为这样规定过于烦琐，决定删繁就简，只着重规定发生法定解除权的事由、解除权的行使和解除的后果。这就形成了第三稿第六章第 70 条：“有下列情形之一的，当事人一方有权通知另一方解除合同:(1)因不可抗力致使主要债务不能履行的;(2)因另一方违约,以致严重影响订立合同所期望的经济利益的;(3)在履行期届满前另一方明确表示拒绝履行主要债务的;(4)另一方迟延履行债务,经催告后在合理期限内仍未履行的;(5)法律规定可以解除合同的其他情形。”关于解除权的行使方式,规定在第72条:“行使解除权应当以书面形式通知,但当事人另有约定或者法律另有规定的除外。解除合同的通知自到达对方当事人之时起生效。当事人不得撤销解除合同的通知。”关于解除的后果,规定在第73条:“合同解除后,需要恢复原状的,应当恢复原状。因一方违约致使合同解除的,应当承担违约责任。”(第1款)“因解除合同产生的费用,由有过错的一方承担。双方均没有过错的,由双方合理分担。”(第2款)征求意见稿关于法定解除权发生的事由,规定在第66条,仅对第3项作了改动,即将第三稿的“另一方明确表示拒绝履行”改为“有证据证明另一方不履行”,这就形成征求意见稿第66条之第3项“在履行期届满前,有证据证明另一方不履行其主要债务的”。第68条规定解除权的行使,与第三稿第72条比较,删去了“法律另有规定”。第69条规定解除的后果,仅保留第三稿第73条的第1款。

(十三)关于违约责任的调整

建议草案第八章规定违约责任,包括5节,共21个条文。即第一节一般规定,规定违约责任归责原则;因第三人过错造成的违约;免责条件;五种违约形态。第二节违约金,规定违约金的约定;违约金的效力;部分履行和违约金的减少;违约金数额的增减。第三节损害赔偿,规定损害赔偿的方法;损害赔偿的范围;过错相抵;损益抵销。第四节其他责任方式,规定强制实际履行;定金;标的物瑕疵的补正;第三人侵害债权。第五节责任竞合,规定违约责任与侵权责任发生竞合时的选择权。

1996 年 5—6 月的修改作了删节,内容有较大改动,这就形成了第三稿第七章违约责任,不分节,共 17 个条文。

其一,关于责任原则。

建议草案第 138 条规定为过错推定:“合同当事人一方不履行合同债务或者其履行不符合法定或者约定条件的,应当承担违约责任。但当事人能够证明自己没有过错的除外。”后来修改考虑违约责任的性质及国际公约的经验,决定改为严格责任,这就形成了第三稿第 80 条:“当事人不履行债务或者履行债务不符合合同约定或者法律规定的,应当承担违约责任。”并设第 2 款增加规定了“承担违约责任的方式”包括:(1)支付违约金;(2)赔偿损失;(3)执行定金罚则;(4)实际履行;(5)法律规定的其他方式。征求意见稿第七章第 76 条的内容与第三稿第 80 条完全相同。

关于第三人的过错造成违约,建议草案第 139 条规定:“合同当事人一方因与自己有法律关系的第三人的过错造成违约的,应当向他方当事人承担违约责任。”建议草案企图用“与自己有法律关系”一语,限制“第三人”的范围。1996 年 5—6 月的修改,考虑到“与自己有法律关系”一语,并不能达到限制第三人范围的目的,因此决定删去,修改为第三稿第 92 条:“当事人一方因第三人的过错造成违约的,应当向对方承担违约责任。”征求意见稿第 87 条的内容与第三稿第 92 条完全相同。

其二,关于违约形态。

建议草案规定了拒绝履行(第 141 条);不能履行(第 142 条);迟延履行(第 143 条);债权人迟延(第 144 条);瑕疵履行(第 145 条)。第三稿只保留了拒绝履行一种,这就是第 91 条:“当事人一方明确表示拒绝履行主要债务的,另一方可以在履行期届满前请求其承担违约责任。”但关于责任原则,第 80 条规定的“不履行债务或者履行债务不符合合同约定或者法律规定”,实际上已经包含了“不能履行”“迟延履行(不符合约定或者规定的履行期限)”和“瑕疵履行(不符合约定或者规定质量标准)”,因此可以说第三稿规定了四种违约形态。征求意见稿完全继承了第三稿的规定,其第 86 条与第三稿的第 91 条完全相同。

其三,关于违约金。

统一合同法企图解决违约金的性质,违约金与其他责任形式是否可以并用,以及违约金的增减问题。建议草案第 146 条规定,违约金由当事人约定;第 147 条规定:“除当事人另有约定外,违约金视为约定的违约赔偿金。债权人请求债务人支付违约金的,不得同时请求其继续履行合同或者赔偿损失,但如果违约金是专门为迟延履行约定的,不在此限。”第 149 条规定违约金的增减。1996 年 5—6 月的修改,对条文和文字做了调整,并对约定违约金的增减作了更具体的规定。这就形成了第三稿第 81 条:“当事人可以约定违约金。当事人违约后,应当按照约定支付违约金。”(第 1 款)“违约金视为因违约造成损失的赔偿金。约定的违约金过分高于或者低于因违约造成损失的,当事人可以请求人民法院或者仲裁委员会适当减少或者增加。违约没有造成损失,但按照约定支付违约金明显不合理的,当事人可以请求人民法院或者仲裁委员会适当减少。”(第 2 款)“当事人在合同中约定的损失赔偿额,适用本条规定。”(第 3 款)另外在第 83 条规定:“当事人既约定违约金,又约定赔偿损失额的计算方法的,一方违约后,受害方只能选择一种承担责任的方式。”征求意见稿第 77 条保留了第三稿第 81 条的第 1、2 款,删去第 3 款。第三稿的第 83 条未予保留。

其四,关于赔偿损失。

着重解决的是损害赔偿的标准问题。建议草案第 151 条规定:“合同当事人可以事先约定损害赔偿金或者损害赔偿额的计算方法。”(第 1 款)“当事人未约定时,损害赔偿应包括债权人因对方违约所受的实际损害及所失可得利益,但不得超过违约方在订立合同时依当时已经知道或理应知道的事实和情况,对违反合同预料到或理应预料到的可能损失。"(第 2 款)"法律对损害赔偿范围或赔偿限额有规定的,依其规定。"(第 3 款)

1996 年 5—6 月的修改,将建议草案第 151 条分为两条,即第三稿第 82 条规定当事人约定赔偿金计算方法及其增减问题:"当事人可以约定赔偿损失额的计算方法。按照计算方法得出的赔偿损失额过分高于或者低于因违约造成损失的,当事人可以请求人民法院或者仲裁委员会适当减少或增加。"第 84 条规定当事人既未约定违约金又未约定赔偿损失额计算方法时的赔偿标准:"当事人没有约定违约金或者赔偿损失的计算方法的,赔偿损失的金额应当相当于因违约所造成的实际损失,并可以包括合同履行后可以获得的利益,但不得超过违反合同一方订立合同时应当预见到的损失。"(第 1 款)"赔偿合同履行后可以获得的利益时,不得同时赔偿为获取该利益而支出的费用。"(第 2 款)征求意见稿第 78 条相当于第三稿的第 82 条,仅将第 1 句改为"当事人可以约定赔偿损失额或者赔偿损失额的计算方法",其他文字相同。与此相应,征求意见稿第 79 条第 1 款第 1 句亦改为"当事人没有约定违约金、赔偿损失额或者赔偿损失额的计算方法的",其他文字与第三稿第 84 条相同。

其五,关于定金。

建议草案第 155 条关于定金的规定比较简单:"给付定金一方违约的,无权要求返还定金;接受定金一方违约的,应双倍返还定金。"(第 1 款)"违约方承担损害赔偿的,定金应计入损害赔偿金额;但定金超过损害赔偿金额的,执行定金。"(第 2 款)1996 年 5—6 月的修改,考虑到实际生活中有故意约定高额定金以损害对方利益的现象,因此对定金数额及定金罚则的执行规定了限制,这就形成了第三稿第 87 条:"当事人可以约定定金。定金的数额不得超过合同标的额的 20%。当事人一方违约,以致严重影响对方订立合同所期望的经济利益的,给付定金的一方,无权要求返还定金;接受定金的一方,应当双倍返还定金。”(第1款)“因违约给对方造成损失,定金不足赔偿损失的,违约方应当补足赔偿损失的金额;定金超过损失的,应当执行定金罚则。执行定金罚则明显不合理的,当事人可以请求人民法院或者仲裁委员会适当减少。”(第2款)另外在第88条规定:“当事人不得在合同中既约定违约金又约定定金。当事人既约定违约金又约定定金的,一方违约后,受损害方只能选择一种承担责任的方式。”征求意见稿将第三稿第87条的内容分为两条,即将其第1款作为第82条,第2款作为第83条(文字稍有改动)。第三稿的第88条未保留。

其六,关于强制实际履行。

建议草案第154条规定:“债务人违约后,如债务履行仍有可能,债权人可不解除合同,而向法院申请强制实际履行,但下列情形除外:(1)强制债务人实际履行合同费用过巨的;(2)依合同性质不宜强制实际履行的。”1996年5—6月的修改,为了便于适用,改为正面规定,即第三稿第39条:“当事人一方违约后,有下列情形之一的,另一方可以请求人民法院强制实际履行:(1)依照本法第27条订立合同的;(2)标的物为不动产的;(3)标的物在市场上难以购买的;(4)其他确有必要强制实际履行的。”其中第一种是指依照法律规定或者国务院决定而订立的合同。征求意见稿第84条继承了第三稿第89条,只是将“(1)依照本法第27条订立合同的”,改为“依照法律或者根据国家计划管理需要订立合同的”,并新增第2款:“强制实际履行不影响当事人请求支付违约金或者赔偿损失。”

值得注意的是,第三稿违约责任一章进一步强化了对当事人约定的干预。另外,建议草案违约责任一章所建议的其他重要制度,如防止损失扩大规则、过错相抵规则、损益相抵规则、第三人侵害债权规则,以及违约责任与侵权责任的竞合规则,均为第三稿所采纳,只对个别文字稍作修改。这就是第三稿第85条关于防止损失扩大、第94条过错相抵、第 86 条损益相抵、第 95 条第三人侵害债权、第 96 条违约责任与侵权责任的竞合。这些制度均为征求意见稿所保留。

（十四）关于合同解释

建议草案专设一章规定合同的解释规则，即第九章合同的解释，共 6 个条文：第 159 条文义解释；第 160 条整体解释；第 161 条目的解释；第 162 条习惯解释；第 163 条公平解释；第 164 条诚信解释。1996 年 5—6 月的修改，认为合同解释规则虽有必要规定，但没有必要专设一章。最后决定合并为一个条文，安排在附则一章。这就是第三稿第二十九章第 373 条："当事人对合同条款的理解有争议的，应当按照合同所使用的词句、合同的内容、当事人之间的交易习惯或者其他交易习惯以及诚实信用原则，确定该条款的真实意思。该条款可以作两种或者两种以上的解释时，应当以符合合同目的的解释为准。"这一规定保留在征求意见稿第三十章"附则"的第 388 条，未有任何改动。

四、1997 年 6 月 9 日至 18 日研讨会上争论的主要问题

（一）关于《技术合同法》是否纳入统一合同法问题

按照立法方案，统一合同法一经生效，原来的三个合同法将同时废止。对此，存在不同意见。主要是国家科委不同意将《技术合同法》纳入统一合同法。这次在北京市昌平区工商局培训中心召开的征求意见稿讨论会上，就这个问题进行了争论。国家科委政策法规与体制改革司司长段瑞春陈述了科委的意见，主张统一合同法只着重规定合同通则，保留现在的《技术合同法》和技术合同法体系。其主要理由是：其一，现行技术合同法体系是改革开放的成果，具有中国特色，经过多年的实践证明是成功的，已经形成一个完整的体系，符合国家提出的科教兴国和加速科技成果转化的要求。其二，立法应考虑一般与

特殊的关系，将一般规则统一起来是必要的，在此基础上应允许技术合同法作为一个独立的体系存在，认为统一合同法与技术合同法的关系，类似于民法财产法与知识产权法的关系。技术合同有区别于一般民事合同的特点，应当使《技术合同法》作为单行法存在。其三，现行技术合同法体系是与技术市场管理制度结合在一起的，所有的省、自治区、直辖市都有管理机关负责指导《技术合同法》的实施，75%的地级市都有技术合同管理机构，50%的县有技术合同管理机构，形成了一个管理队伍，如果《技术合同法》被废止，意味着现行的行政法规体系和管理制度都得推倒，现在的管理机构失去存在依据，管理队伍将被解散。出席会议的学者、法官和其他行政部门的负责人均表示赞同“三法合一”，认为技术合同的特殊性可以在统一合同法分则中充分得到反映，并建议由国家科委负责起草分则中的几类技术合同，必要的管理措施可以另行制定实施细则。

（二）关于是否规定合同管理问题

按照立法方案，统一合同法不宜规定合同管理问题和合同管理机关，因此四个草案均未规定合同管理。这次会上国家工商行政管理局法规司司长王学政陈述了国家工商行政管理局的意见，建议增加一章规定合同管理和合同管理机关。主要理由为：其一，中国市场经济与资本主义的市场经济不同，资本主义的市场经济是以私有制为基础，中国的市场经济是以公有制为主导，由公有制性质决定，必须坚持并加强对合同的行政监管；其二，自改革开放以来，国有资产流失问题十分严重，而国有资产流失大部分与合同有关，有的是在签订合同中上当受骗，有的则属于双方恶意串通通过签订合同侵吞国有资产，要防止国有资产流失，必须加强对合同的行政监管；其三，中国市场交易秩序比较混乱，其突出表现是合同履约率低，利用合同进行违法活动严重，坚持并加强对合同的行政监管，是建立和维护正常的市场交易秩序，制止和制裁利用合同的违法行为的迫切要求；其四，坚持并加强对合同的行政监管，可以弥补司法救济的不足，更好地保护当事人的合法权益。希望在统一合同法上明确规定工商行政管理部门监管合同。多数会议参加者认为，对合同的行政管理问题，不宜在统一合同法上规定，应当在有关市场管理的法规中规定。少数人提出折中意见，建议在附则中设一个条文规定管理问题。至于这一条文规定什么内容，有不同方案。谢怀栻教授建议的方案是："国家对于企业与企业间、企业与个人间的重大合同进行必要管理的办法，由国务院制定"；王家福教授建议的方案是："国家工商行政管理机关依据《反不正当竞争法》和《消费者权益保护法》，对合同进行必要管理"；我建议的方案是："利用合同进行的违法行为，由工商行政管理机关依法查处，构成犯罪的，由人民法院依法追究刑事责任。"

（三）关于如何规定对外贸易中的代理

众所周知，《民法通则》所规定的代理，指代理人以本人名义为法律行为而其法律效果直接归属于本人，即所谓直接代理，属于狭义代理概念。但中国对外贸易中所实行的代理，不仅指直接代理，还包括间接代理，属于广义代理概念。对外经济贸易部《关于对外贸易代理制的暂行规定》（1991 年 8 月 29 日发布）第 1 条规定：如代理人以被代理人名义对外签订合同，双方权利义务适用《民法通则》有关规定；如代理人以自己名义对外签订合同，双方权利义务适用本暂行规定。按照大陆法系民法理论，所谓间接代理，即代理人以自己名义为法律行为而其法律效果间接归属于本人，本质上应为行纪，而非代理。因此，学者起草的统一合同法建议草案第二十六章"行纪合同"中专设第二节"对外贸易行纪"，包括 5 个条文，即第 398 条对外贸易行纪的法律适用，第 399 条委托人的义务，第 400 条受托人的义务，第 401 条违约责任及免责条件，第 402 条对外争议解决的相互协助。基本内容采自《关于对外贸易代理制的暂行规定》。但这一节在以后被删去了，因此第二稿、第三稿、征求意见稿均未涉及对外贸易代理问题。在1997年6月9日至18日讨论统一合同法草案征求意见稿的会上，对外贸易经济合作部条约法律司司长张月姣建议规定外贸代理。这就涉及如何协调大陆法系代理与英美法系代理的问题。少数学者表示赞同规定间接代理。认为外贸代理，用行纪合同解决不了，要使本人介入代理人与相对方的关系中，可以适当引进《国际货物销售代理公约》的规定。外贸代理，把本人纳入代理人与相对方的关系中去，值得尝试，就规定一个间接代理。多数学者对此持保留态度，认为中国属于大陆法系，对于英美法上的东西，能够吸收的尽量吸收，但不得破坏大陆法系的基本框架。规定间接代理涉及民法一些根本性理论，如何与《民法通则》上的代理协调，须慎重考虑。

（四）关于违约责任原则

有学者表示不同意将违约责任原则由建议草案所规定的过失推定责任改为严格责任。其主要理由：(1)改为严格责任将导致中国民法体系内部的冲突和不协调，如与侵权责任不统一，与本法所规定的过失相抵制度、当事人为自己一方第三人的过错负责的制度等发生冲突；(2)违约责任以过错为归责事由已经深入人民和企业的法律意识，现在改为严格责任，中国法官和民众难以接受；(3)国际公约的规定不应成为改变统一合同法违约责任原则的理由，因为《联合国国际货物销售合同公约》仅规范一种合同，双方当事人均为商人，其交易能力平等，且公约的价值取向是单向度的，即交易安全和便捷，而民法的价值取向是双向度的，除交易安全和便捷外，还有社会正义；(4)过失责任原则的优点是突出民事责任的道德性，改为严格责任不符合这一传统，且其他大陆法系国家并未改变过失责任原则，中国立法不应轻率从事。多数参加者赞同规定严格责任，其主要理由是：其一，将违约责任改为严格责任非自统一合同法草案始,事实上,《民法通则》第111条、《涉外经济合同法》第18条和《技术合同法》第17条已经将违约责任规定为严格责任,现行三个合同法仅经济合同法规定过失责任。其二,除《联合国国际货物销售合同公约》外,近年公布的《国际商事合同通则》和《欧洲合同法原则》均规定了严格责任,如果说公约是受英美法的影响,则《国际商事合同通则》和《欧洲合同法原则》采纳严格责任应当是两大法系的权威学者经过充分的斟酌权衡之后所达成的共识,反映了合同法发展的共同趋势。其三,严格责任与过错责任相比有显而易见的优点,在诉讼中原告只需向法庭证明被告不履行合同义务的事实,无须证明被告对于不履行有过错,也不要求被告证明自己无过错,这里的逻辑是有违约即有责任,违约责任的构成仅以不履行为要件,被告对于不履行有无过错与责任无关。免责的唯一可能性在于证明存在免责事由。不履行与免责事由属于客观事实,其存在与否的证明和判断相对容易,而过错属于主观心理状态,其存在与否的证明和判断相对困难。因此实行严格责任可以方便裁判,有利于诉讼经济,有利于加强合同的严肃性,有利于增强当事人的责任心和法律意识。其四,严格责任更符合违约责任的本质,违约责任以存在合法有效的合同关系为基础,合同是双方自由协商签订的,当然完全符合双方的意愿和利益,违约责任是由合同义务转化而来,本质上出于双方约定,不是法律强加的,此与侵权责任不同。因此,违约责任应比侵权责任严格。侵权责任发生在预先不存在密切联系的当事人间,权利冲突的广泛存在使损害的发生难以完全避免,因此法律要求除损害事实之外还要有过错要件,过错等同于可归责性,它使侵权责任具有合理性和说服力。而违约责任本质上是出于当事人自己的约定,这就足够使违约责任具有了充分的合理性和说服力,无须再要求使违约责任具有其他证明其合理性和说服力的理由。

（五）关于欺诈和胁迫

现行《民法通则》将欺诈和胁迫规定为合同无效的原因，统一合同法建议草案改为合同可撤销的原因，第二稿恢复为合同无效原因，第三稿再改为合同可撤销原因，征求意见稿再恢复为合同无效原因。因此，在讨论征求意见稿的会上就这一问题进行了争论。主张欺诈和胁迫应为合同无效原因的主要理由在于现行《民法通则》的规定，并认为规定为合同无效原因有利于受欺诈、受胁迫一方。主张欺诈和胁迫应为合同可撤销原因的主要理由如下：(1)法律政策上的理由。基于法律政策，凡影响合同效力的原因直接损害社会公共利益的，就使合同无效，目的在于维护社会公共利益。凡影响合同效力的原因一般仅损害当事人私益，则使合同可撤销，法律赋予受害一方当事人撤销权，由该受害一方当事人自己决定行使撤销权使合同无效，或者不行使撤销权使合同继续有效。(2)无效与可撤销在法律效力上的差异。法律上所谓无效，是自始、当然、绝对无效，无变为有效的任何可能性。欺诈、胁迫被规定为无效原因，将使因欺诈、胁迫所订立的合同自始、当然、绝对不发生效力，使受欺诈、受胁迫的一方当事人不能保持因该合同所获得的利益。而规定为可撤销原因，则该合同不当然无效，存在有效的可能性，使因种种原因而不打算推翻已成立的合同的受欺诈、受胁迫一方当事人，可以保持因该合同所获得的利益。此时，将欺诈和胁迫规定为无效原因，对受害人一方反而不利。(3)程序上的理由。作为合同无效的原因应当具有客观性，以便于法庭或者仲裁庭在确认合同无效时易于判断无效原因之是否存在。例如，合同违法、违反指令性计划、违反社会公共利益、双方恶意串通损害第三人利益等，法庭或仲裁庭可依合同内容及客观情事作出判断。欺诈和胁迫，属于不自愿的意思表示，是否有欺诈、有胁迫唯当事人自己知道，如果受欺诈、受胁迫一方不予主张，法庭或者仲裁庭不可能从合同内容或客观情事判断欺诈、胁迫之存在。即使《民法通则》将欺诈、胁迫与违法一并规定为合同无效原因，但在审判或仲裁合同纠纷实践中常见法庭或仲裁庭依职权确认合同因违法而无效，罕见依职权确认合同因欺诈或者胁迫而无效。原因正在于此。

（六）关于行政合同

《法制日报》1997年6月9日第1版刊载应松年教授的文章《行政合同不容忽视》，建议在统一合同法上对行政合同作出规定。该文提出判断行政合同的三项标准：(1)合同当事人中居于主导地位的当事人，必须是代表公共利益的行政机关；(2)合同目的在于实现行政管理和公共利益的目标；(3)在合同权利义务的配置上，行政机关保留了某些特别权力，如监督甚至指挥合同的实际履行，单方面变更合同的内容，认定对方违法并予以制裁。作者根据这三项标准，认为中国现实中的粮食、棉花、烟草定购合同，国有土地使用权出让合同，国有企业承包经营合同，国有企业租赁合同，国家订货合同，公共工程承包合同，按照指令性计划签订的合同，以及某些科研合同等，均属于行政合同。在讨论征求意见稿的会上，有的参加者指责起草人混淆了民事合同与行政合同的界限，把本质上属于行政合同性质的合同作为民事合同规定。这一意见理所应当地受到多数人的反对。什么是行政合同？中国现实中有没有行政合同？哪些属于行政合同？这些问题当然有深入研讨的必要。但混淆民事合同和行政合同界限的，不是统一合同法草案，而恰好是上述文章所提出的三项标准。如果说有所谓行政合同的话，只能存在于行政权力作用领域，属于行政法律关系。例如，改革过程中实行的中央财政与地方财政之间的财政包干合同、行政机关与财政之间关于规定罚没款上交、留用比例的合同。按照笔者的理解，所谓行政合同的双方当事人都必须是行政机关或者被授予行政权的团体（如中介机构、行业协会），合同内容必须属于行政权力的行使行为。本质上属于市场交易的行为,即使一方当事人为行政机关(如政府采购合同),即使法律规定实行强制签约(如粮食定购),也仍然属于民事合同,而与所谓行政合同有本质区别。至于上述文章提出的第三项标准,显而易见是混淆了市场交易行为与国家对市场交易的管理行为,国家通过行政机关对某些市场交易行为进行适度干预,并不改变这些市场交易行为的性质,当然不可能使这些市场交易关系变成所谓行政合同关系。

(七)关于情事变更原则

统一合同法草案第三稿和征求意见稿均规定了情事变更原则,但对于应否规定一直存在争论。不同意规定情事变更原则的理由,主要有两个。其一认为所谓情事变更被不可抗力包含,既然已规定不可抗力,就没有再规定情事变更的必要。其二认为情事变更原则属于一般条款,没有具体的判断标准,担心在实践中被滥用,影响法律的安定性。其中,第一个理由,显系混淆了不可抗力与情事变更两个不同的概念和制度。两者的区别在于:(1)两者虽均构成履行障碍,但程度不同,不可抗力已构成履行不能,而情事变更未达到履行不能的程度,仍属于可能履行,只是其履行极为困难并导致显失公平。(2)不可抗力属于确定概念,《民法通则》第153条规定了不可抗力的定义,而情事变更属于不确定概念,法律上无法规定其定义。(3)不可抗力属于法定免责事由,当事人只要举证证明因不可抗力导致合同履行不能,即可获得免责,法庭或仲裁庭对于是否免责无裁量余地;情事变更不是法定免责事由,其本质是使当事人享有变更或解除合同的请求权,而同时授予法庭或仲裁公平裁量权。(4)不可抗力的效力系当然发生,情事变更的效力系非当然发生,是否构成情事变更、是否变更或者解除合同及是否免责,须取决于法庭或仲裁庭的裁量。至于第二个理由,鉴于情事变更原则的实质在于授予法庭或仲裁庭自由裁量权,在实践中发生滥用此裁量权的危险显然存在。现在的问题是,是否在法律上不规定情事变更原则,就能够避免这种滥用?实际上,在中国审判实践中已经有承认情事变更的判例,统一合同法不规定这一原则并不能阻止法院根据情事变更理论裁判案件。与其如此,还不如由统一合同法对情事变更原则作出明文规定,使法庭或仲裁庭在适用这一原则时有所遵循,减少裁判的任意性,减少滥用的危险。因此,会上多数参加者表示同意规定情事变更原则,认为现在面对的问题不是应否规定,而是应如何规定。

《中华人民共和国合同法》的立法经验*

新颁布的《中华人民共和国合同法》(以下简称《合同法》)是新中国历史上条款最多的一部法律,共428条,内容非常丰富。短时间内对它作一个冷静客观的评价,指出其成功与不足是有难度的。说句实在话,这部法律从最开始的设计、第一个草案的统稿到各次草案的产生、专家会的讨论等,我都亲自经历、亲自参加。全国人大常委会审议的第四个审议稿,我参加了定稿。但现在看来,《合同法》中的很多条文、概念我自己觉得莫名其妙,觉得没法解释。所以说现在就来评价这部法律的优点和缺点,很难说得那么准确。

一、《合同法》的立法指导思想

从立法指导思想入手,然后分析这部法律,对我们每一个法官、律师、学校教员来说,掌握这部法律可能更深入。立法指导思想是在立法方案中明文规定的。这部《合同法》的制定与别的法律制定不一样。新中国历史上每一部

---

* 本文写作于1999年。

法律的制定基本上都是这样的:由一个行政部门牵头,组织一个班子,大家一来就列提纲、设计章节、拟条文,反反复复地修改。而这部《合同法》的制定却是首先设计立法方案,而立法方案的设计委托给8位专家来完成。8位专家中有两位法官,分别是最高人民法院的李凡副庭长和北京市高级人民法院的何忻,李凡当时是研究室副主任,何忻是告申庭的庭长,两位庭长都是40岁刚出头。其他六位同志,年龄最大的是江平教授,他当时60多岁。其次就是我,当时50岁刚出头。接下来就是三四十岁的,如中国人民大学的王利明教授(最年轻的,30多岁);吉林大学的崔建远教授;烟台大学的郭明瑞教授;中国社科院法学研究所的《法学研究》副主编张广新研究员。我们不是一开始设计合同法的章节,而是大家先来漫谈合同法发展的情况,即务虚。大家讨论21世纪以来合同法有哪些发展趋势,其精神实质发生了哪些变化,有些什么新的制度。在大陆法系国家的德国、法国、日本,英美法系国家的英国、美国等的合同法中以及在国际公约中,比如《联合国国际货物销售合同公约》中有些什么新的制度、新的原则。讨论后先拟定制定本法的指导思想,共五个指导思想。

(一)制定本法要从中国实际出发

什么是中国实际,经大家讨论斟酌,最后定下来四个要点。第一个要点是改革开放;第二个要点是发展社会主义市场经济;第三个要点是建立全国统一的大市场;第四个要点是与国际市场接轨。只有这四点是中国的实际,其他任何的特征都不是中国的实际。

确定了中国实际以后,紧接着是要总结我们的合同立法和合同司法的经验。这就是要总结我们改革开放以来制定的《民法通则》、三个合同法以及各个合同条例和一系列实施条例中的经验和不足。更重要的就是法院的经验,尤其表现在最高人民法院关于《民法通则》的意见、关于《经济合同法》《技术合同法》《涉外经济合同法》的意见,最高人民法院平时的解答、批复。还有一个最重要的就是《最高人民法院公报》,公报自 1985 年创刊以来,陆续刊登了一些判决,这些判决当中有一些有非常典型的意义,创设了一些新的规则。这些都要进行斟酌、分析,凡是成功的、符合中国实际的、符合法理的,我们都要采纳。

然后还要广泛地参考借鉴发达国家和地区的成功的立法经验和判例、学说,这些发达国家和地区自战后在立法上通过修正法律、修订法律、制定法律创立了很多新的东西形成很多新的经验,一些重要的民法典如《法国民法典》《德国民法典》在战后都有一些修订,还有一些单行立法和法院、法官创设的规则,都需要斟酌借鉴。战后发达国家及地区法院同样面临着社会关系极度动荡、极度复杂、社会环境极度变化的情况,在这种情况下很多新的案件、奇怪的案件在战前没有出现过,在法律上没有相应的规定。而这些发达国家和地区的法官面对法律没有明确规定的案件创设了一些新的规则、新的制度,我们都要尽可能地采纳、吸收。

除了国外先进的立法和司法经验外,不能忽略我国台湾地区的经验。台湾地区后来的经济生活有极大的发展。经济一发展,就产生很多新的问题,因此它的法院和法官也创设了很多新的规则,这些我们当然也要参考借鉴。

借鉴发达国家和地区先进的合同立法和司法经验,要达到的目的,就是使我们的《合同法》成为反映现代市场经济客观规律的共同规则。这是在第一个指导思想当中就提出来的目的。我们的法律不能够关起门来,不能只有我们的学者、立法者、法官看得懂,外国人看不懂。我们的市场需要和国际沟通,我们的法律不仅要我们自己能够理解、能够掌握,还要使国外的企业、企业家、法官、律师能够掌握。如何才能做到这一点? 只有我们采纳共同规则才能做到。我们平常说的和国际接轨,它的前提是要法律规则接轨,法律规则不接轨,经济无法接轨。所以在第一个指导思想上我觉得很重要的是要尽量采纳反映现代市场经济客观规律的共同规则,并与国际公约和国际惯例协调一致,这里没有说和国际公约、国际惯例完全一致,说的是协调一致。也就是说,我们并不是照搬国际公约、国际惯例,因为我们国家对一些国际公约有保留条款,还有些惯例不见得适合我国。所以我们提的是协调一致。这是第一个立法指导思想,是非常重要的。

(二)充分体现当事人的意思自治

在不违反法律的前提下保障当事人享有充分的合同自由。订立合同不过就是两个独立、平等、自由的当事人在一起共同协商决定他们之间的权利义务关系。两个当事人应该是独立的、自由的、平等的,如果他们不平等,一个人隶属于另一个人,合同内容就无法决定,如果他们没有自由,就不能支配自己的行动,不能支配自己的思想,也不可能签订合同。所以说合同自由是现代市场经济最基本的要求,没有合同自由就没有市场经济,这一点非常重要。试想一下,在计划经济条件下,我们的企业是不是平等的、独立的、自由的?不是,我们的企业是处在一个有层次的上下隶属关系当中,从中央经济主管部门,比如一机部、二机部、三机部、四机部,一直到七机部、八机部,然后到省一级经济管理部门,比如机械厅,再到地区一级的经济管理部门,比如机械局,还有县、市区的工业局、机械局,等等,都是行政主管机关,最下面一级才是企业。这样企业处在由上到下的行政隶属关系的最下面一个环节,它上面全是一级一级的行政主管机关,我们叫作多层次的行政管理环节、行政层次或行政机关,企业成为这样一个行政关系中的最底层。这时,它已经不成其为企业了。20 世纪 80 年代初期我们曾经用一些教材、著作介绍苏联的法学,苏联的经济法把企业叫作经济机关,正是针对这种层层行政管理体系而言的,有一定的道理。在计划经济条件下,企业不再是独立的生产者,而是一个垂直关系中的一个环节,它的全部活动是严格按照从上到下的指令性计划,还包括上级机关的字条、电话、批示等,来安排它的生产、交换。

一个消费者在计划经济条件下是不是自由的呢?不是。我们每一个消费者吃的粮食、穿的衣服、用的东西,都是按照指令性计划安排的。我们有购粮本、粮票、布票、糖票、鸡蛋票、肉票等票证,消费生活也完全是按照指令性计划安排的。

我们广大农村的农民是不是自由的呢?也不是。农村的生产我们是以三级所有队为基础,即公社、大队、生产队这样三级上下隶属关系。以三级所有队为基础的人民公社体制是合一的,生产和行政管理是结合在一起的。在这种情况下,农民不见了,那谁是生产单位呢?生产队作为一个生产的组织、基层单位,就像我们的企业一样,按照行政指令性计划来进行生产。农民去劳动的时候,就像工厂的工人一样,是按照生产队的安排去的,上工听钟声、下工听哨声,每天做什么工,全听生产队长指示。

在这种行政隶属关系条件下,就没有独立的、平等的、自由的个人,从工业到农业的经济生活全部按照指令性计划进行,按照指令来运转,有没有合同的地位呢?没有。计划经济体制和市场经济体制是截然相反的经济形态,在市场经济条件下,要尽量砍断这样的隶属关系,要造就独立、自由、平等的生产者、市场参加者。我们的扩权让利,我们企业体制的改革不就是最终使企业从行政隶属关系脱离出来成为独立的主体吗?让企业成为独立的主体参加市场进行生产、交易吗?我们的农村改革中实行的家庭联产承包责任制,归根结底就是让农民摆脱以三级所有队为基础的公社体制,成为独立的生产者,能够自己独立决定自己的劳动。这样看来,我们的改革一开始就是面向市场,全面推行社会主义市场经济的前提是有这些独立的、平等的、自由的市场主体。

这些独立、平等、自由的市场主体怎么进行活动呢?在市场经济下,已经没有严格的国家计划、行政指令把全国的生产、某个行业的生产来安排,而且事实上已经做不到了。马克思主义经济学说告诉我们,市场经济是没有计划的,是靠市场规律在起作用,物价上升大家就生产这个东西,物价下跌大家就生产别的,靠市场机制来指挥运转。在这种情况下,企业不能靠猜测这个市场,要靠签订合同来组织自己的生产、交换,只有签订了合同,才能放心地投产,生产出来的产品才能销售出去。可见在市场经济条件下,合同关系是最基本的关系,可以说市场经济条件下的经济关系都要表现为合同关系,唯有合同关系才是市场经济特征的反映。

独立、平等、自由的当事人自己协商安排其权利义务关系,这样的关系在法律形式上就叫作合同。因此合同中最基本的原则就是自由,合同自由是市场经济本质特征的最基本的表现。自改革开放以来,企业的自由、农民的自由越来越大,但现存的三个合同法上合同自由不够,限制特别多。举例来说,在 1981 年颁布的《经济合同法》上,专门规定了合同管理机关,而合同管理机关管理合同有各种手段,特别厉害的一招是,合同管理机关可以主动确认合同无效,1993 年修改《经济合同法》已经把它删掉了。这些制度严格说是计划经济的反映,限制当事人的合同自由是和市场经济直接抵触的。

我们现在制定《合同法》,最重要的一点是我们的法律能够体现合同自由这个原则,如果做不到这一点,我们的法律就不可能适应市场经济的要求。因此第二个指导思想就是要充分体现当事人的合同自由,只要在不违反法律的前提下,就要保障当事人享有充分的合同自由,不受行政机关和其他组织的干涉。

当然,合同自由并不意味着对当事人一点限制都没有。在合同自由的原则下,合同当事人应当受到两方面的限制:一个是在法律许可的范围内;二是在特殊的情况下,可以对当事人的合同自由做某种限制。后种限制中的特殊情况是说一定要有正当的理由,至于正当的理由是什么,当时讨论过,大家一致认为正当理由包括:为了保护消费者,为了保护劳动者,为了维护社会公共利益和国家利益。只有出于正当的理由,才能在立法条文上限制合同当事人的自由,实质上也是在限制滥用合同自由。

(三)《合同法》要具有一定的超前性或前瞻性

本法制定、实施的时代特点是:在20世纪末制定,在1999年通过,主要在21世纪生效、实施。我们的法律就应该做到有必要的超前性,我们是要面向21世纪,不能够只看见眼前的转轨时期。也就是说,《合同法》应当能够适应我国建成市场经济后对法律调整的要求,估计到2025年、2030年中国的转轨时期已经结束,社会主义市场经济已经基本建成,那个时候我们的市场经济和发达国家的市场经济没有什么差别,到那个时候我们的《合同法》照样能够管用。但这不是说一点也不要修改,或者说不必制定一些新的单行法、某种合同专门制定规则,而是说合同法的基本精神、基本制度、基本规则到那个时候能够管用,能够符合社会生活的要求。这一点在《合同法》制定过程中也有争论,有一种倾向认为我们应该着重考虑目前转轨时期的一些特点。在讨论立法方案时,针对这个问题,大家进行了认真讨论和研究,最后认为,我们确实要面向21世纪,但同时也要兼顾转轨时期的一些特殊问题。

转轨时期有哪些特殊问题呢?由于我们的社会生活中行政干预还非常严重,侵害当事人利益的行为十分多,还有转轨时期的经济生活有很多混乱,什么"三角债"、赖账、工程建设中收回扣、送红包,造成建设工程质量低劣,造成桥倒屋塌,造成严重的人身、财产损害。对这些严重问题我们在制定《合同法》时不能够置之不理,一定要充分注意,要制定出相当的对策。

这是第三个指导思想,即面向21世纪和怎样兼顾转轨时期的一些特殊问题。还提出一点:对转轨时期的那些落后现象我们不能迁就,比如说红包、回扣在转轨时期非常普遍,但我们不能通过立法把它合法化。

(四)《合同法》的价值取向应该是经济效率和社会正义

法律的价值取向就是法律追求的目标。我们的《合同法》应当既追求经济效率,又追求社会正义。所谓经济效率,拿我们习惯的话说就是有利于生产力的发展和提高,有利于企业的发展,有利于企业的赚钱。所谓社会正义,是在整个社会不同的阶层、人群之间要大体上做到平衡,在一个合同关系当中当事人之间的利害关系要大体平衡。

法律是调整整个社会的,整个社会要有一个基本上的利益平衡。有些人群比如说消费者、劳动者,他们是分散的、弱小的,他们没有办法和企业家、大企业、大公司相抗衡。在这种情况下,我们如果只讲形式上的正义,我们说合同自由吧,你们只要自由协商签订的合同就有效,就予以保护,这里的合同自由就仅仅是形式上的自由。实际上,消费者、劳动者怎么能够对抗大企业?试想一个山区出来的孩子进到城里来打工,当他身无分文,吃了上顿没有下顿的时候,他看见了一个招工的广告,他赶紧去求职。这时,他怎么敢和企业主讨价还价,怎么敢去争取自己的权利、法律上规定的什么卫生条件、安全条件、文明生产的劳动条件、最低工资条件等?也就是说,他们实际上是弱小的,无法和企业抗衡。这时,法律要起什么作用呢?法律就要支持这些弱小的消费者、劳动者,法律这时不能仅满足于形式上的自由、正义,还要追求实质上的正义。所谓实质上的正义,就是等合同的双方当事人实质上处于不平等状态时,比如当一方是企业而另一方是劳动者的时候,法律规则首先要考虑保护劳动者、消费者,不能够采取不偏不倚的态度。

整个立法过程中对这一点是非常重视的,我们不是片面地追求经济效率。如果是片面追求经济效率,凡是有利于提高生产力、有利于经济发展、有利于企业赚钱的,就合法、就保护、就鼓励、就支持的话,那么假冒伪劣也是可以发展生产的。众所周知,有些地方的快速发展最初就是靠假冒伪劣,有些人的暴富以至于后来成为大企业家,也是靠搞假冒伪劣商品或服务。难道我们的法律上也要承认假冒伪劣、坑蒙拐骗吗?不行。我们不能丢掉社会的正义,社会的正义与公平是法律追求的一个非常重要的目标,没有社会正义、公平,就不叫法律,就变成了纯粹的技术规则。

任何国家的法律都牢牢抓住社会正义,我们这样的国家更不用说。我们现在正在建设和发展的是社会主义的市场经济,所谓社会主义体现在哪里呢?就体现在我们的法律更加注重社会正义,更加保护劳动者、保护弱者,因此在这个指导思想上提出兼顾经济效率和社会正义。如果当经济效率和社会正义发生冲突,难以兼顾时,哪一个优先呢?当然是社会正义优先。贯彻这个指导思想就要求在拟定法律规则时既要注重有利于提高效率,促进生产力的发展,又要注重维护社会公共利益,保护消费者、劳动者,维护市场道德秩序,决不允许靠损害国家、社会公共利益,损害消费者、劳动者的合法权益发财致富。

(五)《合同法》要具有可操作性

我们的教科书都说,法律就是行为规则。《合同法》首先是当事人签订合同、履行合同的行为规则。但更重要的一点是,法律是裁判规则,亦即法官裁判合同案件时的裁判规则。这就要求这个裁判规则要有可操作性,要求每一个规则、每一个条文要尽可能地有具体的构成要件、法律效果、适用范围,这样法官在裁判时才能有所遵循,最终能够保障不同的地区、不同的法院裁判同样的案件能够得到同样的判决结果,维护裁判的统一性和公正性。

现行的三个合同法可操作性不是很强。有些条文看起来不错,真的要用来裁判案件的时候法官会感到模棱两可,没有具体的可操作性,好些条文像口号一样。我们现在要解决这个问题。这一点非常重要,且不说有什么地方保护主义、行政干预的影响,就是一个完全公正、正直的法官裁判案件,如果法律不具有可操作性,也会造成很大的差异,不能保证裁判的统一性和公正性。

二、《合同法》的成功

《合同法》可以说取得了巨大的成功,主要表现在如下几方面。

(一)《合同法》反映了建立全国统一大市场的要求,实现了交易规则的统一和完善

我们搞社会主义市场经济,要把整个国家建成一个统一的大市场,在这个大市场上当事人签订合同,如果是同类的合同,不管你在什么地方签订、履行,规则应该是一样的;如果同样一个合同发生纠纷,不管在什么地方什么法院起诉,哪个法官裁判,裁判结果也应该是一样的。这就要求交易规则(《合同法》就是交易规则)必须是统一的,只有这样才能做到裁判的公正和统一,才能促进市场经济的正常发展。

原来的三个合同法(意味着三个交易规则)是不统一的,其不统一体现在如下几方面:

(1)三个合同法调整的社会关系不一样。《经济合同法》是规定国内的合同,还不是国内全部的合同,是国内所谓的经济合同。所谓经济合同,是法人、其他经济组织、个体工商户、农村承包经营户相互之间的合同;《技术合同法》是专门规定国内的技术合同,是以技术关系,诸如技术开发、技术转让等这类特殊的合同关系为规范对象的;《涉外经济合同法》规定涉外经济合同关系。

(2)法律主体不统一。《经济合同法》中的合同主体只限于法人、

其他经济组织、农村承包经营户和个体工商户，不包括自然人；《技术合同法》的合同主体既包括法人也包括自然人；《涉外经济合同法》的合同主体包括中国的企业和其他经济组织与外国的企业、其他经济组织和外国的个人，在这部合同法中，外国的个人是可以的，中国的个人不可以，并且《涉外经济合同法》中的主体叫企业，不叫法人。

(3)违约责任的归责原则不统一。《经济合同法》规定的是过错责任，因过错违反合同或者不履行合同，或者履行合同不符合条件的，应当承担违约责任，强调的是过错。《技术合同法》和《涉外经济合同法》关于违约责任的规定，法律条文说不履行合同或者履行合同不符合约定的条件，应当承担违约责任，根本不提过错的问题，也就是无过错责任。

(4)合同法的基本原则表述上不一致。《经济合同法》将基本原则表述为平等互利、协商一致；《技术合同法》则表述为自愿平等、互利有偿和诚实信用。

(5)合同形式不一致。《经济合同法》承认口头合同，即时清结的合同可以采取口头形式，不是即时清结的采取书面形式；而《技术合同法》和《涉外经济合同法》要求必须采用书面形式。

(6)结构风格不一致。《经济合同法》是总则加分则，规定了十种典型合同；《技术合同法》也是总则加分则，规定了合同分则；《涉外经济合同法》全是总则，根本没有规定分则。所以说《经济合同法》和《技术合同法》是大陆法的风格，和德国、日本、法国一样，而《涉外经济合同法》是英美法的风格，和英国、美国一样。

三部合同法除在上述方面不一致外，还有一些缺漏，现实生活中发生的很多合同关系三部合同法都未作规定。

比如说，在市场经济条件下有一类合同关系叫作中介，就是自己不进行商品交换、买卖，是替人家做，即在合同的双方当事人之间活动，如中介公司、代理公司、经纪公司、服务公司、咨询公司，等等。这些公司不是生产者,也不是经销者,既不是出卖人也不是购买人,而是在当事人中间进行斡旋。在我们的现实社会生活中因中介关系所产生的问题非常多,中介关系是发达的市场经济条件下很重要的一类关系,在我们的法律中完全没有规定。

再如,在20世纪80年代我们引进了融资租赁合同,这是一种新的合同形式,三方当事人、两个合同,这种合同对企业的更新改造,技术升级换代、引进资金及技术等方面都发挥了很大的作用。但是在很长时间里我们对这一种合同纠纷案件的裁判没有规则,用《经济合同法》的财产合同的规则去裁判,最后招致了不正确的裁判结果,影响了融资租赁这种形式的发展。到了前两年最高人民法院才颁布了一个关于审理融资租赁案件的一个解释性文件,以司法解释的形式为我们提出了一些裁判的规则。如此重要的合同关系,居然法律没有规定。

法律未作规定的合同还有储蓄合同、结算合同等。现在人们都有了一点钱,不是去炒股票,而是存在银行里。这种储蓄关系无论对银行来讲还是对储户来讲都非常重要,自然需要法律规则。另外,因为企业与银行的储蓄关系,企业对外的买卖及其他交易都通过银行来进行结算,而基于这种结算关系经常发生纠纷,事实上各个法院的民庭、经济庭裁判的银行和企业之间、银行和储户之间的纠纷非常多,但是缺少法律规则。

诸如这些重要的社会关系没有法律规则来调整,这就给我们的裁判造成困难,其结果是给我们经济秩序的维持造成困难。从这个意义上讲,我们的交易规则不统一、不完善,是我们所面临的最重大的问题,通过《合同法》就可以基本解决了。

《合同法》规定了15种合同,虽然合同种类还不多,还有很多重要的合同关系没有规定,但是总则部分相当完善,把一个合同从订立、生效、履行、变更、解除、转让,一直到发生纠纷、违约责任都规定得非常详细,即使某一类合同在法律上毫无规则规定,法院也可以裁判。《合同法》第八章专门规定了这样一个条文(第 124 条),如果本法的分则和其他法律没有规定的合同,应该适用本法总则的规定,除总则的规定以外,还可以适用分则和其他法律当中最相类似的规定。前一段是说这些《合同法》分则上没有规定的合同,我们适用总则去裁判它、规范它;后一段是说如果分则和其他法律当中有某个规则和这个案件是类似的,我们可以用那个规则去裁判,这叫作类推适用,法律明文规定法官可以采取类推适用来解决法律没有规定的合同纠纷。

举个例子来说,现在旅游合同很重要,旅游业属于第三产业、无烟工业,在我们的经济生活中,国民生产总值中占的比重越来越大,有些省、市旅游业是其最重要的收入来源。对旅游合同本法没有专门规定,如何适用法律呢? 首先适用《合同法》总则的规定,合同的成立、生效、变更、履行、违约责任等,都有章可循。旅游合同涉及的内容比较多,包括把游客运送到指定的地点,向游客提供饮食住宿、导游等各方面的服务。假设纠纷是发生在游客和旅游公司之间关于运输的问题,比如说原来约定是软卧,最后旅游公司出于某种原因,给了游客硬卧、硬座,游客不满意,认为与合同不符合,起诉到法院,关于旅游合同中的运输问题没有具体的规则,但是法律上关于旅客运输合同有法律规则,和本案当中游客与旅游公司关于运输方式的纠纷案件是类似的。旅游公司当然不是承运人,它负责组织安排交通工具,在特殊的情况下,变更交通工具是否要征得游客的同意,需不需要给予补偿,游客是否可以解除合同,是否可以要求补偿,所有这些问题,虽然没有专门的旅游合同进行规定,但我们就适用旅客运输合同规则,这就叫作类推适用。

因此我们可以说,社会生活中虽然合同种类很多,在《合同法》上没有具体的分则规定,但我们有强行的总则加上法官可以采取类推适用的方法,这就使得社会生活中各种合同关系,都被纳入《合同法》的规范范围,都可以调整。无论发生了什么样的合同案件,法官都可以根据《合同法》作出裁判,都有裁判依据。这是第一个成功,实现了交易规则的统一和完善。

(二)《合同法》剔除了反映计划经济体制的内容,尽可能符合市场经济的本质

原来的合同法将合同称为“经济合同”,这个概念本身就是计划经济体制的反映。经济合同的概念是 20 世纪 40 年代的苏联法学家在斯大林计划经济体制的基础上提出的。所谓经济合同,我们原来的教科书上说有两个特征:一个是主体的特殊性,它的主体都是社会主义组织,不包括私有企业、公民个人;另一个是计划性,经济合同是严格按照指令性计划签订的,实质上是指令性计划关系加上了一个合同的外表罢了。这两大特征恰好是计划经济体制,单一的公有制,单一的、严格的指令性计划制度的反映。

在改革开放初期,我们制定《经济合同法》《涉外经济合同法》时使用“经济合同”这个概念可以理解,因为当时计划经济体制基本上还原封未动。但进入 20 世纪 90 年代,当我们的市场经济已经相当发达的时候,这样的概念就不能够和社会生活相符合。在 1998 年 7 月民法起草工作小组讨论《合同法(草案)》的会议上,据介绍,1997 年全国的商品当中按照指令性计划管理的是 11 种,到了 1998 年是 10 种以下。试想我们社会生活中的产品、商品何止千万种,其中只有不到 10 种是指令性计划管理的,还能讲什么计划性呢?还有市场主体,国有企业、中外合资企业、合作企业、外资企业、私营企业、个体企业、个体工商户,即使是国家机关的干部、学校的教员下了班后还可以去炒股票,炒股票也是在订合同,合同主体已经多元化了。《宪法修正案》说我们是多种所有制结构并存,在这种情况下如果还使用经济合同的概念,强调主体的特殊性,强调主体都必须是社会主义组织,已经不符合社会实际生活了。

关于前面提到的合同管理制度,在《经济合同法》和《技术合同法》中体现得非常突出,在《涉外经济合同法》就体现得少一点。1981年《经济合同法》规定的合同管理机关是国家工商行政管理机关,合同管理机关有广泛的权限,具有各种管理手段,如监督、检查、鉴证、调解、仲裁等,最厉害的一个就是有权主动确认合同无效。法院在审理合同纠纷案件时在两种情况下可以确认合同无效:一种是当事人主动提出无效,法院进行审查,审查后如果确实为无效合同便确认无效;另一种是法院发现合同违反法律强制性规定时,也可以主动确认合同无效。这就是说,法院确认合同无效尚有一定限制,但我们的合同管理机关工商行政管理机关在确认合同无效问题上却毫无限制,这样的制度当然是典型的计划经济的产物,与现在的市场经济截然矛盾。因此在修改《经济合同法》时就提出来要删除这些制度,在《合同法》的制定过程中一直有争论。工商行政管理机关从一开始就强烈要求,要恢复合同管理一章,规定合同管理的机关,规定各种合同管理的手段,规定强制措施,如罚款、没收财产等行政制裁措施。它们的主要理由如下:(1)我们是社会主义市场经济,不能够像资本主义市场经济那样搞合同自由;(2)自改革开放以来国有资产流失很严重,流失的主要途径就有国有企业上当受骗、国有企业的经办人和对方恶意串通等;(3)自改革开放以来社会秩序混乱,利用合同的违法行为多发,合同的履约率很低;(4)单靠诉讼和仲裁不可能充分保护合同当事人的利益,诉讼是当事人发生纠纷到法院起诉,法院才能管辖,法院不能主动到企业行使管辖权,仲裁更不用说,而行政监管的手段是主动的,只有主动去管理合同,才能更好地保护当事人的合法权益,弥补诉讼和仲裁的不足。

基于上述理由,在1997年6月的专家讨论会上,它们提出这样的方案,即恢复合同管理一章,明确管理机关的职责和管理的手段,等等。这个方案自然遭到了法官、学者的反对。但是对它们提出的理由,冷静思考一下也不是一点道理也没有。如何处理这个关系,当时提出了若干折中方案,最后采纳了我提出的方案:利用合同的违法行为,由工商行政管理机关依法查处;构成犯罪的由人民法院依法追究刑事责任。后来将这个方案规定在了附则相关的条款中。到了 1998 年 8 月提交人大常委会审议的时候又在前面增加了一条,表述为"工商行政管理机关和其他主管机关依照法律和行政法规规定的职权负责对合同进行监督"。增加了监督这一条就厉害了,虽然在胡康生同志就人大常委会审议的说明中,一再强调这种监督是事后的监督,但条文上没有显示是事后的监督,这个监督条文一旦最后被通过的话,对当事人合同自由的限制是非常严重的。因此在 1999 年 1 月的讨论会上,学者和法官一致认为这条不行,赋予合同管理机关如此广泛的监督权力,合同管理机关可以随便深入到企业,进行调卷、检查、制裁、罚款,严重违背了市场经济的要求。尽管遭到这样的反对,在 1999 年 1 月的讨论会上立法机关并没有改变态度。这样一来,《合同法(草案)》中关于合同管理机关制裁违法行为和对合同实行监督的两个条文,一直保留到人大会正式讨论的法律案中。到了全会讨论最后通过之前,由于与会代表们将讨论的焦点集中在情事变更原则上,认为情事变更原则不删掉,这个法律肯定通不过,在这种情况下,不得已删掉了情事变更原则。正当人们都在注意"情事变更原则"的废存时,具体操作的同志采纳了王家福教授的意见(学者的意见),把合同管理机关对合同管理和监督的条文进行了合并删改并将"监督"两个字移到了对违法行为进行"处理"的前面,变成了现在的第 127 条:"工商行政管理部门和其他有关行政主管部门在各自的职权范围内,依照法律、行政法规的规定,对利用合同危害国家利益、社会公共利益的违法行为,负责监督处理;构成犯罪的,依法追究刑事责任。""监督"两个字摆在这里就不至于造成危害,对违法行为进行监督当然是合理的,这样的改变就使我们的法律彻底地摆脱了计划经济体制的干预,使《合同法》符合了市场经济的要求,在基本精神、基本原则上充分体现了合同自由,保护当事人的合法权益。

在剔除计划经济色彩、排斥行政干预的道路上,还有一个障碍是对技术合同的处理。国家科委从立法开始就一直反对把《技术合同法》纳入统一合同法中,在 1997 年 6 月的专家讨论会上提出了如下理由:(1)技术合同是我国成功的经验,符合科教兴国战略思想;(2)技术合同具有自己的特殊性,建议《合同法》总则部分适用于技术合同,《技术合同法》仍然保留;(3)最本质的理由是,《技术合同法》颁布后,我们从上到下建立了技术管理队伍、技术管理机构,省、自治区、直辖市一级都有技术管理机构、技术管理队伍,地区一级 75% 建立了技术管理队伍,县一级是 50% ,假设《技术合同法》没有了,技术管理队伍到哪里去?

当然我们不是说如此多的合同,一点管理的必要也没有,只是说不能像原来那样广泛地管理,因为这种管理方式完全不符合市场经济的要求。结果到第四次审议稿的时候,当它们得知三法合一不能动摇后,又换了一个说法,说我们这个《合同法》最好只要总则,不要分则,因为分则太复杂,也不能起多大作用。这样就可以将《技术合同法》保留下来。这些方案最终都没有能够实现。介绍这些立法背景旨在说明立法过程中,学者、法官和立法机关是要力图贯彻立法目的,剔除反映计划经济的那些东西,使法律和现在的市场经济吻合,符合现代市场经济的共同规则。在这一点上,可以说《合同法》取得了极大的成功,过去没有哪一部法律在这个问题上是如此的彻底。

(三)《合同法》实现了现代化

我们原来的三个合同法是改革开放初期制定的。改革开放一开始的时候,教育刚恢复,理论研究还谈不到,更不用说 20 世纪 80 年代前半期民法学界和经济法学界还在进行抢地盘般的大规模论战,没有条件也没有下工夫来研究民法理论本身的发展。再说我们刚刚打开国门，对发达国家和地区的合同法的发展不掌握，因此三个合同法不仅在反映计划经济内容方面显得比较落后，而且在法律理论、法律思想、法律制度上都比较陈旧。比如说讲平等、公平也仅仅停留在形式上，我们当时的法律没有体现保护消费者、劳动者以及其他经济上的弱者的制度以捍卫实质正义，我们没有应付因现代社会生活急剧变化而产生的各种问题的对策。原来的三个合同法可以说是极不完善、残缺不全的。当然三个合同法发挥了很大作用，我们是在承认其发挥很大作用的前提下指出其不足的。

与此同时我们看到，自 21 世纪以来，特别是自第二次世界大战以来，发达国家和地区的合同法理论有非常大的发展。这些发展表现在精神实质上，更加强调实质正义、保护消费者和劳动者等经济上处于弱势的人们的权益。法官在裁判过程中弹性更大，他首先对当事人之间的利害关系进行权衡，看合同双方的经济状况、合同订立的背景、社会环境，尽量谋求一个利害关系上公平的判决，最后作出的判决应当是公平的、合理的、适当的。不像过去，过去的法官说句形象的话，像盲人一样，他看不到也不允许他看当事人的具体情况，在法官眼里只有原告、被告两个符号。如果原告是自然人，是什么样的自然人？男的、女的，老的、少的，穷的、富的，他视而不见，他不必管也不应该管。如果是企业的话，是大企业、小企业，也不能管。法官只面对原告、被告两个符号，按照合同的条文、法律的条文进行裁判，以一定的逻辑推理进行裁判。有的西方国家的法院门口都树一尊法律女神，远远望去，女神手托天平、尊严威仪，近处细看，女神的眼睛是蒙起来的。这就代表了过去的法律思想，法官裁判案件的时候只看法律和案件事实，而不能看当事人的具体情况，更不用说社会环境、经济、政治，等等。这种情况下强调的是形式上的公平、形式上的平等、形式上的正义。

自21世纪以来,整个民法思想、合同法思想都发生了变化,对于实质的正义、实质的公平更为关注。法官裁判案件时,首先要考虑消费者、劳动者,由于他们处于经济上的弱势地位,在法律规则上就要给予他们特殊的照顾、特殊的保护。在裁判案件的时候,法官的灵活性要大一点,不再是机械地抠条文,而是要看双方的利害关系、具体环境,最后达到公正合理的裁判结果。法律上也规定了很多弹性条款,给予裁判上很多灵活的方法。我们的《合同法》是在20世纪末制定的,必须在具体的制度体现这些先进的法律思想,以实现法律的现代化。

这部法律中创设了许多新的制度,这里选择几个重要的做一介绍。

1. 合同义务的扩张

《合同法》第42条规定了前合同义务;第60条规定了附随义务;第92条规定了后合同义务。这三个条文,是战后合同法上最新的发展,反映的是理论上所说的合同义务的扩张。合同义务向前面扩张了,合同没有成立就有义务,即前合同义务;向后扩张了,合同关系已经消灭还有义务,即后合同义务;在合同关系存续期间还有当事人没有约定的义务,即附随义务。之所以要创设这样的义务,主要是为了处理社会生活当中某一类损害赔偿的案件。按照传统的合同法,合同没有成立就没有义务,合同已经消灭也不再存在义务,在合同关系存续期间,除当事人约定的合同义务外,就没有其他义务,没有义务也就没有责任,那么在合同的订立过程中或者合同消灭后或者合同关系存续期间造成的损害应该由谁来赔偿呢?应该按照什么规则去解决呢?既然合同没有成立或者已经消灭或者是合同约定以外的行为引致的损失,就不应当按照合同法解决,而应当按照侵权法去解决。但是到侵权法中去寻求解决问题的办法,首先就会遇到侵权责任的成立要件。一般的侵权责任是过错责任,要求侵权人主观上有过错,同时要求受害人证明对方有过错,这是十分困难的。再加上损害赔偿的范围、计算等方面有各种各样的差异，用侵权法去保护受害人不如用合同法去保护来得有利。因此发达国家的法院就变更了原来的制度，在合同法中发明前合同义务、后合同义务和附随义务，违反这些义务，按照合同法的规定即应承担赔偿责任，因此产生了缔约过失责任制度。这样就把本来按照过去的法律和理论，应该由侵权法解决的这些损害赔偿问题纳入了合同法，更加方便了受害人，对受害人的保护更加完善。这是一个非常重大的发展。

2. 对格式合同的规制

对格式合同的规制，《合同法》规定了好几个条文，这种合同的特征是处于垄断地位的一方当事人事先决定了合同的内容，在订立合同时，对方（经常是消费者）不能跟他讨价还价改变合同的内容。比如说，买飞机票、发电报、手机入网等，都不允许当事人自由约定。这种合同的特点就是排斥对方的合同自由，是单方面决定的。既然它是企业单方面决定的，在决定这些问题时企业当然要从自己的利益考虑，必然要损害对方（消费者）的利益。举一个例子来说，火车票退票费原来是5%，现在是50%，理由是倒票的票贩子太厉害，我们增加退票费到50%的话，票贩子拿着一大堆票如果倒不出去就遭受巨大的损失，这样来抑制他，使他不能倒票。这样想不是没有一点道理，但广大消费者也因此而受损。买一张软卧火车票，动辄五六百、七八百甚至上千元，最后由于种种原因不能乘坐了，退票时一下就扣除价格一半的费用。这个格式合同规定的50%的退票费将消费者的经济利益和票贩子的“利益”一起打击了。普通消费者的钱是凭血汗挣来的，铁路部门制定这类格式合同时问过消费者没有呢？这就是格式合同隐含着的对消费者利益的损害。另外，电信部门规定的装机费、上网费等，都属于格式合同，其中也包含着损害消费者利益的内容。在这种情况下，我们能不能说签订的合同是自愿的，谁强迫你买飞机票、火车票、上网？难道没有强迫的话就一定是平等的吗？

针对这种形式上自由,但实质上不平等的格式合同,我们一定要有特殊的制度对之进行规制,以防止其对广大的消费者造成损害。这种制度规定在《合同法》关于合同的成立这一章中,从第 39 条到第 41 条。这些条文对格式合同的规制是根据我们现实的国情广泛参考了发达国家和地区立法经验,认真地进行斟酌审查,然后加以归纳制定出来的各种管制手段。包括如下内容:(1)规定格式条款的使用人在决定合同内容的时候应该遵循诚实信用、公平的原则。违反了公平,就构成了显失公平,对方当事人可以要求变更、撤销。(2)规定了格式条款使用人的提示义务。即对格式合同中的免责条款、加重对方义务的条款,使用人必须提示对方,否则,该条款不发生效力。前几年有这样一个案件,某杂志上登了一则广告,说是提供交友热线,只要拨通这个电话,就有一个远方的朋友和你谈天。有一个女中学生无聊,看见广告后就拨通了这个电话,电话中果然有一个人和她亲切地聊天,聊了很长时间。最后父亲去交电话费时,发现需要交好几千元。究其原因,才知道交友热线的广告上在很不显眼的地方,用很小很小的字(一般的老视眼不见得看得见的字)写着"按照国际长途计费"。这就是典型的格式合同中加重对方义务的条款,这样重要的条款应该以大号字体写在格式合同显眼的地方。这里的提示倒不是说每一次都要口头告诉,至少要让人一望而知。如果对方不清楚格式条款的使用还要加以说明。如果没有履行提示的义务,或者对方请求说明而没有说明的话,这样的条款无效。比如刚才说"按照国际长途计费",应当认为格式条款的使用人违反了提示义务,法院应该判决不按国际长途计费,应按国内长途,甚至是北京市电话费计费,谁知道那个朋友在什么地方?没准就在你的隔壁。(3)直接规定某些条款无效,特别是《合同法》第 53 条规定的免除人身伤害责任的条款无效,免除故意或者重大过失财产损害责任的条款无效。免除人身伤害责任的条款无效这一规制手段源自天津某法院 1989 年裁判"工伤概不负责"的那个案件。该案被登在《最高人民法院公报》上,基本案情是,一个工人在施工当中受伤、住院、最后死亡,死者家属向老板要丧葬费、住院费、治疗费以及赔偿金,老板不给,因为合同上有“工伤概不负责”这样的条款。法院在处理这个案件时,对该条款的效力进行了讨论,这个条款究竟有效无效呢?法律没有规定。我们的法律说,合同的内容违反法律的无效,但没有哪个法律说“工伤概不负责”这样的条款违反法律。最后最高人民法院经过解释,法院作出判决,认为这个条款违反了《宪法》。根据《宪法》第41条的规定,劳动者有受劳动保护的权利,雇主预先用“工伤概不负责”这种条款剥夺了劳动者受劳动保护的权利,因此构成违法,故而无效。这个裁判有极大的创造性,因此在制定《合同法》时把这个裁判结果(实际上是裁判中创设的规则)概括写在法律草案上,规定为“免除人身伤害责任的条款无效”。现在经过斟酌改成免除对他人造成损害的条款无效。这就是法律直接规定某些条款无效。(4)最后还有一个管制的办法,就是对格式合同某个条款的理解有争议时的处理。原告说是这个含义,被告说是那个含义,最后法官怎么解释呢?我就采纳不利于格式条款使用人的那样一个含义为标准裁判案件。为什么呢?就是格式合同是单方面制定的,格式合同的使用人已经充分考虑到了自己的利益,在这种情况下含义还不清楚,发生两种解释,当然要本着对使用者不利的含义进行裁判,以维护对方(消费者)的权益。这个规则完全体现《合同法》对消费者、劳动者以及经济上的其他弱者的特殊保护,也体现《合同法》对企业的合同自由进行的某种限制,实质上是限制它们滥用合同自由,以维护实质上的正义和公平。

3. 无过错责任的归责原则

《合同法》将违约责任由《经济合同法》中的过错责任改为无过错责任(严格责任),这是一个重大的变革。过去《经济合同法》将违约责任的归责原则定为过错责任原则,虽然《涉外经济合同法》规定了无过错责任,但是国内的法院在审理违约纠纷时大多奉行过错责任。实际上法官裁判案件时并不要求原告证明被告有过错,而是反过来,如果违约方证明自己没有过错,就给你免责。因此,司法实践中奉行的是过错责任中的过错推定。在最初起草的《合同法(草案)》上规定的是过错推定,修改中进一步改为严格责任,把过错要件彻底砍掉了。

之所以规定无过错责任,主要是考虑到裁判的实际。法官裁判案件的时候,违约责任的几个构成要件中,如违约行为、损害、行为和损害之间的因果关系,都是客观方面的,容易举证,法官容易判断。唯独这个过错是主观方面,难以举证,难以判断。因为有了过错,当事人违约以后不是首先想到承担责任,而是千方百计找理由证明自己没有过错,这样不利于及时解决纠纷,有时候也不利于保护非违约方的利益。现在参考了国际的发展趋势,参考了《联合国国际销售合同公约》的经验,参考了《国际商事合同通则》的经验,将违约责任的归责原则一下子改为严格责任。这个变化是符合《合同法》发展潮流的,但是我们《合同法》迈出的这一步在大陆法系国家的国内法上开了先河。现在法国、德国、日本、瑞士民法典中关于违约责任都还是过错责任,实际上是过错推定。迈出这一步,意义是非常重大的。

(四)合同法的创造性

有的同志说《合同法》总是在照搬别人的,没有创造性。实际上,对其他国家和地区先进的制度,我们是科学地参考借鉴,并不是完全照搬。我们不仅学习别人新的制度,对于传统法律上就有的东西,凡是适合我们实际情况的,我们也采纳,比如代位权制度、撤销权制度、表见代理制度等。除参考借鉴其他国家和地区的制度外,我们也有创制,比如法定代表人越权行为的效力认定,就是我们自己发明创造出来的。

这个制度针对的是我们企业法人超越经营范围所为的行为,实践中如何认定该行为的效力问题。对于法定代表人超越经营范围的合同,在 20 世纪 80 年代,各级法院都判决无效,到了 20 世纪 90 年代以后法院内部发生意见分歧,部分法官认为不能一律无效,有些情况下应该认为其有效,不然不利于保护相对方当事人,不利于经济秩序的稳定。这个问题,在大陆法系国家是共通的,即越权行为不当然无效。特别表现在这样一类案件中,比如说在钢材市场紧俏时大家都去倒钢材,签订钢材合同。进口钢材合同多了,钢材的市场价格就直线往下掉,这时企业手里的钢材卖不出去,原来估计钢材到手自己可以转卖牟利,现在一下子砸在手里卖不出去,占压资金,这个损失不得了。于是企业想了一个办法,即到法院起诉,理由是购买钢材的合同无效。为什么无效?因为违反法律。违反哪一个法律?违反法律关系上的权利能力。《民法通则》说当事人要有权利能力,一个法人超越经营范围不就是没有权利能力吗?既然没有权利能力,所签订的合同自然就无效了。基于此而要求确认合同无效。但是究竟谁违反了法律?谁超越了经营范围呢?不是对方超越经营范围,是买钢材者自己超越经营范围。以自己超越经营范围要求法院确认合同无效的,很长一段时间法院一般满足了其要求。最后其达到了什么目的呢?把自己预测市场失误的风险转嫁给了对方。签订合同时其以为钢材市场会不断地上涨,只要到手就可以转让牟利,这是其预测失误。预测失误的风险按诚实商人的标准当然要由自己承担,决不能转嫁给别人,这是诚实信用原则的要求。这样的案件在英国、美国的法律体制当中是不能够得逞的。英美法上专门有一个规则,我们的一些著作称之为"禁反言",是说合同当事人在签订合同、履行合同一直到诉讼当中,所作的任何陈述即使是假的,即使是不真实的,自己也不能根据不真实的陈述来要求否定合同的效力,来认定合同无效。这样一个禁反言的规则,很好地解决了问题。

我们在设计《合同法》时在法定代表人越权问题上,注重企业法人,企业法人的权限就是章程和法人执照当中的经营范围。由于考虑到法人不限于企业,还有其他法人,比如社会团体法人等,所以《合同法》没有规定为超越经营范围,而是笼统地规定为超越权限。超越权限的行为是否有效呢?就要看对方是不是知道法人的目的范围。如果对方明知,法律就不予保护,让超越目的范围的行为无效;如果对方不知道或者根本不应当知道法人的目的范围或者误以为在目的范围内而签订了合同,这个合同一定要有效。只有让合同有效,才能有效地保护善意的对方当事人。这个制度是我们自己的法律发明出来的,很有创造性的。

同样具有创造性的是前面说到的后合同义务,即合同消灭以后的义务,在其他国家至今还只是法院在裁判中所创设的规则,立法上还没有哪一个法典直接规定。我们首先将其直接规定为法律上的规则。还有一些有创造性的制度,这里不详细说了。

说到创造性,可以说这部《合同法》是针对我们的现实,吸收各主要国家和地区的经验,有目的的参考借鉴(不是盲目地照搬)和创造发明。关于这一点,从第一稿草案的草拟到历次草案的修改讨论过程都可以体现出来。如前所说,这部法律首先是由 8 位专家(2 位法官、6 位教授)制定立法方案,然后由 12 个单位(11 所大学的法律学系、1 个法学研究所)的专家、学者根据这个立法方案,起草第一个草案。这个草案在 1995 年 4 月的一个讨论会上既受到了高度赞赏,也受到了尖锐批评。学者、法官方面是一片叫好声,给予了高度的评价;但是立法机关的某些同志却给予了非常尖锐的批评。主要批评意见是,起草人不顾中国大陆的实际情况,对我们自己的经验不作研究,不作总结,盲目地抄外国,抄我国台湾地区的。面对这些批评意见,我进行了针锋相对的答辩。我说起草人对我们的经验进行了深入的斟酌研究,参考其他国家和地区的立法经验,是因为它是共同规则。不要简单地看这个条文好像是从台湾地区的"法律"上抄下来的,那个规则是从日本的法律上搬下来的，而需要看这些规则是日本、德国甚至还有英国、美国等国和我国台湾地区都有的规则。既然是共通的，我们怎么不能用呢？

经过长期的讨论、沟通、解释，立法部门的许多同志后来也改变了态度。1996年5月底召开的第三个草案的讨论会上，邀请了年轻的法官、教授们参加。会议召开之前，立法部门通知每一个参加会议的人，说这个会上要充分尊重专家的意见，第一个草案（学者的草案）当中凡是正确的东西要尽可能地采纳。到后来也逐步承认学者起草的第一个草案起了非常大的作用，积累了好的经验，并认为以后起草物权法时也委托学者起草第一稿，等等。这说明我们起草的草案不是一点创造性没有，相反创造性是很大的。

当然还有一种意见很极端地认为，只有专家起草的第一个草案是完美无缺的。这种评价也不客观。学者起草的草案有它的优点，理论比较宽，很多教授懂外语，对其他国家和地区新的东西都看得到、吃得透。但也有缺点，比如对现实生活中好多具体的合同拿不准，所以起草的分则部分与总则比起来就差得多。

（五）对转轨时期的特殊问题设计了对策

《合同法》不仅体现了面向21世纪的合同法律制度对社会经济生活的预见性和前瞻性，同时也充分考虑到我们在向市场经济转轨时期所面临的特殊问题。对于这些特殊问题，分别设计了法律对策，比如对“三角债”，我们设计了代位权制度；对赖账，我们设计了撤销权制度等。特别值得一提的是，《合同法》对于建设工程合同中存在的问题进行了特别周全、细致的规定。

建设工程合同中最大的问题就是工程质量，这和一般的合同不一样。一般的合同只损害当事人自己的利益。比如买了一台彩电，因质量不合格，这台彩电在家里爆炸，把房子炸飞了，这只是买受人一家遭殃。但是如果一个大桥,因质量不合格垮塌,50 个甚至更多不相干的人就去世了;一个大厦一下子倒塌,所造成的损害将是触目惊心的,不仅会给发包人造成损害,而且会给其他广大人民群众造成损害。这个问题不是现在才发现,前几年设计《合同法》时已经有所预见。面对这种特殊的问题,《合同法》必须采取相对应的策略,而且这个策略还必须是多方面的。

《合同法》对建设工程合同所作的规定,可以概括为如下方面:

(1)规定招标投标的原则(第 271 条)。招标投标作为建设工程首先面对的程序,是一个操作较为复杂的问题,《合同法》不可能在这里作详细规定,而需要另行制定一个附属的法律专门规定。但《合同法》必须为招标投标设计一个基本准绳,使得招标投标不流于形式。基于《合同法》确立的原则,建立一套与行政管理脱钩的统一的科学的招标投标体制。严格的招标投标不仅可以保障承包人有较高的技术水平,有相应的合理的资质,还能保障造价各方面的优惠。

(2)对发包人和承包人的限制(第 272 条)。规定发包人不得将一个工程分解和分包;承包人禁止将工程转包或者分包。对发包人来讲,建设工程的质量出问题好像是在损害发包人的利益,其实不然,发包人如果严格按照招标投标的正当程序进行的话就收不到红包和回扣了,因此发包人会想要规避招标投标程序。为了达到规避招标投标的目的,发包人会将工程分解,分解成达不到招标投标标准的许多小工程。所以,法律规定发包人不得将工程分解和分包。对承包人来讲,法律不允许其将承包的全部工程转包,主要是针对现在我们社会中出现一种靠揽工程赚钱的现象。揽工程的人根本不进行施工,甚至他根本没有施工队伍,而是将揽来的工程转手从中渔利。这样的结果,就造成层层转包,一转两转三转直至转到最后的施工人,即使施工队有技术和能力也没有钱,经费被层层卡了,剩下的就不够施工了,施工队只能通过偷工减料以完成工程任务。红包、回扣、层层转包的结果必然是将工程转到了连起码的技术都没有的施工队手中去了。法律必须明确禁止转包。此外,第272条第3款还规定建设工程的主体结构必须由承包人自己完成。

(3)推行监理制度(第276条)。监理就是技术水平很高的、在施工现场随时监督建设承包工程承包人的施工过程的工程师。监理在施工现场对偷工减料、粗制滥造等行为随时提出纠正,如果施工人不纠正,在工程验收时监理可以不签字,施工队的费用、报酬就得不到或者下一期的工程款就不会再拨给这个施工队。如果严格按照监理制度来对工程进行如此严格的监督,就可以保障有技术的施工队严格按照技术、设计来施工。但如何保障监理能够真正履行监理的职责?这是我们现在面临的一个重要问题。宁波大桥的主桥为什么断裂?不是没有监理,而是因为监理单位和施工单位是兄弟单位,是一个总公司下面的两个公司,兄弟之间怎么监督?监理工程师怎么可能发挥其监督的职能?所以,关于监理这一条有待于我们建立科学的监理制度,不能让有利害关系的单位来当监理人。

(4)明确承包人的赔偿责任(第282条)。《合同法》第282条讲的是因为承包人的原因致使建设工程在合理的期限内造成人身和财产损害的,承包人应当承担损害赔偿责任。这条是起草人设计的,借鉴了法国的制度。但当时设计时没有现在这么厉害,当时叫作直接请求权。建筑队把房子盖起来,开发商卖给了用户,如果用户在使用期间发生了质量问题,发生了人身、财产伤害,按照原来的制度只能找开发商(出卖人),这就是我们买卖合同上的瑕疵担保责任。我们在开始设计合同法时鉴于建设工程的特殊问题,规定因建设工程质量问题给他人造成人身或财产损害,受害人可以直接找建筑公司、施工队、承包人,这就叫直接请求权。即便中间有很多环节,比如开发商卖给中间商,中间商又卖给了用户,用户又卖给了别的用户,只要是在一定期限(保修期2年)内发生质量问题,最后的使用人也可以直接找施工队、建筑公司来赔偿。这是个创造,很大的创造。但只有这一点还不够,尤其期限较短,比如说保修期 2 年,这是远远不够的。后来在修改《合同法》的过程中把 2 年期限删掉了,改成合理使用期限。砖木结构的房屋合理使用期限大概要有 50 年吧,50 年之内凡是发生人身、财产损害,如果最后查明是承包人的原因,是设计、施工的原因,那么相关责任人谁都逃脱不了责任。一个大桥合理使用期限达百八十年,这样如此长的时间当中,也是如此。这样的条文是现在各国法律当中最先进的,弥补了现在我们产品责任制度的不足。《产品质量法》第四章规定的损害赔偿,其中第 29 条到第 34 条规定产品责任,认为产品有缺陷造成他人人身财产损害的由生产者承担责任,缺陷是指产品具有对他人人身和财产造成危害的不合理危险。问题是产品责任制度说的是"产品",什么是"产品"? 法律上说是加工制作用于销售的产品。是否包括不动产(比如建筑物)? 不清楚。我们的产品责任制度是学了美国、欧共体的制度,欧共体的产品责任制度规定的产品仅指动产,明确不包括不动产。依此解释我们的《产品质量法》也只管动产,建筑物就管不着。直到现在,各地法院受理的因建筑物有质量问题而发生的纠纷中,直接告承包人,由承包人承担责任的判决还没有作出过,基本上都是让开发商承担责任。因此产品责任这样的严格责任(无过错责任)比较优越的适于保护消费者、买受人的制度,却保护不了房屋的买受人。关于不动产怎么办呢? 其他国家也没有解决,就用过错责任和买卖合同上的瑕疵担保制度,出了问题只能去找合同的直接当事人即出卖人,一层一层这样进行。而我们的《合同法》第 282 条规定可以直接找承包人、设计者、施工者,并将发生质量问题的期限定为合理的使用期限,这个条文现在是最先进的,不仅保护买受人,还保护广大人民群众的生命财产的安全。我估计这个条文将对建筑单位、施工单位、设计人造成很大的压力,促使他们精心地设计,严格地施工,将来有希望靠这样的制度在可以预见的时间内基本解决建设工程中的那些重大豆腐渣工程问题、减少因工程质量问题造成的人身伤亡事故。到现在我还没有看到别的国家和地区法律中有类似的规定,这是我们《合同法》一个了不起的创造。

有人说这部《合同法》是亦步亦趋地盲目照搬外国的,但是我们可以举出很多我们自己的创造,有很多值得其他国家和地区学习的东西。

再比如,这部《合同法》在强调社会公正方面也非常突出。前面说到《合同法》的指导思想之一就是兼顾经济效率和社会公正,这个指导思想贯穿于整个法律的起草审议的过程。凡是法律规则涉及的双方都是企业的,签订的合同只要是真实的意思表示,就让它有效;凡是规则涉及一方是消费者、劳动者,就要考虑优先保护消费者、劳动者的利益。具体的例子如前面讲到的对格式合同的规制,分则当中也有体现。加上法律当中很多关于公平、合理、诚信等原则的规定,赋予了法律很强烈的道德色彩。但这并不是说把法律变成道德规则,而是说法律所追求的社会正义、公平合理精神应该在法律中体现出来。因此《合同法》一方面要反映现代市场经济已不是过去落后的市场经济,另一方面也要反映社会主义的市场经济的要求。故而《合同法》对经济效率和社会正义的追求作出了十分妥当的安排。我在日本访问时有一位日本教授曾问我:你们讲的社会主义市场经济与资本主义市场经济的差别究竟在什么地方?你们的特点在什么地方?什么叫社会主义市场经济?按照我的理解,所谓社会主义市场经济最典型的表现是,特别强调、首先强调社会正义和公平合理。

总之,《合同法》充分考虑了我国的实际情况、吸取了我国长期司法和立法实践中的经验、慎重斟酌借鉴了其他国家和地区成熟先进的制度,如果这部法律能够得到正确、充分地实施,那么我们就可以肯定地说,这部《合同法》会产生很可观的效果。

第二编

物权法制定

中国物权法立法方案*

一、制定物权法的立法指导思想

(1)强调个人利益和社会公益协调发展的权利思想，在强化对个人和企业权利的切实保护的同时，兼顾对社会公益的保护，禁止权利滥用。

(2)坚持对财产所有权的一体保护原则，凡合法取得的财产，不分公有私有给予同样的保护。不以生产资料所有制性质划分所有权类别，仅对公用物(国家专有财产)作特别规定。

(3)国家基于公益目的并予公正补偿，可以征收(征

---

* 1998年1月13日，第八届全国人大常委会王汉斌副委员长决定恢复民法典起草工作，并委托9位学者专家组成民法起草工作小组，负责起草民法典草案和物权法草案。1998年3月25—27日召开民法起草工作小组第一次会议，议定“三步走”的规划：第一步，制定统一合同法，实现市场交易规则的完善、统一和与国际接轨；第二步，从1998年起，用4~5年的时间制定物权法，实现财产归属关系基本规则的完善、统一和与国际接轨；第三步，在2010年前制定民法典，最终建立完善的法律体系。这次民法起草工作小组会议，还专门讨论了梁慧星预先拟定的《中国物权法立法方案(草案)》，并决定委托梁慧星负责按照该方案起草一部物权法草案，要求6月底完成草案，7月民法起草工作小组进行讨论。同月31日，梁慧星召开中国物权法立法研究课题组全体成员会议，传达民法起草工作小组第一次会议精神，布置起草分工。1999年3月完成《中国物权法草案建议稿》并提交法制工作委员会。本文写作于1998年12月。

用)农村集体的土地所有权和个人、企业土地使用权。非公益目的用地,由国家批给指标,再由用地单位与土地所有权人或使用权人协商签约。

(4)鉴于国有企业实行公司化改组后,国家与企业之间的财产关系属于公司法调整的范围,且企业财产权中包括物权、债权、知识产权及人格权,应分别适用各有关法律规定,因此不宜在物权法上概括规定"国有企业财产"的归属问题。

(5)实行农地使用关系的物权化,农地使用权期限为 50 年,期满无法定事由自动延长。通过土地登记的方式,实现由债权方式的承包关系向物权关系的平稳过渡。

二、制定物权法的基本原则

(1)在坚持一物一权主义的前提下,将建筑物区分所有权、企业担保等作为例外规定。

(2)坚持物权法定主义原则,尽量将切合我国实际的新型物权形式纳入本法,以期适应现代化市场经济的要求。

(3)坚持物权变动的公示原则与公信原则,不动产物权变动以登记为公示方法,动产物权变动以交付或占有为公示方法。

(4)鉴于物权行为的独立性和无因性理论违背交易之实态和人民的认识,徒使法律关系复杂化,对出卖人显失公平,其保护交易安全的作用已经被善意取得制度取代,我国物权法不宜采取。

(5)鉴于物权变动的登记要件主义,既便于实行又能保障交易安全,且为我国《民法通则》所采,因此无必要变更,应在物权法中明文规定。《海商法》和《民用航空法》中的登记对抗主义,为我国物权法登记要件主义之例外。

(6)建立统一的、与行政管理脱钩的不动产登记制度。实现五个统一,即法律根据、法律效力、登记机关、登记程序和权属文书的统一。

建议设立统一的、与行政管理脱钩的不动产登记局，可考虑隶属于区、县基层法院或区、县司法局。

三、物权法应规定的物权种类

首先是所有权，即完全物权。其中应规定建筑物区分所有权，并规定不动产相邻关系。其次是与完全物权相对应的限制物权，即不完全物权，分为用益物权和担保物权两大类。拟将作为物权的土地使用权依使用目的区分为两种：用于建筑房屋或其他建筑物的，称为基地使用权；用于耕种、养殖、畜牧等的，称为农地使用权；传统的地役权应予保留，改称邻地利用权。不规定典权，实务中如有发生，视为附买回约款的买卖。担保物权中，应先规定抵押权，包括最高额抵押、动产抵押、动产与不动产集合抵押、企业担保（浮动担保）；然后规定质权，包括动产质和权利质，并规定最高额质；留置权仍保留。物权法不规定一般优先权，《海商法》上的船舶优先权和《民用航空法》上的航空器优先权，作为特别法上的制度。另外规定，占有为事实上的支配状态，作为一种类似物权加以规定。让渡担保和香港特别行政区法律上的“按揭”（mortgage），似难以在物权法中规定，可考虑以后制定特别法。

四、物权法的结构

各主要国家和地区物权法的结构模式大别为二。德国、日本及我国台湾地区“民法”为“五分结构”：总则、所有权、用益物权、担保物权、占有；法国、意大利民法为“三分结构”：财产、所有权、用益物权（不包括担保物权）。我国物权法建议采五分结构，要点如下：

第一章　总　　则

规定立法目的；物权定义；物权法定主义；一物一权主义；物权的

优先效力;不动产物权变动以登记生效,动产物权变动以交付生效;物权的限制:权利之行使不得损害他人和社会公益;物权法的解释原则:应有利于发挥物的经济效用;物上请求权;物权消灭原因。

第二章　所　有　权

第一节　通　　则

规定所有权的共同内容。包括:所有权定义;孳息的归属;所有权人的容忍义务;取得时效制度;征收的条件与公正补偿。

第二节　不动产所有权

规定不动产所有权的范围;不动产所有权的取得;不动产相邻关系,包括土地相邻关系和建筑物相邻关系;建筑物区分所有权。

本法原则上不采依主体性质对所有权的分类。但关于土地应对国家土地所有权与农村集体土地所有权作特别规定。

第三节　动产所有权

规定动产所有权的取得原因:先占;拾得物;埋藏物;添附;附合;混合;善意取得制度。关于拾得物,建议规定拾得人报酬请求权及超过法定期间无人认领时拾得人取得所有权。关于善意取得制度,区分委托物与脱离物,委托物发生善意取得,脱离物(包括遗失物和盗窃物)应许失主请求回复,超过法定期间未请求回复的,则由占有人取得所有权。

第四节　共　　有

规定共有的定义;共同共有;按份共有;准共有;共有物的分割。

第三章　基地使用权

规定基地使用权的定义;基地使用权的设定和取得;空间(基地)

使用权;相邻关系之准用;基地使用权的撤销;租金缴纳;基地使用权的转让;基地使用权期满后的延期与补偿;基地使用权的抛弃。

第四章　农地使用权

规定农地使用权的定义;农地使用权的设定和取得;农地使用权的期间及延长;农地使用权的转让和抵押;农地用途之限制;农地使用权因不耕种而消灭。

第五章　邻地利用权

规定邻地利用权的定义;邻地利用权的设定和取得;依时效取得邻地利用权;空间邻地利用权;邻地利用权的附从性;需用地之分割;供用地之分割;邻地利用权的消灭。

第六章　抵　押　权

第一节　通　　则

规定抵押权的定义;抵押权的效力;抵押权的设定,须有书面协议,并以登记为生效要件;抵押权的顺位;优先受清偿的范围;取得抵押标的物的第三人的涤除权;抵押权的实行;抵押权的消灭。

第二节　最高额抵押

应规定,设定最高额抵押,必须约定被担保债权的范围、最高限额;被担保债权范围的变更,不须经后顺位抵押权人的同意;最高限额的变更,必须经后顺位抵押权人同意;被担保债权原本的确定。

第三节　动产抵押

应规定,可设定动产抵押的动产种类;动产抵押登记机关。

第四节　企业财产集合抵押

应规定，企业可将其所有的不动产、机械设备、工业产权，组成企业集合财产，设定抵押权；可以组成企业集合财产的财产种类；企业集合财产目录之作成与登记。企业集合财产抵押设定后，企业集合财产之组成物禁止转让；未得抵押权人同意，不得将组成物从集合财产中分离。

第五节　企业担保（浮动担保）

可规定，股份公司于发行公司债券时，为担保公司债可将企业现在所有及将来所有的全部财产设定企业担保。唯股份公司可以设定企业担保，被担保债权唯限于公司债。企业担保权之设定契约，应做成公证证书，并向公司登记机关进行企业担保权登记。此登记为企业担保权公示方法和生效要件。在企业担保权实行时及设定公司破产的场合，企业担保权优先于其他担保权。但普通债权人及其他担保权人对企业个别财产为执行时，企业担保权无优先效力。

第七章　质　　权

第一节　通　　则

规定关于质权的一般规定：质权的定义；质权的标的物须有可让与性；质权的设定因标的物的交付而生效；质权的留置效力和优先受偿效力；优先受清偿的债权范围；关于转质的规定；关于禁止流质的规定；最高额质权准用关于最高额抵押权的规定。

第二节　动产质权

应规定，动产质权人非继续占有质物，不得以其质权对抗第三人。

第三节　权利质权

应规定，可以设定权利质权的权利种类：债权；股份；债券；无体财产权（包括专利权、商标权、著作权）。可以设定债权质权的债权应具有可让与性;在有债权证书时,其设定契约以该证书的交付为生效要件;无记名债权,准用关于动产质的规定。

第八章　留　置　权

留置权为法定担保物权。可规定仅对于加工承揽契约、保管契约、运送契约发生留置权。应规定发生留置权的条件:一方当事人依契约关系占有对方财产,对方未依契约规定支付价金或费用。并规定留置权的效力:留置的效力和优先受清偿的效力。

第九章　占　　有

规定占有的定义;基于占有的物上请求权;占有的分类包括直接占有、间接占有;占有的推定;占有的变更;占有的移转;占有的合并;关于盗赃和遗失物的占有;善意占有人和恶意占有人;占有人的自力救济;共同占有和准占有。

第十章　附　　则

规定本法的生效;不溯及既往原则;特别法上的物权;关于本法生效前设定的用益物权的期间;关于登记制度。

制定中国物权法的若干问题*

一、导言

（一）中国在改革开放前对民事生活的调整

中华人民共和国成立至“文化大革命”开始（1949—1966年）的十余年间，不重视法制，20世纪50年代初和60年代初两次起草民法典的作业，均因政治原因而中断。这一期间，调整民事生活的法律，唯有《婚姻法》（1950年）一部。人民法院审理民事案件，主要是依据各项“民事政策”。所谓“民事政策”，是指“党和国家颁布的有关民事方面的规范性文件”①，例如，政务院于1950年10月20日发布的《新区农村债务纠纷处理办法》。为了使“民事政策”能够成为法院裁判的标准，由最高人民法院对一定时期的“民事政策”加以归纳、整理和解释，作成指导法院裁判工作的解释性文件。这样的文件，称为“意见”。例如，最高人民法院《关于贯彻执行民事政策几个问题的意见（修正稿）》（1963年8月28日）。

---

* 本文原载《法学研究》2000年第4期。

① 唐德华主编：《民法教程》，法律出版社1987年版，第14页。

（二）改革开放以来的民事立法

中国从1978年开始实行改革开放，纠正“文化大革命”时期的极“左”错误，实行法治。相继制定了若干重要的民事法律，初步形成一个民事立法体系。这个民事立法体系，分为以下四个层次：第一个层次，是作为民事基本法的《民法通则》。第二个层次，是各民事特别法，包括属于债权法性质的《经济合同法》《涉外经济合同法》《技术合同法》；属于家庭法性质的《婚姻法》《收养法》《继承法》；属于物权法性质的《担保法》；属于商事法性质的《公司法》《票据法》《海商法》《保险法》《证券法》《专利法》《商标法》《著作权法》。第三个层次，是民事法规，例如《工矿产品购销合同条例》《加工承揽合同条例》《借款合同条例》《国内航空运输旅客身体损害赔偿暂行规定》等。第四个层次，是各行政性法律、法规中的民法规则，例如《土地管理法》中关于土地所有权和使用权的规定、《民用航空法》中关于民用航空器权利的规定、《城市房地产管理法》中关于房地产抵押的规定等。

（三）现行民事立法体系中属于物权法性质的法律法规

按照大陆法系民法理论，规范财产关系的法律，为财产法。财产法分为物权法和债权法两大部分。物权法是规范财产归属关系的法律，债权法是规范财产流转关系（主要是市场交易关系）的法律。中国进行经济体制改革是从发展市场交易开始的②，因此比较重视规范财产流转关系的法律。在现行民事立法体系中，规范市场交易关系的法律法规，相对而言要完善一些。③ 规范财产归属关系的法律未受到应

② 中国实行改革开放的第一个措施，是“搞活流通”。

③ 1993年10月，立法机关委托民法学者提出统一合同法立法方案，从1994年1月正式开始起草统一合同法草案。1998年8月第八届全国人大常委会第一次审议统一合同法草案，第九届全国人大第二次会议于1999年3月15日通过统一合同法。

有的重视。物权法立法明显薄弱和滞后。

属于物权法性质的现行法律法规如下。

1.《民法通则》

中国现行法体系中,居于民事基本法地位的法律,是 1986 年 4 月 12 日主席令第 37 号公布的《中华人民共和国民法通则》(1987 年 1 月 1 日施行)。该通则既不是民法典,也不同于民法典的总则编。它包括 9 章,共 156 条。即第一章基本原则;第二章公民(自然人);第三章法人;第四章民事法律行为和代理;第五章民事权利;第六章民事责任;第七章诉讼时效;第八章涉外民事关系的法律适用;第九章附则。其中第一、二、三、四、七章的内容相当于民法典的总则编的规定。值得注意的是,第五章对民事权利作了列举性规定,其中第一节"财产所有权和与财产所有权有关的财产权",属于物权法性质的法律规则,包括财产所有权的定义(第 71 条)、财产所有权的移转(第 72 条)、关于财产共有的规定(第 78 条)、关于埋藏物和遗失物的规定(第 79 条)、关于不动产相邻关系的规定(第 83 条)。

2. 民事特别法

有关物权的特别法有:(1)1995 年 6 月 30 日主席令第 50 号公布的《中华人民共和国担保法》(同年 10 月 1 日施行)。主要是其中第三章关于抵押权的规定、第四章关于质权的规定和第五章关于留置权的规定。另在第七章有关于不动产和动产的定义性规定(第 92 条)。(2)1992 年 11 月 7 日主席令第 64 号公布的《中华人民共和国海商法》(1993 年 7 月 1 日施行)。主要是其中第二章关于船舶所有权、船舶抵押权、船舶优先权的规定。(3)1995 年 10 月 30 日主席令第 56 号公布的《中华人民共和国民用航空法》(1996 年 3 月 1 日施行)。主要是其中第三章关于民用航空器所有权、抵押权和优先权的规定。

3. 财产管理法

现行的若干财产管理法,属于行政法律性质,但其中往往有关于物权的规则:(1)1986 年 6 月 25 日通过、1998 年 8 月 29 日修订的《中华人民共和国土地管理法》(1987 年 1 月 1 日施行),主要是其中第二章关于土地所有权和使用权的规定。(2)1994 年 7 月 5 日主席令第 29 号公布的《中华人民共和国城市房地产管理法》(1995 年 1 月 1 日施行)。主要是其中第二章关于土地使用权出让、土地使用权划拨的规定;第四章关于房地产转让、房地产抵押的规定;第五章关于房地产权属登记的规定。

4. 行政法规

按照中国的立法体制,国务院有行政立法权。由国务院制定的法律文件,统称行政法规。有关物权的行政法规主要有:(1)1983 年 12 月 17 日国务院发布的《城市私有房屋管理条例》,主要是其中第二章关于房屋所有权登记的规定;(2)1990 年 5 月 19 日国务院发布的《城镇国有土地使用权出让和转让暂行条例》,包括 8 章:第一章总则,第二章土地使用权出让,第三章土地使用权转让,第四章土地使用权出租,第五章土地使用权抵押,第六章土地使用权终止,第七章划拨土地使用权,第八章附则;(3)1991 年 1 月 4 日发布的《中华人民共和国土地管理法实施条例》,主要是其中第二章关于土地所有权和使用权的规定。

5. 行政规章

国务院所属部、委发布的规范性文件,称为行政规章,不具有立法的性质。但在现行法律体制下,行政规章在不与法律和行政法规相抵触的前提下,有相当于行政法规的效力。有关物权的行政规章有 1983 年 6 月 4 日城乡建设环境保护部发布的《城镇个人建造住宅管理办法》;1987 年 4 月 21 日城乡建设环境保护部发布的《城镇房屋所有权登记暂行办法》;1989 年 11 月 21 日建设部发布的《城市异产毗连房屋管理规定》;1990 年 12 月 31 日建设部发布的《城市房屋产权产籍管理暂行办法》;1992 年 3 月 8 日国家土地管理局发布的《划拨土地使用权管理暂行办法》。

（四）现行有关物权的法律法规的缺点

1. 因经济体制的原因发生的缺点

上述法律法规大多是改革开放初期制定的，因旧的经济体制刚开始改革，新的经济体制尚未确立，难免在法律精神和制度上反映和体现计划经济体制的特征和要求。例如，按照生产资料所有制对财产所有权进行分类，并强调所谓社会主义公有财产神圣不可侵犯，而对自然人和法人的财产保护不力。此外，动产和不动产物权，属于基本的民事权利，由行政管理法加以规定，也未必合适。

2. 因立法体制的原因发生的缺点

中国现行立法体制受行政体制的制约，除《宪法》《民法通则》等由全国人大常委会法制工作委员会组织起草外，多数法律法规均由国务院所属各部委负责起草。负责起草的部委往往不可能从全局考虑，而是较多地考虑本部门、本系统的利益。这就难免导致现行法律法规的互不协调、重复规定、相互抵触和缺乏基本制度的规定。迄今未能建立一个统一的不动产登记制度，其原因也在此。

3. 因民法理论的原因发生的缺点

中国原有民法理论是在20世纪50年代继受苏联民法理论的基础上形成的，大体符合改革开放前单一的所有制形式和计划经济体制，而不符合市场经济的要求。例如，原有民法理论片面强调对公有财产的保护，1986年的《民法通则》仍规定“国家财产神圣不可侵犯”，至少给人其他财产可以任意侵犯的印象。《民法通则》之所以未采用物权概念，未规定取得时效制度和善意取得制度等，均源于原有民法理论。

4. 因立法指导思想的原因发生的缺点

中国向来的立法指导思想强调所谓“立法宜粗不宜细”“成熟一个制定一个”，不着重法律的科学性和体系性，造成现行法律法规的分散零乱,缺乏最根本的和基本的概念、原则和制度。例如,缺乏物权、动产、不动产、主物、从物、原物、孳息等概念;缺乏关于动产和不动产物权发生、取得、变更和消灭的基本规则;缺乏关于用益物权的基本规则、物权保护的原则和制度等。

5. 进一步的改革开放和发展市场经济要求制定物权法

现行有关物权的法律法规还没有形成一个完善的体系,主要是缺乏关于物权的最基本的规则和基本制度。例如,区分动产和不动产的准则,不动产物权和动产物权发生、变更与消灭的基本规则,物权保护的原则和制度,关于土地使用权的基本规则,关于高层建筑区分所有权的基本规则以及善意取得制度、取得时效制度等。有必要指出的一点是,20 世纪 90 年代以来中国经济学界一再讨论的所谓"企业产权界限不清""国有资产流失"等严重社会问题,均与未及时制定完善的物权法,致社会生活中缺乏规范财产归属关系的基本规则有关。说明现行有关物权的法律法规已经不能满足市场经济进一步发展对法律调整的要求。

6. 民法起草工作小组的成立与物权法的起草

按照国家确定的建设法治国家的目标,要在 2010 年前建成一个与发展市场经济和建设法治国家相适应的完善的法律体系。按照立法机关的构想,该法律体系犹如一个金字塔,最上层是《宪法》,其次是各基本法,再次是各特别法,下层是各行政法规。《宪法》和各基本法均应制定成文的法典。现今宪法和刑法、刑诉法、民诉法均已制定较完善的法典并经过修订,唯有民法仅有一个《民法通则》,尚未制定民法典。因此,1998 年 3 月,立法机关委托九位民法学者、专家,成立民法起草工作小组④,负责中国民法典编纂和草案准备工作。民法起草

④ 民法起草工作小组的九位成员是:中国政法大学民法教授江平;中国社会科学院法学研究所民法研究员王家福、梁慧星;北京大学民法教授魏振瀛;清华大学商法教授王保树;中国人民大学民法教授王利明;最高人民法院原经济审判庭副庭长、退休法官费宗祎;法制工作委员会原民法室副主任、退休干部肖峋;原经济法室主任、退休干部魏耀荣。

工作小组议定的计划是:1999 年 3 月通过统一合同法;4 ~5 年内通过物权法;2010 年前完成中国民法典编纂。

民法起草工作小组于 1998 年 3 月 25—27 日召开会议,讨论物权法的起草,讨论了由梁慧星研究员提出的中国《物权法立法方案(草案)》。最后作出决议:委托梁慧星按照所提出的立法方案起草物权法草案。⑤ 会后,梁慧星研究员所领导的物权法起草小组按照立法方案进行起草,至 1999 年 10 月,完成中国《物权法草案》的起草工作。《物权法草案》由 12 章构成,共 435 条:第一章总则,分为四节:第一节基本原则,第二节物,第三节物权变动,第四节物权保护;第二章所有权,分为六节:第一节一般规定,第二节土地所有权,第三节建筑物区分所有权,第四节不动产相邻关系,第五节动产所有权,第六节共有;第三章基地使用权;第四章农地使用权;第五章邻地利用权;第六章典权;第七章抵押权,分为四节:第一节一般规定,第二节最高额抵押,第三节企业财产集合抵押,第四节企业担保;第八章质权,分为四节:第一节一般规定,第二节动产质权,第三节权利质权,第四节营业质;第九章留置权;第十章让与担保;第十一章占有;第十二章附则。以下对《物权法草案》作简要介绍。

二、坚持对合法财产的一体保护原则

(一)放弃对某类所有制的财产特殊保护的提法

关于财产权保护的基本原则,在社会主义传统民法理论中是所谓"社会主义公有财产神圣不可侵犯",《民法通则》将社会主义公有财产区分为国家财产与劳动群众集体财产,仅规定"国家财产神圣不可

---

⑤ 鉴于王利明教授关于立法方案中的用益物权、共有、不动产相邻关系和建筑物区分所有权部分,有不同意见,因此委托王利明教授按照自己的意见就这几部分提出草案。

侵犯"(第73条)。现今民法学界一致认为,所谓"公有财产神圣不可侵犯",或者"国家财产神圣不可侵犯"原则,不过是计划经济体制的本质特征在法律上的反映,不能适应社会主义市场经济的要求。是否可将财产权保护的基本原则改为"私有财产神圣不可侵犯"?我们认为不可。无论"公有财产神圣不可侵犯",还是"私有财产神圣不可侵犯",均不能反映社会主义市场经济的本质和要求。按照中共十五大报告的提法,现在是多种所有制经济形式并存,各种所有制经济形式并无高低贵贱之分,要求法律给予平等的保护。因此,制定物权法应贯彻的基本原则只能是:凡合法取得的财产无分公有私有,均予平等对待,一体保护。依此原则,当然应放弃传统理论和立法以生产资料所有制性质划分所有权类别的做法,仅对公有物和公用物作特别规定。

(二)规定公有物和公用物制度,不规定国有企业财产权

鉴于国有企业实行公司改组后,国家与企业之间的财产关系属于公司法调整的范围,依公司法原理,国家享有股东权而企业享有法人财产权。且企业财产权中包括各种不同性质的权利,如对土地的基地使用权属于用益物权;对厂房及其他建筑物的权利属于不动产所有权;对机器、设备、车辆等的权利属于动产所有权;对企业名称的权利属于人格权;对专利、商标的权利属于知识产权;等等。应分别适用各有关法律规定,因此不宜在物权法上概括规定"企业财产"的归属问题。⑥

---

⑥ 改革开放初期,民法学界关于国有企业财产权性质进行过长期论争,提出过各种主张,如经营管理权、占有权、用益物权、双重所有权、商品所有权、委托经营权和企业法人所有权等。随着时间的推移,企业法人所有权主张逐渐占据通说地位。现在看来,企业法人所有权主张也有不周延之处。因为,现在属于企业财产范围的,除厂房、设备、制成品和现金之外,还有专利、商标、非专利技术、企业信誉等无体物以及基地使用权、债权、担保权益等权利,岂非所有权概念所能够涵盖?但20世纪80年代初期的所谓企业财产,是指生产资料和流动资金,基本上相当于民法所谓动产和不动产。无论如何,当时关于国有企业财产权性质的争论,是有重大意义的。

按照生产资料所有制划分属于国家所有的财产(所谓全民所有制财产),可以分为经营性财产和非经营性财产两大类。其中,经营性财产主要是国有企业财产,前文已述及,无须在物权法上专门规定。至于非经营性财产,主要是属于自然资源的山脉、河流、湖泊、森林、草原和矿藏,以及国家机关专用的建筑物、军事设施、装备等公有物和社会公用的道路、桥梁、港口、公共图书馆、博物馆、公园等公用物。其中,自然资源一类,物权法仅规定矿藏专属国家所有,其他自然资源不在物权法上规定,而由各自然资源法规定。物权法应对公有物和公用物作出规定。

在《物权法草案》第二章所有权第一节一般规定中,专设第 62 条规定:“矿产资源,属于国家所有。矿产资源的开发和经营,依照法律特别规定。”按照这一规定,矿藏属于国家专有,农民集体虽然可以享有农村土地的所有权,但对于土地中的矿藏没有所有权。享有土地使用权的自然人或法人,对土地中的矿藏不享有所有权。对矿藏的开发和经营,应由特别法(《矿产资源法》)规定。自然人或法人可以依据《矿产资源法》的规定,取得开发经营矿藏的权利(采矿权)。

在第二章第一节,另设第 63 条规定公有物、公用物,“公有物和公用物属于国家所有,不得转让,不得作为取得时效的客体。但已不再作为公有物和公用物的除外”。所谓公有物,是指为社会公众服务的目的而由国家机关使用的财产,包括国家机关的建筑物、军事设施、军用武器装备,不包括国家机关所有的办公用具及有价证券等动产。后者与一般财产相同,属于可交易财产,应许可转让,并适用取得时效。所谓公用物,指为社会公众共同使用的财产,例如公共道路、公路、街道、桥梁、水库、公共图书馆、公共博物馆、公园,可以航行的水道、海岸、海滩、港口、海港等。公有物与公用物的区分在于,公有物是由国家机关为社会公众服务的目的而使用,公用物是由社会公众直接使用。

另一类有必要在物权法上明文规定的财产,是宗教财产。而在现行法制之下,宗教财产的性质不明确。按照现行的有关政策,天主教、基督教和东正教教会的建筑物,归中国教会所有;佛教、道教寺庙宫观的建筑物和法器等,为社会所有;伊斯兰教清真寺的建筑物,为信教群众集体所有。但在不动产登记实务中,无论何种寺庙宫观、教堂的房产,均将宗教协会登记为所有权人,显然违背宗教财产的性质。考虑到宗教寺庙财产的特殊性(出于信徒捐赠并用于特殊的宗教目的),《物权法草案》专设第64条规定:"宗教财产,属于宗教法人所有。"

(三)严格限定公益目的,重构国家征收制度

坚持对合法财产权的一体保护,必然要涉及国家征收制度。合法财产的一体保护作为一项基本原则,当然包含合法财产不受侵犯、任何人不得被强制转让其财产权的含义,但国家出于社会公益并经法定程序的征收应属例外。⑦ 中国现在的问题是,国家征收制度被滥用,被广泛应用于商业目的。改革开放以来,各地和各级政府频繁、大量地为商业目的用地,而征收农村集体土地所有权及农户、城镇居民的土地使用权,且往往不能给予公正补偿。如果政府将以极低的代价(补偿)征收的土地,以市场价出让给用地的企业(中国企业、外资企业及中外合资企业),则政府获得市场价与补偿价之间的差额;如果以优惠价出让给用地的企业,则企业获得此差额。无论如何,均导致严重的不公正。因此,《物权法立法方案》提出重构国家征收制度的建议。采用征收方式强制剥夺自然人和法人财产,应仅限于真正的社会公益目的,并严格依照法定程序,给予公正的补偿。非真正公益目的,如商业目的用地,不得适用征收,建议改为由国家批给用地指标,再由用地人

---

⑦ 例如,《法国民法典》第545条规定:任何人不得被强制转让其所有权,但因公用并在事前受公正补偿时,不在此限。《德国基本法》第14条第3款规定:剥夺所有权只有为公共福利的目的才能被允许。

与土地所有权人、使用权人谈判签约。

《物权法草案》在第一章第三节专设第 48 条规定:“基于社会公共利益的目的,并依照法律规定的程序,国家可以征收自然人和法人的财产。所谓社会公共利益,指公共道路交通、公共卫生医疗、灾害防治、科学及文化教育、环境保护、文物古迹及风景名胜区的保护、公共水源及水利、森林保护,以及国家法律规定的公共利益。”(第 1 款)“征收执行人,对自然人和法人因财产被征收所受的全部损失,应当予以公平补偿。”(第 2 款)“征收不得适用于商业目的。国家基于发展商业的目的而须取得自然人和法人的财产的,只能通过订立合同的方式。”(第3 款)

现行法制混淆征收与征用两个不同概念。[⑧] 所谓征用,是国家不经同意而强制使用自然人、法人的财产。征用的对象,包括动产和不动产。征用与征收的相同点,在于其强行性。不同点在于,征用只是暂时使用,使用后将予以返还;征收是强行收买,不存在返还问题。另外,征用的对象包括动产和不动产;而征收的对象只是不动产,主要是土地。因此《物权法草案》严格区分征收与征用,在规定了征收之后,另设第 49 条规定征用:“因处于紧急状态,国家可以征用自然人和法人的财产。关于被征用财产的返还及损害赔偿,由法律另行规定。”

（四）区分委托物与脱离物，建立善意取得制度

现代民法为保护交易的安全,有所谓善意取得制度,指没有处分权的人处分他人的动产,在交付该动产于买受人后,如果该买受人属于善意,即可取得该动产所有权;原所有人仅可向无权处分人请求赔偿,而不得向该买受人请求返还。因善意取得制度之贯彻,使买受人

---

⑧ 例如,《土地管理法》第 47 条规定:国家征收土地的,依照法定程序批准后,由县级以上地方人民政府予以公告并组织实施。这里所规定的制度,应是征收而非征用。

免予因出卖人无处分权而承担购买的动产被剥夺之风险,可以保护市场交易的正常进行。中国现行法制关于善意取得未有明文规定,买受人即使对于出卖人之无处分权全然不知且其购买行为发生在合法交易场所,也有可能被剥夺所购买的动产,尤其该动产属于遗失物、盗窃物的情形时,更是如此。这显然不利于交易安全之保障和买受人正当利益之保护。于是,立法方案建议参考各主要国家和地区的立法经验,规定善意取得制度。

《物权法草案》第二章第五节设有动产所有权,其中第145条规定了善意取得的一般规则,"基于法律行为善意且有偿受让动产的占有,即使让与人无处分权,受让人仍取得该动产的所有权"。"受让人在受让动产时不知让与人无处分权,且无重大过失,为善意。"按照这一规定,发生善意取得的要件是:标的物为动产;让与人无处分权;受让人基于有偿法律行为受让该动产;受让人已占有该动产;受让人为善意。

在民法理论上,适用善意取得制度的动产,区分为委托物和脱离物两类。委托物指基于所有人的意思而丧失占有的物,如借用物、租赁物、保管物。脱离物指非基于所有人的意思而丧失占有之物,包括遗失物、遗忘物、盗窃物。对于委托物,在符合善意取得各项要件时,立即发生善意取得的效果,即善意受让人立即取得所有权,原所有人不得向受让人请求返还。对于脱离物,在符合善意取得各项要件时,并不立即发生善意取得的效果。所有人在1年内有取回权,仅在1年期满所有人未行使取回权时,发生善意受让人取得所有权的效果。另外,考虑到对公共市场交易的信赖,应特别规定,即使属于脱离物,如果是善意受让人因拍卖或于公共市场购买取得标的物的,所有人取回时必须偿还受让人支付的价金。

因此,《物权法草案》在规定善意取得一般规则之后,另设第146条特别规定:"受让的动产若系被盗窃、遗失或其他违反本意而丧失占有者,所有人、遗失人或其他有受领权之人有权在丧失占有之日起一年内向受让动产的人请求返还。”(第1款)“但前款动产若系由拍卖、公共市场或经营同类物品的商人处购得,非偿还受让人支付的价金,不得请求返还。”(第2款)“第一款所称动产若系货币或无记名有价证券时,不得请求返还。”(第3款)之所以对盗窃物和遗失物规定有偿返还制度及货币和无记名有价证券不能请求返还,是为了保护信赖公共市场交易的善意买受人的利益,维护市场交易的安全。

(五)借鉴各主要国家和地区的经验,建立取得时效制度

中国现行法制不承认取得时效制度,是因为原有民法理论认为取得时效有悖于道德。且在计划经济体制之下,实行单一的公有制,否认取得时效制度,符合公有制的要求。1986年的《民法通则》仅规定诉讼时效(消灭时效)制度,而未规定取得时效制度。现在看来,取得时效制度在市场经济条件下,有其必要性,学术界和实务界对此已经达成共识。《物权法草案》在第二章第一节关于所有权的一般规定中,第65条至第86条专门规定了取得时效制度。按照该规定,仅对于可以交易的物,适用取得时效;不能在市场上交易的物,不适用取得时效。关于动产取得时效的规定是,“以所有的意思,十年间和平、公然、连续占有他人动产者,取得其所有权。但其占有之始为善意并无过失者,为五年”(第66条)。关于不动产取得时效的规定是,“现时登记为不动产所有人,虽未实际取得该项权利,但占有该不动产并依所有人身份行使其权利的,自其权利登记之日起满二十年而未被涂销登记者,实际取得该不动产所有权”(第67条);“以自主占有的意思,和平、公开、持续占有他人未经登记的不动产满二十年者,可以请求登记为该项不动产的所有权人”(第68条)。

三、实行物权变动与原因行为的区分原则

（一）关于物权行为的争论

物权行为独立性和无因性理论是德国民法所采的立法理论。认为债权合同与物权合同是两个不同的法律行为。债权合同的效力在于使双方当事人享有债权或负担债务,并不能发生物权变动。要发生物权变动,须有独立于债权合同之外,以直接发生物权变动为目的之物权合同。债权行为与物权行为截然分开,各自独立。即物权行为之成立和有效不受债权行为的影响。例如,买卖合同在交付标的物后,该买卖合同因意思表示有瑕疵或内容违反公序良俗而致无效或被撤销,而物权行为的效力却不受影响,买受人对于所接受的标的物仍保有所有权。丧失所有权的出卖人只能依据不当得利的规定请求返还。德国民法明文规定物权行为独立性和无因性,我国台湾地区“民法”虽无明文规定,但理论和实务承认此理论,其他国家和地区如法国、日本等不采此理论,即不承认有独立于债权行为的物权行为,认为物权变动为债权行为(如买卖合同)履行的后果,债权行为不成立、无效或被撤销,当然影响物权变动(买受人不能取得所有权)。

中国民法学界自20世纪80年代后期开始就是否采纳此立法理论进行争论。主张中国物权法不采物权行为独立性和无因性理论的学者所持的理由是:该理论违背交易之实态和人民的认识,使法律关系复杂化;对出卖人显失公平;其保护交易安全的使用已经被善意取得制度取代。主张采此理论的学者所持理由是:该理论可以使法律制度更科学、更精确;可以确保交易安全;中国司法实务已承认此理论。[9] 从近

---

[9] 此系误解。实际上现行立法和实务关于物权变动并不要求有所谓物权行为,例如《城市私有房屋管理条例》第7条规定:购买的房屋,双方向房产管理机关办理所有权移转手续时,仅须提交原房屋所有权证、买卖合同和契证。

年讨论的情况看,多数学者不赞成采纳此立法理论,另一部分学者虽承认物权行为概念,却也对采物权行为无因性持否定或者怀疑态度。主张物权行为理论的学者,也认为物权行为理论的重点在于物权变动与原因行为的区分和物权变动以登记、交付为生效要件,而不在于“物权行为”及其“无因性”。因此,《物权法草案》不采物权行为无因性理论,而明文规定物权变动与原因行为的区分原则和公示原则。

(二)确立物权变动与原因行为区分的原则

《物权法草案》第一章总则第一节基本原则,其中第 7 条明文规定物权变动与其原因行为的区分原则:“以发生物权变动为目的的原因行为,自合法成立之时生效。在不能发生物权变动的结果时,有过错的当事人应当承担违约责任。”此项原则应贯彻于各种物权的设定。例如,关于基地使用权的设立,草案规定,“基地使用权设立合同,自合同成立之日生效”(第 199 条);“基地使用权,自登记之日设定”(第 200 条)。关于抵押权的设立,草案规定,“抵押合同自成立之日生效”(第 310 条);“抵押权自登记之日设定”(第 312 条)。

迄今立法和裁判实务的错误做法是,将原因行为与物权变动混为一谈。例如,房屋买卖合同履行后,未向房产管理机关办理产权过户手续的,法院往往判决房屋买卖合同无效,而不是判决强制出卖人补办产权过户手续或判决出卖人承担违约责任。抵押权设定合同成立后,未向登记机关办理抵押权登记的,法院往往判决抵押权设立合同无效,而不是判决抵押人补办抵押权登记或判决抵押人承担违约责任。[10] 其结果,往往使无辜的买受人、债权人遭受损害而得不到救济。按照《物权法草案》所规定的物权变动与其原因行为的区分原则,未办

⑩ 例如,《担保法》第 41 条规定:“当事人以本法第四十二条规定的财产抵押的,应当办理抵押物登记,抵押合同自登记之日起生效。”该规定将抵押权设定与抵押权设立合同的生效混为一谈。

理登记手续的，只是不发生物权变动，原因行为的效力将不受影响。因此，房屋买卖合同履行后未办理登记过户手续的，只是买受人未得到房屋的所有权，但该买卖合同有效，买受人可请求法院判决强制出卖人办理登记过户手续或者判决出卖人依买卖合同承担违约责任。抵押权设定合同成立后，未办理抵押权登记手续的，只是抵押权不成立，抵押权设定合同有效，债权人可请求法院判决强制债务人办理抵押登记手续或者判决抵押人依抵押合同承担违约责任。

（三）关于物权变动的公示原则

关于物权之变动，各主要国家和地区立法上有四种模式。其一，意思主义。为法国立法模式。买卖合同有效成立，标的物之所有权即行移转，无须登记或交付。其二，登记对抗主义。为日本立法模式。买卖合同一经有效成立，标的物所有权即行移转，但非经登记或交付不得对抗第三人。其三，登记要件主义。为奥地利、俄罗斯、匈牙利立法模式。我国《民法通则》亦采此模式。买卖合同虽有效成立，但标的物所有权并不当然移转，其所有权的移转必须以登记或交付为要件。其四，形式主义。为德国立法模式，我国台湾地区“民法”亦采此模式。买卖合同有效成立后，在登记或交付之外，还须当事人就标的物所有权之移转达成一个独立于买卖合同的合意，此项合意系以物权之变动为内容，称为物权行为。其中，第一种、第二种和第四种模式，均有其弊。唯第三种登记要件主义，既便于实行又能保障交易安全，且为现行法制所采[11]，因此无必要变更，应在物权法中明文规定。

---

[11] 《城市房地产管理法》（1994 年）第 60 条规定：房地产转让或者变更时，应当向县级以上地方人民政府房产管理部门申请房产变更登记。第 61 条规定：房地产抵押时，应当向县级以上地方人民政府规定的部门办理抵押登记。《城市房屋产权产籍管理暂行办法》第 18 条规定：凡未按照本办法申请并办理房屋产权登记的，其房屋产权的取得、转移、变更和他项权利的设定，均为无效。

同时,现行《海商法》《民用航空法》已经规定船舶、飞行器物权变动为登记对抗主义[12],较符合国际惯例,应维持不变。《海商法》《民用航空法》属于特别法,其关于船舶、飞行器物权实行登记对抗主义,为中国物权法登记要件主义之例外。考虑到《海商法》规定的船舶为20总吨以上的船舶[13],20总吨以下的船舶应由《物权法》规定。既然20总吨以上的船舶已经采登记对抗主义,则20总吨以下的船舶若采登记要件主义将不合逻辑,因此决定对船舶一律采登记对抗主义。既然价值相对巨大的船舶、飞行器均已采登记对抗主义,则价值相对较小的汽车,其数量多、转手频繁,若规定采登记要件主义,将显得轻重倒置、不合逻辑,因此决定对汽车采登记对抗主义。

在现实生活中,汽车多次转手,均未办理登记过户手续,汽车实际上的所有人与登记的所有人不一致时,一旦该汽车发生交通事故,法院往往判决登记的所有人对受害人承担赔偿责任,而实际上的所有人不承担责任。[14] 这样的判决既不公正也不合理。按照《物权法草案》的规定,对于汽车采登记对抗主义,在汽车转手未办理登记过户手续的情形,登记的所有人如果举证证明该汽车已经转让他人的,即可免予承担赔偿责任。

---

⑫ 《海商法》第9条规定:船舶所有权的取得、转让和消灭,应当向船舶登记机关登记;未经登记的,不得对抗第三人。第13条规定:设定船舶抵押权,由抵押权人和抵押人共同向船舶登记机关办理抵押权登记;未经登记的,不得对抗第三人。《民用航空法》(1995年)第16条规定:设定民用航空器抵押权,由抵押权人和抵押人共同向国务院民用航空主管部门办理抵押权登记;未经登记的,不得对抗第三人。

⑬ 《海商法》第3条规定:本法所称船舶,是指海船和其他海上移动式装置,但是用于军事的、政府公务的船舶和20总吨以下的小型船艇除外。

⑭ 《道路交通事故处理办法》第13条规定:交通事故造成人身伤害需要抢救治疗的,交通事故的当事人及其所在单位或者机动车的所有人应当预付医疗费。第14条规定,发生机动车交通事故逃逸案件的,由当地中国人民保险公司预付伤者抢救期间的医疗费、死者的丧葬费。中国人民保险公司有权向抓获的逃逸者及其所在单位或者机动车的所有人,追偿其预付的所有款项。其中规定的"机动车的所有人",法院在审理交通事故案件时,往往解释为登记的所有人。

因此,《物权法草案》第 6 条明文规定物权公示原则:“依法律行为设立、移转、变更和废止不动产物权,不经登记者无效;依法律行为设立、移转、变更和废止船舶、飞行器和汽车的物权,未经登记的,不得对抗第三人。”(第 1 款)“依法律行为设立、移转、变更和废止其他动产物权,经交付生效。”(第 2 款)

(四)建立统一的、与行政管理脱钩的不动产登记制度

不动产登记制度为物权法的制度基础。中国现在的问题是多个登记机关、多头登记。[⑮] 甚至有的登记机关,借登记以牟取不当利益。[⑯] 不动产登记虽然由国家设立的登记机关办理,但本质上属于“服务行政”性质,与行政管理权之行使无关,更不容许异化为一种“权限”并用来牟利。因此,中国物权法所设想的不动产登记机关,应当同时解决登记的统一问题和与行政管理权脱钩的问题,建立一个统一的、与行政管理脱钩的不动产登记制度。实现法律根据、法律效力、登记机关、登记程序、权属文书的统一,并使登记机关没有行政管理权。参考发达国家和的经验,关于登记机关设置,日本设置在法务局、地方法务局、支局及其派出所;瑞士设置在各州的地方法院;德国是设置于地方法院的土地登记局;英国设置在政府土地登记局。因此,建议在县级人民法院设立统一的、与行政管理脱钩的不动产登记机关。

《物权法草案》第一章第三节专设第 20 条规定不动产登记机关:“不动产登记,由不动产所在地的县级人民法院统一管辖。关于不动产登记机关的组成、登记官员的资格,以及登记的基本程序等,由不动

---

⑮ 根据中国现行法制,由国土管理机关、房产管理机关、矿产管理机关、水行政机关、渔政管理机关及林业管理机关等,分别负责不动产物权或准物权的登记。

⑯ 有的地方规定,办理抵押权登记,依据抵押物评估的价值收取登记费。甚至规定抵押权登记,每办理一次登记,有效期为 1 年,期满应当续登记,当然需再收费。

产登记法规定。”第 21 条规定了不动产登记簿的效力：“不动产登记簿为证明不动产物权的根据，由县级人民法院设立的登记机关统一掌管并保存。登记簿的形式，依照不动产登记法的规定。”（第 1 款）“不动产登记簿对不动产物权的当事人及利害关系人公开，利害关系人不得以不知登记为由提起对登记权利的异议。”（第 2 款）

《物权法草案》第一章第三节还专设第 22 条规定不动产权属文书：“登记机关颁发给权利人的不动产权属证书，是享有不动产物权的证据。国家建立统一的不动产物权权属证书制度。”（第 1 款）“权属证书的移转占有不能作为不动产物权变动的生效要件，但法律另有规定的除外。”（第 2 款）“不动产权属文书的内容与不动产登记簿不一致的，以不动产登记簿的记载为准。”（第 3 款）专设第 28 条规定不动产登记簿作为证据的权利推定效力：“在不动产登记簿上记载某人享有某项物权时，推定该人享有该项权利。在不动产登记簿上涂销某项物权时，推定该项权利消灭。”第 29 条规定了不动产登记的公信力：“以不动产登记簿为根据取得的不动产物权，不受任何人追夺。但取得人于取得权利时知悉权利瑕疵或者登记有异议抗辩的除外。”

《物权法草案》第 35 条，参考外国的立法经验，设立预告登记制度：“为保全一项目的在于移转、变更和废止不动产物权的请求权，可将该请求权纳入预告登记。预告登记自纳入登记时生效。不动产物权处分与预告登记的请求权内容相同时，该不动产物权处分无效。”关于因登记机关的原因造成的登记错误，第 40 条规定由国家承担赔偿责任：“因登记机关的过错，致不动产登记发生错误，且因该错误登记致当事人或者利害关系人遭受损害的，登记机关应依照国家赔偿法的相应规定承担赔偿责任。”

四、从中国实际出发建构用益物权关系

（一）关于用益物权的争论

各主要国家和地区关于用益物权的规定不同。《德国民法典》规定的用益物权，包括地上权、先买权、土地负担；《日本民法典》规定的用益物权，包括地上权、永佃权、地役权；我国台湾地区“民法”规定的用益物权，包括地上权、永佃权、地役权和典权。[17] 中国大陆民法学界关于物权法应当规定的物权种类曾进行过争论。分歧在于，是沿用地上权、永佃权和地役权概念或是采用基地使用权、农地使用权和邻地利用权概念。再就是关于废除典权与保留典权之争。

鉴于土地使用权这一概念已经为现行立法和实务所接受[18]，建议以土地使用权概念作为基础概念，再依不同目的[19]，分为基地使用权与农地使用权。基地使用权相当于传统民法上的地上权概念，农地使用权类似于传统民法上的永佃权概念，再以邻地利用权取代传统民法上的地役权，加上中国习惯法上的典权，构成用益物权体系。

（二）总结国有土地出让的经验，建立基地使用权制度

现行法律和实务上的土地使用权概念，是一个笼统的概念。其中，用于建筑房屋或其他建筑物、构筑物的，有的称为建设用地使用权，有的称为场地使用权，有的称为宅基地使用权，大致相当于传统民法上的地上权概念。《物权法草案》采用基地使用权一语，并在总结现

---

[17] 1998 年的《物权编修正草案》删除永佃权，增设农用权。

[18] 现行法律法规中，《土地管理法》《城市房地产管理法》《城镇国有土地使用权出让和转让暂行条例》，均采用土地使用权概念。

[19] 《土地管理法》第 4 条规定：国家实行土地用途管制制度。国家编制土地利用总体规划，规定土地用途，将土地分为农用地、建设用地和未利用地。

行法律法规和实务经验的基础上，建立基地使用权制度。所谓“基地”，指用于承载房屋等建筑物、构筑物和其他附着物，作为其地基的土地。《物权法草案》第三章规定了基地使用权。

《物权法草案》第 196 条规定了基地使用权概念：“基地使用权，是指为在他人土地上建造并所有建筑物或其他附着物而使用他人土地的权利。”为贯彻土地用途管制的政策，草案第 197 条规定：“基地使用权只能在法律许可为基地用途的土地上设立。基地使用权的范围由当事人在基地使用权设立时确定，并以不动产登记明确表示。基地使用权的纵向范围如未约定，以土地所有权的纵向范围为限。”草案第 199 条规定，“设立基地使用权的合同，应当采取书面形式”。第 200 条规定，“当事人双方应向不动产登记机关进行设立登记”。鉴于现实中行政划拨设立基地使用权方式仍在一定范围内沿用，因此《物权法草案》第 202 条规定，“在国有土地上，县级以上人民政府可以划拨方式设立基地使用权”。以划拨方式设立基地使用权的“条件、程序等，由特别法规定”。

关于基地使用权的转让，《物权法草案》第 214 条规定：“基地使用权可以让与、交换、赠与等方式转让，但农村集体所有土地上以无偿方式取得的农户住宅基地使用权除外。行政划拨方式设立的基地使用权转让时，应事先向原划拨设立基地使用权的县级以上人民政府申请批准。经批准转让的，土地所有人与基地使用权受让人可另行约定基地使用权的期限、租金。基地使用权转让时，不得变更土地的登记用途和约定用途。”

关于基地使用权期满时其建筑物和其他附着物如何处置，现行规定和实务做法是无偿归土地所有人。[20] 这种做法有悖于民法公平原

---

⑳ 《城镇国有土地使用权出让和转让暂行条例》第 40 条规定：土地使用权期满，土地使用权及其地上建筑物、其他附着物所有权由国家无偿取得。

则。因此,《物权法草案》第 223 条规定基地使用权人有取回权,土地所有人有买取请求权:“基地使用权期限届满未续期的,基地使用权人可以取回其建筑物及其他附着物,并应恢复土地原状。但土地所有人提出以时价购买基地使用权人的建筑物及其他附着物时,基地使用权人无正当理由,不得拒绝。”为协调双方利益,第 224 条进一步规定了基地使用权人有补偿请求权,“土地所有人有延期请求权,基地使用权期限届满,基地使用权人不取回其建筑物及其他附着物时,可请求土地所有人补偿。土地所有人可请求基地使用权人在其建筑物及其他附着物可使用期限内,延长基地使用权的期限。基地使用权人拒绝延长的,不得请求土地所有人补偿”。

(三)总结农村改革的经验,实现农地使用关系的物权化

总结中国农村经济体制改革的基本经验,可以归结于一点,即土地所有权与土地使用权的区分,由原来人民公社体制之下土地的集体所有、集体使用,改为土地的集体所有与私人(农户)使用。迄今所采取的法律形式是家庭联产承包责任制,即由农村集体组织作为土地所有人与农民(农户)签订家庭联产承包合同。依据承包合同,农民(农户)取得承包农地的使用权,并承担向土地所有人缴纳一定金额的义务。这种以合同形式实现的土地所有权与土地使用权区分,农民(农户)所获得的土地使用权[21],是依据承包合同产生的权利,性质上属于债权。因此,这种方式在极大地调动农民生产积极性、发展农村生产力的同时,也产生了若干缺点:其一,农民所享有的土地使用权性质上属于债权,债权在法律上的效力较所有权低,不具有排他性,由此不能抗拒来自发包人(土地所有人)和乡村行政组织的各种干涉、侵害。这

㉑ 现在的政策文件中称为土地承包经营权。

正是中国广大农村经常发生各种侵害农民利益的行为㉒,而一直不能得到彻底解决的原因。其二,农民所享有的土地使用权在性质上属于债权,并以承包合同的期限为期限(债权有期限性),这是导致农户为短期行为,不愿做长期的投入以及合同期限将满时进行破坏性经营的根源,严重不利于农村经济的稳定发展。其三,土地使用权转让或出租须经发包方同意,不利于土地资源的优化配置。其四,农户所享有的权利和负担的义务,取决于承包合同的规定,而分别签订承包合同不能做到权利义务的明确和公平合理,现实中经常发生发包方单方面修改承包合同,加重农户负担、损害农户利益的情形。其五,遇国家征收土地时,仅作为发包人(土地所有人)的集体组织成为被征收的当事人和受补偿人,作为承包人的农户利益得不到妥当的保障。这些缺点之所以发生,都是因为土地所有权与土地使用权的区分采用的是债权(合同)方式。

因此,《物权法立法方案》提出的对策建议是:通过物权法的规定和不动产登记,将农户对承包土地的使用权,转变成物权性的农地使用权,实现农地使用关系的物权化,使土地所有权与土地使用权的区分方式,由签订承包合同形式转变为设定用益物权形式,使改革开放以来实行的家庭联产承包责任制度,平衡过渡到用益物权制度。《物权法草案》第四章规定了农地使用权,主要条文如下:第 230 条规定农地使用权的概念:"农地使用权,是指以种植、养殖、畜牧等农业目的,对国家或集体所有的农用土地占有、使用、收益的权利。"第 231 条规定农地使用权的标的,包括一切适于为农业目的而使用的土地。第 233 条规定:"农地使用权设立合同,应采取书面形式,当事人双方应到不动产登记机关进行设立登记。农地使用权设立合同,自合同成立

㉒ 其典型表现是,作为发包人的集体组织擅自撕毁承包合同,收回农户承包的土地以及乡村干部任意向农户摊派,增加农户负担、损害农户利益。

之日生效。农地使用权自登记之日设定。”第 236 条规定,“农地使用权的期限为五十年。既存的农地使用权,其期限短于二十年的,延长为五十年”。第 242 条规定,“农地使用权人可以出租土地,但不得超过农地使用权期限,不得超过二十年”。第 244 条规定,“农地使用权人可以将土地发包给他人经营”。根据第 245 条和第 246 条的规定,禁止农地使用权转让、抵押,但国有或集体所有荒山、荒地等以拍卖方式设立的农地使用权除外。第 247 条规定,“农地使用权可以继承,但限于从事农业的继承人实际分得农地使用权,农地使用权继承不得进行登记上的分割”。第 252 条规定,“农地使用权期限届满时”,除有法定情形外,“按原设立条件,期限自动延长。延长的期限为五十年”。但国有或集体所有荒山、荒地等以拍卖方式设立的农地使用权,不适用期限自动延长的规定。

《物权法草案》规定农地使用权期限为 50 年,期满自动延长以及规定转让限制(可继承、出租,禁止抵押、出卖、赠与),是为了保障广大农村人口有地可耕,避免出现农村两极分化,出现无地、少地的贫农、雇农,以此保障农村经济的长期稳定发展。

(四)借鉴传统地役权概念,建立邻地利用权制度

在传统物权法上,两个不动产所有人的不动产相邻,一方为自己土地的利用方便,须使用他方土地时,有两项制度可供利用:一项是不动产相邻关系制度,《民法通则》中已有规定[23];另一项是地役权制度。相邻关系上双方的权利义务,出于法律强制性规定,利用的程度有限。如果须超出此程度利用,则应当采取协商设立地役权的方式。考虑到现代社会中,地役权制度仍有广泛利用的余地,例如,在他人土地上下

---

[23] 《民法通则》第 83 条规定:不动产的相邻各方,应当按照有利生产、方便生活、团结互助、公平合理的精神,正确处理截水、排水、通行、通风、采光等方面的相邻关系。给相邻方造成妨碍或者损失的,应当停止侵害,排除妨碍,赔偿损失。

敷设管线等,物权法应当规定地役权制度。又考虑到与基地使用权和农地使用权的协调匹配,改称邻地利用权。《物权法草案》第五章规定了邻地利用权。

（五）整理传统习惯，规定典权制度

关于如何对待中国习惯法上的典权,学者间有典权保留论与典权废止论之分。典权保留论的主要理由是:其一,典权为中国独特的不动产物权制度,充分体现中华民族济贫扶弱的道德观念,最具中国特色,保留典权有利于维持民族文化,保持民族自尊;其二,典权可以同时满足用益需要和资金需要,典权人可取得不动产之使用、收益及典价之担保,出典人可保有典物所有权而获得相当于卖价之资金,以发挥典物之双重经济效用,为抵押权制度所难以完全取代;其三,随着住房商品化政策之推行,人民私有房屋数量增多,其有房屋因种种原因长期不使用而又不愿出卖者,设定典权可以避免出租或委托他人代管的麻烦,因此应保留典权。[24] 典权废止论的主要理由是:其一,典权之所以产生,在于中国传统观念认为变卖祖产属于败家,受人耻笑,而现今市场经济发达,人们观念改变,于急需资金时出卖不动产或设定抵押,为正常的经济行为,因此典权无保留必要;其二,随着国际贸易的发展,国内市场与国际市场接轨,导致民法物权制度的趋向,称为物权法的国际化,典权为中国特有制度,现代各主要国家和地区无与之相同者[25],为适应物权法国际化趋势,宜予废止;其三,中国实行土地国家所有和集体所有制度,就土地设定典权已不可能,就房屋设定典权虽无统计数字,但依法院受理案件的情形推论,出典房屋的实例也极少,

---

[24] 参见李婉丽:《中国典权法律制度研究》,载梁慧星主编:《民商法论丛》(第 1 卷),法律出版社 1994 年版,第 446 页以下。

[25] 仅《韩国民法典》规定有典权制度。

保留典权价值不大。[26]

以上保留论与废止论双方所持理由,均有其一定合理性,如何取舍,颇为困难。考虑到中国地域辽阔,各地经济发展不平衡,传统观念与习惯之转变不可能整齐划一,纵然只有少数人依循传统习惯设定典权,物权法上也不能没有相应规则予以规范。曾设想废止典权而使少数人拘于习惯设立的典权关系准用关于附买回权的买卖规则,但附买回权的买卖为债法制度,其效力较物权弱,一旦买受人将标的物转让他人,买回权势必落空,致出典人利益遭受损害。而依典权制度,典物所有权仍归出典人,其回赎权不致因典物的转让而落空,如其放弃回赎权,则典权人可取得典物所有权。可见,典权制度确有利于当事人利益之保护,并且较为灵活方便。尤其对于因种种原因长期不使用房屋而又不好出让房屋所有权的人而言,将该房屋设定典权可以避免出租或委托他人代管的种种不便和麻烦,使典权在现代社会具有生命力。随着住房商品化政策之推行,人们所有不动产数量将大量增加,物权法规定典权,是增加一种交易、融资途径,供人们选择采用,于促进经济发展和维护法律秩序有益而无害。因此决定保留典权。

《物权法草案》第六章规定了典权,其中第 288 条规定典权的定义:"典权,是指支付典价,占有他人不动产而为使用、收益的权利。"此所称不动产,"仅指建筑物及其所占用基地的基地使用权"。关于典权性质,学者间有用益物权说、担保物权说之分,本法采用益物权说。第 289 条规定:"设定典权,应当由双方当事人订立书面合同并向不动产登记机关办理登记。典权设立合同,自合同成立之日生效;典权自登记之日设定。"第 291 条规定:"典权之约定期限不得超过二十年。当事人约定期限超过二十年的,缩短为二十年。"[27]第 300 条规定:"约定

---

[26] 参见中国社会科学院法学研究所物权法研究课题组:《制定中国物权法的基本思路》,载《法学研究》1995 年第 3 期。

[27] 典权的最长期限,我国台湾地区"民法"规定为 30 年,《韩国民法典》规定为 10 年。

期限的典权,于期限届满后,出典人可以向典权人返还原典价而赎回典物。出典人于期限届满后经过 2 年而未行使回赎权的,回赎权消灭,典权人即取得典物所有权。”第 301 条规定:“未约定期限的典权,出典人得随时向典权人返还典价而赎回典物。但自典权设定之日起经过 20 年未行使回赎权的,回赎权消灭,典权人即取得典物所有权。”

五、适应市场经济的要求完善担保物权体系

(一)关于担保物权的争论

有学者主张物权法不规定担保物权,保留现行《担保法》,使物权法与《担保法》并存,待编纂民法典时再作处理。多数学者主张物权法当然要规定担保物权,物权法生效,《担保法》关于担保物权的规定同时废止。关于担保物权种类,有学者主张增加优先权,适用于诉讼费用、劳动工资、税金、医疗费、丧葬费等;有学者建议规定不动产质权。另一个问题是,如何对待近年来实务中所实行的“按揭”担保?“按揭”担保,来自香港地区,而香港地区来自英美法的“mortgage”制度。《物权法草案》采取的立场是,以现行担保法的规定为基础,予以适当补充修正,并借鉴英美法“mortgage”制度,规定让与担保制度。物权法不规定优先权,而使《海商法》上的船舶优先权[28]和《民用航空法》上的民用航空器优先权[29],仍作为特别法物权。考虑到中国传统上无不动产质权,且已规定典权,因此未采纳规定不动产质权的建议。

---

[28] 《海商法》第二章第三节船舶优先权,第 21 条规定:船舶优先权,是指海事请求人依照本法第 22 条的规定,向船舶所有人、光船承租人、船舶经营人提出海事请求,对产生该海事请求的船舶具有优先受偿的权利。

[29] 《民用航空法》第三章第三节民用航空器优先权,第 18 条规定:民用航空器优先权,是指债权人依照本法第 19 条规定,向民用航空器所有人、承租人提出赔偿请求,对产生该赔偿请求的民用航空器具有优先受偿的权利。

（二）完善抵押权制度，增设企业担保

《物权法草案》以现行《担保法》第三章关于抵押权的规定为基础，加以修订完善，规定为第七章抵押权。第 305 条规定抵押物的范围，包括："抵押人所有或者依法有权处分的房屋和其他定着物；抵押人所有或者依法有权处分的尚未与土地分离的林木等农作物；抵押人依法有权处分的基地使用权、农地使用权；抵押人所有或者依法有权处分的机器设备、机动运输工具；抵押人所有或者依法有权处分的财产结合体；法律规定可以抵押的其他财产。"第 307 条规定土地所有权、法律禁止抵押的基地使用权和农地使用权、公益法人的财产，不得抵押。关于抵押登记的效力，草案作分别规定：不动产抵押，采登记要件主义，即不经登记，抵押权不发生；船舶、民用航空器、铁路机车、汽车及其他动产抵押，采登记对抗主义，即未经登记，不得对抗第三人。

值得指出的是，《物权法草案》在一般规定（第一节）和最高额抵押（第二节）之外，增加规定了企业财产集合抵押（第三节）和企业担保（第四节）。所谓企业财产集合抵押，是将属于企业的动产、不动产、基地使用权及知识产权等财产，作为一个财产结合体设定抵押权。设定企业财产集合抵押，应制作抵押财产目录表并予以登记。企业财产集合抵押设定后，抵押财产目录表所列财产，不得单独处分。所谓企业担保，是将企业现在所有和将来所有的全体财产，设定抵押，系参考英美法上的浮动担保（floating charge）制度。《物权法草案》第 352 条规定："公司法人向银行借款或发行公司债，可以设定企业担保。"将企业担保所担保的债权范围，限定于公司法人向银行的借款和依公司法发行的公司债。第 353 条规定："设定企业担保权的合同，应作成公证证书，并登记于公司总部所在地的不动产登记机关的登记簿。企业担保物，非经登记，不生设定的效力。"第 354 条规定："企业担保权的效力及于企业担保权设定后属于公司的全体财产，但对企业担保权设定

后公司经营过程中被处分的财产无追及效力。”第 355 条规定:“企业担保因企业担保权的实行或设定公司的破产而转化为特定担保。企业担保权人就企业担保权实行、企业合并或人民法院受理破产案件时公司所有的全体财产,享有优先于其他债权人受偿的权利。”

（三）完善质权制度，增设营业质权

《物权法草案》第八章质权,系以现行《担保法》第四章关于质权的规定为基础,适当修订完善。规定了动产质权、权利质权、最高额质权和转质。特别需要指出的是,考虑到改革开放以来,各地有所谓“当铺”或“典当行”,从事以动产质押为条件的小额借款业务,而《担保法》对之未作规定,致发生纠纷难以解决。因此,《物权法草案》在第八章质权中增加规定了“营业质”。该草案第 384 条规定,营业质之质权人以经主管机关许可的经营者(当铺营业人)为限。基于营业质的特性,质权人不得请求债务人清偿债务,仅得就质物行使其权利。即取赎期间届满而债务人未取赎质物时,质权人即取得质物的所有权,其所担保的质权同时消灭。同时规定,本章关于最高额质权、转质、质权实行方法及流质禁止的规定,不适用于营业质。

（四）借“按揭”担保，增设让与担保

近年来,中国大陆许多地方在房屋分期付款买卖中推行所谓按揭担保。这种担保方式相当于大陆法系国家的让与担保。而一些大陆法系国家迄今并未在立法上规定让与担保,而是作为判例法上的制度认可其效力,学说上称为非典型担保。因此,中国物权法上是否规定让与担保,颇费斟酌。考虑到许多地方已在房屋分期付款买卖中采用所谓“按揭”担保,如果《物权法草案》不作规定,将造成法律与实践脱节,且实践得不到法律的规范引导,对于维护经济秩序和法律秩序不利。因此,决定增加关于让与担保的规定。

《物权法草案》第十章规定让与担保权。草案第408条规定让与担保权的定义:“让与担保,是指债务人或第三人为担保债务人的债务,将担保标的物的权利移转于债权人,于债务清偿后,标的物应返还于债务人或第三人,于债务不履行时,担保权人可就该标的物优先受偿的权利。”第409条规定:“凡依法可转让的财产或财产权利,均可以设定让与担保。”按照第410条的规定,设立让与担保权,应当由债权人与债务人或第三人以书面形式订立让与担保合同。以动产设定让与担保权,应当采用占有改定方式移转财产所有权;以不动产设定让与担保权,应当就标的物所有权移转进行登记;以权利设定让与担保权,应当依各种权利的转让方式完成权利的移转,有权利凭证的,应当将权利凭证交付让与担保权人占有。让与担保权的设定应当登记,让与担保权自登记之日设定。第411条规定,登记包括通知登记和设定合同登记两种形式,由当事人选择。第416条规定,债务人于受担保债权清偿期届满而未履行债务时,让与担保权人可以实行让与担保权;无论以何种方式实行让与担保权,让与担保权人均应履行清算义务。

六、结语

《物权法草案》完成后将提交民法起草工作小组讨论,经过修改定稿后正式提交法制工作委员会进入立法程序。考虑到中国在一个相当长的时期不承认物权概念和各项物权制度,人们对于物权法缺乏了解,且物权法涉及若干现行政策和法律法规的修改、变更。因此,可以预见《物权法草案》要最后通过成为法律,还须立法、实务和学术界付出巨大的努力。

“三分法”或者“一元论”*

——物权法指导思想之争

财产权保护的基本原则，在社会主义的传统民法理论中叫“公有财产神圣不可侵犯”。1986 年制定《民法通则》，将“公有财产”区分为“国家财产”与“劳动群众集体财产”，仅在第 73 条规定“国家财产神圣不可侵犯”。现今民法学界一致认为，“公有财产神圣不可侵犯”和“国家财产神圣不可侵犯”，是改革开放前的单一公有制和计划经济体制的本质和要求在法律上的反映，与我国现在的经济生活已经严重脱节，不符合社会主义市场经济的本质和要求。

现在的经济生活，按照中共十五大报告中的提法，是多种所有制经济形式并存。各种所有制经济形式，在法律地位上应当是平等的，不应有高低贵贱之分，要求获得平等的法律保护。因此，中国社会科学院物权法立法研究课题组建议改采“合法财产一体保护”原则。按照这一基本思路，我们制定物权法，不应再区分生产资料所有制的类别，而着重于财产的取得是否合法。凡是合法取得的财产，不问其

---

* 本文写作于 2004 年 11 月 12 日。

所有制性质,不分属于公有、私有,在法律上平等对待、平等保护。

也有学者建议:抛弃“公有财产神圣不可侵犯”原则,代之以“私有财产神圣不可侵犯”原则。课题组认为“私有财产神圣不可侵犯”原则,不符合我国经济生活的多种所有制形式并存、以公有制为基础的特点,不符合“平等对待、平等保护”的要求。即使在以私有制为基础的市场经济国家,对“私有财产”也有种种限制,已经不再讲什么“神圣不可侵犯”。“公有财产神圣不可侵犯”也好,“私有财产神圣不可侵犯”也罢,其共同点是按照生产资料所有制对财产权进行区分,并对某种所有制的财产特殊对待、特殊保护,都不能反映我国社会主义市场经济的本质和要求。

“合法财产一体保护”的基本原则,在2002年12月提交全国人大常委会审议的《中华人民共和国民法草案》(以下简称《审议稿》)中并没有得到体现。《审议稿》物权法编(第二编)仍然按照所有制对财产权进行区分,分为“国家所有权”(第五章)、“集体所有权”(第六章)和“私人所有权”(第七章)。这是保留了传统的社会主义民法理论的分类法。同时,《审议稿》既没有规定“公有财产神圣不可侵犯”,也没有规定“国家财产神圣不可侵犯”。特别值得指出的是,《审议稿》没有采纳传统社会主义民法特殊保护国家财产的三项制度:第一,某一项财产归属不明的,推定为国家所有;第二,某一项财产有争议,双方都不能充分证明自己的权利的,推定为国家所有;第三,对国家财产不适用取得时效和诉讼时效。因此,我们可以说,《审议稿》与《民法通则》相比,在财产权保护问题上前进了“半步”。因为没有规定“国家财产神圣不可侵犯”和特殊保护国家财产的三项制度,所以说有所“前进”;因为保留了按照所有制对财产权进行区分,所以说只“前进”了“半步”。

2003年4月,在云南丽江召开了关于民法典立法问题的国际学术讨论会,从发表在中国民商法律网上的《会议纪要》可以看到,会议参加者就是否赞成《审议稿》按照所有制划分财产权的做法，形成两种意见。一种意见认为，按照所有制划分并没有什么不好，称为“三分法”；另一种意见认为，应该抛弃按照所有制划分财产权的传统做法，贯彻“合法财产一体保护”原则，称为“一元论”。

主张“三分法”的学者说：按照所有制划分的理由，是现实存在多种所有制。按照所有制划分财产权，并不等于对国家财产特殊保护，草案不是没有规定“国家财产神圣不可侵犯”吗？即使现行《民法通则》规定“国家财产神圣不可侵犯”，“国有资产流失”不仍然很严重吗？怎么能够说按照所有制划分，就一定会导致对私有财产的不平等保护呢？

要反驳“三分法”论者并不难。正因为现实经济生活中存在多种所有制，才要求平等的法律保护，才需要贯彻“合法财产一体保护”原则。如果仍然是单一公有制，当然也就不用谈什么平等保护了。虽说《审议稿》在按照所有制划分财产权的同时，没有如《民法通则》那样规定“国家财产神圣不可侵犯”，但根据社会生活经验，按照所有制区分财产权的结果，必然是不平等对待。必须指出，“国有资产流失”与财产权保护的指导思想和法律制度无关，“国有资产流失”的根源在国有资产的管理体制和干部体制，中纪委查处的许多大案要案足可证明。而自改革开放以来，私有财产、私营经济没有得到平等的法律保护，的的确确与财产权保护的指导思想和按照所有制划分财产权有关。

从逻辑上说，“区分”必定意味着“区别对待”，“区别对待”必定是“不平等对待”。改革开放前，按照“家庭出身”对学生、工人、干部进行区分的经验，已充分证明了这一点。今天，这种对人区别对待的制度已经被废弃，而实现了“法律面前人人平等”，在财产权保护的指导思想和法律制度上，还有保留按照所有制进行“区分”的必要吗？

经验告诉我们，只要按照所有制“区分”财产权，就必定会对我们的执法者和司法者产生“某种影响”：如果作出的处理、裁判结果不利于国有企业、国家机关一方，会不会被指责为“造成国有资产流失”？实际情况是，凡是国有企业、国家机关一方在诉讼中败诉，不论判决是否合法、正当，败诉方在上诉状、申诉状中必定指责该判决“造成国有资产流失”，还会以此为主要理由，想方设法通过各种渠道，对法院施加影响。也的确有一些这样的案件，因为法院、法官受到有形或潜在的影响而造成错误裁判，致非公有制一方的合法权益未得到保护。因此，我们制定物权法，一定要放弃按照所有制区分财产权的做法，切实贯彻“合法财产一体保护”原则，放弃“三分法”，代之以“一元论”。

对《物权法草案（征求意见稿）》的不同意见及建议*

一、关于物权定义

《物权法草案(征求意见稿)》第 2 条第 2 款规定:本法所称物权,指自然人、法人直接支配特定的物的权利,包括所有权、用益物权和担保物权。

建议增加排他性效力,修改为:

本法所称物权,指自然人、法人直接支配特定的物并排除他人干涉的权利,包括所有权、用益物权和担保物权。

物权具有"排他性",具有"排除他人干涉"的效力,这一点具有非常重大的意义。公权力和私权利的界限在什么地方?在于物权的"排他性"。一家人住在房子里,国家机关的公务员不能随便往里面闯入。由于物权具有排除他人干涉的法律效力,这就划分了公权力和私权利的界限:房屋大门之外是公权力活动的范围,房屋大门之内是私权利的活动空间,公权力要跨越这个界限,有两个前提:一是物权人同意;二是持有搜查证。

草案中规定物权的定义,一定要明文规定物权的"排

---

* 本文原载《河南省政法管理干部学院学报》2006 年第 1 期。

他性”。物权的“直接支配性”是人类的本能,是“自然属性”。“排他性”是“法律属性”,要通过法律的明文规定并且向整个社会灌输,使人们尤其是公务员认识物权的“排他性”,明确公权力和私权利的界限。不然的话,警察动不动往人家家里闯,动不动就没收人家的三轮车、摩托车,强拆人家的房屋,这些违法行为就得不到纠正,依法行政就会遥遥无期。

民事权利有多种,唯具有“排他性”的权利才受刑法、侵权法的保护。进入他人房子偷东西的,构成盗窃罪;当街抢夺财物的,构成抢夺罪。为什么?因为物权具有“排他性”。不具有“排除他人干涉”的效力的权利,如合同上的权利,只能受违约责任的保护。司法实践中,经常涉及“罪与非罪”的界限,而“罪与非罪”的界限就在于受侵害的权利有没有“排他性”?侵犯具有“排他性”的权利,构成犯罪行为,当然就是“罪”(轻的也要构成侵权责任);侵害不具有“排他性”的权利,只能追究违约责任,当然就是“非罪”。

物权的“排他性”还与判断证据有关。若干年前美国“辛普森案”,为什么法官当庭宣判辛普森不构成犯罪?关键在于,法庭查明联邦警察是在没有搜查证的情况下,翻墙进入辛普森的住宅搜出凶器和血手套的。因为私人住宅所有权具有“排他性”,联邦警察在既没有得到房主同意也没有取得搜查证的情形下翻墙进入他人住宅,就构成“违法行为”,而“违法行为”取得的证据属于“非法证据”,当然不具有“证据效力”。我国最高人民法院关于证据的解释文件也规定,“违法取得”的证据不具有证据效力。什么叫“违法取得”?没有事先取得搜查证进入私人住宅、进入具有排他性的物权效力范围,就属于“违法取得”。

二、关于物权优先于债权原则

建议在本节恢复《物权法草案(第二次审议稿)》第 8 条关于物权

优先于债权原则的规定：

第×条　在特定的不动产或者动产上，既有物权也有债权的，优先保护物权。但法律另有规定的除外。

"物权优先于债权原则"是处理物权与债权冲突的基本规则，也是法官在司法实践中最常用的裁判规则之一。主要适用于两类案件：一是在"一房多卖"案件中，据以判决已经办理产权过户的买房人得到争议房屋；二是在企业破产和清产还债案件中，据以判决抵押权人优先受偿及出租人取回租赁物。这一原则的例外规则，即条文"但书"所谓"法律另有规定"：一是《合同法》第229条关于买卖不破租赁的规定；二是《企业破产法》关于优先清偿工人工资的规定。如果《物权法》不作规定，法律素养高的法官仍会将此原则作为法理规则而予以适用，法律素养较低的法官往往会无所适从，势必影响裁判的统一和公正。

三、关于不动产登记簿的证据资格

第16条第1款规定："不动产登记簿记载的事项，是物权归属和内容的根据。"

建议修改为：

不动产登记簿是物权归属和内容的根据。

按照证据法原理，证据分为"人证"和"物证"。所谓"物证"，指以"有形物"作为"证据"，包括"文书"和"检证物"。现行《民事诉讼法》第63条将具有证据资格的"文书"称为"书证"，将"检证物"称为"物证"。"书证"再分为"公文书"和"私文书"。不动产登记簿属于"公文书"。无论是根据证据法原理，还是根据现行《民事诉讼法》，唯属于"有形物"的不动产登记簿，才能成为法官据以判断案件事实的"证据"，而不动产登记簿所"记载的事项"绝非"证据"。本条规定的目的，是要赋予"不动产登记簿"以"证据资格"，绝对不是赋予不动产登记簿"记载的事项"以"证据资格"。正如本法第17条规定"不动产权属证书”，而不是不动产权属证书“记载的事项”，是权利人享有该不动产物权的证明。

四、关于不动产登记的善意保护效力

第23条规定：“基于不动产登记簿享有的物权受法律保护，但记载于不动产登记簿的权利人在取得权利时知道或者应当知道权利有瑕疵的除外。”

建议修改为：

> 基于不动产登记簿取得的物权受法律保护，但在取得权利时知道或者应当知道权利有瑕疵的除外。

本条规定不动产登记的善意保护制度，亦即教科书上所谓不动产登记的公信力制度。这个制度的关键，是以不动产登记簿为根据“取得”的不动产物权受法律保护，不允许任何人以任何理由予以剥夺。其政策目的是保护不动产交易的善意第三人，而不是保护不动产登记簿上记载的权利人。原条文说“享有”的物权，而不说“取得”的物权，不能体现保护交易第三人的政策目的，并与不动产登记的“权利推定”制度发生混淆。应该将“享有”改为“取得”。

五、关于登记机构的过错责任

第24条第2款规定：“因登记错误，给他人造成损害的，登记机构应当承担赔偿责任；登记机构赔偿后，可以向造成登记错误的责任人追偿。”

建议修改为：

> 因登记错误，给他人造成损害的，登记机构应当承担赔偿责任；登记机构赔偿后，可以向因该登记错误不当得利的人追偿。

因登记机构的原因造成登记错误，给他人造成损害，理应由登记机构承担赔偿责任。但因登记错误造成某个权利人或者利害关系遭受损害的,必定有某个第三人获得不当利益。正如“物质不灭定律”,有人受损害,必有人得利益。既然登记机构并未获得利益,则登记机构在承担损害赔偿责任之后,应有权依据不当得利规则向获得不当利益的人追偿。造成登记错误的责任人,作为登记机构工作人员,仅应受纪律处分。原条文规定“向造成登记错误的责任人追偿”,根本不现实。一个登记错误可能造成几十万元、几百万元甚至更大的损失,一个公务员如何赔偿得起!其实,因登记错误造成的损失可能数额巨大,让登记机构承担全部赔偿责任,也是不适当的。进一步的修改建议是,登记机构依据国家赔偿法承担赔偿责任,而由因登记错误造成损害的受害人自己向因该登记错误获得不当得利的人追偿。

六、关于占有改定

第31条规定:“动产物权转让前,出让人应当将该动产交付给受让人,但双方约定由出让人继续占有该动产的,物权自约定生效时发生效力。”

建议修改为:

> 出让动产物权时出让人有必要继续占有该项动产的,可以与受让人设定一项由受让人作为出租人的租赁合同关系,以代替实际交付。

这是针对“卖出租回”这种融资租赁合同形式的特殊规则。假设某个企业急需资金而又没有银行愿意贷款给它,于是找到一家租赁公司签订一份买卖合同,将自己最值钱的一条生产线的设备出卖给租赁公司,取得一笔价款以解决生产资金问题。但是它并不是真的要出卖这条生产线,相反它还要靠这条生产线进行生产,因此它“有必要继续占有”这些已经出卖给租赁公司的设备。这种情形下显然不能把这些设备“交付”给买受人租赁公司,以完成设备所有权的移转。怎么样才能够既使该企业“继续占有”这些设备,又实现其所有权向租赁公司的移转呢？办法就是，该企业再与该租赁公司签订一份租赁合同，把这条生产线的设备租回来。实际上该生产线的设备原地未动，因现行《合同法》第242条明文规定“出租人享有租赁物的所有权”，虽然没有现实“交付”，但因为签订了租赁合同，这个租赁合同代替了设备的实际“交付”，而实现了设备所有权向租赁公司的移转，并同时使该企业作为承租人继续占有这些设备。可见，关于“占有改定”的特殊规则，正是针对现实生活中的“卖出租回”这种特殊融资租赁合同形式的，其实质是用一项“租赁合同关系”实现标的物所有权移转，并满足出卖人继续占有该标的物的需要。

如果按照原文，一份买卖合同中“双方约定由出让人继续占有该动产”，则这个合同条款“剥夺了”买受人请求出卖人交付标的物并移转标的物所有权的“主要权利”，“免除了”出卖人交付标的物并移转标的物所有权的“主要义务”。如果属于“格式合同”，法院将依据《合同法》第40条的规定认定该条款无效；如果不属于“格式合同”，法院将认定构成《合同法》第54条规定的“显失公平”的合同，而根据买受人的请求予以撤销或者变更。可见，原文规定“双方约定由出让人继续占有”，是绝对行不通的。

七、关于物权请求权

第39条规定：“造成不动产或者动产毁损的，权利人可以请求恢复原状；不能恢复原状或者恢复原状后仍有损失的，可以请求损害赔偿。”

修改意见：删去本条。

“物权请求权”是专门针对“物权”的法律救济措施，是“物权”的特殊保护方法。为什么在侵权责任制度之外还要有一个物权请求权制度？物权请求权制度与侵权责任制度的区别何在？二者的区别主要是构成要件不同，物权请求权只有一个构成要件，即存在物权；而一般侵权责任的构成要件包括加害行为、损害后果、因果关系和过错,即使特殊侵权责任也需有前三项要件。物权请求权的优点也正是在于其构成要件简单,因此物权请求权行使的程序就特别方便,只需证明自己享有物权就足够了,法院也仅凭享有物权这一点给予保护。这就使请求权人避免了就侵权责任的构成要件举证的麻烦。因此,民法在侵权责任制度之外特别规定物权请求权制度,作为保护物权的特殊救济措施。反过来,物权请求权也有局限性,这就是行使物权请求权一定要有物权存在。物权什么时候存在?标的物存在,物权就存在。标的物一旦毁损、灭失,例如房屋已经烧毁、汽车已掉下悬崖变成一堆废铁、手机已经灭失,这时物权(所有权)已经消灭,就不能再行使物权请求权,只能向法院提起侵权责任之诉。这就是为什么在物权请求权之外,物权还受侵权责任制度保护的原因。不动产或者动产一经毁损,原物权已不存在,行使物权请求权的基础已经丧失,权利人只能依据侵权责任请求保护,本条显然属于侵权责任制度。

第 42 条规定:"侵害物权,造成权利人损害的,权利人可以请求损害赔偿。"

修改意见:删去本条。

本条规定"侵害物权,造成权利人损害的,权利人可以请求损害赔偿",导致物权请求权制度与侵权责任制度的混淆。按照本条规定,凡物权受侵害,受害人都必然依据本条行使属于物权请求权性质的损害赔偿请求权,民法侵权责任制度就被取代了。而在物权受侵害的情形,法院仅根据物权存在一项要件,完全不考虑加害行为、损害结果、因果关系、加害人过错等要件,怎么可能作出合情、合理、合法的损害赔偿判决。

八、关于水资源属于国家所有

第 51 条规定:"矿产资源、水资源以及城市的土地等属于国家所有。国家所有，及全民所有。”

建议修改为：

宪法及法律指定的城市市区土地为国家所有。国有土地的所有权由国务院统一行使。

另设一条规定矿藏和地下水：

第×条　矿藏和地下水，属于国家所有。矿藏和地下水的开发，依照法律特别规定。

查《现代汉语词典》（商务印书馆1997年版），“资源”指生产资料或生活资料的天然来源（第1662页）。“矿藏”指地下埋藏的各种矿物的总称（第763页）。“矿产”指地壳中有开采价值的物质。照此解释，原文“矿产资源”一语，是指“地壳中有开采价值的物质”的“天然来源”，使人难以理解。不如“矿藏”一词，含义明确。且《宪法》第9条第1款已规定“矿藏”“属于国家所有”。因此建议采用“矿藏”概念，取代“矿产资源”一语。

原文“水资源”，若解释为“水”的“天然来源”，也难以理解。实际上，就是指“水”。“水”分为“地表水”和“地下水”。地表水，包括江河湖泊中的水和地面积蓄的雨水。如果将地表水规定为国家所有，其必然的逻辑结果是，遇江河湖泊洪水泛滥及暴雨成灾，造成人民的生命财产损失，就应该由国家承担全部赔偿责任。再说，既然江河湖泊的水是国家财产，则长江、大河昼夜不息，流入大海，岂不是最严重的国有资产流失，应该由哪一个国家机关承担渎职犯罪的责任呢？其实，包括江河湖泊的水在内的地表水，各主要国家和地区都是用传统民法相邻关系中的取水、用水、排水的制度来解决，不必要也不应该将其规定为国家所有。且江河湖泊的水无法特定，不能直接支配，不具有排他性，不符合物权的定义，规定为国家所有，也与法理相悖。至于地下水，即蕴含于地层中的水，与矿藏类似，可以与矿藏同样对待。

九、关于野生动植物资源属于国家所有

第53条规定:“农村和城市郊区的土地、野生动植物资源等,法律规定国家所有的,属于国家所有。”

建议修改为:

> 农村和城市郊区的土地,法律规定国家所有的,属于国家所有。

按照《现代汉语词典》关于“资源”的定义,“野生动植物资源”的含义是:野生动物和野生植物的“天然来源”,使人难以理解。其实,所谓“野生动植物资源”,就是指“野生动物”和“野生植物”。“野生植物”是土地的附着物,归属于土地的所有权人。国有土地上的“野生植物”自然属于国家所有,无须法律特别规定。同理,集体土地上的“野生植物”当然属于集体所有,私人享有使用权的土地上的“野生植物”当然属于私人所有。怎么能够设想,“法律规定”集体土地和私人享有使用权的土地上的“野生植物”“属于国家所有”?

保护野生动物,本属于公法上的义务且首先是国家的义务、整个社会的义务。如将“野生动物”规定为“属于国家所有”,则按照民法原理,应由所有人国家自己承担全部保护义务,广大人民群众当然被解除了保护义务。首先,规定珍贵的、有价值的野生动物归国家所有,于情理不合。为什么有害的野生动物,如苍蝇、蚊子、老鼠不规定为国家所有?为什么专挑珍稀的、有价值的野生动物规定为国家所有?其次,将野生动物规定为国家所有,于法理不合。因为野生动物,如穿山甲,今天在我国云南、广西,明天可能就在越南、缅甸境内。其实,野生动物不具有特定性和直接支配性,在被捕获之前,不构成物权的客体。按照传统民法,野生动物属于无主物,国家保护野生动物,只需对民法先占取得加以限制即可。

十、关于公共设施属于国家所有

第54条规定："道路、电力、通讯、天然气等公共设施，依照法律规定为国家所有的，属于国家所有。"

建议修改为：

国家投资的道路、电力、通讯、天然气等公共设施，属于国家所有。

即使是"公共设施"，也仍然适用"谁投资归谁所有"的民法原理。国家投资的"属于国家所有"，集体投资、私人投资的，属于集体所有、私人所有。立法机关能够制定法律规定集体投资、私人投资的公共设施属于国家所有吗？

十一、关于宗教财产的归属

建议增加一条规定宗教财产的归属。

第×条　寺庙、宫观、教堂、清真寺的不动产和动产，属于宗教法人所有。

宗教财产，包括佛教的寺庵，道教的宫观，天主教、基督教和东正教的教堂，伊斯兰教的清真寺，及供奉各种神明的庙宇。根据现行的国家政策，教会（天主教、基督教和东正教）的房产，为中国教会所有；佛教和道教的庙观及所属房产为社会所有（僧道有使用权和出租权）；带家庙性质的小尼庵为私人所有；伊斯兰教的清真寺及所属房屋则为信教群众集体所有。在实际房屋产权登记中，无论何种寺庙宫观，均将宗教协会登记为所有权人。首先，"社会所有"一词只能代表不确定的人群，不能形成明确的、肯定的法律关系主体。把宗教财产规定为社会所有，实际上是把宗教财产当成无主财产，给侵犯宗教财产提供了可乘之机。其次，规定为"信教群众集体所有"也不妥，因为信教群众既然已经把钱物捐了出去，主观上即不存在作宗教财产所有人的意思。且信教群众没有形成一个成员固定的组织形态,不能成为宗教财产的所有权主体。最后,规定为宗教协会所有,违背了信教群众捐献钱物的心愿,信教群众并不是要把钱物捐给僧众道徒组成的宗教协会,而是通过寺庙等给予他们心中的神仙、上帝、真主。由宗教协会所有,也有违宗教教规信条——僧众道徒等不能成为宗教财产的所有人。依据民法原理并参考发达国家的经验,建议规定一切宗教财产(包括不动产和动产)都属于作为宗教法人的寺庙宫观所有。第三次审议稿中不规定宗教财产的归属,令人费解。

十二、关于善意取得

第110条规定:"无处分权人将不动产或者动产转让给受让人的,所有权人有权追回,但符合下列情形的,受让人即时取得该不动产或者动产的所有权:

"(一)在受让时不知道或者不应当知道转让人无处分权;

"(二)以合理的价格有偿转让;

"(三)转让的财产依照法律规定应当登记的已经登记,不需要登记的已经交付给受让人;

"(四)转让合同有效。

"受让人依照前款规定取得不动产或者动产的所有权的,原所有权人有权向无处分权人请求赔偿损失。

"当事人善意取得其他物权的,参照前两款规定。"

建议修改为:

> 无处分权人将动产转让给受让人的,所有权人有权追回,但符合下列情形的,受让人即时取得该动产的所有权:
>
> (一)受让人在受让时不知道或者不应当知道出让人无处分权;
>
> (二)以合理的价格有偿转让;

(三)转让的动产已经交付给受让人。

受让人依照前款规定取得动产的所有权的,原所有权人有权向无处分权人请求赔偿损失。

当事人善意取得其他物权的,参照前两款规定。

基于特殊保护善意第三人的政策目的,用不动产登记的善意保护制度保护不动产交易的善意第三人。因为一般动产没有登记簿,不得已创设动产善意取得制度,以保护一般动产交易的善意第三人。原文规定“即时取得该不动产或者动产的所有权”,起草人居然忘记了本法第23条已经规定了不动产登记的善意保护制度,把实现同样政策目的的两个制度混淆了。原文规定以“转让合同有效”为发生善意取得的前提条件,更是匪夷所思。如果“转让合同有效”,则受让人基于有效的买卖合同当然取得标的物的所有权,还有规定善意取得制度的必要吗?起草人显然未弄懂善意取得制度的立法目的,正是针对无权处分合同无效,而强行使善意第三人原始取得标的物的所有权。

十三、关于取得时效

建议增加关于取得时效的规定。

第×条　以所有的意思,十年间和平、公然、连续占有他人之动产者,取得其所有权。但其占有之始为善意并无过失者,为五年。

第×条　现时登记为不动产所有人,虽未实际取得该项权利,但占有该不动产并依所有人身份行使其权利的,自其权利登记之日起满二十年而未被注销登记者,实际取得该不动产所有权。

本条规定可准用于建设用地使用权、土地承包经营权、地役权和典权。

第×条　以自主占有的意思,和平、公开、持续占有他人未经登记的不动产满二十年者,可以请求登记为该不动产的所有权人。

本条规定,不适用于国有土地所有权。但可准用于建设用地使用权、土地承包经营权、地役权和典权。

第×条　取得时效的中止、中断,准用关于诉讼时效的规定。

各主要国家和地区民法均规定取得时效制度。按照取得时效制度,张三所有的某项财产被李四占有,经过法律规定的期间之后,李四即可取得该财产的所有权,而张三对该财产的所有权因此消灭。取得时效制度的合理性在于:第一,非权利人李四自以为自己是所有人,长期占有该项财产,经过相当长的时间之后,人们已经相信李四是该财产的所有权人,并与其发生各种法律关系。这种情形,如果要恢复张三对该财产的占有,势必推翻这些已经存在的法律关系,引起法律秩序的混乱。第二,由于李四占有该财产已经过相当长的时间,例如20年,证明该财产所有权归属的证据已经很难收集,即使收集到一些证据,也往往难辨真假,直接以该财产的占有事实为根据,使占有人李四取得所有权,可以避免法院收集和判断证据的困难,减少讼累。第三,张三虽然是该财产的所有权人,却长期未行使其权利,李四虽然不是真正的所有权人,却长期实际行使权利,与其保护长期不行使权利的所有权人张三,倒不如保护长期积极行使权利的非所有权人李四,更能发挥该财产的效用。第四,当就某项财产的所有权归属发生争执时,通常要求双方举出证据,证明自己是该财产的所有权人。但经常发生这样的情形,因为年代久远,证据湮灭,证人死亡,很难判断该财产真实的权属。现实占有该财产的一方,就可以援引取得时效制度保护自己的利益。他只要证明自己占有该项财产已经达到法律规定的时效期间,法院就应当根据取得时效制度认定他为该项财产的所有权人。因此,取得时效制度是现实占有财产的一方获得胜诉判决的最简便、最有力的方法。第五,我国自1949年以来,农村历经土地改革、互助组、合作社、"大跃进"、人民公社化等运动,城市国有企业、集体企业也经历多次合并、分立、转制,导致财产关系混乱和产权界限不清,因土地、建筑物归属发生争执,以致发生大规模的暴力事件。如果《物权法》规定取得时效制度，将有利于减少这类事件的发生，有利于财产关系和社会秩序的稳定。

十四、关于承包经营权的期限

第129条规定："耕地承包经营权的期限为三十年。草地承包经营权的期限为三十年至五十年；林地承包经营权的期限为三十年至七十年；特殊林木的林地承包经营权的期限，经国务院林业主管部门批准可以延长。"

建议修改为：

土地承包经营权的期限一律为五十年。现存土地承包经营权的期限不足五十年的，延长为五十年。

土地承包经营权期限届满时，按原设立条件期限自动延长。但土地承包经营权人明确表示不愿延长的除外。

针对土地的不同用途规定不同的期限，将使农用土地法律关系和法律秩序复杂化。国家仅应限制农业用地转为建设用地。在农业用地范围内，仅对将林地改为耕地有所限制。原则上，将土地用于耕作、养殖、畜牧或者栽种林木，属于承包经营权人的自主权，并且可以根据自然条件和市场条件的变化而适当改变，例如耕地改为林地、耕地改为草地、草地改为林地。对种植林木的种类，更无预先加以限定之理。如预定种植松树，批准承包经营权期限为30年，若干年后决定改种银杏树，是否主管部门必须批准将承包经营权期限延长为70年？如预定种植银杏树经批准承包经营权期限为70年，若干年后发现种植松柏更划算，于是拔去银杏树苗改种松柏，主管部门是否应主动查处并将承包经营权期限改为30年或者50年？这种以种植什么树种决定承包经营权期限长短的想法，不仅难以实行而且可笑。同是农民，同是土地承包经营权人，张三的权利期限是30年，李四的权利期限是50年，王五的权利期限是70年，是否符合平等、公平的基本原则？农民自己会怎么想？农民同意不同意？出于物权法定原则和农用土地法律秩序统一的要求，土地承包经营权的期限应当统一。因此，建议土地承包经营权期限统一规定为50年，并设第2款规定期满自动延长，以保障农业经济长期稳定发展。

十五、关于承包经营权可否转让、抵押

第132条规定："土地承包经营权人有权依法自主决定土地承包经营权以转包、出租、互换、转让或者其他方式流转。"

建议修改为：

土地承包经营权不得转让和抵押。但国有或集体所有荒山、荒地等以拍卖方式设立的土地承包经营权除外。

如果允许土地承包经营权转让、抵押，用不了多少年，就会出现数以千万计甚至数以亿计的丧失土地的农民，而城市绝对容纳不下这么大量的人口。真要出现数千万甚至上亿的无地农民，且不说如何解决就业、安置的难题，这一事态本身就意味着巨大的社会危险。因此，从法律政策上不宜允许土地承包经营权转让和抵押。农民生产、生活中的资金需求，如购买农用机具、子女上学、生病住院等急需资金，国家应当专设一套简便的小额贷款制度予以解决。

十六、关于建设用地使用权期限届满后建筑物的归属

建议增加规定建设用地使用权期限届满后地上建筑物的处理规则：

第×条　建设用地使用权期限届满未续期的，建设用地使用权人可以取回其建筑物及其他附着物，并应恢复土地原状。但土地所有人提出以时价购买建设用地使用权人的建筑物及其他附着物时，建设用地使用权人无正当理由，不得拒绝。

建设用地使用权期限届满，建设用地使用权人不取回其建筑物及

其他附着物的,可请求土地所有人给予补偿。土地所有人可请求建设用地使用权人在其建筑物及其他附着物可使用期限内,延长建设用地使用权的期限。建设用地使用权人拒绝延期的,不得请求土地所有人补偿。

本条第 1 款规定,建设用地使用权期限届满时,如果不续期而终止建设用地使用权,建设用地使用权人可以取回属于自己所有的地上物。土地所有人在建设用地使用权人行使地上物取回权时,提出以时价购买建设用地使用权人的地上物的,建设用地使用权人无正当理由不得拒绝。这样规定,既可维护建设用地使用权人对地上物的权利,又可不增加土地所有人恢复原状的负担,并有助于对既存建筑物等的充分利用。

本条第 2 款规定,建设用地使用权人不行使地上物取回权,并且土地所有人也不行使买取请求权时,建设用地使用权人可以请求土地所有人按照地上物的状况和时价予以补偿。在建设用地使用权人行使地上物补偿请求权时,土地所有人有权要求延长原建设用地使用权的期限,以替代补偿。这样规定,有利于双方合法权益的协调。

十七、关于居住权

第十五章居住权(第 181—192 条)。

修改意见:删去本章。

欧洲一些国家在 19 世纪制定民法典,未实行男女平等原则,父亲去世,母亲不能继承遗产,遗产全归子女继承,为解决母亲的居住问题特设居住权制度。20 世纪中期以后,这些国家通过对民法典的修改,实行了男女平等原则,承认了妻对夫的继承权,居住权制度已经丧失其存在意义。可见居住权是一种落后的、过时的制度。日本制定民法典时,起草人明确表示日本无规定居住权的必要。《韩国民法典》也不规定居住权。我国自 20 世纪 30 年代以来即实行男女平等原则,夫妻相互为继承人,因此民国时期民法未规定居住权。现行《继承法》规定,夫妻相互为第一顺序继承人,规定子女有赡养父母的义务,因此迄今未发生所谓父母居住问题。因改革开放前长期实行公房制度,双职工由男方单位分房,离婚时住房常被判归男方,为解决女方暂时居住困难,法院判决女方可继续居住直至再婚。这种裁判上不得已的做法与所谓居住权无关。现今实行住宅商品化政策,公房制度已经废止,夫妻关系存续中取得的房屋为夫妻共有财产,离婚时当然可以根据情况判给任何一方或者由双方分割。如有个别案件,为解决离婚一方暂时居住困难,仍可按照此前的做法,判决其在原房屋中暂时居住直至再婚。至于为个别家庭解决保姆终身居住问题,创设一个新的法律制度,更是不合逻辑。如个别人订立遗嘱载明让保姆终身居住,法院仍可沿用此前的做法,通过在继承人的房屋所有权上设立一个负担来解决。绝无必要创设所谓居住权。

十八、关于典权

建议恢复第二次审议稿“第十五章典权”(第191—205条)。

典权为我国固有物权制度,对东亚各国和地区均有影响,韩国现行民法典仍规定有典权。在我国传统观念中,绝不轻易出卖祖产,遇急需资金或生活困难无其他解决办法时,以设立典权作为替代。出典人将自己所有的不动产交付典权人占有、使用、收益,以换取相当于卖价之资金,而保留该财产的所有权,待日后有能力时可以原价赎回。典权人以支付低于买价之典价,而取得典物之占有、使用、收益权,且日后还有取得典物所有权的可能。出典人与典权人两全其美,各得其所。典权制度因此而兴起,经历代而不衰,但均属于习惯法制度。后因民国时期民法明文规定典权,而变为成文法制度。1949年后,中央人民政府明令废除民国时期的“六法”,在大陆典权再次成为习惯法制度。

制定《物权法》应如何对待我国习惯法上的典权，学者间存在意见分歧，分为典权保留论与典权废止论。典权保留论的主要理由是：其一，典权为我国独特的不动产物权制度，充分体现中华民族济贫扶弱的道德观念，最具中国特色，保留典权有利于维持民族文化，保持民族自尊。其二，典权可以同时满足用益需要和资金需要，典权人可取得不动产之使用收益及典价之担保，出典人可保有典物所有权而获得相当于卖价之资金，以发挥典物之双重经济效用，为抵押权制度所难以完全取代。其三，随着住宅商品化政策推行，私有房屋数量增加，有房屋因种种原因长期不使用而又不愿出卖者，设定典权可以避免出租或委托他人代管的麻烦，因此应保留典权。典权废止论的主要理由是：其一，典权之所以产生，在于我国传统观念认为变卖祖产属于败家，受人耻笑，而现今市场经济发达，人们观念改变，于急需资金时出卖不动产或设定抵押为正常的经济行为，因此典权无保留必要。其二，随着国际贸易的发展，国内市场与国际市场沟通，导致民法物权制度的趋同，称为物权法的国际化，典权为我国特有制度，现代各主要国家和地区无与之相同者，为适应物权法国际化趋势，宜予废止。其三，我国实行土地国家所有和集体所有制度，就土地设定典权已不可能，就房屋设定典权虽无统计数字，但依法院受理案件的情形推论，出典房屋的实例也极少，保留典权价值不大。

考虑到我国地域辽阔，各地经济发展不平衡，传统观念与习惯之转变不可能整齐划一，纵然少数人拘泥于传统习惯设定典权，物权法上也不能没有相应规则予以规范。曾设想废止典权，对于少数人拘泥于习惯设立的典权关系准用关于附买回权的买卖的规则。但附买回权的买卖为债法制度，其效力较物权弱，一旦买受人将标的物转让他人，买回权势必落空，致出典人利益遭受损害。而依典权制度，典物所有权仍归出典人，其回赎权不致因典物的转让而落空，如其放弃回赎权，则典权人可取得典物所有权。可见，典权制度确有利于当事人利益之保护,并且较为灵活方便。尤其对于因种种原因长期不使用房屋而又不愿出让房屋所有权的人而言,将该房屋设定典权可以避免出租或委托他人代管的种种不便和麻烦,使典权在现代社会具有生命力。随着住房商品化政策之推行,人们所有不动产将大量增加,物权法规定典权,增加一种交易、融资途径,供人们选择采用,于促进经济发展和维护法律秩序有益而无害。

考虑到人民政府和最高人民法院一直承认典权制度的效力,人们依习惯法成立的典权关系,受到人民政府的承认和人民法院的保护。如内务部《关于土地改革地区典当土地房屋问题的处理意见》(草案)(1950 年 9 月 30 日)规定,“农民间的典当关系,其契约继续有效,可继续承典,亦可依契约自由回赎”。司法部《关于典当处理问题的批复》(1951 年 11 月 9 日)规定,一般的农村典当关系,今天应仍准其存在。国家房产管理局《关于私房改造中处理典当房屋问题的意见》(1965 年 12 月 3 日)规定,“今后对于出典房屋一般仍应按照典当关系处理”。最高人民法院《关于贯彻执行民事政策法律的意见(节录)》(1979 年 2 月 2 日)规定,“劳动人民的房屋典当关系,应予承认。典期届满,准予回赎”。最高人民法院《关于贯彻执行民事政策法律若干问题的意见》(1984 年 8 月 30 日)第 58 条规定,“对法律、政策允许范围内的房屋典当关系,应予承认”。迄今最高人民法院关于典权案件的批复有十数件之多。《物权法》如果不规定典权,因物权法定原则之贯彻,无论旧有典权还是新设典权,将一律无效,当事人正当利益难以获得保护,致人民政府和人民法院坚持数十年承认和保护典权关系的法律政策立场突然中断,使人民法院丧失裁判典权案件之判断基准,实非所易。

十九、关于抵押财产的转让

第 215 条规定:“抵押期间,抵押人经抵押权人同意转让抵押财产的,应当将转让所得价款向抵押权人提前清偿债权或者提存。转让的价款超过债权数额的部分归抵押人所有,不足部分由债务人清偿。

"抵押期间,抵押人未经抵押权人同意转让抵押财产的行为无效。"

建议修改为:

抵押期间,抵押人转让抵押物的,抵押权人的权利不因此而受影响。

取得抵押物所有权的第三人,可以代替债务人清偿抵押担保的全部债务或者提存经抵押权人同意的金额,而消灭抵押权。

抵押权是存在于抵押物上的物权,抵押人转让抵押物的,对抵押权不发生影响。凭借抵押权所具有的追及力,抵押权人当然可以对已归受让人所有的抵押物行使权利。因此,抵押人转让抵押物,不必征得抵押权人的同意。取得抵押物所有权的第三人,因抵押权的存在将面临抵押物被扣押、拍卖的风险,因此设本条第 2 款关于涤除权的规定。

二十、关于营业质权

建议在动产质权一节增加关于"营业质权"的规定。

第×条　营业质权,是指当铺营业人以约定的期限和利息向借款人出借款项,并以借款人交付占有的动产为标的而设定的质权。银行存单、存折、股票、债券等有价证券,不得设定营业质权。

当票为营业质权设定的书面凭证。

当铺营业人不得将质物转质。

当铺营业人与借款人在设定营业质权时可以约定,借款人在约定期限届满经过五日仍不能偿还借款本息的,当铺营业人即取得质物的所有权,其所担保的债权亦同时消灭。

当铺营业人与借款人无前款约定的,借款人在约定期限届满时不能偿还借款本息的,当铺营业人得以拍卖或者其他方法变价质物。当铺营业人变价质物所得全部价款,归当铺营业人所有。变价质物所得价款不足清偿当铺营业人的债权时,当铺营业人不得向借款人追偿。

营业质权因当铺(典当行)营业而发生。当铺(典当行)为我国民间长期存在的一种资金融通方式,对于普通人解决一时的资金困难具有显而易见的好处。中华人民共和国成立后,当铺(典当行)营业逐渐消亡。自改革开放以来,各地纷纷开设当铺(典当行),从事以动产质押担保的小额借款业务。中国人民银行将当铺业务归类于非银行金融业务,经中国人民银行批准经营当铺业务的机构,为非银行金融机构。但因缺乏相应的法律规则,致所发生的纠纷难以裁判,影响当铺(典当行)营业的健康发展。按照现行《担保法》第 66 条关于禁止流质和第 71 条关于清算的规定,现在的当铺(典当行)营业显然构成违法。因此,建议物权法对营业质权设明文规定,为当铺(典当行)营业提供法律依据,以利于保护当事人的合法权益,建立当铺(典当行)营业合法、公正、健康、有序的法律秩序。

因营业质权为特殊的动产质权,本条规定了区别于一般质权的特殊规则:(1)质物仅以动产为限。银行存单、存折、股票、债券等有价证券,虽在法律上视为动产,但其本身代表一定数额的金钱,持有人不必借助当铺获取资金。且有价证券权利有其特殊变现方法,若允许以有价证券设定营业质权,因营业质权不适用禁止流质约款规则,难保不损害借款人的利益。因此明文规定银行存单、存折、股票、债券等有价证券不得设定营业质权。(2)当铺营业人在借款人偿还所借全部本息时,应当将质物交还借款人。若当铺营业人将质物转质,则可能会影响借款人取回质物。且当铺营业人向借款人出借资金,一般期限较短,金额不大,若允许当铺营业人转质质物,对借款人不利。因此,本条规定当铺营业人不得将质物转质。(3)考虑到借款人通过当铺融通资金,一般期限不长,借款数额和质物的价值也都不大,若严格要求按质权实行方法实行营业质权，不经济、不方便，且与当铺营业习惯相悖。因此，本条明文规定，当铺营业人与借款人在设定营业质权时可以约定，借款人在约定期限届满时不能偿还借款本息时，质物的所有权转移为当铺营业人所有，其所担保的借款债权同时消灭。换言之，营业质权不适用禁止流质约款的规则。(4)鉴于当铺业务的特点是期限短、金额不大，若要求当铺营业人行使营业质权进行清算，势必增加交易成本，妨碍业务的开展。因此，本条规定，借款人在约定期限届满不能偿还借款本息时，当铺营业人得以拍卖或者以其他方法变价质物。当铺营业人变价质物所得全部价款，归当铺营业人所有。变价质物所得价款不足以清偿当铺营业人的债权时，当铺营业人不得继续向借款人追偿。

二十一、关于让与担保

建议恢复第二次审议稿关于“让与担保”的规定

我国商品房按揭贷款中所谓“按揭”和抵押不同。抵押担保，必须先有房屋所有权，然后在房屋所有权之上设定一个抵押权。不能在债权之上设定抵押权。大陆法系物权法及我国现行《担保法》不承认“债权”抵押，抵押的标的必须是所有权(我国还有土地使用权)。在日本、德国等大陆法系国家，把我国现在的“按揭”担保称为“让与担保”。可以设立让与担保的，既可以是债权，也可以是所有权，还可以是知识产权。所谓商品房按揭，就是买房人把自己根据商品房预售合同享有的债权和将来取得的房屋所有权，一并让与银行用来担保银行的借款债权。签订按揭协议后的一段时间里，银行只享有债权，当开发商交房并办理产权过户手续之后，银行享有的债权消灭，换成房屋所有权。由此可见，按揭担保有一个从债权担保转变成所有权担保的过程，和抵押担保不同。

为什么不叫“按揭担保”呢？因为“按揭”是广东话，写在法律上也不好看,也不知道是什么意思。有人说,香港人把“按揭”叫作“楼花抵押”,“楼花”就是合同上的债权。即使在香港特区“楼花抵押”也不是真正的抵押。在内地,现行《担保法》规定,只有所有权、土地使用权,亦即现实存在的动产、不动产才能抵押。“让与担保”是一个新的制度,是用来整合、规范现在的商品房“按揭”的。

必须指出,按照“让与担保”,按揭银行的利益将得到妥善的保障。如果在开发商交房并办理产权过户手续之前按揭人陷于不能支付,按揭银行可以直接行使受让的合同债权,请求开发商对自己交房并办理产权过户手续,直接从开发商处得到房屋和房屋所有权。如果在开发商交房并办理产权过户手续之后按揭人陷于不能支付,则按揭银行有权自己决定行使让与担保权的方式,以按揭房屋变价受偿,或者直接从按揭人手中收回按揭房屋,自己成为真正的所有权人。让与担保的最大优点是适用简便,可以回避抵押权实行的严格程序、手续和方法。

反之,物权法不规定“让与担保”,不仅现实中的商品房按揭没有法律依据,而且因商品房按揭所发生的纠纷也难以裁判,按揭银行的利益也不可能获得妥善保障。如果在开发商交房和办证之前按揭人陷于不能支付,因为没有办理抵押登记,按揭银行没有抵押权,其借款债权属于无担保债权,不可能阻止开发商向买房人交房和办理产权过户手续;如果在开发商交房、办理产权过户手续并同时办理抵押登记之后按揭人陷于不能支付,按揭银行虽然可以行使抵押权,但必须遵循物权法关于抵押权行使程序、手续和方法的规定。

除此之外让与担保还与融资租赁有关。现行《合同法》第十四章规定了“融资租赁合同”,这是一种新的合同类型。企业与租赁公司签订融资租赁合同,由租赁公司替该企业垫付购买设备的价款。按照融资租赁合同的“所有权转让条款”,企业把打算购买的设备所有权转让给租赁公司。实际是租赁公司替企业支付购买设备的价款,而企业预先把设备的所有权转让给租赁公司,以担保租赁公司的垫款债权。供应商虽然向企业交付设备,但该企业只得到设备的使用权,设备的所有权已经转让给租赁公司。因此,《合同法》第242条规定:“出租人享有租赁物的所有权。”需注意的是,虽然设备的所有权归租赁公司,但租赁公司并不是真正的所有权人,只是用所有权作为担保手段。在企业把租赁公司的租金还清以后,租赁公司必须把设备的所有权归还给企业。这是典型的让与担保,和按揭是同样的原理。所以说,物权法规定让与担保制度,虽然是一个新创,但并不是凭空产生的:一是针对现实中的商品房预售中的按揭担保,要用让与担保制度来规范、整合现实中的按揭担保;二是针对《合同法》上融资租赁合同中的所有权让与担保,为融资租赁合同所规定的“所有权让与”条款提供法律根据。

《中华人民共和国物权法》的制定*

一、中国制定物权法的背景

（一）制定物权法是改革开放和实行社会主义市场经济体制的必然要求

中华人民共和国成立后，曾几次起草民法典。第一次是 1954 年开始，至 1956 年 12 月完成《民法草案》，分为总则、所有权、债、继承四编，共 525 条。此后开展整风、反右运动而致起草工作中断。第二次是 1962 年开始，至 1964 年 7 月完成《民法草案试拟稿》，仅分三编：总则、财产的所有、财产的流转。因 1963 年开始的“四清运动”而中断。这两次起草的民法典草案，都未规定物权法编，未采用物权概念。

中共中央十一届三中全会决定实行对外开放政策，发展商品生产和商品交换，民法典起草工作再次提上日程。自 1979 年 11 月至 1982 年 5 月，先后起草了《民法草案》（1—4 稿）。至 1982 年，立法机关考虑到经济体制改革刚

---

* 本文原载吴汉东、陈小君主编：《私法研究》（第 6 卷），法律出版社 2008 年版。

刚开始,各种经济关系处在变动中,决定暂停民法典起草工作,转而采取先分别制定民事单行法,待条件具备时再制定民法典的立法方针。至1985年,已先后颁布《经济合同法》《涉外经济合同法》《继承法》《专利法》《商标法》等单行法。鉴于民事立法中若干基本原则和基本制度不应由单行法分别规定,1986年颁布《民法通则》。因关于是否采用物权概念发生分歧,致《民法通则》未采用物权概念,而用“财产所有权和与财产所有权有关的财产权”一语代替。

进入20世纪90年代,改革开放的方向和目标已经确定,这就是建立和实行社会主义市场经济体制。因废止资金使用的行政拨款制度,改行资金有偿使用的借款合同制度,因而注意到担保物权制度的作用;因改革国有土地使用的行政划拨制度,实行国有土地出让的有偿使用制度,发生土地所有权与使用权的分离,要求创设新的法律制度和权利类型。

自20世纪80年代中期开始,发生了严重的“三角债”问题和金融机构的巨额不良债权问题,原因是担保物权制度的缺位。至90年代初,立法、司法和理论界已就承认物权概念和制定物权法达成共识,并于1993年开始起草《担保法》,于1995年通过并施行。《担保法》规定了包括一般抵押权、最高额抵押权、动产质权、权利质权和留置权的担保物权制度,为保障金融机构的债权和回避融资风险提供了有效手段,对于防止“三角债”和减少金融机构不良债权发挥了重要作用。同时,《担保法》的制定和实施,也为采用用益物权制度规范土地使用关系、为物权法的制定铺平了道路。

(二)制定物权法是巩固改革开放成果,发展社会主义市场经济的必然要求

市场经济体制下的资金供给采取融资方式,关键是融资风险问题。无论在正常的经济环境或者经济环境发生异常变动的情况下,要

切实保障金融机构都能够按期收回贷款本金和利息,尽量减少和避免发生不良债权,唯有依赖完善的担保物权制度。

从境外立法来看,凡市场经济发达的国家和地区,均有完善的担保物权制度。担保物权,属于物的担保,相对于人的担保即保证合同更为切实可靠,是确保金融机构债权和化解金融风险最有效的法律手段。中国在发生"三角债"和金融机构遭遇巨额不良债权之后,于1995年制定《担保法》规定了担保物权制度,虽然属于"亡羊补牢",且受到不动产登记制度和登记机构不统一的制约,却仍然对此后避免和减少"三角债"和不良债权发挥了重大作用。因此,有必要在总结《担保法》实施以来实践经验的基础上,参考发达国家和地区的经验,通过制定物权法以完善担保物权制度,保障金融机构的合法权益,化解和回避融资风险,保障社会主义市场经济持续稳定发展。

中国在90年代初开始实行国有土地有偿使用制度,采用行政法规形式规定国有土地使用权出让、转让制度。由于当时没有制定物权法,没有用益物权制度,甚至没有物权概念,企业以支付出让金为代价所取得的对于国有土地的使用权,已经与合同债权不相符合。但究竟属于什么性质的权利,其权利具有什么样的法律效力,应当如何从法律上予以规范和给予保护,这些问题都不清楚。例如,当时的制度规定建设用地使用权期限届满,地上建筑物无偿归属于土地所有权人,以及土地闲置2年地方政府即可强行无偿收回土地等,均与用益物权性质不符,不利于切实保护国有土地使用关系各方的合法权益,不利于建立和维护国有土地使用的法律秩序。因此,有必要制定物权法,规定完善的用益物权制度,实现建设用地使用关系的物权化,切实保障国有土地使用关系各方的合法权益,减少和避免国有土地出让、转让中的违法行为,促进国有土地的合理使用,保障国有土地使用关系的法律秩序,从而巩固改革开放所取得的成果并促进社会主义市场经济的发展。

中国农村经济体制改革的基本经验,可以归结为农地所有权与农地使用权的分离,即由原来人民公社体制之下的集体所有、集体使用,改为集体所有、农户使用。此前所采取的法律形式是合同形式,这种以家庭联产承包责任制合同为基础的农地使用关系,存在若干缺点:(1)农户根据承包合同取得的土地使用权,属于债权性质,法律效力较低,特别是债权属于相对权,不能抗拒来自发包人和乡村干部的各种干涉和侵害。这是广大农村经常发生侵害农民权益的行为而不能彻底解决的原因。(2)债权性农地使用权以承包合同的期限为期限,容易导致农户的短期行为,不利于农村经济长期稳定发展。(3)农地使用权转包或出租须经发包方同意,不利于土地资源的优化配置。(4)农户所享有的权利和负担的义务,取决于承包合同的规定,难以做到明确和公平合理,并经常发生发包方单方面修改合同,加重农户负担、损害农户利益的情形。(5)于承包农地被国家征收时,仅补偿土地所有权人,作为农地使用权人的承包户不能获得补偿,对承包农户极不公平。因此,有必要制定物权法,规定用益物权制度,为实现农地使用关系的物权化提供法律根据,使农户对农地的使用权由债权转变成物权,具有对抗土地所有权人的效力,使改革开放以来实行的家庭联产承包合同制度平稳过渡到用益物权制度,保护广大农户的经营自主权,进一步激发其生产积极性,保障中国农村经济的长期持续稳定发展,从而巩固农村改革的成果并促进社会主义市场经济的发展。

(三)制定物权法是保护人民群众财产权,全面建设小康社会的必然要求

中华人民共和国历史上,曾经发生过侵犯人民私有财产的违法行为。在50年代后期刮起所谓"共产风",即以人民公社名义无偿剥夺社员房屋、禽畜、农具、林木等私有财产,严重损害了人民群众的生产积极性和党在人民群众中的威信。60年代初期,中共中央决定纠正

“共产风”,对“共产风”期间无偿剥夺的私有财产进行清理和退赔。1962年9月27日,中国共产党第八届中央委员会第十次全体会议通过《农村人民公社工作条例修正草案》(以下简称“六十条”),首次规定了社员私有财产的保护问题。

“六十条”第41条规定,“社员家庭副业的产品和收入,都归社员所有,都归社员支配”。第44条规定:“人民公社社员,在社内享有政治、经济、文化、生活福利等方面一切应该享受的权利。人民公社的各级组织,对于社员的一切权利,都必须尊重和保障。……要保障社员个人所有的一切生活资料,包括房屋、家具、衣被、自行车、缝纫机等,和在银行、信用社的存款,永远归社员所有,任何人不得侵犯。要保障社员自有的农具、工具等生产资料,保障社员自有的牲畜,永远归社员所有,任何人不得侵犯……”第45条规定:“社员的房屋,永远归社员所有。……任何单位、任何人,都不准强迫社员搬家。不得社员本人同意,不付给合理的租金或代价,任何机关、团体和单位,都不能占用社员的房屋。如果因为建设或者其他的需要,必须征用社员的房屋,应该严格执行国务院有关征用民房的规定,给以补偿,并且对迁移户作妥善的安置……”

在贯彻执行“六十条”和中共中央关于经济工作的“调整、巩固、充实、提高”的“八字方针”,逐步克服由于工作失误和严重自然灾害造成的困难,国民经济开始发展之后,中共中央再次采取了错误的思想路线,发动了持续10年之久的“文化大革命”。“文化大革命”期间,发生了侵犯人民人身权和财产权的违法行为,留下惨痛的教训。这就是,必须切实保护人民人身权和私有财产权,而且保护人民的人身权和私有财产权必须依靠法律。为此,必须尽快制定保护人民人身权和私有财产权的法律制度。

1986年通过、1987年起实施的《民法通则》第75条规定,“公民的合法财产受法律保护,禁止任何组织或者个人侵占、哄抢、破坏或者非法查封、扣押、冻结、没收”。所具有的重大意义在于,承认公民私有财产属于法律上的权利,并赋予公民私有财产权对抗“任何组织或者个人侵占、哄抢、破坏或者非法查封、扣押、冻结、没收”的法律效力。但以《民法通则》第 75 条为基础的保护私有财产法律制度存在严重不足,这就是在财产权保护的指导思想上,没有贯彻对国家、集体和私有财产的平等保护原则。

在这种特殊保护国家财产的指导思想之下,不可能切实、妥善地保护人民私有财产权益。当人民私有财产受到来自一般人的侵犯时,法律尚可发挥保护受害公民、制裁加害人的作用;当人民私有财产受到国家机关、地方政府滥用行政权力的侵害时,法律保护的天平往往向国家机关、地方政府和国有企业一方倾斜,人民私有财产不可能获得平等的法律保护;当人民私有财产的保护与对国家财产的保护发生冲突时,必然要牺牲私人的财产权益而确保国家的财产权益。进入 21 世纪以来发生的“强制拆迁”“圈地热潮”等滥用公权力、侵犯人民私有财产权的严重事件,充分表明了这一点。

经过近 30 年的改革,中国社会经济状况已经发生根本性的变革,其基本特征是公有制经济与非公有制经济并存。在公有制经济和非公有制经济的基础上实行社会主义市场经济,非公有制经济和公有制经济在法律地位上应当是平等的,不应有高低贵贱之分,要求获得平等的法律保护。因此,要求完善保护私有财产的法律制度,特别要抛弃因所有制不同而区别对待的陈旧观念,仅着重于财产之取得是否合法,公民合法取得的财产应当受到与对国家财产和集体财产同等的法律保护。

社会主义市场经济发展的结果是,广大人民群众的财产状况发生重大变化。城镇长期实行的对于国家机关干部、企事业单位职工的低工资制度、生活消费品的计划供应制度和福利房制度已经废止,城镇人口的生活水平大幅度提高。大部分城镇居民,或者从本单位购买原居住的公房,或者购买商品房,都有了私有房屋。据 2005 年统计,城镇人均住房面积为 26 平方米以上。许多家庭有了机动车,加上彩电、冰箱、洗衣机等家用电器的普及,城镇居民普遍拥有了一定数量的不动产和动产。农村改革使广大农村人口,除西部自然条件特别恶劣的少数地区外,不仅解决了温饱问题,而且生活水平有了很大提高。尤其在东部和中部经济比较发达的地区,农民居住的房屋由草房、土坯房改为砖瓦房,再由砖瓦房改为二三层的楼房,城乡差距正在缩小。据 2005 年统计,农村人均住房面积为 29 平方米以上。这就要求从法律上对于私人财产包括动产和不动产物权给予明确规定并予以切实、平等的法律保护。

广大人民群众私有财产的保护问题,与实现中共中央提出的全面建设小康社会的目标有关。全面建设小康社会的目标的实现,最终要由全体人民实际拥有的私有财产的总量来验证。而小康社会的实现,要靠广大人民群众自身的劳动积极性的进一步发挥,要靠激发和维持全社会的创造活力。怎么样才能进一步激发广大人民群众的生产积极性?才能维持全社会的创造活力?其必要条件是,广大人民群众积累的财产能够受到与国家财产、集体财产同等的、切实的法律保护。因此,有必要制定物权法,进一步完善保护私有财产的法律制度。

(四)制定物权法是限制公权力的滥用,真正实现依法行政的需要

改革开放以来,滥用行政权力,侵犯公民人身权的违法行为、侵犯公民和法人财产权的违法行为十分严重和普遍,这些严重违法行为的发生,有其深层次的原因,那就是法律观念问题。长期支配领导干部和公务员的思想和行为的法律观念,是公法观念、公权观念。公法观念和公权观念,把国家自身当成目的,认为整个社会生活,无论是政治生活还是民事生活,都应当受公权力的支配。政府、行政机关、领导干

部、公务员是行政权力的执掌者,是管理者,人民是被管理者,人民必须服从他们的管理。而按照私法观念和私权观念,国家本身不是目的,国家存在的目的,国家机关、公务员的职责,是为了保护人民的私权,为大多数人民谋利益。这是两种截然不同的法律观念。

中国曾经长期实行单一公有制和计划经济,在这样的经济基础之上不可能自发产生私法观念、私权观念。改革开放以来,主要是从上到下、运用行政手段推行向市场经济的转轨,虽然中央的公权力有所削弱,但地方的公权力膨胀了、扩张了。加之没有及时制定一部完善的民法典,致使社会生活中长期缺乏私法观念和私权观念,造成私权软弱而公权强大,公法观念、公权观念一直占据支配地位,支配着公务员队伍、领导干部的思想和行为。虽然自改革开放以来制定的许多法律、法规,其内容是符合市场经济的本质和要求的,是符合民主和法治方向的,但由于整个社会在观念层面上还是公法观念、公权观念占据支配地位,造成这些正确的、进步的、规定保护人民人身权利和财产权利的法律法规得不到切实的实施。

这有些像哲学解释学上说的“语境”“前见”。现在的许多法律、法规究其内容,是符合市场经济和民主法治的要求的,但解释、适用这些法律、法规的“语境”和“前见”是属于计划经济的。中国的经济基础已经转轨到市场经济体制上来,在制度层面虽然制定了许多反映市场经济和民主法治的法律、法规,但由于采用渐进式改革,导致公权力的强大和滥用,公法观念、公权观念一直占据支配地位。在公法观念、公权观念这种“语境”和“前见”之下,那些反映市场经济和民主法治要求的法律法规不可能得到正确的实施。

现在中国政府提出了“全面推进依法行政”的目标。但依法行政首先并不是行政程序问题,而是公权力的界限问题。公权与私权之间的界线,不是靠行政法来确定的,而是靠私法来确定的。物权法规定人民和企业享有的动产和不动产“物权”,是“排他性”的权利。物权的“排他性”,不仅排除一般人的干涉,而且“排除国家的干涉”。警察没有事先取得搜查证,强行进入他人房屋,就要构成违法行为,所搜出的物证属于非法证据,不具有证据效力。物权界限之外,属于公共场所,是公权力活动的范围;物权界限之内,是私权利的活动空间。

现实中发生滥用公权力、严重侵犯公民财产的违法行为,一个重要原因是公务员队伍、地方政府领导人不具有物权观念、私权观念。例如地方政府成立所谓“拆迁办”,动用公权力强拆老百姓的房屋;整顿交通秩序没收所谓“黑出租”“黑摩的”并予以销毁;为了市容、市貌而没收、毁损流动摊贩的商品和三轮车;等等。其用心可能是好的,却构成严重的违法行为,造成的影响是极为恶劣的,尤其严重损害了人民政府在广大人民群众中的形象和威信。

因此,有必要制定物权法,通过物权法规定的物权定义,使警察、公务员、国家机关干部、地方党政领导人知道物权具有“排除他人干涉”的效力,认识物权是“排他性”的权利,牢固树立物权观念、私权观念。只有这样,才能够限制公权力的滥用,才能真正实行依法行政,才能真正实现民主法治、公平正义的和谐社会。

二、中国物权法立法的开始

1998 年 1 月 13 日,第八届全国人大常委会王汉斌副委员长邀请 5 位民法教授①座谈民法典起草工作,5 位教授一致认为起草民法典的条件已经具备,王汉斌副委员长遂决定恢复民法典起草工作,并委托 9 位学者专家组成民法起草工作小组②,负责起草民法典草案和物权法

---

① 中国政法大学的江平教授、中国社会科学院法学研究所的王家福研究员和梁慧星研究员、清华大学的王保树教授、中国人民大学的王利明教授。

② 民法起草工作小组的 9 位成员是:江平(中国政法大学)、王家福(中国社会科学院法学研究所)、魏振瀛(北京大学)、王保树(清华大学)、梁慧星(中国社会科学院法学研究所)、王利明(中国人民大学)、肖峋(法制工作委员会退休干部)、魏耀荣(法制工作委员会退休干部)、费宗祎(最高人民法院退休法官)。

草案。

1998年3月25—27日召开民法起草工作小组第一次会议，议定"三步走"的规划：第一步，制定统一合同法，实现市场交易规则的完善、统一和与国际接轨[③]；第二步，从1998年起，用4～5年的时间制定《物权法》，实现财产归属关系基本规则的完善、统一和与国际接轨；第三步，在2010年前制定民法典，最终建立完善的法律体系的目标。

这次会议专门讨论了梁慧星预先拟定的《中国物权法立法方案（草案）》。该立法方案的主要内容如下：

（一）制定物权法的指导思想

（1）强调个人利益和社会公益协调发展的权利思想，在强化对个人和企业权利切实保护的同时，兼顾对社会公益的保护，禁止权利滥用。（2）坚持对财产所有权的一体保护原则，凡合法取得的财产，不分公有或私有给予同样的保护。不以生产资料所有制性质划分所有权类别。仅对公有物、公用物（国家专有财产）作特别规定。（3）国家基于公益目的并予公正补偿，可以征收农村集体的土地所有权和个人、企业土地使用权。非公益目的用地，由国家批给指标，再由用地单位与土地所有权人或使用权人协商签约。（4）鉴于国有企业实行公司化改组后，国家与企业之间的财产关系属于公司法调整的范围，且企业财产权中包括物权、债权、知识产权及人格权，应分别适用各有关法律规定，因此不宜在物权法上概括规定"国有企业财产"的归属问题。（5）实行农地使用关系的物权化，农地使用权期限为50年，期满无法定事由，即自动延长。通过土地登记实现由债权方式的承包合同关系向物权关系的平稳过渡。

---

③ 《合同法》的起草始于1993年，1993年10月拟订《合同法立法方案》，1994年1月正式开始起草，1995年1月产生《合同法建议稿》，1998年形成正式草案提交人大常委会审议，1999年3月15日经第九届全国人大第二次会议通过，同年10月1日起生效。

（二）制定物权法的基本原则

(1)在坚持一物一权主义的前提下，将建筑物区分所有权、企业担保等作为例外规定。(2)坚持物权法定主义原则，尽量将切合中国实际的新型物权形式纳入本法，以期适应现代化市场经济的要求。(3)坚持物权变动的公示原则与公信原则，不动产物权变动以登记为公示方法，动产物权变动以交付或占有为公示方法。(4)鉴于物权行为独立性和无因性理论违背交易之实态和人们的认识，徒使法律关系复杂化，对出卖人显失公平，其保护交易安全的作用已经被善意取得制度所取代，物权法不宜采取。(5)鉴于物权变动的登记要件主义，既便于实行又能保障交易安全，且为我国《民法通则》所采，因此没必要变更，应在物权法中明文规定。《海商法》和《民用航空法》中的登记对抗主义为物权法登记要件主义之例外。(6)建立统一的、与行政管理脱钩的不动产登记制度。实现五个统一，即法律根据、法律效力、登记机关、登记程序和权属文书的统一。建议设立统一的、与行政管理脱钩的不动产登记局，可考虑隶属于区、县基层法院或区、县司法局。

（三）物权法应规定的物权种类

所有权，即完全物权。其中应规定建筑物区分所有权，并规定不动产相邻关系。与完全物权相对应的是限制物权，即不完全物权，分为用益物权和担保物权两大类。拟将作为物权的土地使用权根据使用目的区分为两种，用于建筑房屋或其他建筑物的，称为基地使用权；用于耕种、养殖、畜牧等目的的，称为农地使用权。传统的地役权应予保留，改称邻地利用权。不规定典权，实务中如有发生，视为附买回约款的买卖。担保物权中，首先，应规定抵押权，包括最高额抵押、动产抵押、动产与不动产集合抵押、企业担保(浮动担保)；其次，规定质权，包括动产质权和权利质权，并规定最高额质权；最后，留置权仍保留。

物权法不规定一般优先权,《海商法》中的船舶优先权和《民用航空法》中的航空器优先权作为特别法上的制度。另外规定占有为事实上的支配状态,作为一种类似物权加以规定。让渡担保和香港特区法中的“按揭”(mortgage),似难以在物权法中规定,可考虑以后制定特别法。

(四)物权法的结构

各主要国家和地区物权法的结构模式大别为二。德国、日本及我国台湾地区“民法”采“五分结构”:总则、所有权、用益物权、担保物权、占有;法国、意大利民法为“三分结构”:财产、所有权、用益物权(不包括担保物权)。建议物权法采五分结构(下略)。

民法起草工作小组在讨论此立法方案之后作出决议:委托梁慧星负责按照该方案起草一部物权法草案。鉴于王利明不同意该立法方案的用益物权、建筑物区分所有权、共有和相邻关系部分,民法起草工作小组也委托王利明就其不同意部分起草物权法草案。

1999 年 3 月,梁慧星领导的物权法立法研究课题组④完成《物权法草案建议稿》(以下称“社科院草案”)⑤,并提交法制工作委员会。同年 4 月法制工作委员会在北京前门饭店召开《物权法草案》专家讨论会⑥,讨论社科院草案。

2000 年 12 月王利明领导的中国人民大学课题组完成《物权法草

---

④ 课题组成员:梁慧星、孙宪忠、邹海林、张广兴、陈华彬、陈甦、崔建远、渠涛、侯利宏。

⑤ 包括:第一章总则;第二章所有权;第三章基地使用权;第四章农地使用权;第五章邻地利用权;第六章典权;第七章抵押权;第八章质权;第九章留置权;第十章让与担保;第十一章占有;第十二章附则。共 435 条。

⑥ 出席会议的除民法起草工作小组成员外,有谢怀栻、孙宪忠、尹田、崔建远、陈华彬、陈甦、邹海林等。由法制工作委员会顾昂然、胡康生、王胜明主持会议。会期共 4 天,其中 3 天讨论《物权法草案》,1 天讨论梁慧星受委托起草的《中国民法典大纲草案》。

案建议稿》[7]，同月 28 日、29 日法制工作委员会在北京北郊九华山庄召开物权法专家讨论会[8]，讨论王利明负责的《物权法草案》（以下称“人民大学草案”）中的国家财产所有权和集体所有权部分。[9]

2001 年 5 月法制工作委员会完成《物权法草案（内部稿）》[10]，同月 22 日至 29 日在北京昌平蟒山度假村召开《物权法草案》专家讨论会[11]，讨论该内部稿。[12] 2001 年年底，法制工作委员会在社科院草案和人民大学草案基础上完成正式的《物权法草案》。2002 年 1 月下旬，

---

⑦ 第一章总则（第一节一般规定，第二节物，第三节物权的公示，第四节物权请求权）；第二章所有权（第一节所有权通则，第二节国家所有权，第三节集体所有权，第四节公民个人所有权，第五节社团和宗教组织的所有权，第六节共有，第七节建筑物区分所有权，第八节优先购买权，第九节相邻关系）；第三章用益物权（第一节土地使用权，第二节农村土地承包经营权，第三节宅基地使用权，第四节地役权，第五节典权，第六节空间利用权，第七节特许物权）；第四章担保物权（第一节抵押权，第二节质权，第三节留置权，第四节优先权）；第五章占有；第六章附则。共 575 条。

⑧ 出席会议的学者专家：江平、王家福、梁慧星、费宗祎、肖峋、魏耀荣、尹田、孙宪忠、崔建远、郭明瑞、陈小君、覃有土、房绍坤、钱明星等。由法制工作委员会顾昂然、胡康生、王胜明主持会议。

⑨ 实际上只讨论国家财产权问题，主要争论点是：物权法是规定国家财产特殊保护原则，还是规定国家、集体、私人财产平等保护原则？是否规定国有企业的财产权问题？是否规定国有资产的管理问题？国家所有权是否区分为中央的所有权和地方的所有权？

⑩ 包括：第一章一般规定；第二章物权的设立、变更、转让和消灭；第三章物权请求权；第四章所有权；第五章土地承包经营权；第六章建设用地使用权；第七章宅基地使用权；第八章邻地利用权；第九章占有；第十章附则。共 10 章，191 条。

⑪ 出席会议的学者专家：王家福、江平、王利明、梁慧星、费宗祎、魏耀荣、肖峋、唐德华、奚晓明、李凡、钱明星、孙宪忠、郭明瑞、崔建远、陈甦；法制工作委员会干部：顾昂然、胡康生、王胜明、孙礼海等。由胡康生、王胜明主持会议。

⑫ 主要争论点是：如何规定基本原则？是否规定物权定义、物的定义？是否规定物权的优先效力、追及效力？如何规定不动产登记制度和登记机构应否统一、如何统一？不动产登记的公信力与善意取得制度的关系？是否规定不动产登记的权利推定和动产占有的权利推定？如何规定物权请求权？国家所有权是否区分中央所有权与地方所有权？是否规定取得时效？用益物权的名称，叫土地承包经营权还是农地使用权，建设用地使用权还是基地使用权？是否规定担保物权亦即是否保留担保法？

法制工作委员会将《中华人民共和国物权法草案(征求意见稿)》⑬印发部分省、市及中央有关部门和法律教学研究单位征求意见。按照原计划应当在2002年提交常委会审议,在2003年提交十届全国人大大会审议通过。

三、《中华人民共和国物权法》的审议经过

因中国加入WTO,要求改善国内法制环境,第九届全国人大常委会李鹏委员长要求在2002年完成民法典草案并经常委会审议一次。2002年1月11日法制工作委员会在人民大会堂宾馆召开民法典起草工作会议⑭,由法工委副主任胡康生代表立法机关委托6位学者专家分头起草民法典各编的条文草案⑮,《物权法草案(征求意见稿)》将作为《民法草案》的物权法编。

在6位受托人相继完成各编条文草案后,法制工作委员会于2002

---

⑬ 包括六个部分,27章,共336条:总则(第1—39条):第一章一般规定(第1—8条);第二章物权的设立、变更、转让和消灭;第三章物权的保护,所有权(第40—115条);第四章一般规定;第五章国家所有权;第六章集体所有权;第七章私人所有权;第八章建筑物区分所有权;第九章相邻关系;第十章共有;第十一章所有权取得的特别规定,用益物权(第116—247条);第十二章一般规定;第十三章土地承包经营权;第十四章建设用地使用权;第十五章宅基地使用权;第十六章邻地利用权;第十七章典权;第十八章居住权;第十九章探矿权,采矿权;第二十章取水权;第二十一章渔业权;第二十二章驯养权,狩猎权,担保物权(第248—323条);第二十三章一般规定;第二十四章抵押权;第二十五章质权;第二十六章留置权;第二十七章让与担保,占有(第324—334条);附则(第335—336条)。

⑭ 参加人:民法起草工作小组成员江平、王家福、费宗祎、梁慧星、王利明、魏耀荣、肖峋;中国社会科学院法学研究所郑成思教授、中国政法大学巫昌桢教授、国家工商行政管理局王学政司长;最高人民法院副院长唐德华、庭长奚晓明、副庭长李凡;法律委员会副主任委员顾昂然、法制工作委员会副主任胡康生、法制工作委员会民法室主任王胜明及民法室干部。主持人:胡康生。

⑮ 委托中国社会科学院法学研究所梁慧星研究员负责起草总则编、债权总则编和合同编;中国人民大学法学院王利明教授负责起草人格权编和侵权行为编;中国社会科学院法学研究所郑成思研究员负责起草知识产权编;最高人民法院唐德华副院长负责起草民事责任编;中国政法大学巫昌桢教授负责起草亲属编和继承编;最高人民法院退休法官费宗祎负责起草涉外民事关系的法律适用编。

年4月16—19日召开《民法草案》专家讨论会。⑯ 在对受托人起草的各编条文草案进行讨论之后，于19日上午集中讨论民法典结构体例。王家福研究员建议民法典设十编，包括总则、人格权、物权、知识产权、债权总则、合同、侵权行为、亲属、继承、涉外民事关系的法律适用。经过讨论，其中八编，包括总则、物权、债权总则、合同、侵权行为、亲属、继承、涉外民事关系的法律适用，获得一致同意。对于是否设人格权编和知识产权编，未达成一致意见。⑰

法制工作委员会在受托人起草的各编草案基础上，用5个月的时间进行删节、修改、整理、编纂，形成九编制的《民法草案(9月稿)》，包括：第一编总则；第二编人格权；第三编物权；第四编知识产权；第五编合同；第六编侵权行为；第七编亲属；第八编继承；第九编涉外民事关系的法律适用。2002年9月16—25日法制工作委员会在西皇城根宾馆召开《民法草案》专家讨论会⑱，讨论该《民法草案》。⑲

9月16—25日的专家讨论会后，本应在《民法草案(9月稿)》基础上进行修改、增删，形成提交全国人大常委会审议的正式法律草案。但出人意料的是，法制工作委员会竟将《民法草案(9月稿)》的“合同编”“亲属编”“继承编”“知识产权编”草案废弃，而将现行《合同法》

---

⑯ 参加人：江平、王家福、费宗祎、巫昌祯、刘慧珊、郑成思、梁慧星、王利明、魏耀荣、肖峋、唐德华等。

⑰ 梁慧星不赞成设人格权编；梁慧星和郑成思不赞成设知识产权编。

⑱ 其中，15—19日讨论总则、人格权、合同、侵权行为等编，参加者除民法起草工作小组成员外，有费安玲、马俊驹、王轶、段匡、王卫国、张广兴、尹田、张谷、孙宪忠、崔建远、郭明瑞、唐德华、李凡、姚新华、王学政、郑成思、张新宝、巫昌祯、陈宪杰、宋笛。

⑲ 讨论会上主要争论点如下：(1)是否规定“非法人团体”？(2)是否规定“权利滥用的禁止原则”？(3)是否规定“无法律规定时可以适用习惯，无法律规定和习惯时可以适用公认的法理”？(4)关于法人的分类，是分为社团法人与财团法人，或是营利法人与非营利法人，或是沿用企业法人与非企业法人的分类？(5)是否保留“法律行为制度”？(6)是否规定“间接代理”？(7)是否保留“债法总则”和“债权”概念？(8)人格权是否独立设编？(9)如何看待法人的本质以及法人是否有“一般人格权”？(10)侵权行为是否独立设编，以及是采大陆法系模式还是英美法系模式？(11)是单独规定“物权请求权”，还是纳入侵权行为法编？

《婚姻法》《收养法》和《继承法》原封不动地编入,形成"汇编式"的《民法草案》。

2002 年 12 月 23 日第九届全国人大常委会第三十一次会议审议《中华人民共和国民法草案》,会后将此草案在新闻媒体公布征求修改意见。[20] 而学术界和司法实务界针对该草案发表肯定性意见的不多。[21] 2003 年法制工作委员会曾就《民法草案》第二编物权法中的主要问题,先后在北京、重庆、吉林、辽宁、安徽、江苏等地进行调查研究,并与国务院法制办、国土资源部、建设部、农业部等部门座谈。

2004 年 6 月,第十届全国人大常委会再次变更立法计划,搁置《民法草案》的审议修改工作,恢复《物权法草案》的修改、审议。[22] 同年 7 月法制工作委员会召开法院系统物权法研讨会,8 月召开物权法专家研讨会。[23] 10 月 22 日,第十届全国人大常委会第十二次会议对《物权法草案》进行第二次审议。会后,法律委员会、法制工作委员会召开座谈会,听取中央有关部门、单位、专家的意见,并就审议稿中关于不动产登记、国有资产管理、建筑物区分所有权等问题,在北京、上海、河北进行调查研究。

---

[20] 《民法草案(征求意见稿)》包括 9 编:第一编总则(117 条);第二编物权法(329 条);第三编合同法(454 条);第四编人格权法(29 条);第五编婚姻法(50 条);第六编收养法(33 条);第七编继承法(35 条);第八编侵权责任法(68 条);第九编涉外民事关系的法律适用(94 条)。共 1209 条。

[21] 梁慧星在 2003 年 3 月召开的第十届全国政协会议上提交题为《关于纠正民法典立法的任意性的建议》的提案,建议废弃这一"汇编式"的《民法草案》,另在法律委员会之下设立由学者、法官、律师组成的起草小组,研拟《民法立法方案》,明定立法方针、指导思想、基本原则、基本制度和结构体例,据以起草一部逻辑严密、体系完整、内容进步,既符合我国实际又与国际接轨的中国《民法草案》。

[22] 据人民网 2003 年 6 月 16 日报道:在今天举行的第十届全国人大常委会第四次委员长会议上,全国人大常委会副委员长兼秘书长盛华仁就全国人大常委会今年的立法计划作了汇报。根据立法计划安排,全国人大常委会确定年内将修改《民法草案》中的物权法编等 30 件法律草案,待条件成熟时适时安排审议。

[23] 参加会议的民法学者有:王家福、魏振瀛、王利明、崔建远、郭明瑞、孙宪忠、尹田、孟勤国、徐国栋、王轶等。

2005年6月26日，第十届全国人大常委会第十六次会议第三次审议《物权法草案》，并决定向社会公布。7月10日新闻媒体公布《中华人民共和国物权法草案（征求意见稿）》，向社会各界征求修改意见。截至8月20日，立法机关共收到包括26个省、市和15个较大的市的人大常委会、47个中央有关部门、16个大公司、22个法学教学研究机构和一些法学专家提出的修改建议共11543件。[24]

2005年8月12日北京大学法理学教授巩献田发表题为《一部违背宪法和背离社会主义基本原则的物权法草案》的公开信，指责《物权法草案》规定平等保护原则违反《宪法》，奴隶般抄袭资产阶级的法律，与国民党“六法全书”没有本质区别，有利于富人、不利于穷人。由此引发所谓《物权法草案》违宪的政治争论。

2005年9月26日，人大常委会委员长吴邦国召开座谈会，提出修改《物权法草案》需要把握的三点原则：一是要坚持正确的政治方向；二是要立足于中国实际；三是重点解决现实生活中迫切需要规范的问题，不必求全。10月22日，第十届全国人大常委会第十八次会议第四次审议《物权法草案》，并决定将草案提交全国人大会议审议通过的时间推迟至2007年。

2006年1月16—17日，全国人大常委会副委员长兼秘书长盛华仁，受吴邦国委员长的委托，在人民大会堂主持召开专题座谈会，讨论物权法制定过程中遇到的重大问题，听取中央有关部门负责同志和专家的意见。[25] 法律委员会、法制工作委员会于4月组织调查研究组赴上海、江苏、河南、湖南等地，就国有企业财产权、城镇集体所有权、建

---

[24] 转引自彭东昱：《一路走来物权法》，载《广州律师》2007年3月号。

[25] 据媒体报道，会议参加者一致认为，《物权法草案》符合宪法规定，符合中国现阶段的基本国情，体现了改革开放以来中共中央的方针政策，总体上适应全面建设小康社会对物权法律制度的要求。参见欧阳斌：《一部法律引发的姓社姓资争论》，载刘贻清、张勤德主编：《“巩献田旋风”实录——关于〈物权法（草案）〉的大讨论》，中国财政经济出版社2007年版，第364页。

筑物区分所有权、土地承包经营权、宅基地使用权、土地征收、拆迁补偿等问题进行调查研究，听取基层群众和有关方面的意见。法律委员会、法制工作委员会于6月在北京召开《物权法草案》立法论证会，就“公共利益”概念、应收账款质押等几个专业性较强的问题，听取法学教学、研究单位和有关部门专家的意见。

2006年8月22日，第十届全国人大常委会第二十三次会议第五次审议《物权法草案》，在提交审议的说明中强调必须坚持平等保护原则[26]，在草案的所有权一章专设一个条文予以规定[27]，并增加关于基本经济制度和防止国有企业财产流失的规定。9月27日，王兆国副委员长召开小型专家讨论会[28]，讨论即将提交常委会进行第六次审议的草案，该草案将关于基本经济制度和平等保护原则的条文移入第一章[29]，并将第一章章名“一般规定”改为“基本原则”。10月27日，第十届全国人大常委会第二十四次会议第六次审议《物权法草案》。12月26日，第十届全国人大常委会第二十五次会议第七次审议《物权法草案》，认为草案已经成熟，决定提请2007年3月召开的第十届全国人大第五次会议审议通过。

2007年1月12日，全国人大常委会办公厅将《物权法草案》发送各位全国人大代表，并有计划地组织各省、市、区全国人大代表研读、讨论《物权法草案》，做好审议准备。2007年3月5日，第十届全

---

[26] 全国人大法工委会副主任委员胡康生在作说明时说：“坚持我国的基本经济制度和对国家财产、集体财产和私有财产给予平等保护是一个统一的有机体。没有前者，就会改变社会主义性质；没有后者，就违背了市场经济原则，反过来又会损害基本经济制度。”转引自《南方周末》记者苏永通：《中国物权立法历程：从未如此曲折　从未如此坚定》，载《南方周末》2007年3月22日。

[27] 《物权法草案》第42条规定：国家、集体和私人所有权受法律保护。禁止任何单位和个人用任何手段侵占或者破坏国家、集体和私人的财产。

[28] 除全国人大和政府部门的干部外，民法学者王家福、梁慧星、王利明应邀出席了会议。

[29] 《物权法草案》第4条规定：国家的、集体的和私人合法的物权受法律保护，任何单位和个人不得侵犯。

国人大第五次会议召开，3 月 8 日王兆国副委员长代表常务委员会作关于《中华人民共和国物权法草案》的说明，近 3000 名人大代表对《物权法草案》进行了审议，3 月 16 日《物权法》以高票获得通过。同日，国家主席胡锦涛签署主席令第 62 号，公布《中华人民共和国物权法》，自 2007 年 10 月 1 日起施行。

四、如何看待所谓“物权法违宪”的政治争论

改革开放以来的重要民事立法，如《民法通则》[30]、新《合同法》[31]，均曾受到来自计划经济体制和传统理论的挑战，而《物权法草案》遭遇的来自意识形态的挑战最为严峻。2005 年秋，因北京大学法理学教授巩献田的一封公开信[32]，指责《物权法草案》及其起草人背离社会主义和违反宪法而挑起论战。[33] 这场争论因物权法最终获得高票通过而宣告结束。现在的问题是，应当如何看待这场争论？

这有一个背景，即在中国实行单一公有制的计划经济遭遇失败，加上连续不断的政治运动，使国民经济濒临崩溃边缘的危急关头，邓小平和中共中央当机立断，决定实行改革开放。改革开放在共产党的

---

[30] 因《民法通则(草案)》采纳了大民法观点，因而受到持大经济法观点的学者和官员的抵制。一些经济法学者向中共中央上书，要求停止《民法通则》的起草，而代之以起草经济法典或者经济法大纲。1986 年 1 月立法机关在北京召开《民法通则(草案)》专家讨论会，同时国务院经济法规研究中心却在广州召开所谓经济法大纲专家讨论会，指名批判《民法通则》是“资产阶级民法观点”。

[31] 因新《合同法(草案)》规定合同自由原则，取消行政机关对合同的监督管理和行政性仲裁，因此受到一些行政部门和少数经济法学者的批判，被指为“资产阶级民法观点”。

[32] 北京大学法理学教授巩献田在一封给中共中央的公开信中，给《物权法草案》及其起草人横加四项罪名：(1)背离《苏俄民法典》的社会主义传统，迎合资本主义民法原则，奴隶般地抄袭资产阶级民法；(2)背离中国革命根据地和中华人民共和国成立后的人民民主法制的优良传统，迎合资产阶级的旧法传统，与国民党的“六法全书”没有根本区别；(3)背离《民法通则》的社会主义原则，迎合资本主义全球化和新自由主义经济学；(4)背离马克思主义的立法原则，迎合资产阶级的立法原则，是一部开历史倒车的物权法。

[33] 参见刘贻清、张勤德主编：《“巩献田旋风”实录——关于〈物权法(草案)〉的大讨论》(中国财政经济出版社 2007 年版)一书。

历史上,在马克思主义的历史上,在社会主义运动的历史上,都是没有先例的。决定实行改革开放,没有任何理论根据,更不用说法律根据,当然不可能做到思想统一。实行改革开放是不得已的,属于危机对策的性质。在决定改革开放之时,改革开放的方向谁也说不清楚,因此邓小平讲"摸着石头过河"。

中国自1978年实行改革开放以来,围绕改革的方向发生过三次大争论。

第一次争论是1980年到1984年,围绕社会主义商品经济问题展开。1984年中共十二届三中全会作出《中共中央关于经济体制改革的决定》,明确提出了"有计划的商品经济"概念,得到邓小平的高度评价,邓小平将其称为"新的政治经济学""讲了老祖宗没有讲过的新话"[34]。

第二次争论是1989年到1992年,围绕建立市场经济体制展开。1987年,中共中央十三大报告提出"国家调节市场,市场引导企业"。这个提法遭到一些人的批判,认为是资产阶级自由化的表现,他们反对进一步改革开放,反对搞市场经济。这场争论以1992年邓小平南方谈话的发表而告终。南方谈话有三个要点:其一,社会主义也有市场,资本主义也有计划,"姓社姓资"不要再争论;其二,让一部分人、一部分地区先富起来;其三,十多年体制改革实践的感性认识,上升到理性认识,就是废止单一公有制的计划经济体制,实行社会主义市场经济体制。邓小平南方谈话发表之后,通过党的文件和修改《宪法》,明文规定废止单一公有制的计划经济体制、实行社会主义市场经济体制,承认非公有制经济是社会主义市场经济的重要组成部分,使中国的改革开放在排除种种思想干扰之后,继续向前推进。

---

[34] 皇甫平:《如何看改革的第三次大争论》,载金羊网,2006年6月1日访问。皇甫平是《人民日报》原副总编辑周瑞金的笔名。

前两次争论都是由邓小平出来讲话,以肯定改革的方向而告终结。[35] 但关于改革开放方向问题的分歧并未真正解决。关键在于中国的改革开放和建立社会主义市场经济体制(特别是承认非公有制经济),在马克思主义和社会主义运动的历史上是没有先例的。从马克思、恩格斯、列宁、斯大林和毛泽东的著作中,不可能找到现成的理论依据,与马克思、恩格斯和列宁所设想的社会主义理论模式不符,与斯大林和毛泽东所领导的在单一公有制基础上实行计划经济的社会主义实践经验不符。就像当年毛泽东领导起义军上井冈山、以农村包围城市,与马克思、恩格斯指导的法国巴黎公社革命和列宁领导的俄国十月革命,依靠中心城市的产业工人暴动夺取国家政权的实践经验不符一样。这就留下了再次发生"姓社姓资"争论的可能性。

进入 21 世纪以来,改革开放和社会主义市场经济在取得伟大成就的同时,发生了两大严重社会问题:一是国有资产的严重流失;二是两极分化的扩大。加上出现房价高、看病贵、教育乱收费等新矛盾、新问题,导致一些人对改革产生怀疑,那些本来就不赞成改革开放的人因此认为改革开放搞糟了、搞错了,于是形成"一股新的否定改革、反对改革的思潮"[36],这就是自 2004 年开始,围绕中国国有企业改革、医疗、教育、住房改革、贫富差距等问题展开的第三次大争论。

2004 年以来的这一股新的否定改革、反对改革的思潮,由三部分组成:一是民粹主义倾向的滋长,这在网络中十分明显,他们以嘲讽、挖苦、打倒权威为快事;二是年轻人情绪化,他们对当前就学难、就医难、就业难、住房难等现状极为不满,因而迁怒于改革,认为都是改革的错;三是有一部分人一直抱着极"左"观点,从来不认同改革,利用改革过程中产生的问题,将争论引入意识形态,重现"姓社、姓资"之争,

---

[35] 参见皇甫平:《如何看改革的第三次大争论》,载金羊网,2006 年 6 月 1 日访问。

[36] 皇甫平:《改革不可动摇》,载新浪财经,2006 年 1 月 25 日访问。

从而定论改革失败。他们否定市场经济,否定改革,要走回头路,这是要害。[37]

中国围绕改革的三次大争论,前两次都是由邓小平出来讲话,肯定改革的方向而告终结。这一次却不同,不再可能像前两次那样,依靠邓小平那样的领导人出来讲话,肯定改革方向而终结争论。历史的风云际会,一部民事法律被推到这场决定中国改革开放的前途命运的政治争论的风口浪尖上,社会主义市场经济体制与单一公有制的计划经济体制的再次较量,被转换为要物权法还是要社会主义的二择一的命题。[38] 就这样,中国的前途命运——是坚持社会主义市场经济体制,还是倒退回单一公有制的计划经济体制的历史抉择,被托付给了一部民事法律——物权法。

2007 年 3 月 16 日,第十届全国人大第五次会议就《物权法草案》进行表决的结果表明:中国人民明智地选择了物权法,选择了社会主义市场经济体制。

㊲ 参见皇甫平:《如何看改革的第三次大争论》,载金羊网,2006 年 6 月 1 日访问。

㊳ 使人油然联想起 100 年前《日本民法典》论争中的所谓“民法出而忠孝亡”。

第三编

侵权责任法制定

中国侵权责任法的制定*

一、引言

中国于20世纪70年代后期实行改革开放，为适应发展社会主义商品生产和商品交换的需要，民事立法受到重视。1979年开始第三次民法典起草①，至1982年先后起草了四个草案。② 此后，立法机关考虑到经济体制改革刚刚开始，社会生活处在变动之中，一时难以制定一部完善的民法典，决定解散民法起草小组，暂停民法典起草，改采先分别制定单行法，待条件具备时再制定民法典的方针。

需说明的是，新中国的立法实践，不着重公法与私法的严格区分，除《民法通则》《合同法》《物权法》等民事法律外，许多行政管理性法律、法规中也包含民事法律规范。中

---

* 本文写作于2009年4月26日。

① 自新中国成立以来，进行过三次民法典编纂。第一次是1954年至1956年，第二次是1962年至1964年，均因政治运动而告中断。根本原因是当时实行单一公有制的计划经济体制，国家通过行政层次和行政权力组织生产、流通和消费，不具备制定和实施民法典的社会经济条件。

② 1982年的《民法草案（第四稿）》分为八编：第一编民法的任务和基本原则；第二编民事主体；第三编财产所有权；第四编合同；第五编智力成果权；第六编财产继承权；第七编民事责任；第八编其他规定。这一编制体例乃是仿照1964年的《苏俄民法典》和《匈牙利民法典》形成的。

国现行民事立法体系，由相当于民法典总则的《民法通则》(1986 年)，与《合同法》(1999 年)、《物权法》(2007 年)、《婚姻法》(1980 年，2001 年修正)、《收养法》(1991 年)、《继承法》(1985 年)等民事单行法，以及若干行政法规中的民事法律规范构成。

二、有关侵权责任的现行法

中国有关侵权责任的现行法，首先是《民法通则》第六章关于侵权责任的规定，其次是若干行政管理性法律和法规中有关特殊侵权责任的规定，再次是有关侵权责任的部委规章，最后是最高人民法院的解释文件。《民法通则》关于侵权责任的规定，属于侵权责任基本法，行政管理性法律、法规中关于特殊侵权责任的规定，属于侵权责任特别法。部委规章关于侵权责任的规定，不具有强制执行的效力，不能直接作为裁判依据，可供各级人民法院裁判案件时参考。最高人民法院关于侵权责任的解释文件，实际是各级人民法院裁判侵权案件的依据，但在裁判文书中不能直接引用。

（一）《民法通则》第六章的规定

《民法通则》[③]第六章[④]关于侵权责任的规定，共有 21 个条文。包括：过错责任原则(第 106 条第 2 款)；无过错责任原则(第 106 条第 3 款)；不可抗力免责(第 107 条)；因保护国家、集体或者他人而使自己受损害(第 109 条)；侵害财产的侵权责任(第 117 条)；侵害知识产权的侵权责任(第 118 条)；侵害身体、致人死亡的赔偿责任(第 119 条)；侵害姓名权、肖像权、名誉权、荣誉权的侵权责任(第 120 条)；国家机

③ 《民法通则》共 9 章 156 条，其中第一、二、三、四、五章属于民法总则编的内容；第六、七章属于民法典分则的内容；第八章属于国际私法的内容。

④ 《民法通则》第六章将侵权责任与违约责任合并规定，称为“民事责任”，是受 1962 年《苏联民事立法纲要》和 1964 年《苏俄民法典》的影响。

关或者国家机关工作人员的侵权责任(第 121 条);产品责任(第 122 条);高度危险责任(第 123 条);污染环境的侵权责任(第 124 条);公共场所施工致人损害的侵权责任(第 125 条);建筑物倒塌、脱落、坠落致人损害的赔偿责任(第 126 条);饲养动物致人损害的赔偿责任(第 127 条);正当防卫和防卫过当(第 128 条);紧急避险和避险过当(第 129 条);共同侵权行为的连带责任(第 130 条);过失相抵规则(第 131 条);公平责任(第 132 条);监护人责任(第 133 条);承担民事责任的方式(第 134 条)。

(二)行政管理性法律、法规

1.《产品质量法》第四章

《产品质量法》(1993 年 2 月 22 日通过,2000 年 7 月 8 日修正),属于行政管理法,其中,第四章规定损害赔偿的第 41—46 条,以《民法通则》第 122 条的规定为根据,着重参考欧共体的《产品责任指令》(85/374 号)和《美国严格产品责任法》,规定了缺陷产品致人损害的严格责任。在《产品质量法》生效之前,法院审理缺陷产品致人损害案件,适用《民法通则》第 122 条;在《产品质量法》生效之后,法院审理缺陷产品致人损害案件,不再适用《民法通则》,而直接适用《产品质量法》第四章的规定。

《产品质量法》第四章关于严格产品责任的规定:因产品缺陷致人损害由生产者承担无过错责任(第 41 条第 1 款);法定免责事由包括未将产品投入流通、产品投入流通时引起损害的缺陷尚不存在、将产品投入流通时的科学技术水平尚不能发现缺陷的存在(第 41 条第 2 款);销售者的过错造成产品缺陷或者销售者不能指明生产者或者供货者,由销售者承担赔偿责任(第 42 条);受害人可以选择向生产者要求赔偿或者向产品的销售者要求赔偿(第 43 条);赔偿项目包括医疗费、护理费、误工减少的收入、残疾者生活自助费、生活补助费、残疾赔偿金、丧葬费、死亡赔偿金、所扶养人的生活费等费用(第 44 条);2 年诉讼时效、10 年除斥期间(第 45 条);缺陷定义:产品存在不合理的危险,或者不符合有关安全的强制标准(第 46 条)。

2.《道路交通安全法》第 76 条

2003 年 10 月 28 日,第十届全国人民代表大会常务委员会第五次会议通过《道路交通安全法》。《道路交通安全法》属于行政管理法,但其中第 76 条规定了机动车事故损害的侵权责任,在《民法通则》第 123 条规定高速运输工具致人损害的无过错责任的基础上,增加关于第三者责任强制保险的直接请求权的规定,以及关于过失相抵的规定。《道路交通安全法》施行后,人民法院审理机动车事故损害赔偿案件,优先适用《道路交通安全法》第 76 条,而不再适用《民法通则》第 123 条。

按照《道路交通安全法》(2003 年)第 76 条的规定,机动车事故造成非机动车驾驶人、行人人身伤亡的,由保险公司在机动车第三者责任强制保险的责任限额范围内予以赔偿。超过责任限额的部分,由机动车一方承担责任;但有证据证明受害人违反道路交通安全法律、法规,机动车驾驶人已经采取必要处置措施的,可减轻机动车一方的责任。交通事故损害由受害人故意造成的,机动车一方不承担责任。⑤

值得注意的是,2007 年 12 月 29 日第十届全国人民代表大会常务

⑤ 《道德交通安全法》(2003 年)第 76 条规定:机动车发生交通事故造成人身伤亡、财产损失的,由保险公司在机动车第三者责任强制保险责任限额范围内予以赔偿。超过责任限额的部分,按照下列方式承担赔偿责任:(1)机动车之间发生交通事故的,由有过错的一方承担责任;双方都有过错的,按照各自过错的比例分担责任。(2)机动车与非机动车驾驶人、行人之间发生交通事故的,由机动车一方承担责任;但是,有证据证明非机动车驾驶人、行人违反道路交通安全法律、法规,机动车驾驶人已经采取必要处置措施的,减轻机动车一方的责任。交通事故的损失是由非机动车驾驶人、行人故意造成的,机动车一方不承担责任。

委员会第三十一次会议对《道路交通安全法》第76条作了修改。按照修改后的《道路交通安全法》第76条的规定，受害人（非机动车驾驶人、行人）没有过错的，由机动车一方承担赔偿责任；受害人有过错的，根据过错程度适当减轻机动车一方的赔偿责任；机动车一方没有过错的，承担不超过10%的赔偿责任。交通事故损害由受害人故意造成的，机动车一方不承担责任。[⑥]

3.《医疗事故处理条例》

2002年2月20日国务院第五十五次常务会议通过《医疗事故处理条例》[⑦]，自同年9月1日起施行。按照该条例第4条的规定，医疗事故分为四级：造成患者死亡、重度残疾的，属于一级医疗事故；造成患者中度残疾、器官组织损伤导致严重功能障碍的，属于二级医疗事故；造成患者轻度残疾、器官组织损伤导致一般功能障碍的，属于三级医疗事故；造成患者明显人身损害的其他后果的，属于四级医疗事故。按照该条例第49条的规定，医疗机构承担赔偿责任，须以构成医疗事故为责任成立要件，经鉴定不构成医疗事故的，医疗机构不承担赔偿责任。构成医疗事故，医疗机构承担损害赔偿责任，应当按照该条例第50条规定的赔偿项目和标准计算损

---

⑥ 修改后的《道路交通安全法》（2007年）第76条规定：机动车发生交通事故造成人身伤亡、财产损失的，由保险公司在机动车第三者责任强制保险责任限额范围内予以赔偿；不足的部分，按照下列规定承担赔偿责任：（1）机动车之间发生交通事故的，由有过错的一方承担赔偿责任；双方都有过错的，按照各自过错的比例分担责任。（2）机动车与非机动车驾驶人、行人之间发生交通事故，非机动车驾驶人、行人没有过错的，由机动车一方承担赔偿责任；有证据证明非机动车驾驶人、行人有过错的，根据过错程度适当减轻机动车一方的赔偿责任；机动车一方没有过错的，承担不超过10%的赔偿责任。交通事故的损失是由非机动车驾驶人、行人故意碰撞机动车造成的，机动车一方不承担赔偿责任。

⑦ 《医疗事故处理条例》包括：总则，医疗事故的预防与处置，医疗事故的技术鉴定，医疗事故的行政处理与监督，医疗事故的赔偿，罚则，附则，共7章63条。

害赔偿金。⑧

在《医疗事故处理条例》颁布之前，人民法院裁判医疗损害赔偿案件，适用《民法通则》第106条第2款关于过错侵权责任的规定，在《医疗事故处理条例》生效之后，人民法院审理医疗损害赔偿案件，应当优先适用《医疗事故处理条例》的规定，而不再适用《民法通则》第106条第2款的规定。但是，鉴于医疗事故鉴定委员会设置于医学会之下，导致医疗事故鉴定公信力不足，以及人民法院内部认识不统一，造成裁判实践的"二元化"，即经鉴定构成医疗事故的，适用医疗事故处理条例的规定，受害人所获得赔偿金较低；反之，未经鉴定甚至经鉴定不构成医疗事故的，适用《民法通则》第106条第2款关于过错责任的规定，并按照最高人民法院关于人身损害赔偿的解释文件规定的标准计算，受害人所获得赔偿金额反而较高。因此，进一步导致医患关系紧张。

---

⑧ 《医疗事故处理条例》第50条规定：医疗事故赔偿，按照下列项目和标准计算：（1）医疗费：按照医疗事故对患者造成的人身损害进行治疗所发生的医疗费用计算，凭据支付，但不包括原发病医疗费用。结案后确实需要继续治疗的，按照基本医疗费用支付。（2）误工费：患者有固定收入的，按照本人因误工减少的固定收入计算，对收入高于医疗事故发生地上一年度职工年平均工资3倍以上的，按照3倍计算；无固定收入的，按照医疗事故发生地上一年度职工年平均工资计算。（3）住院伙食补助费：按照医疗事故发生地国家机关一般工作人员的出差伙食补助标准计算。（4）陪护费：患者住院期间需要专人陪护的，按照医疗事故发生地上一年度职工年平均工资计算。（5）残疾生活补助费：根据伤残等级，按照医疗事故发生地居民年平均生活费计算，自定残之月起最长赔偿30年；但是，60周岁以上的，不超过15年；70周岁以上的，不超过5年。（6）残疾用具费：因残疾需要配置补偿功能器具的，凭医疗机构证明，按照普及型器具的费用计算。（7）丧葬费：按照医疗事故发生地规定的丧葬费补助标准计算。（8）被扶养人生活费：以死者生前或者残疾者丧失劳动能力前实际扶养且没有劳动能力的人为限，按照其户籍所在地或者居所地居民最低生活保障标准计算。对不满16周岁的，扶养到16周岁。对年满16周岁但无劳动能力的，扶养20年；但是，60周岁以上的，不超过15年；70周岁以上的，不超过5年。（9）交通费：按照患者实际必需的交通费用计算，凭据支付。（10）住宿费：按照医疗事故发生地国家机关一般工作人员的出差住宿补助标准计算，凭据支付。（11）精神损害抚慰金：按照医疗事故发生地居民年平均生活费计算。造成患者死亡的，赔偿年限最长不超过6年；造成患者残疾的，赔偿年限最长不超过3年。

（三）教育部《学生伤害事故处理办法》

教育部于2002年8月发布《学生伤害事故处理办法》[9]，自2002年9月1日起施行。该办法第26条规定，学校对学生伤害事故负有责任的，根据责任大小，适当予以经济赔偿。该办法第27条规定，因学校教师或者其他工作人员在履行职务中的故意或者重大过失造成的学生伤害事故，学校予以赔偿后，可以向有关责任人员追偿。该办法第28条规定，未成年学生对学生伤害事故负有责任的，由其监护人依法承担相应的赔偿责任。该办法第12条规定，学校对于因不可抗力、来自学校外部的突发性侵害、学生自杀自伤，以及其他意外因素造成的学生人身损害，不承担责任。按照其第38条的规定，该办法关于完全无行为能力学生伤害的规定，可准用于幼儿园发生的幼儿伤害事故。

（四）最高人民法院的解释文件

1. 最高人民法院《关于审理名誉权案件若干问题的解答》（法发〔1993〕15号）

最高人民法院在本解释文件中肯定，侵害死者名誉将构成侵权责任，死者近亲属有请求权（第5问）；擅自公布、宣扬他人隐私，致他人名誉受损的，应认定为侵害他人名誉权；新闻报道严重失实，致他人名誉受损的，应认定为侵害他人名誉权（第7问）；撰写、发表批评文章，文章的基本内容失实，致他人名誉受损的，应认定为侵害他人名誉权（第8问）；撰写、发表虚构文学作品，作品情节与生活中某人的情况相似，不应认定为侵害他人名誉权；描写真人真事的文学作品，对特定人

---

⑨ 包括：总则，事故与责任，事故处理程序，事故损害的赔偿，事故责任者的处理，附则，共6章40条。

进行侮辱、诽谤或者披露其隐私,致其名誉受损的,应认定为侵害他人名誉权;在作品已被认定为侵害他人名誉权后,发表该作品的刊物拒不刊登道歉声明,不采取其他补救措施,应认定为侵害他人名誉权(第9问)。

2. 最高人民法院《关于审理名誉权案件若干问题的解释》(法释〔1998〕26号)

最高人民法院在本解释文件中明确肯定,医疗卫生单位的工作人员擅自公开患者患有淋病、麻风病、梅毒、艾滋病等病情,致使患者名誉受到损害的,构成侵害患者名誉权;但医疗卫生单位向患者或其家属通报病情,不构成侵害患者名誉权(第8问)。消费者对产品质量或者服务质量进行批评、评论,不构成侵害他人名誉权;但借机诽谤、诋毁,损害其名誉的,应认定为侵害名誉权。新闻单位对生产者、经营者、销售者的产品质量或者服务质量进行批评、评论,内容基本属实,没有侮辱内容的,不应认定为侵害名誉权;主要内容失实,损害其名誉的,应认定为侵害名誉权(第9问)。

3. 最高人民法院《关于确定民事侵权精神损害赔偿责任若干问题的解释》(法释〔2001〕7号)

特别应注意的是,本解释文件,在《民法通则》第120条规定的姓名权、肖像权、名誉权、荣誉权受侵害可以请求精神损害赔偿之外,将精神损害赔偿的范围扩及生命权、健康权、身体权、人格尊严权和人身自由权,并肯定违反社会公共利益、社会公德侵害他人隐私或者其他人格利益,受害人亦可请求精神损害赔偿(第1条)。侵害死者姓名、肖像、名誉、荣誉,以违反社会公共利益、社会公德的方式侵害死者隐私,及非法损害死者遗体、遗骨,其近亲属亦可请求精神损害赔偿(第3条)。

4. 最高人民法院《关于审理人身损害赔偿案件适用法律若干问题的解释》(法释〔2003〕20号)

值得注意的是,最高人民法院在本解释文件中,除明确规定人身损害赔偿案件的各项费用及残疾赔偿金、死亡赔偿金的计算标准外，还对《民法通则》第131条规定的过失相抵进行了解释。侵权人属于故意或者重大过失，受害人属于一般过失的，不得适用过失相抵；对于法律规定无过错责任的侵权行为，受害人有重大过失的，可以适用过失相抵（第2条）。此外，还通过解释创设了共同危险行为规则（第4条）和安全保障义务规则（第6条），弥补了现行法律的不足。

三、《侵权责任法》的制定

至20世纪90年代后期，中国实现了由单一公有制的计划经济体制向社会主义市场经济体制的转轨。1998年3月，第八届全国人大常委会主管立法工作的王汉斌副委员长决定恢复民法典起草，并委托九位民法学者专家成立民法起草工作小组[⑩]，负责起草《物权法草案》和《民法草案》。民法起草工作小组议定“三步走”的计划：第一步，制定统一合同法，实现市场交易规则的完善、统一、与国际接轨[⑪]；第二步，从1998年起制定物权法，实现财产归属关系基本规则的完善、统一、与国际接轨；第三步，在2010年前制定民法典，最终实现建立完善的法律体系的目标。

中国于2001年加入世界贸易组织（WTO），要求尽快改善国内法制环境。全国人大法制工作委员会于2002年1月11日召开民法典

---

⑩ 民法起草工作小组的9位成员是：中国政法大学教授江平、中国社会科学院法学研究所研究员王家福、北京大学教授魏振瀛、清华大学教授王保树、中国社会科学院法学研究所研究员梁慧星、中国人民大学教授王利明、最高人民法院原经济审判庭副庭长费宗祎、全国人大常委会法制工作委员会原民法室副主任肖峋及原经济法室主任魏耀荣。

⑪ 《合同法》的起草始于1993年，1993年10月拟订《合同法立法方案》，1994年1月正式开始起草，1995年1月产生《合同法（建议稿）》，1998年形成正式草案提交全国人大常委会审议，1999年3月15日经全国人大第二次会议通过，同年10月1日生效。

起草工作会议，委托六位专家学者分别起草民法典各编条文[12]，当年即完成一部民法典草案，于同年12月23日经第九届全国人大常委会第三十一次会议审议后，在新闻媒体公布征求修改意见，称为《中华人民共和国民法草案（征求意见稿）》。[13]

2003年，第十届全国人大常委会考虑到《民法草案》有1200多个条文，涉及面广，内容复杂，作为一部法律进行审议修改，历时很长，难度很大，遂决定改采分编修改审议，仍以单行法形式颁布施行，待各编均作为单行法审议通过之后，再按照法典体例编纂成一部完整的民法典。[14] 按照立法计划，应当依次审议《物权法草案》《侵权责任法草案》和《涉外民事关系法律适用法草案》。《物权法》已于2007年3月16日由第十届全国人大第五次会议通过，同年10月1日起生效。按照第十届、第十一届全国人大常委会的立法规划，《侵权责任法草案》的修改审议，被提上了立法日程。

2008年9月，法制工作委员会在《民法草案》第八编的基础上，修改形成《侵权责任法（修改草案）》，于2008年9月24—27日召开专家讨论会[15]，讨论了这一修改草案，称为《侵权责任法草案（2008年9月

---

[12] 由中国社会科学院法学研究所梁慧星研究员负责起草总则编、债权总则编和合同编；中国人民大学法学院王利明教授负责起草人格权编和侵权行为编；中国社会科学院法学研究所郑成思研究员负责起草知识产权编；最高人民法院唐德华副院长负责起草民事责任编；中国政法大学巫昌祯教授负责起草亲属编和继承编；最高人民法院退休法官费宗祎负责起草涉外民事关系的法律适用编。

[13] 《民法草案（征求意见稿）》包括九编：第一编总则，117条；第二编物权法，329条；第三编合同法，454条；第四编人格权法，29条；第五编婚姻法，50条；第六编收养法，33条；第七编继承法，35条；第八编侵权责任法，68条；第九编涉外民事关系的法律适用法，94条，共计1209条。

[14] 参见《全国人民代表大会法律委员会关于〈中华人民共和国侵权责任法草案〉主要问题的汇报》（2008年12月22日），第2页。

[15] 由法制工作委员会副主任王胜明主持。参加会议的法官有：杜万华、陈现杰、刘竹梅、林文学、汪彤、马荣、单国军、赖秋珊等；参加会议的学者有：王利明、杨立新、张新宝、梁慧星、于敏、王卫国、许传玺、王军、张民安等。

23日修改稿)》。[16] 会后,法制工作委员会斟酌各方面的修改意见,形成正式的法律草案,提交第十一届全国人大常委会第六次会议(2008年12月22—27日)进行审议,称为《侵权责任法草案(第二次审议稿)》。

目前,法制工作委员会正在《侵权责任法草案(第二次审议稿)》基础上,斟酌常委会审议中所提出的修改意见,和法律实务界、法律理论界、政府部门和地方各级人大所提出的修改意见,对草案做进一步的修改完善,预计在2009年8月召开专家讨论会进行讨论,然后提交到2009年10月召开的第十一届全国人大常委会第十一次会议进行第三次审议。如果进展顺利,可能在2010年3月召开的第十一届全国人大第三次会议审议通过。

四、《侵权责任法草案(第一次审议稿)》

所谓《侵权责任法草案(第一次审议稿)》,是指2002年12月23日第九届全国人大常委会第三十一次会议初审的《民法草案》侵权责任法编(第八编),包括:总则3章,分则7章,共10章。

总则3章。

第一章"一般规定",包括:过错责任原则(第1条第1款)和过错推定(第1条第2款);无过错责任原则(第2条);共同侵权行为的连带责任(第3条);责任方式(第4条);受害人证明因果关系(第5条);死亡情形近亲属的请求权(第6条);特别法优先适用原则(第7条)。

第二章"损害赔偿",包括:侵害他人人身、财产的赔偿(第8条);

---

[16] 包括12章:第一章一般规定,第二章责任方式,第三章共同侵权,第四章抗辩事由,第五章机动车交通事故责任,第六章环境污染责任,第七章产品责任,第八章医疗损害责任,第九章高度危险作业责任,第十章动物致人损害责任,第十一章物件致人损害责任,第十二章有关责任主体的特殊规定,共95条。

因防卫他人而使自己受损害（第9条）；致人残疾、死亡情形的赔偿项目及赔偿额确定（第10、11条）；后续费用的请求权（第12条）；侵害姓名权等的赔偿金计算（第13条）；侵占、损坏他人财产（第14条）；妨害物权行使（第15条）；侵害人格权及毁损人格象征意义物品的精神损害赔偿（第16条）；精神损害赔偿金的确定（第17条）；损害赔偿金的一次性支付（第18条）；损益相抵规则（第19条）；均无过错时的公平分担（第20条）。

第三章“抗辩事由”，包括：正当防卫和防卫过当（第21条）；紧急避险和避险过当（第22条）；自助行为（第23条）；过失相抵规则（第24条）。

分则7章。

第四章“机动车肇事责任”，设12个条文。重复修改前的《道路交通安全法》第76条的规定，并增加规定出租出借、融资租赁、盗窃、送修保管、分期付款买车等情形的责任承担。

第五章“环境污染责任”，设4个条文，根据《环境保护法》第41条规定无过错责任原则，并增加规定排污符合标准时的责任，因果关系推定，竞合情形依照排放量比例承担责任。

第六章“产品责任”，设6个条文，基本重复《产品质量法》第41—46条的规定，并增加规定消除危险、排除妨害，运输、仓储原因造成产品缺陷，说明错误。

第七章“高度危险作业责任”，设12个条文。包括：高空、高压作业、占有、使用易燃、易爆危险物损害；航天器、航空器损害；核损害；高压损害；制造、加工、使用危险物损害；列车运行损害；遗失高度危险物损害；非法占有高度危险物损害；未经许可进入高度危险区域。

第八章“动物致人损害责任”，设2个条文。包括：饲养动物损害；自然保护区野生动物损害。

第九章“物件致人损害责任”，设6个条文。包括：建筑物损害；高空抛物损害;堆放物损害;障碍物损害;林木折断、果实坠落损害;公共通道挖坑、施工损害。

第十章“有关侵权责任主体的特殊规定”,设8个条文。包括:监护人责任;替代责任;网站的责任;安全保障义务;教唆、帮助;共同危险行为;原因竞合。

五、《侵权责任法草案(第二次审议稿)》

《侵权责任法草案(第二次审议稿)》,是在第一次审议稿基础上增删修改而成。包括总则4章,分则8章,共12章88条。删去第一次审议稿14个条文,新增42个条文。特别值得注意的是,第二次审议稿增设第七章“医疗损害责任”,得到理论界和实务界的一致好评。

总则共4章。

第一章“一般规定”,设6个条文。主要是将原第一章的过错责任原则和过错推定、无过错责任原则、共同侵权行为、承担责任的方式共4个条文,移至第二章;删去因果关系证明;仅保留特别法优先适用原则(第6条),另行增设5个条文:立法目的(第1条),侵权责任的概括规定(第2条),请求权人(第3条),被扶养人和支付医药费、丧葬费人的权利(第4条),民事责任优先执行原则(第5条)。

第二章“责任构成和责任方式”,设19个条文。包括:从原第一章移入4个条文:过错责任原则和过错推定(第7条);无过错责任原则(第8条);共同侵权行为(第9条);承担责任的方式(第17条)。从原第十章移入4个条文:教唆、帮助(第10条);共同危险行为(第11条);原因竞合(第12条、第13条)。保留原第二章的4个条文:致残、致死的赔偿项目(第18条);为保护他人使自己受害(第21条);均无过错时的损失分担(第22条);损害赔偿金的支付(第25条)。新增设7个条文:第三人造成损害(第14条);连带责任的承担方式(第15条、第16条);财产损失的计算(第19条);排除妨害和消除危险(第

20 条)；侵害生命权等的精神损害赔偿(第 23 条)；侵害人格权、身份权的精神损害赔偿(第 24 条)。

第三章更名为“不承担责任和减轻责任的情形”，设 5 个条文。保留：正当防卫和防卫过当(第 29 条)；紧急避险和避险过当(第 30 条)；过失相抵规则(第 26 条)。删去：自助行为。增加：受害人故意免责(第 27 条)；不可抗力免责(第 28 条)。

第四章“关于责任主体的特殊规定”，设 8 个条文。是将原第十章提前。保留原第十章 4 个条文：监护人责任(第 31 条)；替代责任(第 33 条)；网站的责任(第 34 条)；安全保障义务(第 35 条)。新增 4 个条文：暂时丧失意识的损害(第 32 条)；无行为能力人在幼儿园、学校的损害(第 36 条)；限制行为能力人在学校的损害(第 37 条)；幼儿园、学校以外的人造成未成年人损害(第 38 条)。

分则共 8 章。

第五章“产品责任”，设 7 个条文。删去：说明错误。新增：警示、召回制度；明知缺陷情形的惩罚性赔偿。

第六章“机动车交通事故责任”，设 7 个条文。删去重复《道路交通安全法》的条文，代之以《道路交通安全法》优先适用的规定。保留：出租、出借；盗窃、抢劫。删去：融资租赁；送修、保管；分期付款买车。新增：未办理过户手续；买卖拼装、报废车；驾驶人逃逸。

新增第七章“医疗损害责任”，设 14 个条文。包括：过错责任原则(第 53 条)；医疗机构的替代责任(第 54 条)；医务人员的说明后义务(第 55 条)；抢救危急患者的紧急情况(第 56 条)；注意义务的判断标准(第 57 条)；特别情形的过错推定(第 58 条)；因果关系推定(第 59 条)；患者的告知义务(第 60 条)；医疗产品缺陷责任(第 61 条)；输血感染责任(第 62 条)；医学文书资料的保管与查阅、复制(第 63 条)；患者隐私保护(第 64 条)；禁止过度医疗(第 65 条)；医务人员执业活动的保护(第 66 条)。

第八章“环境污染责任”，设5个条文。在原有规定基础上，增加第三人过错造成污染环境。

第九章“高度危险责任”，设6个条文。将核损害与民用航空器损害合并。删去：航天器损害；列车运行损害；制造、加工易燃、易爆危险物损害；制造、储运电力、液体、煤气、蒸汽损害；运输中危险物损害；第三人过失。保留：遗失、抛弃高度危险物致人损害；非法占有高度危险物致人损害；未经许可进入高度危险区。新增：高度危险作业致人损害的概括规定；占有、使用高度危险物及从事高空、高压作业、使用高速运输工具致人损害。

第十章“动物致人损害责任”，设4个条文。饲养动物损害，改为仅受害人重大过失可以适用过失相抵。删去：自然保护区野生动物损害。新增：烈性犬等凶猛动物损害的无过错责任；动物园动物损害；第三人过错。

第十一章“物件致人损害责任”，设6个条文。基本保留原条文，仅删去果实坠落致人损害。

新增第十二章附则，设1条规定本法生效日期。

六、《侵权责任法》制定中的主要争论点

（一）两种立法思路

第一种立法思路，将《侵权行为法》视为民事权利救济法，强调侵权法的本质是民事责任而不是债权债务，认为侵权法与债法具有不同的性质，在编纂民法典时应当将侵权法作为独立一编，脱离债法的体系，而与物权法、债权法、亲属法、继承法相并列，安排在法典最后。[17]

---

⑰ 参见王利明主编：《中国民法典学者建议稿及立法理由：侵权行为编》，法律出版社2005年版，第2页。

第二种立法思路，沿袭大陆法系民法理论，将侵权行为视为债权债务的发生原因，即损害赔偿之债，因此强调侵权行为法属于债法，在编纂民法典时应当将侵权行为法规定在债法总则，或者在债法总则之下与合同法并立。⑱

显而易见，第一种立法思路，源于1982年的《民法草案（第四稿）》和现行《民法通则》。1982年的《民法草案（第四稿）》设第七编"民事责任"及现行《民法通则》设第六章"民事责任"，是受苏联民法理论的影响。⑲ 值得注意的是，制定统一合同法时，出于逻辑体系完整的考虑，已经将"违约责任"作为统一合同法第七章，着重于民事权利保护的立法思路的逻辑性已经被打破。

（二）关于法律名称

主张前述第一种立法思路的学者，赞成法律名称叫"侵权责任法"。因为"侵权行为法"强调个人为自己行为负责，而在现代社会，人们越来越多地要为他人的行为负责；"侵权行为法"更多地强调过错。而时至今日，公平责任、危险责任等日益增加，采用"侵权责任法"的名称，可以涵括这些不以过错为要件的责任。⑳

主张前述第二种立法思路的学者，不赞成法律名称叫"侵权责任法"，认为应当叫"侵权行为法"。因为本法大部分内容是关于侵权行为形态和构成要件的规定，承担责任的基础是加害行为。并且认为"侵权责任法"这一法律名称与民法理论体系和民法典编纂体例不协

---

⑱ 参见梁慧星：《中国民法典草案建议稿附理由：侵权行为编、继承编》，法律出版社2004年版，第1页。

⑲ 魏振瀛指出，"《民法通则》专章规定民事责任，可以说参考了苏联的民事立法和民法学说"。参见魏振瀛：《关于民法典中民事责任新体系的思考》，载中华硕博网，2009年3月13日访问。

⑳ 参见王利明：《我国侵权法起草中的主要疑难问题——在第二届中欧侵权法国际研讨会上的发言》，载中国民商法律网，2007年7月23日访问。

调,因为任何法律都有相应的法律责任,如果本法叫“侵权责任法”,就还要有“违约责任法”“不当得利责任法”“无因管理责任法”,甚至“物权责任法”,等等。[21]

值得注意的是,2008 年 12 月 4 日,在全国人大法律委员会审议《侵权责任法草案》的会议上,有的委员不赞成叫“侵权责任法”,认为不合逻辑,与民法体系不协调,建议改称“侵权行为法”。针对此项意见,法律委员会主任委员胡康生回应说,作为单行法,名称叫侵权行为法不妥。已有的单行法,没有叫“某某行为法”的,如果叫侵权行为法,可能使群众产生误解。现在制定单行法,名称叫侵权责任法,将来编纂民法典时,本法内容编入债权编,作为债权债务发生原因之一,名称叫侵权行为,当不成问题。

(三)两种立法模式

第一种立法模式,强调借鉴英美法的经验,制定涵盖社会生活中的全部损害类型,甚至包括物权请求权在内的所谓“大侵权法”,在将来编纂民法典时,侵权责任法编应当独立于债权编,而与物权编、债权编、亲属编、继承编并列。并且,进一步提出所谓“类型化”立法模式,主张“尽可能穷尽社会生活中的一切侵权行为类型”[22]。

第二种立法模式,主张借鉴《欧洲民法典草案》侵权行为编[23]的经验,设立一项概括性条款作为统一的侵权责任请求权基础,仅列举规定社会生活中最主要、最常见的侵权行为类型和准侵权行为类型。这

---

[21] 参见黄芬:《侵权责任法制定中的重大疑难问题》,载《河北法学》2009 年第 2 期。

[22] 杨立新提出“类型化”方案,建议规定 44 种侵权行为类型。参见杨立新:《论侵权行为一般化和类型化及我国侵权行为法立法模式选择》,载《河南省政法管理干部学院学报》2003 年第 1 期。此后,杨立新起草的《侵权责任法草案(第二稿)》,规定了 66 种侵权行为类型。

[23] 参见《欧盟私法:原则、定义和示范规则》,载梁慧星主编:《民商法论丛》(第 43 卷),法律出版社 2009 年版。

些列举性规定，不重复规定侵权责任请求权基础的共性问题，仅着重解决各类侵权行为或准侵权行为在归责原则、免责事由、损害赔偿或者责任承担等方面的特殊问题。[24]

值得注意的是，无论《侵权责任法草案（第一次审议稿）》或者《侵权责任法草案（第二次审议稿）》，均仅规定社会生活中的“最主要、最常见”的侵权行为和准侵权行为种类，并不打算“穷尽社会生活中的一切侵权行为类型”。由此可见，中国立法机关并未采纳所谓“类型化”立法方案。[25]

（四）归责原则

《民法通则》颁布后，民法学界关于侵权责任的归责原则一直存在分歧。在侵权责任法制定中，归责原则再次成为争论热点，有所谓“三原则说”“二原则说”和“一原则说”。所谓“三原则说”，认为中国侵权责任法并存过错责任、无过错责任和公平责任三项归责原则。所谓“二原则说”，认为中国侵权责任法只有过错责任和无过错责任两项归责原则。所谓“公平责任”，实质是在极特殊情形，法律规定由双方当事人分担意外事故所造成的损害，属于“特殊救济措施”，并非归责原则。所谓“一原则说”，认为中国侵权责任法仅有过错责任一项归责原则，法律规定不以过错为承担责任的要件，属于“例外规定”，不得称为归责原则。[26]

---

[24] 参见张新宝：《侵权法立法模式：全面的一般条款＋全面列举》，载《法学家》2003 年第 4 期。

[25] 在第十一届全国人大常委会第六次会议上，全国人大法律委员会报告侵权责任法草案的主要内容，列举了“产品责任”“机动车交通事故责任”“医疗损害责任”“环境污染责任”“高度危险责任”“网络侵权责任”“学校幼儿园的责任”和“动物致人损害责任”等侵权责任类型。参见第十一届全国人大常委会第六次会议文件（10）：《全国人民代表大会法律委员会关于〈中华人民共和国侵权责任法草案〉主要问题的汇报》（2008 年 12 月 22 日），第 4—9 页。

[26] 参见黄芬：《侵权责任法制定中的重大疑难问题》，载《河北法学》2009 年第 2 期。

值得注意的是,在第十一届全国人大常委会第六次会议上,法律委员会就《侵权责任法草案》的起草修改经过和主要内容作了汇报,明确指出"草案根据《民法通则》的规定,明确我国侵权责任制度实行过错责任和无过错责任相结合的原则"。并且指明草案第7条是关于过错责任原则的规定,第8条是关于无过错责任原则的规定。显而易见,《侵权责任法草案》采纳所谓"二原则说"[27]。

---

[27] 第十一届全国人大常委会第六次会议文件(10):《全国人民代表大会法律委员会关于〈中华人民共和国侵权责任法草案〉主要问题的汇报》(2008年12月22日),第3—4页。

怎样看待侵权责任法*

《侵权责任法》虽然颁布已经两年了，但我们对它的学习还很不够。我自己直到现在也并没有对法律每一部分都掌握。现在中国恐怕没有哪一位学者和法官敢说他对这部法律已经完全掌握了。下面我谈谈对几个问题的认识。

第一个问题，我们应当如何认识这部《侵权责任法》？

这部法律是在特定时期制定的，是在改革开放30多年以后制定的。本法首先总结了《民法通则》关于侵权责任的立法经验；然后总结了人民法院的裁判实践经验，尤其是最高人民法院关于侵权责任的解释规则；还特别总结了民法学界30多年来关于侵权责任立法和理论的研究成果，这些研究成果不仅针对我们自己的立法与实践，还广泛参考、借鉴、研究了发达国家和地区的侵权立法经验和判例学说。我们可以看到，本法有些内容来自《民法通则》条文，原封未动；有些内容是在《民法通则》条文基础上加以发展或者细化形成的；有些条文完全是最高人民法院的解释规则，只是在文字表述上有所调整，或在细节上有所变动；有些条文是在最高人民法院解释规则基础上做了重大变动；有些条

* 本文写作于2011年。

文来自我国某个地方法院裁判的某个案件；也有一些条文是来自我国台湾地区或者外国的某一个判决或某项理论，当然结合我们的实际作了调整或改造；有些条文可能来自我们某个教授的某本教材或著作，但与该教授当初的理论也有差别。

法工委副主任王胜明同志已经指出，是人民法院的实践经验，加上民法学术界的智慧，再加上立法机关的智慧，这三方面的智慧结合起来造就了我国这部《侵权责任法》。王胜明同志认为这部法律非常不错。王利明教授也谈到，这部法律在国际上反响很好。我认为，这部法律的理念和内容是进步的，其立法技术也是先进的。

我们要正确理解《侵权责任法》，就必须把它放在人类社会当前的大环境、大趋势中来认识它。自第二次世界大战结束以来，人类社会生活发生了根本性的变化，现代化市场经济急速发展，科学技术巨大的、惊人的进步，使人类面临无处不在、频繁发生的各种危险和损害，原有的侵权立法和侵权法理论已经不能满足要求。很多国家的学者在惊叹"侵权法的危机""侵权法的死亡"的同时，再三呼吁侵权法和侵权法理论的改革。许多国家和地区组织纷纷进行侵权法改革，我国也加入了这一改革浪潮。当然，我们国家也有自己的特殊国情：向现代化市场经济急剧转轨，现代化和城市化加速推进，导致各种危险、各种损害的发生更为频繁和严重，且人民群众普遍对法律不够尊重，法官人数众多、素质参差不齐，要求法律规则尽量具体，有更强的可操作性，以保障裁判的统一和公正。本法广泛参考借鉴发达国家和地区的立法经验和理论成果，包括一些还未上升为法律条文的判例学说，当然结合我们的国情和实践做了选择和改造。

现在的问题是，我们用来学习、理解、掌握这部法律的时间还太少。这部法律颁布之后人民法院系统内部的学习也不够。一部新法颁布之后，法院系统内部组织培训法官最充分的是《合同法》，全国各级法院从上到下组织法官反复学习，每一位民事法官都经过培训，因此法官对《合同法》的掌握很快。法院系统对《物权法》的学习培训比《合同法》少一些。而《侵权责任法》是纯粹的裁判规则，是为法官裁判侵权责任案件量身定制的法律依据，并且主要是把我国改革开放30多年来，特别是《民法通则》生效以来人民法院裁判实践的成功经验上升为法律条文。可以说本法大部分内容是人民法院实践经验的总结和升华。如果仔细分析可以发现许多法律条文的来源，是哪一个法院的哪一个案件判决，或者是最高人民法院哪一个解释文件的哪一条。我们的法院和法官可不应小看这部法律，不应该不重视人民法院自己的经验。全体民事法官，一定要认真、深入地学习这部法律，尽力做到比较完整准确地理解和掌握这部法律，在裁判实践中做到正确解释适用这部法律。法律刚颁布不久，就来讨论如何完善和创新，还为时太早。应当说，要使我们法院系统的全体民事法官，都比较准确地掌握它、做到正确地解释适用，这个任务很重。

第二个问题，如何处理本法与其他法律的关系？

刚才说到本法是我国侵权责任的基本法，这是本法的定位。这里要谈到本法与其他法律的关系，与行政法规的关系，与最高人民法院解释的关系。先说本法和《民法通则》的关系。本法是在《民法通则》关于侵权责任的规定（第六章民事责任的第一节一般规定、第三节侵权的民事责任、第四节承担民事责任的方式）的基础上，重新立法，重新制定条文，因而本法一经生效，《民法通则》关于侵权责任的规定就全部作废。因为《民法通则》上述规定已经被《侵权责任法》取代了，这在理论上叫作新法废止旧法，在解释方法上叫历史解释。本法生效后，人民法院审理侵权责任案件，不得再适用《民法通则》关于侵权责任的规定。本法第5条所谓“其他法律对侵权责任另有特别规定的”，不包括《民法通则》关于侵权责任的规定。这一点要特别注意。审理侵权责任案件，可以适用《民法通则》关于诉讼时效的规定，但不能适用《民法通则》关于侵权责任的规定。适用《民法通则》关于侵权责任的规定，将构成法律适用错误。

另外是本法与“其他法律”的关系。本法第5条规定依照特别法优先适用原则，处理本法和其他特别法的关系。刚才讲到《民法通则》不属于第5条所谓“特别法”的范围。王胜明同志主编的《中华人民共和国侵权责任法释义》一书第35页谈到，我国现有40多部单行法对相关侵权责任有特别规定，诸如《物权法》《农村土地承包法》，“知识产权三法”，《婚姻法》《继承法》，以及《公司法》《海商法》《票据法》《保险法》《证券法》等商事法，《道路交通安全法》《铁路法》《民用航空法》《产品质量法》《消费者权益保护法》《药品管理法》《食品安全法》，有关环境保护的几部法律，等等。这四十多部单行法关于侵权责任的特别规定，应优先于本法适用。如果其他法律另有规定，法庭仍适用本法，也将构成法律适用错误。

此外，还要谈到《国家赔偿法》。关于《国家赔偿法》是否属于本法的特别法，学术界存在分歧，主要是民法学界之外的一些学者不赞成将《国家赔偿法》视为本法的特别法。本法制定中，立法机关对此亦未明确表态，前述王胜明同志主编的《中华人民共和国侵权责任法释义》一书也回避谈这个问题。另外，请大家注意《〈中华人民共和国侵权责任法〉条文理解与适用》一书，在介绍了国外关于国家赔偿法与民法关系的三种立法例之后特别指出：国家赔偿在很多方面与侵权责任具有相似性，如保护法益、责任构成要件、归责原则、损害赔偿的计算、责任承担方式、免责事由、时效等，试图将国家赔偿法与民法完全分离，是很难做到的。这样的认识足以代表最高人民法院的立场。应当肯定，本法第5条所谓“其他法律”当然包括《国家赔偿法》，人民法院审理国家机关及其工作人员的职务侵权案件，凡《国家赔偿法》有规定的，应优先适用《国家赔偿法》的规定，《国家赔偿法》没有规定的，仍然要适用本法的规定。

特别要谈到本法与行政法规的关系。按照《立法法》(2000年)的规定,侵权责任属于民事基本制度,只能由全国人大制定法律予以规定(第7条、第8条)。但该法却又规定,全国人大及其常委会可以授权国务院对本属于全国人大立法权的部分事项,先行制定行政法规(第9条)。国务院于2002年颁布《医疗事故处理条例》,其中规定关于医疗事故损害赔偿的规则(第五章),就属于这种授权立法。请大家特别注意,《侵权责任法》已经否定了《医疗事故处理条例》关于医疗事故损害赔偿的规定。本法第七章医疗损害责任,把《医疗事故处理条例》中关于民事赔偿的规则废止了。

本法第一个草案未规定医疗侵权问题,第二个草案增加了第七章医疗损害责任,规定了裁判医疗损害侵权案件的详细规则,其立法目的是要缓和医患关系的紧张。一段时间以来我国社会生活中医患关系十分紧张,为什么紧张?其中一个原因就是自2002年以来,我们抛弃了依据民法裁判医疗损害侵权案件的成功经验,改为按照行政法规来处理医疗损害赔偿案件。医疗损害责任本属于典型的民事侵权责任,我们把它从民法中抽离出来,用行政法规加以规范,依据行政法规进行裁判,最终的结果就是导致医患关系紧张。所以立法机关及时地在本法规定第七章医疗损害责任,使医疗损害责任重新回归于民法,这是针对中国的国情,针对面临的现实问题作出的重大立法变更。并且,应当看到,本法第七章的规定从理念到具体规则也是很先进的。

值得注意的是,有的法院、法官直到现在还在讨论《医疗事故处理条例》该不该适用?是否需要委托医疗事故鉴定委员会做医疗事故鉴定?有的同志则在讨论所谓医疗过错鉴定问题。这些同志没有理解一个重要事实,即《医疗事故处理条例》关于医疗事故赔偿的规定,已经因本法的生效而被废止。人民法院审理医疗损害侵权责任案件,应当适用《侵权责任法》第七章关于医疗损害责任的规定及本法总则的规定,不得再适用《医疗事故处理条例》的规定,不得再使用医疗事故概念,不得再进行医疗事故鉴定。

本法审议过程中,有的委员建议恢复“医疗事故”概念,法律委员会和法工委都不同意,为什么?因为保留了“医疗事故”概念,废止《医疗事故处理条例》关于医疗事故赔偿的行政法规则的立法目的就会落空。为了贯彻这个立法目的,本法不仅废弃医疗事故概念,设第七章规定医疗损害责任,并且在本法第5条关于特别法优先适用原则的法律条文中,将所谓“特别法”限定为全国人大及其常委会制定的“其他法律”,而不包括国务院制定的“行政法规”。第5条未提及“行政法规”,不是立法机关的“疏忽”,而是为了贯彻立法目的——将《医疗事故处理条例》排除在“特别法”之外,同时借此宣示:侵权责任属于民事基本制度,不得由行政法规加以规定。

最后,有必要谈到这部法律与最高人民法院司法解释的关系。前面多次谈到,本法多数制度、条文来自最高人民法院解释规则,经立法程序将最高人民法院的解释规则升华为法律条文。将法律条文与原有解释规则对照,可以看到,有的差别不大,有的差别很大。也还有一些解释规则没有上升为法律条文。因此要特别注意,如何处理本法与原有解释规则的关系这个问题。

以最高人民法院《关于审理人身损害赔偿案件适用法律若干问题的解释》(2003年)为例,我们一定要注意到,哪些解释规则已经被上升为法律条文,凡是已经上升为法律条文的,无论与原有解释规则是否有差异,都要适用法律条文,不得再适用已经被替代的解释规则。至于解释文件中哪些规则已经上升为法律条文,哪些没有上升为法律条文,最高人民法院要尽快清理。例如,该解释第17条关于人身损害赔偿项目的解释规则,已经被本法第16条取代,就只能适用本法第16条,不能再适用解释第17条。不能因为第16条未规定“被扶养人生活费”,就再根据解释第17条判给“被扶养人生活费”。本法否定“被扶养人生活费”的理由是,本法残疾赔偿金和死亡赔偿金,虽然定性为精神损害赔偿,却因采用了发达国家和地区法院计算“逸失利益赔偿”的方法,而具有精神损害赔偿和逸失利益赔偿的双重功能。另外,本法第16条未规定“营养费”,是因为“为康复支出的合理费用”一项已经包含了“营养费”。置本法第16条关于人身损害赔偿项目的规定于不顾,而仍然适用解释第17条,或者同时适用本法第16条和解释第17条,都将构成法律适用错误。

当然,也有一些解释规则没有上升为法律条文,例如,上述解释第10条关于承揽人责任(国外称为“定作人责任”)的解释规则,本法未作规定,不等于否定这个解释规则,因此还有适用的余地。还有一些技术性的解释规则,例如,残疾赔偿金和死亡赔偿金的计算方法(上述解释第25条、第29条),不可能上升为法律条文,当然还要适用。我们期待最高人民法院尽快对此前有关侵权责任的解释进行清理,最好的办法是,最高人民法院尽快发布针对《侵权责任法》的新解释文件,并废止本法施行之前的解释文件。

第三个问题,特别要注意本法的逻辑结构体系。

按照一般解释学,要理解事物的局部必须理解事物整体,而要理解事物整体又必须理解事物的局部。这就是所谓“解释学循环”。我们解释法律,同样有所谓“解释学循环”:要正确理解法律的某个用语、条文或制度,必须以对整个法律体系的理解为前提;而离开对法律的用语、条文和制度的理解,则又不可能理解整个法律体系。按照体系解释方法,要正确解释某个法律条文,须正确把握该条文在整个法律体系中所处的位置及与其他法律条文之间的逻辑关系。因此,我们的法官要正确理解、解释、适用《侵权责任法》某个条文和制度,必须正确理解、掌握《侵权责任法》的逻辑结构体系。

《侵权责任法》仅有92个条文,其规模当然不能与有428条的《合同法》相比。但我们绝对不能因为《侵权责任法》条文少,就误认为其逻辑结构体系简单。实际上,《侵权责任法》的逻辑结构体系,要比

《合同法》复杂得多。《合同法》条文虽多,基本上就是一个“总分”(总则、分则)结构,总则部分从合同订立(第二章)到违约责任(第七章)属于递进关系,分则部分(第九章至第二十三章)属于并立关系,其逻辑结构体系相对简单。而《侵权责任法》是一个多层次的、多重的、复杂的逻辑结构体系。不理解掌握《侵权责任法》的整个逻辑结构体系,就不可能正确理解《侵权责任法》。如果置本法的逻辑结构体系于不顾,抓着单个条文进行解释,就不可能正确理解、解释、适用该条文。

《侵权责任法》设计了一个多重、多层结构,这是本法的特点。我们过去的侵权法教科书,将侵权行为分为一般侵权行为与特殊侵权行为,大陆法系民法立法关于侵权法的规定也是如此,就是一个“二分结构”:一般侵权行为与特殊侵权行为。这是大陆法系传统的侵权法结构体系,非常简单,非常直观。特别值得注意的是,本法抛弃了教科书式的、传统的侵权法结构体系,新创了一个远比传统结构体系复杂得多的多层逻辑结构体系。试作分析如下。

(一)第一个层次:“一般条款 + 特别规则”

第一个层次的逻辑结构,亦即本法最基本的逻辑结构是,“一般条款 + 特别规则”。其标志性的条文是第 2 条第 1 款:“侵害民事权益,应当依照本法承担侵权责任。”张新宝教授和杨立新教授称之为“一般条款”。所谓“一般条款”,既不同于具体的法律规则,也不同于一般的法律原则,而是对侵权责任请求权基础的高度概括规定。本法第 2 条以下的全部内容,都是对一般条款的具体化和补充,相对于第 2 条一般条款而言,第 2 条以下的全部内容都属于“特别规则”。

(二)第二个层次:“总分(总则、分则)结构”

本法第二个层次的逻辑结构,亦即本法所谓“特别规则”的逻辑结构,是一个“总分(总则、分则)结构”。第一章至第三章属于“总则”,

第四章至第十一章属于“分则”。这个“总分(总则、分则)结构”,就是本法第二个层次的逻辑结构。其中,“总则”3 章,主要是关于归责原则、责任构成要件、责任方式、赔偿项目、责任减免的“列举性”规定;“分则”8 章,是关于各种最常见、最重要的侵权行为的“类型化”规定。

(三)第三个层次:过错侵权与无过错侵权的“二分结构”

本法第三个层次的逻辑结构,是关于过错侵权责任与无过错侵权责任的“二分结构”。这是上述“一般条款 + 特别列举 + 类型化”结构之下的,另一个层次的重要的逻辑结构。有的教授已经指出,我们这部《侵权责任法》与发达国家和地区的侵权法不一样。例如德国、日本及我国台湾地区,只规定过错侵权责任,只有过错责任原则一个归责原则,为了减轻受害人的举证负担,在若干情形采用了过错推定。当然,发达国家和地区也并不是没有无过错侵权责任,一是它们的无过错侵权责任规定在特别法,二是无过错侵权责任局限于危险责任,适用范围很窄,只是“例外规则”。其民法理论认为,承担侵权责任,不是因为有损害,而是因为有过错,就像氧气使蜡烛燃烧一样。这反映了当时的立法政策,特别注重保障个人自由,并未将民事权利之保障作为首要立法目的。

我们的立法,立足于中国国情和当今时代特点,将民事主体的合法权益之保障,作为《侵权责任法》首要的立法目的,进而突破传统民法理论和立法例,采过错责任和无过错责任“二元归责”,同时并行规定过错侵权责任和无过错侵权责任。过错侵权责任与无过错侵权责任之间,不是“一般与特殊”“原则与例外”的关系,而是“并立、并行、并重”的关系。这是本法区别于发达国家和地区的侵权行为法的另一个特色。

（四）第四个层次：“一般条款＋特别规则”与“类型化”

本法第四个层次的逻辑结构，即过错侵权责任部分的“一般条款＋特别规则”和无过错侵权责任部分的“类型化”。回忆当初关于侵权责任法立法结构体例的讨论，张新宝教授建议的结构体例叫“一般条款＋特别列举”，杨立新教授建议的结构体例叫“一般条款＋类型化”。上述第一个层次与第二个层次的逻辑结构合起来，正好是“一般条款＋特别规则＋类型化”。可以认为，本法实际上是对学者建议的两种结构体例加以“整合”，构成本法最基本的逻辑结构体例。

先看过错侵权责任部分的逻辑结构。请同志们特别注意《侵权责任法》第6条第1款的规定：“行为人因过错侵害他人民事权益，应当承担侵权责任。”此即所谓过错责任原则。按照这一原则，凡属于过错责任原则涵盖范围的侵权案件，有过错才承担侵权责任，无过错不承担侵权责任。还要特别注意，这一规定同时还是本法过错侵权责任的“一般条款”。因为本法关于过错侵权责任，不仅规定第6条第1款过错责任原则，还特设第6条第2款规定过错推定，并特设第七章规定医疗过错侵权责任。本法关于过错侵权责任规定的特色体现在这里，第6条第1款、第6条第2款、第七章，构成一个“一般条款与特别规则”的逻辑关系。在法律适用上，就要颠倒过来。如果属于医疗损害案件，应当适用第七章的规定，采取“过错客观化”判断；医疗损害之外的、属于本法规定为过错推定的案件，则应根据第6条第2款的规定，责令被告承担证明自己无过错的举证责任；既不是医疗损害案件，也不属于过错推定的案件，才按照第6条第1款的规定，要求原告（受害人）承担证明加害人有过错的举证责任。

第七章医疗损害责任，虽然《侵权责任法》第54条明文规定了过错责任，但鉴于医患关系的特殊性，本法在过错判断上既不采取由原告（患者）承担举证责任，也不采取最高人民法院关于“举证责任倒置”的解释规则,而是参考发达国家和地区民法学说判例所谓“新过错说”,采取“过错客观化”的判断方法。所谓“过错客观化”判断方法,即由法律预先设立“注意义务标准”,法庭就用法律规定的注意义务标准来对照被告的诊疗行为,据以认定是否有过错。第55条规定说明并取得书面同意的义务,未尽到此项义务就有过错,尽到此项义务就没有过错,法庭很容易判断。第57条规定判断过错的一般标准,“与当时的医疗水平相应的诊疗义务”,尽到与当时的医疗水平相应的诊疗义务就没有过错,反之即有过错。这一条在立法过程中争执最大,有的委员一再要求增加“当地的医疗水平”作为判断标准,法律委员会没有同意。因为如果加上“当地的医疗水平”,被告医疗机构就可以“当地的医疗水平”低于“当时的医疗水平”主张免责,受害患者就很难得到赔偿。第57条这个过错判断标准,看起来比较抽象,但在多数案件中仍然容易判断,真正难以判断的案件较少。真遇到难以判断的案件,法院当然可以委托权威公正的医学和临床专家进行鉴定,实际上是鉴定“当时的医疗水平”这个客观事实,为法庭判断过错明确判断标准,而不是代替法庭判断被告有无过错。因此不得称为“医疗过错鉴定”。第58条规定三种情形应“推定医疗机构有过错”,法律委员会审议侵权法时主持审议的胡康生主任委员就明确指出,条文虽然叫“推定医疗机构有过错”,实际是“认定”医疗事故有过错,不允许医疗机构反证自己无过错。因此,本条属于“不可推翻的推定”(irrebuttable presumptions of fault),与第6条第2款规定的过错推定不同,第6条第2款所谓“过错推定”,是允许以反证加以推翻的过错推定(rebuttable presumptions of fault)。请同志们特别注意《侵权责任法》第60条规定了法定免责事由,具有三项免责事由之一,法庭便判决被告医疗机构免责。本法规定“过错客观化”判断标准,再规定三项法定免责事由,就为法院审理医疗损害案件排除了很多困难,容易作出公正判决。

顺便谈一下,考虑到医患关系的特殊性,一方面,患者难以证明损害与医疗行为有因果关系,另一方面,医疗机构在很多情况下也难以证明患者的损害与诊疗行为没有因果关系,因此本法否定了最高人民法院关于因果关系举证责任倒置的解释规则,删去第二次审议稿中关于因果关系推定的条文。因此,法庭应当采用与其他侵权责任案件相同的方法判断医疗因果关系,如遇特别疑难案件,当然可以委托权威公正的医学专家进行因果关系鉴定。

再看无过错侵权责任。首先,《侵权责任法》第 7 条关于无过错责任原则的规定,与第 6 条第 1 款关于过错责任原则的规定,是并立关系,明示本法采取“二元归责”。发达国家和地区的侵权法并没有规定无过错责任原则的条文,因为它们的侵权法上无过错责任只是“例外”规定,过错责任才是原则。其次,本法第 7 条仅是对无过错责任原则的“宣示”,不能作为判决依据,要判决无过错责任,必须适用对该侵权类型规定无过错责任的具体条文。最后,前面已经谈到,本法对无过错侵权责任采用“类型化”立法,除第五、六、八、九、十、十一章规定无过错责任的六大类型外,第四章还规定了监护人责任(第 32 条)、使用人责任(第 34、35 条)、安全保障义务(第 37 条)等无过错侵权责任类型。

这里需要补充一下,本法关于无过错侵权责任规定的特点是“类型化”,但不同的侵权类型在“类型化”程度上也有差别。例如,监护人责任(第 32 条)、安全保障义务(第 37 条)、使用人责任(第 34、35 条),仅设概括性的规定,一种类型设一两个条文,谈不上“体系”,而其他无过错侵权责任类型,每种类型由一个原则条文与若干具体规则构成一个“体系”。尤其第九章高度危险责任,在原则规定(第 69 条)之下,进一步分设七个“小类型”,“类型化”更彻底。还须说明,本法关于过错侵权责任的规定,也有采用“类型化”方法的,例如,第七章医疗损害责任。另外,在关于无过错侵权责任类型的规定中,也有过错责任或推定过错责任的规定"穿插"其中，例如第五章产品责任，其中销售者的责任（第42条）；运输者、仓储者的责任（第44条）属于过错责任；再如第十一章物件损害责任，其中建筑物管理瑕疵责任（第85条）、堆放物倒塌损害责任（第88条）、林木折断损害责任（第90条），属于推定过错责任。

（五）第五个层次："原则规定＋特别规则"

本法第五个层次的逻辑结构，是由"原则规定＋特别规则"组成的若干个"小型规则体系"。例如，前面谈到过错侵权责任中的"推定过错"，就是由第6条第2款"原则规定"，加上第81条、第85条、第88条、第90条、第91条第2款关于具体案型的"特别规则"，构成一个规则体系。再如，会上有法官谈到的不可抗力免责，是由第29条原则规定，与第70条、第72条、第73条关于具体案型的"特别规则"，构成一个规则体系。不可抗力免责，适用于过错侵权责任的法理根据是"无过错"，适用于无过错侵权责任的根据不是加害人无过错，而是"利益衡量"。基于利益衡量的考虑，本法对高度危险责任（第九章）设立了特别规则，第72条占有使用高度危险物损害和第73条高度危险活动损害，规定了不可抗力免责，第70条核事故损害仅限于通常不可抗力事件中的"战争等情形"可以免责，此外的高度危险损害案型不适用不可抗力免责。换言之，第29条"但书"所谓"另有规定"，即指第九章高度危险责任而言。此外，本法还有一个关于"第三人造成损害"的规则体系，值得重视。这一规则体系，由第28条"一般规定"与一系列"特别规则"构成。按照第28条的原则规定，第三人造成的损害，应当由该第三人承担侵权责任，只要被告向法庭证明"损害是第三人造成的"，法庭即应驳回原告起诉，其法理根据，在程序法上是"主体不适格"，在实体法上是"自己责任原则"。但本法基于民事主体权利保护和预防侵权损害之立法政策目的，特设第37条第2款、第40条、第44

条、第59条、第68条、第83条等关于“补充责任”的规定，作为第28条原则规定之“特别规则”。

第四个问题，要严格区分立法论与解释论。

会上张新宝教授已经谈到“立法论”与“解释论”的区别。从会上的发言和提交的论文看，这个问题还没有引起多数法官的注意。法学论文，根据内容和写作目的分为两类：立法论和解释论。立法论讨论法律的“应然”，解释论讨论法律的“实然”。会上有的论文，批评本法某个制度，建议修改某个制度，建议创设新的制度，甚至建议制定某项新的法律，属于“立法论”；有的论文结合实有的或假设的案件，讨论应当根据本法某个条文进行裁判，讨论某个条文的适用范围、构成要件、法律效果，以及某个概念、用语的含义，是否存在不当和漏洞及弥补漏洞的方法和依据，属于“解释论”。《侵权责任法》制定之前和制定过程中，有大量的文章，包括法官、律师的文章，讨论应当制定什么样的侵权法，应采用何种结构体例，应当规定哪些制度、哪些内容，乃至讨论具体条文的行文用词、语法表达等，均属于立法论。

撰写属于立法论的文章，可以不受任何条条框框的局限，不受现行法的局限，各尽其智、畅所欲言，可以旁征博引、评古论今。评判属于立法论的文章的优劣，不是看文章的见解、建议是否符合现行法，是否可能为立法机关所接受，而是看文章的见解、立论是否有理有据，是否符合法理，是否符合我国国情和法律进步发展的趋势。

撰写解释论的文章就不能这样，必须尊重现行法，受现行法的约束，致力于对现行法具体法律条文、制度准确理解、解释和正确适用，即使经过研究发现某个具体条文、制度存在不足、不当乃至失误，其任务也只能是在不违反本法立法政策的前提下，运用种种解释方法，对该具体条文、制度予以弥补、补救以实现其规范目的，而不是进行批判或进行修改。

特别要说明，除撰写论文（法条评释、判解研究等）属于解释论之外,法官履行职责,包括会见双方当事人、主持庭审、合议案件、撰写结案报告、撰写判决书和裁定书,以及向上级汇报案件乃至参加审判委员会审议案件,都是在运用解释论。可见,运用解释论是法官的本职、本行,法官素质和水平高低,主要体现在运用解释论的能力和水准。

第五个问题,谈谈本法的成功与不足。

我在开头已经谈到,我认为《侵权责任法》内容是进步的,立法技术上是先进的。前面已经谈到本法逻辑结构体系的重大创新。这里再将本法对传统侵权法和侵权法理论的重大发展和制度创新,概括如下:(1)本法将“保护民事主体的合法权益”作为第一项立法目的,且明定《侵权责任法》有“预防和制裁侵权行为”的功能(第1条),相应增设关于“停止侵害、排除妨碍、消除危险”请求权(第21条);(2)采用“民事权益”概念,将“合法利益”纳入侵权法的保护范围(第2条);(3)对多数人侵权行为制度作体系化改造,将共同侵权行为区分为“主观共同侵权”(第8条)与“客观共同侵权”(第11条),单独规定“教唆与帮助”(第9条)和“共同危险行为”(第10条),并创设“原因竞合”侵权责任(第12条);(4)关于侵害人身权益致财产损失案件,规定可按侵权人所获得的利益赔偿(第20条);(5)将雇用人责任改称使用人责任,并由过错推定责任,改为无过错责任(第34、35条);(6)创设作为特别侵权类型的“安全保障义务”制度(第37条),对于“未尽到安全保障义务”要件之判断,既不要求原告举证予以证明,亦不允许被告举证予以推翻,系采用英美法所谓“事实自证”规则;(7)在产品责任中明文规定“惩罚性赔偿”制度(第47条);(8)关于医疗损害责任,采“过错客观化”方法来判断(第55、57、58条),并且充分贯彻对“患者自己决定权”的尊重(第55、56条),为所谓“消极安乐死”留下可能性;(9)改造建筑物责任制度,分为管理瑕疵致损的推定过错责任(第85条),因建筑缺陷倒塌致损的无过错责任(第86条第1款),建筑缺陷外原因倒塌致损的无过错责任(第86条第2款),以及“从建筑物中抛掷物品”致损的补偿制度(第 87 条);(10)将残疾赔偿金、死亡赔偿金定性为精神损害赔偿,并采取域外法院计算“逸失利益赔偿”的方法,使之兼有精神损害赔偿和“逸失利益赔偿”的功能。

无论如何进步的立法都不可能完美无缺,《侵权责任法》也是如此。《侵权责任法》的不足表现在:一是某些概念欠准确,例如,用“侵权人、被侵权人”概念取代“加害人、受害人”概念嫌轻率;第 37 条将“宾馆、商场、银行、车站、娱乐场所等”称为“公共场所”不妥当;第十一章规定的“建筑物、构筑物”“林木”等均不能称为“物件”;二是第 13 条规定含义模糊,法律规定承担连带责任,如受害人仅起诉个别连带责任人,法庭似不可判决被告承担连带责任;三是第 47 条规定惩罚性赔偿,却不限定惩罚性赔偿金的倍数,而将应由立法规定事项委托给人民法院裁量,理由不充分。这几点属于本法的不足,并不构成错误。下面谈本法的两项错误规定。

一是本法第 19 条规定“财产损失按照损失发生时的市场价格”计算,违背损害赔偿制度的目的,且不符合市场经济客观规律。例如,汽车毁损案件,假设损失发生时的市场价格是 20 万元,到法庭判决时同型号新车的市场价格已降至 15 万元。按照本条规定应判被告赔 20 万元,被告主张赔购买同型号新车价 15 万元行不行?法庭坚持判赔 20 万元是否公正?再如房屋毁损案件,假设损失发生时的房价每平方米 2000 元,法庭判决时已经涨到每平方米 8000 元,法庭仍按每平方米 2000 元计算赔偿金行不行?公正不公正?现在提倡“案结事了”,能不能了?

二是本法第 35 条最后一句规定,在个人的劳务关系中,提供劳务一方自身受到损害的,根据双方各自的过错分担责任。这是非常错误的。因为雇员在执行职务中自身遭受损害,属于劳动保险、工伤保险问题,属于合同法问题。受伤雇员要求雇主承担医药费、治疗费等,不是基于侵权责任请求权,不能适用过错相抵规则。如个体餐馆的大师傅切菜把手指头切掉了，当然谈不到雇主有什么过错，但因此让受伤雇员自己承担全部“责任”，不仅违情悖理，且违反《劳动法》和《社会保险法》。现行《劳动法》（2009 年）第 73 条规定，劳动者在劳动中“负伤”“因工伤残”，应“依法享受社会保险待遇”。1988 年天津滨海新区（当时叫塘沽区）法院审理过一个案件，雇主承包拆除旧厂房，雇员在施工中遭受人身伤害，雇主以合同约定“工伤概不负责”为由拒绝赔偿，经请示，最高人民法院《关于雇工合同“工伤概不负责”是否有效的批复》（〔1988〕民他字第 1 号）指出：“对劳动者实行劳动保护，在我国宪法中已有明文规定，这是劳动者所享有的权利”，受国家法律保护，任何个人和组织都不得任意侵犯。可见，本法第 35 条末句，不仅违法（违反《劳动法》《社会保险法》），而且违宪（违反现行《宪法》）。人民法院真要根据此项规定裁判劳动者工伤案件，当然做不到“案结事了”，更谈不到“为民司法”。

对这两项错误规定，我建议人民法院采用如下解释方法予以补救：关于第 19 条规定，将按照损失发生时的市场价格计算和采用其他方式计算，解释为供法庭选择的两种计算方法，如按照损失发生时的市场价格计算显失公平，则采取“其他方式”（包括按照判决时的市场价格）计算财产损失，以达成公平合理的判决。关于第 35 条末句规定，可将《劳动法》和《社会保险法》有关工伤保险的规定，解释为其他法律“另有规定”，依据本法第 5 条特别法优先适用规则，直接适用《劳动法》《社会保险法》的规定，而不适用第 35 条末句规定。

最后谈一个问题，即第六章交通事故责任的第 53 条：“……机动车不明或者该机动车未参加强制保险，需要支付被侵权人人身伤亡的抢救、丧葬等费用的，由道路交通事故社会救助基金垫付……”其中的这个“等”字如何理解？交通事故社会救助基金属于社会保障制度，这个制度是道交法创设的，但道交法明文规定由社会救助基金垫付的费用限于“抢救费、丧葬费”。考虑到现今交通事故损害赔偿存在的严重社会问题是,多数案件的责任人没有赔偿能力,致受害人不能获得赔偿或者不能获得足额赔偿。

且不说近年接连发生的“醉驾”“飙车”造成死伤人数众多的恶性事件,即使是普通交通事故,由于多数责任人属于农村个体经营户,靠一辆卡车跑运输维持一家生计,发生交通事故后往往自己也人伤(亡)车毁,多数责任人并不具备赔偿能力。人民法院也不敢拍卖他的房屋和承包土地。有的地方法院统计,交通事故损害赔偿案件中,责任人不具备赔偿能力的占一半以上。按照道交法现行规定,由社会救助基金垫付抢救费和丧葬费当然是必要的,但对于死者遗属和残疾受害人而言,保障其及时、足额获得法律规定的残疾赔偿金和死亡赔偿金,显得更加重要。因此,有必要扩大交通事故社会救助基金的垫付范围,在责任人没有赔偿能力的情形,由社会救助基金垫付残疾赔偿金和死亡赔偿金。

但又考虑到交通事故社会救助基金制度刚刚创设,很多地方还没有设立,如果本条明文规定由救助基金垫付“残疾赔偿金”“死亡赔偿金”,则在尚未设立救助基金的地区,即使法院作出判决也没法执行。因此,法律委员会主任委员胡康生同志决定,在本法第 53 条第 2 句条文中特别增加一个“等”字,为人民法院审理机动车逃逸或者责任人无赔偿能力的案件,判决由交通事故社会救助基金垫付“死亡赔偿金”“残疾赔偿金”预留“空间”。当然,这样判决的前提条件是当地已经有了交通事故社会救助基金。

第四编

民法总则制定

制定民法总则的若干问题*

一、设置民法总则的理由

中国民法典设置第一编民法总则，是民法学者的共识，且立法机关已经开始启动民法总则立法。

民法典设置总则编，是德国民法学和《德国民法典》的传统，是《德国民法典》最引人注目的风格之一，集中地体现了《德国民法典》的"抽象概括式"立法特点。因此，是否设置总则编，成为大陆法系内部划分德国法系与法国法系的标志。

民法典的总则编，是从民法典的人法与物法两大部分出发，采用"提取公因式"的方法，抽象出来的共同规则。通过这一立法技术，使得民法典的人法和物法两大部分的内容得以整合，构成一个逻辑严密、前后呼应的有机整体。

民法典总则编，规定民法的基本原则和基本制度，不仅是整个民法的基础，而且是整个法治的基础。民法典总则编中抽象的、一般性的规则，为民法的发展提供了根据，通过法律解释方法之运用，而使民法与社会生活保持一致。

我国虽采民商合一主义，但在民法典之外尚有《公司

---

* 本文写作于2015年9月2日。

法》《票据法》《海商法》《保险法》《证券法》《专利法》《商标法》《著作权法》等民事单行法，在一些行政和经济管理性的法律中也有属于民法性质的制度和规则。因民法典总则编之设置，使民法典与各民事单行法和其他法律中属于民法性质的制度和规则构成一个完整的私法体系，并依特别法优先于普通法的原则予以适用。

二、民法总则的结构

按照多数立法例，民法总则编以“人”“物”“行为”为中心，形成“人—物—行为”三位一体的结构。

立法例的差别仅在于以下方面：关于主体，是将自然人和法人合并规定为一章，还是分别规定为两章；关于权利客体，是只规定“物”，并以“物”为章名，还是以“权利客体”为章名，内容包括“物”和其他客体；关于行为，是将法律行为与代理制度合并规定为一章，还是分别规定为两章，代理一章安排在法律行为章之后；关于诉讼时效与期日、期间，是分别规定为两章，还是合并规定为一章。

笔者负责的中国民法典立法研究课题组提交立法机关的《民法总则草案》，以现行《民法通则》第一、二、三、四、七、九章的内容为基础，结合最高人民法院有关司法解释，依据民法原理并参考发达国家和地区的立法例，予以修订、增补、完善，分设为八章：第一章一般规定；第二章自然人；第三章法人、非法人团体；第四章权利客体；第五章法律行为；第六章代理；第七章诉讼时效；第八章期日、期间。下面着重介绍该《民法总则草案》在《民法通则》基础上新增加或者修改的内容。

三、第一章“一般规定”

（一）概说

民法典总则编是否设置“一般规定”，有不同立法例。如《德国民法典》总则编第1条规定了“人”的权利能力,并没有“一般规定”。但属于德国法系的其他民法典,如《俄罗斯民法典》和《蒙古国民法典》的总则编均设有“一般规定”。在总则编设置“一般规定”,不仅能够使民法典体系完整、逻辑严谨,其重大意义更在于为民法典体系乃至现代法治奠定根基。设置“一般规定”,也是中国民事立法的惯例。

民法典总则编的“一般规定”,表明了立法者对民法的基本态度,主要内容是:民法典的立法依据、立法宗旨、调整对象、基本原则、法律渊源、法律适用原则等。集中体现了德国法系民法典的逻辑性和体系性。“一般规定”的内容比“总则”更抽象,可谓对抽象的再抽象,不是具体规定当事人权利义务的行为规范,而是属于立法者、执法者和民事主体均须遵循的指导性的、原则性的、宣言性的规范,是构成整个民法典规则体系和现代法治的“基石性”原则。这些原则一旦发生动摇,整个民法典体系乃至现代法治都有崩溃之虞。

遵循我国民事立法的惯例,根据民法理论并参考各主要国家立法例,民法典总则编设置第一章“一般规定”,下设三节:第一节立法目的与调整范围;第二节基本原则;第三节民法的适用。

(二)民法调整范围

条文:“本法调整自然人、法人和非法人团体之间的人身关系和财产关系。”

条文所谓“财产关系”,含义明确,无需解释。所谓“人身关系”,亦称“身份关系”。民法上所谓“身份”,特指夫妻、亲子、家庭成员和近亲属之间的身份。须特别注意的是,所谓“人身关系”,不涉及“人格权”。人格权与人格(主体资格)不可分离,作为人格权客体的自然人的生命、身体、健康、自由、姓名、肖像、名誉、隐私等,是人格的载体。人格权与人格(主体资格)相终始,人格不消灭,人格权就不消灭;人格消灭,人格权当然消灭。人格权是存在于主体自身的权利,不是存在于人与人之间关系上的权利。只有在人格权受侵害时才涉及主体与他人之间的关系,但这种关系是侵权责任关系,性质上属于债权关系。因此,民法无所谓“人格权关系”。因此,“人格权”属于自然人自身的事项,类似于权利能力、行为能力,与作为民法典分则编的物权(关系)、债权(关系)、亲属(关系)、继承(关系)不构成平行并列的逻辑关系。

按照现代民法思想,法人、非法人团体属于社会组织体,法律赋予其权利主体资格,是为了适应经济生活的需要。因此,法人、非法人团体只参加经济生活,只发生财产关系,不参加家庭生活,不发生人身关系;法人、非法人团体只能成为财产关系的主体,不能成为人身关系的主体。

民法调整的财产关系范围甚宽,包括物权关系、债权关系、知识产权关系、遗产继承关系,法人、非法人团体不能参加家庭生活,也就不能成为遗产继承关系的主体。本条规定的民法的调整对象,包括自然人之间的人身关系,以及自然人、法人、非法人团体之间的财产关系。

(三)民事权利的保护原则

条文:“民事权利受法律保护,非基于社会公共利益的目的并根据合法程序,不得予以限制。”

民法典是一部权利法。与其他法律相比,民法规范基本上是授权性规范,民法确立的是一种客观的权利,民事主体完全可以依据民法规范的指引,把法律上规定的权利转化为自己实际享有的权利。整个民法的体例都是以权利为中心进行设计和编排的。民法典总则编规定民事权利主体、取得权利的方法、权利的存续期间,等等。民法典分则各编规定具体的民事权利,这些权利既包括个人生存所必需的权利,也包括个人充分发展所需的权利,此外还有权利受侵害时如何救济的规定。因此,民法典被称为“权利宣言书”。

本条规定有两个方面的内容：一是确立民事权利受法律保护的基本原则；二是确立对民事权利予以限制的条件。依据本条规定，法律保护民事权利为基本原则，于具备法定条件时对民事权利予以限制是这一基本原则的例外。须特别说明的是，对于人身权利，民法典不能规定任何限制。所谓于具备法定条件时对民事权利予以限制，仅指民事权利中的财产权利。

本节规定的民法基本原则，有平等原则、意思自治原则、公平原则、诚信原则、公序良俗原则及禁止权利滥用原则，均以现行《民法通则》条文为根据，学界早有共识，无需赘述。

（四）法律适用的原则

条文："民事关系，本法和其他法律都有规定的，应当优先适用其他法律的规定；本法和其他法律都没有规定的，可以适用习惯；既没有法律规定也没有习惯的，可以适用公认的法理。

"前款所称习惯，以不违背公共秩序和善良风俗的为限。"

本条第 1 款规定了民事法律渊源（法源）适用的顺序。首先，适用法律的规定，这里的法律包括民法典和国家颁布的其他法律；其次，适用习惯，适用习惯的前提是民法典和国家的其他法律都没有对该事项作出规定；最后，适用法理，法理适用的前提是法律没有规定，也不存在习惯。这种顺序为司法和仲裁确定了法律渊源适用的等级秩序。本条第 2 款对可以成为法律渊源的习惯作了限定，即习惯必须不违背公共秩序和善良风俗。违背公共秩序和善良风俗的习惯，不能作为法律渊源。

法律有成文法和习惯法之分。即使成文法国家有了完备的民法典，也不可能做到对民事生活中的一切关系均有明确规定，随着社会生活的发展变化，会产生一些新型案件，因此无法从现行法中找到相应的规定。大陆法系民法典解决这一问题的方法，除广泛运用民法的基本原则外,还要扩大法律渊源的范围,于一定条件下承认习惯、法理为法律渊源。

各主要国家和地区大抵承认习惯为民法的法源。在我国,1951 年 7 月 18 日最高人民法院西南分院《关于赘婿要求继承岳父母财产问题的批复》中指出,“如当地有习惯,而不违反政策精神者,则可酌情处理”,这是承认习惯为民法法源的证明。特别值得注意的是,现行《合同法》对习惯设有多处规定,例如该法第 60 条第 2 款明定,当事人应当履行交易习惯所要求的义务。

所谓习惯,是指多数人对同一事项,经过长时间,反复为同一行为。因此,习惯是一种事实上的惯例。其通行于全国者,谓之一般习惯;通行于一地方者,谓之地方习惯;一般人所遵循者,谓之普通习惯;适用于特种身份或职业及地位者,谓之特别习惯。现行《合同法》所谓交易习惯,即属于特别习惯。习惯经法院承认并引为判决依据,即成为习惯法。

所谓法理,指依据民法之基本原则所应有的原理。按照现行法律,所谓法理并无拘束力,因此不构成民法的法源。但有解释权的机关在对民事法律进行解释,及法官裁判案件遇法律无明文规定时,又往往以法理作为解释和裁判的根据。法理通过解释或裁判获得了法律拘束力,解释或裁判引为根据的法理,因而成为民法之法源。

四、第二章“自然人”

(一)概说

自然人是最重要的民事主体。确认自然人的民事主体地位,是自然人的财产权利和人身权利获得法律保护的前提。本章以《民法通则》的规定为基础,结合最高人民法院有关司法解释的规则,参考德国、瑞士、日本等国以及我国台湾地区的立法例,分为六节:第一节规定自然人的民事权利能力;第二节规定自然人的人格权;第三节规定自然人的民事行为能力;第四节规定宣告失踪制度;第五节规定宣告死亡制度;第六节规定自然人的住所。

与《民法通则》不同的是,本章没有规定作为民事主体的个体工商户、农村承包经营户和个人合伙。个体工商户和农村承包经营户均非准确法律概念。所谓个体工商户,为从事工商业经营活动的自然人在工商登记时的类别,其有可能是一个人,也有可能是二人以上的家庭成员;农村承包经营户是在农村家庭联产承包制的基础上形成的一种称谓。个体工商户如为一人经营,应为从事经营活动的自然人个人(在商法学上称为"商自然人");如为二人以上共同经营,则其性质应为合伙。农村承包经营户与个体工商户类似,其参加经营活动所涉及的有关规则,或者适用民法关于自然人(商自然人)的规定,或者适用有关合伙的规定,或者适用有关非法人团体的规定。

(二)胎儿利益的保护

条文:"凡涉及胎儿利益保护的,胎儿视为具有民事权利能力。

"涉及胎儿利益保护的事项,准用本法有关监护的规定。

"胎儿出生时为死体的,其民事权利能力视为自始不存在。"

人的权利能力始于出生,而出生前之胎儿,尚未成为法律上的人,自然不享有权利能力,不得为民事权利之主体。但若严格贯彻此一原则,势将对行将出生之胎儿保护不周,有违反人情之虞。因此,自罗马法以来,关于胎儿利益之保护,成为民法一大问题。各主要国家和地区立法例,关于胎儿之保护,有三种立法主义。

第一,总括的保护主义,即就胎儿利益之保护,一般将胎儿视为已出生。此为罗马法所采取之主义,《瑞士民法典》(第 31 条第 2 款)从之。我国台湾地区"民法"亦采此主义,其第 7 条规定:"胎儿以将来非死产者为限,关于其个人利益之保护,视为既已出生。"

第二,个别的保护主义,即胎儿原则上无民事权利能力,但于若干例外情形视为有民事权利能力。法国、德国、日本均采此主义。所谓例外情形视为有民事权利能力,如依《德国民法典》第 1923 条第 2 款的规定,“胎儿有继承权”;依第 844 条第 2 款的规定,在抚养义务人因侵权行为致死的情形,“胎儿对加害人有损害赔偿请求权”。依《日本民法典》第 721 条的规定,“胎儿有基于不法行为的损害赔偿请求权”,依第 886 条、第 965 条的规定,“胎儿有继承权”“胎儿有受遗赠权”等。

第三,绝对主义,即绝对贯彻胎儿不具有民事权利能力的原则,依此立法主义,胎儿不具有民事权利能力,不得为民事权利主体。1964 年的《苏俄民法典》及我国现行《民法通则》属于此种立法主义。

依《民法通则》之规定,胎儿不具有民事权利能力,不得为民事法律关系之主体。仅遗产分配方面,法律为保护胎儿将来出生后的利益,设有特殊规定,即按照《继承法》第 28 条的规定,遗产分割时,应当保留胎儿的继承份额。此项规定,严格贯彻以出生为民事权利能力之始期,不认为胎儿有任何民事权利能力。与总括的保护主义视为已出生因而有民事权利能力,以及个别的保护主义于若干特别情形视为有民事权利能力,均不相同。

上述三种立法主义,就对胎儿利益的保护而言,总括的保护主义最有力,个别的保护主义次之,绝对主义最次。纵观德国、日本等国,学者尚且以个别的保护主义对胎儿利益保护不力,主张改采总括的保护主义,保护范围及于“出生前之损害”,可见《民法通则》所采绝对主义之不合时宜。自 20 世纪 90 年代以来,我国裁判实务已有重大进步,对于抚养义务人因侵权行为死亡之情形,不仅认可胎儿于出生后对加害人有损害赔偿请求权,而且认可尚未出生的胎儿对加害人有损害赔偿请求权。因此,本条改采总括的保护主义。

本条规定,凡涉及胎儿利益保护时,包括遗产继承、对胎儿的侵权损害、赠与或者遗赠等,法律上将胎儿视为具有民事权利能力,其权利由此可以受到法律的保护。条文采用"视为"概念,表明并非一般地赋予胎儿以民事权利能力,只在涉及胎儿利益保护的事项时才将胎儿作为具有民事权利能力的主体对待。并且,只能使胎儿具有民事权利的资格,不能使胎儿承担民事义务。

胎儿尚未出生,不可能具有自己行使权利的意思能力。在将胎儿视为具有民事权利能力的情况下,其权利应当由其父母代为行使和保护。胎儿的地位相当于被监护人,胎儿母亲或者父亲的地位相当于监护人,故本条第 2 款规定,涉及胎儿利益保护的事项,准用民法有关监护的规定。

在胎儿被视为有民事权利能力的情形,如胎儿活着出生,则其应继续享有已经取得的民事权利;如胎儿未能活着出生,则应视为胎儿自怀孕之时起,从未有过民事权利能力,其已取得的财产权益,应当适用不当得利规则。

(三)关于人格权

立法例关于人格权的规定大致有五种模式:一是在债权编的侵权行为法部分设人格权保护的规定,如 1896 年《德国民法典》、1896 年《日本民法典》;二是在总则编或人法编的自然人一章规定人格权,不在侵权行为法部分设保护人格权的特别规定,如 1992 年《荷兰民法典》、1994 年修正后的《法国民法典》、1994 年《魁北克民法典》;三是在总则编或人法编的自然人一章规定人格权,同时在债权编的侵权行为法部分规定侵害人格权的侵权责任,如《瑞士民法典》《葡萄牙民法典》《加利福尼亚民法典》《匈牙利民法典》《立陶宛民法典》、1959 年的《德国民法典修正草案》,以及我国台湾地区"民法"和我国《澳门民法典》;四是在总则编的权利客体一章规定各种人身非财产利益,同时在债权编的侵权行为法部分规定侵害人格权的侵权责任,如《俄罗斯联邦民法典》《白俄罗斯民法典》;五是单独设人格权编,如 2003 年

《乌克兰民法典》。本条采纳第三种模式,在总则编自然人一章设专节规定人格权,同时在侵权行为编设专节规定侵害人格权的侵权责任。

民法典不应设置“人格权编”的理由:(1)基于人格权与人格的本质联系。作为人格权客体的人的生命、身体、健康、自由、姓名、肖像、名誉、隐私等,是人格的载体。因此,人格权与人格相终始,不可须臾分离,人格不消灭,人格权就不消灭。这是将人格权规定在自然人一章的法理根据。(2)基于人格权与其他民事权利的本质区别。人格权的客体是存在于自然人自身的生命、身体、健康、自由、姓名、肖像、名誉、隐私等人格利益。因此,人格权是存在于主体自身的权利,不是存在于人与人之间的关系上的权利。人格权就像权利能力、行为能力、出生、死亡一样,属于主体自身的事项,因此无所谓“人格权”关系。只有在人格权受侵害时才涉及与他人的关系,但这种关系属于侵权责任关系,为债权关系之一种。这是人格权不能作为民法典的分则、不能设置“人格权编”与物权编、债权编、亲属编、继承编并立的法理根据。(3)基于人格权不能依权利人的意思、行为而取得或处分,不适用总则编关于法律行为、代理、时效和期日期间的规定。其他民事权利均可以根据权利人自己的意思,依法律行为而取得,均可以根据自己的意思,依法律行为而处分。人格权因自然人的出生而当然取得,因权利人的死亡而当然消灭,其取得与人的意思、行为无关,原则上不能处分,即不能转让、不能赠与、不能抵销、不能抛弃。因此,民法总则中的法律行为、代理、时效、期间期日等制度,对于其他民事权利均有适用余地,唯独不能适用于人格权。如人格权单独设编而与物权、债权、亲属、继承编并列,不仅割裂了人格权与人格的本质联系,混淆了人格权与其他民事权利的区别,而且破坏了民法典内部的逻辑关系,难以处理总则编的法律行为、代理、诉讼时效、期日期间等制度应否适用于人格权编的难题。

（四）对遗体、遗骨的保护

条文："自然人死亡后，其遗体由本人的亲属负责火化、埋葬，但不得进行使用、收益或者其他处分。

"禁止对遗体、遗骨进行损害或者侮辱。"

实际生活中，非法侵害自然人遗体、遗骨的案件时有发生。民法在保护自然人身体权及其他人格权的同时，有必要对自然人死亡后的遗体、遗骨的保护作出规定。依照民法学说，自然人死亡后的遗体、遗骨，属于一种特殊的物，供作埋葬、祭祀之特定目的。除根据死者生前愿望将遗体捐献医疗机构，供作医学研究之用外，禁止对遗体、遗骨进行转让和抛弃，同时禁止对遗体、遗骨的损害和侮辱。对自然人的遗体、遗骨进行侵害或者侮辱，加害人应当对死者近亲属承担侵权责任。

（五）对死者姓名、肖像和名誉的保护

条文："禁止以侮辱、诽谤、贬损、丑化等方式侵害死者的姓名、肖像和名誉。"

关于死者姓名、肖像和名誉的保护，涉及自然人死亡是否导致其民事权利能力绝对消灭的问题。本条采民法通说，认为自然人的民事权利能力终于死亡，应当是绝对的，不容有例外。在某些情形中对死者的某些人格利益予以保护，目的不是保护死者，而是保护死者遗属的利益及维护社会公共利益和法律秩序。

《民法通则》颁行以来，侵害死者名誉、姓名、肖像的案件时有发生，不仅损害死者遗属对先人的感情，且损害社会公共利益。考虑到死者遗属对先人的感情将随时间的流逝而逐渐淡薄，且死者的姓名、肖像和名誉亦因时间的经过而变成历史事实，基于历史研究的自由和文学艺术创作的自由关系社会公益而应优先保护，因此对死者人格利益的保护应当有所限制。最高人民法院《关于审理名誉权案件若干问

题的解答》(法发〔1993〕15 号)明示,侵害死者名誉,可以成立侵权行为,死者近亲属有诉权,近亲属包括:配偶、父母、子女、兄弟姐妹、祖父母、外祖父母、孙子女、外孙子女。这一解释的法理根据正在于此。本条以最高人民法院的上述解释为根据。

须特别注意,本条未规定保护死者隐私。如披露死者隐私,并因此损害死者名誉,死者遗属可依据本条追究行为人侵害死者名誉的侵权责任;如披露死者隐私并未因此损害死者名誉,则不应使行为人承担侵权责任。因为自然人一旦死亡,其在世的生活(包括隐私)遂成为历史,为了保护历史研究的自由和文学艺术创作的自由,本条仅规定保护死者姓名、肖像、名誉,而未规定保护死者隐私。

(六)民事行为能力由“三分法”改为“二分法”

关于自然人民事行为能力,各立法例均以年龄和精神状态作为划分标准,以成年和精神健全作为具有民事行为能力的条件。有的立法例采“二分法”,分为“有行为能力”和“无行为能力”两种;有的则采“三分法”,分为“有行为能力”“限制行为能力”和“无行为能力”三种。我国现行《民法通则》采“三分法”。考虑到自 20 世纪下半叶以来民法关于未成年人保护制度和成年障碍者保护制度的发展趋势,并总结自《民法通则》颁行以来的实践经验,本法改采“二分法”,将自然人民事行为能力分为“完全民事行为能力”与“限制民事行为能力”两种。公民满 18 岁为成年人,有完全民事行为能力。未成年人有限制行为能力。另外增加关于成年障碍者限制行为能力的规定。

(七)成年障碍者的民事行为能力

条文:“成年障碍者实施法律行为,应当由法定代理人代理或者经法定代理人同意,但购买日常用品或者与日常生活相关的行为除外。”

按照现行《民法通则》关于精神病人监护的制度,被宣告为无民事行为能力的精神病人实施法律行为,必须由其监护人代理,否则一概无效;被宣告为限制民事行为能力的精神病人独立实施的法律行为,其监护人追认的有效,其监护人不追认的无效。现行制度偏重于保护市场交易安全,无视成年障碍者的自我意思决定及残余的意思能力,这与现今民法发展潮流不符。考虑到成年障碍者保护制度的最新发展趋势,本法废止“无行为能力”制度,废除现行《民法通则》关于宣告精神病人为无民事行为能力或者限制民事行为能力并为其设置监护人的制度(“禁治产宣告”制度),创设成年照顾制度。将因精神障碍、智力障碍及身体障碍而致意思能力不足的成年人,统称为“成年障碍者”,属于限制民事行为能力人,并为其设立照顾人。

根据成年照顾制度的立法目的,参考现行《合同法》第47条及法国、奥地利、日本立法例,设立本条。本条规定,成年障碍者实施法律行为,须由法定代理人代理或者经法定代理人同意,但购买日常用品或与日常生活相关的行为除外。所谓“成年障碍者”,指因精神障碍、智力障碍及身体障碍而致意思能力不足的成年人。本条对“与日常生活相关的行为”未作明确界定,被照顾人实施的某一具体行为,是否属于“与日常生活相关的行为”,需根据具体行为的性质、所需金额及目的用途,结合社会生活经验判断。成年障碍者照顾制度规定在亲属编。

(八)失踪宣告和死亡宣告

由于战争、自然灾害及从事具有一定危险性的航海、航空、登山和科学探险等活动,使人们遭遇各种危险而致失踪,是经常发生的事。改革开放以来,大批农村劳动力进入大城市务工等产生的人口流动,也可能造成一些人失踪。失踪人的财产关系及身份关系势必处于不确定状态。这种不确定状态的长期持续,不利于失踪人财产的管理和利用,不利于社会经济的发展和社会秩序的稳定,并且必然损及与失踪人有利害关系的第三人的利益。因此,从社会利益考虑,与失踪人有关的财产关系和身份关系宜尽快予以确定。但若仅以失踪事实作为民事法律关系变动之根据,又势必损害失踪人的财产权利及其他合法权益,且更易造成社会关系的紊乱。于是,民法规定宣告失踪制度和死亡宣告制度。

宣告死亡制度与宣告失踪制度,程序设计颇类似,但目的不同。宣告失踪制度的目的,仅在于解决失踪人的财产管理问题,并不能够解决因失踪引起的民事法律关系的不确定状态。宣告死亡制度,是按照法定程序,由法院宣告失踪人"已死亡",并以此为根据,发生与自然死亡同样的法律后果,因此消除因自然人失踪而引起的民事法律关系的不确定状态。以现行《民法通则》关于宣告失踪制度和宣告死亡制度为基础,结合最高人民法院有关司法解释及裁判经验予以完善。例如,关于死亡宣告制度,明文规定死亡宣告申请人无顺序限制,并增加关于人民检察院提出死亡宣告申请的规定。

(九)宣告死亡的法律效果

条文:"宣告死亡发生与自然死亡相同的法律效果。"

关于死亡宣告的效力,有四种学说:第一,死亡宣告的效力仅及于财产关系。依此说,身份关系不受死亡宣告的影响。此为德国普通法时代之通说,泰国民法原采此说。第二,死亡宣告的效力,不仅及于财产关系,同时及于身份关系。依此说,财产关系、婚姻关系一并消灭。《法国民法典》《魁北克民法典》采此说。第三,死亡宣告的效力,原则上及于一切关系,但婚姻关系须配偶已再婚,始为解除,如《德国民法典》。第四,死亡宣告的效力,原则上及于一切关系,但如被宣告死亡的人归来或生存,则其配偶之再婚无效,如《意大利民法典》。

现行《民法通则》对此未有明文规定,但依最高人民法院有关司法解释的规定,被宣告死亡的人与配偶的婚姻关系,自死亡宣告之日起消灭。似采第二说。按照《民法通则》及最高人民法院有关司法解释，本条规定，“宣告死亡发生与自然死亡相同的法律效果”，即以被宣告死亡人原住所地为中心的一切财产关系和身份关系均归于消灭。一切享有以被宣告死亡人死亡为条件的财产权利的人，即可因此获得权利，如继承人开始继承，受遗赠人取得遗赠。其婚姻关系也一并消灭，其配偶当然可以再婚。但如被宣告死亡人实际上还生存于其他地方，其在当地的法律关系并不受死亡宣告的影响，在当地所实施的法律行为，并不因其在原住所地被宣告死亡而无效。

（十）死亡宣告及其撤销对婚姻关系的效果

条文：“被宣告死亡的人与配偶的婚姻关系，自死亡宣告之日起消灭。死亡宣告被人民法院撤销，其配偶尚未再婚的，夫妻关系从撤销死亡宣告之日起自行恢复，但其配偶不愿恢复的除外；其配偶再婚后又离婚或再婚后配偶又死亡的，不得认定夫妻关系自行恢复。”

已婚自然人被宣告死亡的情形，由于宣告死亡产生与自然死亡相同的法律效果，致被宣告死亡人的婚姻关系归于消灭，其配偶当然得以另行缔结婚姻关系。在宣告死亡被撤销时，被宣告死亡人与其配偶的婚姻关系是否得以恢复，应视不同情形处理：如其配偶未再婚的，原则上其婚姻关系从撤销死亡宣告之日起自行恢复，亦即死亡宣告撤销的效力，溯及当事人被宣告死亡之时，其婚姻关系视为自始未消灭，双方当事人无须再履行任何婚姻登记手续。

考虑到被宣告死亡的一方长期下落不明，未能履行夫妻和家庭关系上的义务，即使未被宣告死亡，其婚姻关系也仅具有形式上的意义。失踪人重新出现致死亡宣告被撤销后，仅因其配偶尚未再婚而一律自行恢复婚姻关系，未免有片面保护失踪人利益无视其配偶自由意思且违背婚姻关系本质之嫌。因此，为尊重被宣告死亡人配偶的自由意思并符合婚姻关系的本质，特增设但书规定：“但其配偶不愿恢复的除外”。

如被宣告死亡人的配偶在宣告死亡判决生效后已经再婚，则其与被宣告死亡人原来的婚姻关系不因死亡宣告被撤销而恢复，与他人缔结的婚姻关系受法律保护。即使被宣告死亡人的配偶与他人结婚后又离婚，或者结婚后对方死亡，其与被宣告死亡人原来的婚姻关系也不能自行恢复。这种情形，如被宣告死亡人的配偶愿意与被宣告死亡后重新出现的人“恢复”夫妻关系，双方必须另行办理结婚登记。

五、第三章“法人、非法人团体”

（一）概说

法人是除自然人之外最重要的民事主体。本章在现行《民法通则》和《公司法》等法律规定的基础上，总结司法实践经验，参考借鉴发达国家和地区的立法经验和理论研究成果，分设六节：第一节一般规定；第二节法人的设立；第三节法人的机关；第四节法人的变更；第五节法人的解散与清算；第六节非法人团体。

（二）法人的分类

传统民法理论将法人分为公法人与私法人。区别在于法人设立的法律根据不同，其理论意义和实际价值在于，公法人之设立须经特别程序，国家对公法人的财产及其活动有特别措施和特别制度，这些特别措施、特别制度由行政法加以规定。鉴于在民事活动中，无论公法人抑或私法人，其法律地位一律平等，均同等适用民法中有关法人制度的基本规则。就民法立法角度而言，明示公法人与私法人之区分，实际意义不大。因此，本章遵循《民法通则》的做法，不区分公法人与私法人。

民法理论将法人分为“公益法人”与“营利法人”，意在揭示法人设立之不同目的,并因此决定法人设立的不同方式和法律适用上的重大区别。此种分类的缺陷是,无法涵括一些既非公益亦非营利的中间法人,从而留下法律漏洞。现行《民法通则》所规定的企业法人实际上就是营利法人,而所谓国家机关法人、事业单位法人以及社会团体法人,则应属于公益法人。考虑到我国民法更为注重法人在经济生活中的地位和作用,本章保留了《民法通则》关于区分企业法人与非企业法人的基本思路,借鉴德国和瑞士的立法例,采用"营利法人"与"非营利法人"的分类,且在营利法人中,不再按生产资料所有制区分为全民所有制法人、集体所有制法人。

传统民法理论采"社团法人"与"财团法人"的基本分类,意在揭示法人设立之组织基础为人的结合抑或财产的结合,具有重要理论意义。我国立法迄未采用"社团"及"财团"的概念。登记实务中使用的"社会团体"概念,与民法所谓"社团"概念并不相同。20世纪后期出现的一人公司(现行《公司法》亦承认一人公司)亦与"社团"为人的集合体的本质不符。"财团"概念也有难为一般人理解之虞。因此,本法不采用"社团法人"与"财团法人"这一分类。虽民法立法不采"社团法人"与"财团法人"的分类,但并不妨碍民法理论研究运用"社团法人"和"财团法人"概念作为分析的工具,自不待言。

(三)捐助法人

民法理论上所谓财团法人的典型形式为基金会。改革开放以来,有关儿童福利、残疾人福利以及教育科研方面的基金会数量激增,而有关法人登记条例将其归入"社会团体法人",致与理论上所谓"社团法人"发生混淆。有学者建议将基金会归入"事业单位法人"。但"事业单位法人"与"企业法人"相对应,两者均为人的集合体,同属于民法理论上所谓的"社团法人",区别仅在于"事业单位法人"属于非营利法人,"企业法人"属于营利法人。基金会为财产的集合体,属于民法理论上所谓“财团法人”，与“事业单位法人”有本质区别。鉴于基金会均由捐助财产设立，本章将基金会法人称为捐助法人，以揭示其财产集合体的本质，并对捐助法人的设立、登记、活动范围等设立明确规定。

（四）法定代表人代表权的限制

条文：“营利法人的章程或者股东大会、社员大会决议，或者非营利法人的章程、组织规章或者成员大会决议对法定代表人的代表权范围的限制，不得对抗善意第三人。”

法人为社会组织体，法定代表人是法人的代表机关，是法人组织体之一部分。法人必须通过法定代表人实施法律行为，法定代表人的行为也就是法人的行为。因此，法定代表人的代表权因法定代表人之地位而发生，无须股东大会或者董事会等特别授予代表权。关于法定代表人的代表权是否可以限制以及此种限制的效力，有不同立法例。如瑞士民法，虽未有明文规定，但根据解释及判例，认为法定代表人有管理上之无限制的代表权，亦即认为代表权不受限制；德国民法规定，可以通过章程对董事会的代表权加以限制，且此种限制可以对抗第三人；意大利民法规定，此种对代表权的限制，如未经登记，不得对抗善意第三人；日本民法规定，对代表权所加的限制，不得对抗善意第三人。我国台湾地区“民法”规定，对于董事代表权所加之限制，不得对抗善意第三人。

现行《民法通则》关于法人可否对法定代表人的代表权进行限制，及法定代表人超越此种限制的行为是否有效，未有明文规定。《合同法》制定时，为弥补此项立法漏洞，参考《日本民法典》和我国台湾地区“民法”的经验，于第50条规定，“法人或者其他组织的法定代表人、负责人超越权限订立的合同，除相对人知道或者应当知道其超越权限的以外，该代表行为有效”。以《合同法》第50条为根据，设立本条。

依本条规定,通过法人章程或者股东大会决议等对法定代表人代表权所加限制,属于内部限制,不发生对抗善意第三人的效力。在法定代表人超越代表权范围实施法律行为时,法人不得以法定代表人的行为超越代表权限为由,主张该行为无效。在法人内部,法定代表人超越代表权限的行为致法人遭受损失时,可以追究法定代表人的民事责任,自不待言。

(五)非法人团体

本章专设一节规定非法人团体。非法人团体,指自然人、法人之外的不具有法人资格的民事主体。现行《合同法》《担保法》等称为"其他组织",本章改称非法人团体,并就非法人团体的定义、成立条件、活动范围、法定代表人以及法律责任等设立具体规则。

民法是否承认在自然人、法人之外的第三主体,在《民法通则》制定时曾发生激烈争论。否定意见被称为"两主体说",肯定意见被称为"三主体说"。鉴于改革开放刚刚开始,经济生活中的各种组织体尚未成熟,《民法通则》仍维持"两主体说",于第二章规定自然人、第三章规定法人。又考虑到经济生活中存在合伙组织体,可以自己的名义订立合同并在法院起诉、应诉,因此在规定自然人的第二章增设第五节"个人合伙",在规定法人的第三章增设第五节"联营"。其立法意旨是不承认所谓第三主体。但"个人合伙"为两个以上的自然人集合形成的人合组织体,与"自然人"概念指称单个的自然人有本质的不同。"联营"为两个以上的法人出资形成的人合组织体,因未取得法人资格,其成员须承担无限责任,与法人有本质不同。实则"个人合伙"与"联营"同为人合组织体,因其为组织体,故区别于自然人;因其未取得法人资格,故区别于法人,难以为自然人概念或法人概念所涵括。《民法通则》的上述安排与法律逻辑显有不符。

现今中国已经实现了从计划经济向市场经济的转轨,市场经济已有相当的发展。现实生活中存在各种不具备法人资格的组织体，诸如：业主委员会；无法人资格的分公司；各种企业的分支机构；无法人资格的独资企业、合作企业、合伙企业；非企业合伙组织，如律师事务所、会计师事务所；各种协会、学会的分会；学校的学生会、校友会、同乡会；各种俱乐部，如高尔夫俱乐部、足球俱乐部；大学内部的学院、系、所、教研室；科学院内部的研究所、研究中心、研究室、课题组；等等。基于不具有法人资格的组织体存在的现实，且这类组织体按照现行法可以自己的名义订立合同、履行合同并在法院起诉、应诉，其与法人的差别仅在于法人资格的有无和成员承担责任的不同，故有必要明文规定非法人团体的法律地位。

所谓非法人团体，指不具有法人资格但可以实施法律行为并享受权利、负担义务的组织体，相当于德国民法所谓“无权利能力社团”，日本民法所谓“非法人社团”和“非法人财团”。考虑到法律既然承认其具有主体资格，其当然具有某种程度上的民事权利能力，因此不宜称为“无权利能力社团”，合同法采用的“其他组织”一语，也不适合作为法律概念，因此仿我国台湾地区“民法”称为“非法人团体”。

所谓非法人团体，指不具有法人资格但依法能够参加民事活动的组织体，但不包括不具备法人资格的一切组织体。成为非法人团体，应具备一定的条件：首先，非法人团体必须具备“团体”的基本特征，有区别于其他团体的名称、组织机构和活动场所。其次，有自己的章程或者组织规章；再次，拥有一定的财产。与法人的独立财产不同，非法人团体不要求享有财产所有权，但至少应有对财产的处分权。最后，其设立程序须合法，即须根据法定程序设立。

非法人团体对其负责人代表权的限制，与法人对其法定代表人代表权的限制相同，此处不赘述。

六、第四章“权利客体”

条文:“民事权利的客体包括:物、行为、人格利益、智力成果。

“民事权利也可以成为民事权利的客体。

“自然人的器官、血液、骨髓、组织、精子、卵子等,以不违背公共秩序与善良风俗为限,可以成为民事权利的客体。”

多数立法例并未对民事权利的客体设一般性的规定,往往仅规定通用于民法典各编的客体:物。但是,物只是民事权利客体之一种。民事权利,因其种类不同而有不同的客体。所有权的客体是物;用益物权的客体也是物;担保物权的客体既有物也有权利;继承权的客体(遗产)既有物也有权利;债权的客体是债务人的行为,称为给付;人格权的客体是存在于权利人自身的人格利益;知识产权的客体是人的精神创造物,称为智力成果。自然人的身体,是自然人人格之载体,不得作为权利的客体,但因科学技术的发展,特别是医学上的器官移植技术和人工生殖技术的发展,器官、血液、骨髓、角膜、精子、卵子等,在不违背公序良俗的前提下,也可以成为民事权利的客体。

本条第 1 款规定民事权利的客体包括:物、行为、人格利益和智力成果。本条第 2 款补充规定民事权利也可以成为民事权利的客体。例如,权利质权即是以民事权利作为担保物权的客体。考虑到医学上的器官移植技术、人工生殖技术的发展,特设本条第 3 款。

七、第五章“法律行为”

(一)概说

“法律行为”是《德国民法典》中最抽象、最有特色的制度之一,它在《德国民法典》和民法学中的地位极为重要,被誉为“民法规则理论化之象征”“大陆法系民法学辉煌的成就”。

但从立法例看,不仅英美法系无法律行为概念,很多大陆法系民法典也未规定法律行为制度。大陆法系民法,属于法国法系的《法国民法典》《荷兰民法典》《魁北克民法典》及拉丁美洲国家的民法典,未规定法律行为。属于德国法系的《奥地利民法典》《瑞士民法典》亦未规定法律行为。这些民法典基本上采取以合同制度代替法律行为制度的立法技术。在民法立法上也一直存在法律行为制度存废的学术争论。我国在制定《民法通则》时,关于是否规定法律行为制度也曾发生争论。反对规定法律行为制度的基本理由是,德国民法中的法律行为概念很抽象,难以为一般人所理解。立法机关最终采纳多数学者的意见,在《民法通则》中采用法律行为概念,规定了法律行为制度。

法律行为的概念,是对社会生活中各种具体法律行为的抽象和概括,它代表了对人类社会全方位私法自治的理想和实践。规定或不规定法律行为,对民法立法影响极大。不规定法律行为制度,仅靠合同制度的准用规则,很难规避重复立法,因为基于身份关系的法律行为、单方法律行为,不可能准用合同规则。因为有了法律行为制度,才使得制定民法总则和一个抽象概括式的民法典成为可能。民法总则是人—物—行为的三位一体结构。民法总则的设置,在立法技术上解决了民法典对各种具体法律行为重复立法的问题。

考虑到法律行为是大陆法系民法普遍采用的法律概念,在比较法上有坚实的立法和理论基础,采用法律行为概念有利于法律的国际交流,因此本章采用“法律行为”概念,代替《民法通则》中的“民事法律行为”。

（二）法律行为一般有效要件

条文:“法律行为具备下列要件的,具有法律效力:

“(一)行为人具有相应的民事行为能力;

“(二)意思表示真实;

“(三)不违反法律的禁止性规定及公共秩序和善良风俗。”

多数立法例并不规定法律行为的生效要件。《德国民法典》未规定法律行为的生效要件,仅规定各种瑕疵法律行为的种类及效力。现行《民法通则》第55条明文规定了法律行为的生效要件,在裁判实务中,遇法律对待决案件合同无特别规定时,法庭直接引用该条作为认定合同是否有效的裁判依据。实践表明,明文规定法律行为的生效要件,体现了民法对私法自治内容的控制,较好地处理了国家强制与私法自治的关系。本条以《民法通则》第55条为基础,文字稍有改动。

传统民法理论关于法律行为有效,不仅要求意思表示真实,而且要求意思表示自由。考虑到如果意思表示不自由,其意思表示内容肯定不真实;如果意思表示内容不真实,其意思表示也肯定不自由。因此本条沿袭《民法通则》的规定,仅规定意思表示真实,未规定意思表示自由。

(三)违反禁止性规定的效果

条文:“违反法律禁止性规定的法律行为无效,但其规定并不以之为无效的除外。”

违反法律禁止性规定的法律行为无效,此为主要国家及地区立法和民法理论一致认可的规则。法律设立禁止性规定,目的在于禁止当事人为损害社会公共利益或他人权利的行为。本条规定违反法律禁止性规定的法律行为无效,将当事人的私法自治和法律行为限定在不损害社会公共利益和他人权利的范围内。

法律规范可以分为强制性规范和任意性规范。任意性规范的目的在于引导、补充当事人的行为,不具有强制适用的效力,法律行为与任意性规范不一致的,该法律行为有效。强行性规范又分为禁止性规范和命令性规范。按照民法原理及立法例,当事人违反命令性规范,仅发生违反一方的行政责任,而法律行为效力并不因此受影响,唯违反禁止性规范才导致法律行为无效。

《民法通则》对于法律规范未作任意性与强制性的区分,其第 58 条规定违反法律的民事行为无效,致《民法通则》施行后的一段时间,很多仅违反任意性规范的合同被法庭认定无效,损及交易安全和当事人合法权益。因此,《合同法》制定时,区分强制性规定与任意性规定,第 52 条规定违反法律"强制性规定的"合同无效,将任意性规定排除在外。

所谓强制性规定,尚有禁止性规定与命令性规定之分,按照民法原理及发达国家和地区的裁判实践,仅违反禁止性规定的行为无效,而违反命令性规定的行为并不一定无效。《合同法》第 52 条未区分禁止性规定与命令性规定,致违反命令性规定的行为被认定为无效,仍不利于保护交易安全及相对人的合法权益。最高人民法院《关于适用〈中华人民共和国合同法〉若干问题的解释(二)》(法释〔2009〕5 号)第 14 条解释规定,《合同法》第 52 条第 5 项规定的"强制性规定",是指效力性强制性规定,实际是将"强制性规定"区分为"效力性规定"与"非效力性(管理性)规定",仅违反"效力性规定"的合同无效。该项解释所谓"效力性规定",相当于民法理论上的"禁止性规定";所谓"非效力性(管理性)规定"相当于"命令性规定"。

补充一点,所谓"禁止性规定"在现行法上有两种条文表述形式:一是法律条文直接明示其法律效果为无效,例如《合同法》第 40 条、第 52 条、第 53 条;二是法律条文采用"禁止"一词而不明示其法律效果,例如《合同法》第 272 条第 3 款规定,"禁止承包人将工程分包给不具备相应资质条件的单位。禁止分包单位将其承包的工程再分包"。两种法律条文表述形式不同,均属于禁止性规定。

本条以《合同法》第 52 条及前述最高人民法院司法解释为根据,明文规定违反法律的禁止性规定的法律行为无效。鉴于违反禁止性规定的法律行为有可能依禁止性规定之立法本意并不必然无效,特设本条"但书"规定。

（四）违反公序良俗的效果

条文："违反公共秩序和善良风俗的法律行为无效。"

所谓公序良俗，是公共秩序和善良风俗的简称。本条未明确规定公序良俗的具体内容，而是委由法官于裁判具体案件时，结合案件事实决定什么是公序良俗及当事人的行为是否违反公序良俗，因此属于授权性规范。本条是公序良俗基本原则的具体化，属于强制性、效力性规则，在裁判中可以直接作为判决依据。需注意的是，本条仅规定法律效果，而未明确规定构成要件，即什么是公序良俗，在适用时须由法官结合具体案件予以具体化，因此属于民法方法论所谓"不确定概念"，而与有明确的构成要件的法律规范不同。

（五）不可强制执行的行为

条文："以自然人的器官、血液、骨髓、组织及精子、卵子等生命物质为权利客体的法律行为不得强制执行。"

本条规定以生命物质为权利客体的法律行为，不能强制执行。本条采取列举式和概括式并用的立法技术，列举了自然人的器官、血液、骨髓、组织及精子、卵子等生命物质，以这些生命物质为权利客体的法律行为，可以成立而且生效，但不具有强制执行的效力。

近代民法的基本思想，明确区别权利主体"人"与权利客体"物"，两者间存在不可逾越的鸿沟。由于医学和人工生殖技术的发展，使近代民法严格区分主体与客体的前提发生动摇。如利用冷冻精子、冷冻卵子、冷冻受精卵问题，根据遗传基因诊断遗传疾病的婚姻障碍问题，器官和组织的移植、转让问题，DNA 相关财产问题，与严格区别主体"人"和客体"物"的思维框架有所冲突。本条是在新的社会背景之下对传统民法的发展。

本条规定了两类情况：一类是器官和血液、骨髓、组织的移植；另一类是以精子、卵子为权利客体，以生育为目的的法律行为。目前我国已开展了国际上所有的临床和实验性器官移植类型。据不完全统计，许多危重病人是因不能及时进行器官移植而死亡。而一些愿意捐献自己器官的人由于缺乏手续及相关法律规定，担心捐献器官会引来不利后果，往往捐献无门。目前，我国已经有第一部关于人体器官捐献移植的行政法规——《人体器官移植条例》，该条例使人体器官捐献移植行为法律化、规范化，将捐献者及接受者的权益置于法律保护下，买卖人体器官被明定为非法。另外，以生育为目的使用他人的精子、卵子也已经非常普遍。在此背景之下，特设本条规定。

（六）虚伪表示

条文："表意人与相对人通谋所为的虚假的意思表示无效，但表意人和相对人不得以其无效对抗善意第三人。"

本条规定，表意人与相对人通谋所为的虚假的意思表示无效，但表意人和相对人不得以其无效对抗善意第三人。依据本条，虚伪表示在虚伪表示的当事人即表意人与相对人之间发生无效的法律后果；在虚伪表示的当事人与第三人之间则应分为两种情形：一是第三人知道当事人之间的意思表示为虚伪表示的，即属于恶意第三人，该虚伪表示的无效可以对抗该恶意第三人；二是第三人不知道当事人之间的意思表示为虚伪表示的，即属于善意第三人，该虚伪表示的无效不能对抗该善意第三人。

虚伪表示，是大陆法系民法采用的法律概念。虚伪表示，亦称虚伪的意思表示、假装行为，指表意人与相对人都知道表示的意思非自己真意，双方串通而为与真意不一致的意思表示。虚伪表示的特征在于，当事人之间欠缺效果意思，都不想使其行为真正发生法律上的效力。如以逃避债务为目的假装的财产赠与，双方当事人都不希望发生赠与的效力。《民法通则》未规定虚伪表示,而在社会生活中当事人为规避法律强制性规定或逃避债务所为虚伪表示,并不鲜见。因此,根据民法原理及发达国家和地区的立法经验,设立本条。

(七)隐藏行为

条文:"虚伪表示所掩盖的真实意思表示,符合法律规定条件的,有效。"

所谓"隐藏行为",是指为虚伪表示所掩盖的依当事人真实意思订立的法律行为。例如,为规避房屋买卖的赋税而订立赠与合同,赠与合同为虚伪表示而买卖合同是隐藏行为。隐藏行为是与虚伪表示联系在一起的,无虚伪表示也就无所谓隐藏行为,有隐藏行为就必定有虚伪表示。但存在虚伪表示,却不一定有隐藏行为,例如,为逃避债务、规避执行而订立虚假的赠与合同、买卖合同,属于虚伪表示,但没有隐藏行为。

关于隐藏行为的法律规则是,虚伪表示无效,隐藏行为是否有效,取决于隐藏行为本身是否符合该行为的生效要件。例如,伪装赠与而实为买卖,赠与行为属于虚伪表示应当无效,所隐藏的买卖行为是否有效,应依有关买卖合同的规定判断。如隐藏行为符合法律关于买卖合同生效要件的规定,则应有效,否则即为无效。现行《民法通则》对隐藏行为未作规定。按照民法原理并参考《德国民法典》和我国台湾地区"民法"的经验,设立本条。

(八)欺诈

条文:"欺诈,是指故意欺骗他人,使其陷于错误判断,并基于此错误判断而为意思表示的行为。

"欺诈人为当事人一方的情形,受欺诈的对方当事人可以撤销其意思表示。欺诈人非当事人一方的情形,属于无相对人的意思表示的,表意人可以撤销其意思表示;属于有相对人的意思表示的,仅以相对人知道或者应当知道其受欺诈为限,表意人可以撤销其意思表示。

“因欺诈而撤销意思表示的,不得对抗善意第三人。”

按照民法原理及发达国家和地区的立法例,欺诈为法律行为撤销的原因,以欺诈手段成立的法律行为,属于可撤销行为。但现行《民法通则》第58条规定欺诈的法律行为为无效。制定《合同法》时,关于如何规定欺诈的法律效果曾发生分歧,一种意见主张规定为可撤销,另一种意见主张仍依《民法通则》规定为无效。最终采取折中的办法,分设两个条文:《合同法》第52条第1项规定,一方以欺诈的手段订立的合同,损害国家利益的,该合同无效;第54条第2款规定,一方以欺诈、胁迫的手段或者乘人之危,使对方在违背真实意思的情况下订立的合同,受损害方有权请求人民法院或者仲裁机构予以变更或者撤销。

《合同法》上述条文,依欺诈之是否损害国家利益而规定不同的法律效果,与民法理论及主要国家和地区的立法例不符,且在裁判实务中增加了操作难度。《合同法》施行以来的裁判实践表明,对于以欺诈手段订立的合同,人民法院、仲裁机构往往适用《合同法》第54条第2款的规定,而不适用第52条第1项的规定。因此本条依民法理论和多数立法例,统一规定欺诈的法律效果为可撤销。如法律行为的目的或者内容损害国家利益,因国家利益属于“公共秩序”的核心内容,人民法院或者仲裁机构当然可以依据公序良俗原则认定其无效,自不待言。

(九)胁迫

条文:“胁迫,是指以不法加害威胁他人,使其产生恐惧心理,并基于此恐惧心理而为意思表示的行为。

“无论胁迫人为当事人一方或者第三人,受胁迫的表意人均可以撤销其意思表示。”

所谓胁迫，是指以不法加害威胁他人，使其产生恐惧心理，并基于此恐惧心理而为意思表示的行为。按照民法原理及发达国家和地区的立法例，胁迫与欺诈相同，均为意思表示可撤销的原因。鉴于胁迫之违法性较欺诈更为严重，因此不论胁迫人是否为对方当事人，表意人均得撤销其意思表示，并且此撤销得对抗善意第三人。

现行《民法通则》第58条规定，因胁迫所为的民事行为无效，系着重于胁迫行为的违法性，在法理上并非毫无理由。但考虑到民事生活之复杂性及民法之私法性，因胁迫成立的法律行为，如受胁迫一方当事人不主张其无效，法院不可能依职权确认其无效。因此，现行《合同法》以是否损害国家利益为标准区分胁迫的效果，《合同法》第52条规定，一方以胁迫的手段订立的合同，损害国家利益的，该合同无效；第54条第2款对此处的以胁迫手段订立的合同，规定为可撤销。这种依是否损害国家利益而规定不同法律后果的做法，与民法理论及多数立法例不合，且在裁判实务中增加了操作困难。因此本条按照民法理论及多数立法例，统一规定胁迫的法律效果为可撤销。

（十）显失公平

条文：“显失公平，是指当事人一方乘他方无经验、判断力欠缺、显著意志薄弱或者处于强制状态而订立双方权利义务显失均衡的法律行为。

“受不利益的他方当事人可以撤销其意思表示。”

所谓显失公平的法律行为，又称为“暴利行为”。民法对显失公平的法律行为予以调控，目的在于保护居于弱势地位的当事人的利益。显失公平的法律行为的构成要件是：第一，须给付与对待给付之间显失均衡，学说上称为客观要件。第二，须一方利用了对方处于急迫、没有经验或者轻率等不利情势，学说上称为主观要件。显失公平的法律效果为可撤销,法律赋予因法律行为显失公平而受利益损失的一方当事人以撤销权。

现行《民法通则》将传统民法上的显失公平行为(暴利行为)一分为二,一称"乘人之危",另一称"显失公平"。所谓"乘人之危",是指一方当事人乘对方处于危难之际,为牟取不正当利益,迫使对方作出不真实的意思表示而成立的法律行为。乘人之危的法律效果为无效。所谓"显失公平",并不要求有主观要件,凡合同双方给付显失均衡,致一方遭受重大损害的,均可构成显失公平,受重大损害的一方有权请求法院予以变更或撤销。

考虑到现行法上的乘人之危与显失公平,共同本质在于双方当事人的权利义务显失均衡。二者的差别仅在于,前者强调一方利用了对方处于危急等不利情势,即学说上所称的主观要件,而后者不强调主观要件,且在法律效果上,前者属于无效,后者属于可撤销。从理论上说,这样的区别规定并非毫无道理。但从裁判实务言之,乘人之危的适用条件过严,显失公平的适用条件过宽。如乘人之危案件的受害人不主张无效,法院和仲裁庭也不可能认定其无效,且受害人不依关于乘人之危的规定主张其无效,转而依关于显失公平的规定主张其撤销,也完全可以达到法律保护受害人利益,维护市场交易公正性之目的。因此,将现行法上的乘人之危和显失公平加以合并,仍称显失公平,参考《德国民法典》第138条第2款和我国台湾地区"民法"第74条,并结合最高人民法院有关司法解释,设立本条。

(十一)重大误解

条文:"重大误解,是指行为人因对行为的性质、对方当事人、标的物的品种、规格和质量等错误认识,使行为的后果与自己的意思相悖并造成较大损失的行为。

"重大误解的一方或者双方可以撤销其意思表示。"

传统民法理论严格区别错误与误解两个概念。错误，指表意人非故意的表示与意思不一致。误解，指相对人对意思表示内容了解之错误。如受要约人误将出租房屋之要约理解为出卖而为承诺。传统民法为保护无过失的表意人，规定错误的意思表示为无效或可撤销。至于误解，因关于意思表示之生效采到达主义，不以相对人之了解为必要，则不允许因误解而主张无效或撤销。

我国民法之立法思想，在保护双方当事人利益上务求公平，《民法通则》第59条规定，“行为人对行为内容有重大误解的”属于可撤销的民事行为。《合同法》第54条第1款规定，“因重大误解订立的”合同，当事人一方有权请求人民法院或者仲裁机构变更或者撤销。所谓误解，依学者通说，不仅包括传统民法上的错误，即表意人无过失的表示与意思不符，也包括传统民法上的误解，即相对人对意思表示内容之了解错误。所谓重大误解，当然指误解之情节重大者。最高人民法院《关于贯彻执行〈中华人民共和国民法通则〉若干问题的意见(试行)》第71条规定：“行为人因对行为的性质、对方当事人、标的物的品种、质量、规格和数量等的错误认识，使行为的后果与自己的意思相悖，并造成较大损失的，可以认定为重大误解。”

考虑到《民法通则》自创“重大误解”的概念，体现民法维护交易双方利益平衡的法律思想，经法院的解释适用，已为广大法官、律师和当事人所掌握，在裁判实务中并未发生混淆和不当，应当维持不变。因此，本法沿用重大误解的概念，以《民法通则》和《合同法》的规定为基础，结合最高人民法院有关司法解释，设立本条。

八、第六章“代理”

(一)概说

在立法例上，关于代理概念，有直接代理与间接代理之分。所谓直接代理,指代理人在代理权限内,以被代理人名义所为之意思表示或者所受之意思表示,直接对被代理人发生效力的代理。所谓间接代理,指行为人以自己名义、为被代理人计算而为法律行为,其法律效果先对间接代理人发生,再依内部关系移转于被代理人。

大陆法系传统民法理论所谓代理,是指直接代理。所谓间接代理,被视为类似代理之制度,而非真正代理。《德国民法典》《日本民法典》及我国台湾地区“民法”所规定的代理,均限于直接代理。其代理概念,要求代理人必须以被代理人的名义实施法律行为。现行《民法通则》关于代理的规定,坚持代理人须以被代理人的名义实施法律行为,仅指直接代理。现行《合同法》制定时,关于是否规定间接代理曾发生激烈争论。最终立法机关采纳多数学者、专家的意见,参考英美法代理制度及《欧洲合同法原则》,在直接代理之外,规定了间接代理(《合同法》第402条、第403条)。可见我国现行法上的代理,已突破大陆法系传统民法理论,采用了包括直接代理和间接代理的广义代理概念。

现行《合同法》突破狭义代理概念,规定间接代理,符合中国发展现代化市场经济,特别是发展国际经济贸易及与国际公约和惯例接轨的要求。编纂民法典应坚持现行《合同法》成功的立法经验,以现行《民法通则》和《合同法》有关代理的规定为基础,广泛参考借鉴大陆法系和英美法系的代理立法和理论,规定广义概念的统一的代理法。

本法第六章规定的代理,调整范围涵盖由被代理人、代理人与相对人三方构成的三边关系,即被代理人与代理人之间以代理权为核心的内部代理关系,代理人与相对人之间围绕代理行为发生的外部关系,以及被代理人与相对人之间围绕代理法律行为的效力归属发生的外部关系。并参考《欧洲合同法原则》代理一章的结构,分设三节:第一节规定代理的一般规则;第二节规定直接代理的特殊规则;第三节规定间接代理的特殊规则。下面介绍第三节间接代理的重要条文。

（二）间接代理的定义

条文:“代理人为被代理人的利益,以自己的名义与第三人实施法律行为的,为间接代理。”

大陆法系民法所谓“间接代理”,是指代理人为了被代理人的利益,以自己的名义与第三人实施法律行为,其法律效果间接地归属于被代理人。类似制度在英美法称为“被代理人身份不公开的代理”。在被代理人身份不公开的代理关系中,代理人事实上得到了被代理人的授权,拥有代理权,但他在订立合同时不向第三人(相对人)披露代理关系存在的事实,既不明示以被代理人名义,也不明示为被代理人利益,而以自己的名义作出或接受意思表示,因此第三人并不知道被代理人的存在,往往认为代理人就是交易的对方当事人。二者的差别在于,按照大陆法,间接代理关系中的被代理人不能直接介入代理人与第三人订立的合同关系,第三人也不能直接对被代理人行使权利;而按照英美法,未公开身份的被代理人可以行使合同介入权,直接对第三人主张权利,第三人一经发现被代理人的存在,也可以直接对被代理人主张权利。本条规定的间接代理,是参考英美法被代理人身份不公开的代理。

（三）间接代理的效力

条文:“间接代理的法律效果首先归属代理人,再由代理人移转给被代理人。”

间接代理包含了两重法律关系,即被代理人和代理人的内部关系、代理人和第三人的外部关系,与直接代理无异,也是为了被代理人的利益。最终法律后果还是归属被代理人,只不过先由代理人承担法律后果,再由代理人将这些后果转移给被代理人。在发生纠纷时,一般先由代理人承担对第三人的法律责任,然后代理人再对被代理人行使代位求偿权,追索其承担的相关损失和费用。

按照合同关系的相对性原则,合同关系只能约束合同双方当事人。间接代理人虽然为了被代理人的利益,但是以自己的名义与第三人订立合同,因代理人没有明示自己的代理人身份,在第三人看来,合同的对方当事人就是代理人。在这种情况下,应由代理人先承担合同关系的法律后果,然后代理人再依其与被代理人之间的内部关系,将法律后果移转于被代理人。

需说明的是,本条规定是关于间接代理法律效力的一般原则,于被代理人行使介入权、第三人行使选择权时,被代理人与第三人(合同对方当事人)相互可以直接行使合同关系上的权利义务,是本条原则之例外。

(四)代理人的披露义务

条文:"代理人丧失清偿能力,或者代理人对被代理人有根本违约行为,或者在合同债务的履行期限届满之前已明确代理人将会违约,被代理人有权要求代理人披露第三人的姓名或者名称和地址。

"代理人丧失清偿能力,或者代理人对第三人有根本违约行为,或者在合同债务的履行期限届满之前已明确代理人将会违约,第三人有权要求代理人披露被代理人的姓名或者名称和地址。"

本条第1款规定,如代理人丧失了债务清偿能力,或者对被代理人实施了根本性的违约行为,或者在合同债务的履行期限届满之前,就已明确代理人将会违约,被代理人有权要求代理人披露第三人的姓名(名称)和地址。本条第2款规定,如代理人丧失了债务清偿能力,或者对第三人实施了根本性的违约行为,或者在合同债务的履行期限届满之前,就已明确代理人将会违约,第三人有权要求代理人披露被代理人的姓名(名称)和地址。

在间接代理中,被代理人行使介入权、第三人(相对人)行使选择权,均须以代理人履行披露义务为条件。现行《合同法》第 403 条已规定被代理人的介入权、第三人的选择权,以及代理人的披露义务。但该条规定的被代理人行使介入权的条件较为苛刻,不利于对被代理人利益的保护。因此,以《合同法》第 403 条的规定为基础,参考《联合国国际货物销售合同公约》第 13 条第 2 项、《欧洲合同法原则》第 3 : 302 条的规定及英美代理法,设立本条。

（五）被代理人的介入权

条文:“代理人向被代理人披露第三人后,被代理人可以行使代理人代被代理人从第三人处取得的权利,但第三人与代理人订立合同时如知道该被代理人就不会订立合同的,或者被代理人如行使介入权将与代理人和第三人所订合同中的明示或者默示条款相抵触的除外。

“被代理人应当将其行使介入权的意思分别通知代理人和第三人。在收到通知之后,第三人不得再向代理人履行给付义务。”

本条第 1 款规定,代理人向被代理人披露第三人后,被代理人可以行使代理人代被代理人从第三人处取得的权利,但第三人与代理人订立合同时如知道该被代理人就不会订立合同的,或者被代理人如行使介入权将与代理人和第三人所订合同中的明示或者默示条款相抵触的除外。所谓被代理人的介入权,指身份不公开的被代理人有权以自己的名义直接介入代理人与第三人所订立的合同关系,并直接对第三人行使权利,在必要时还有权对第三人起诉或者提起仲裁。被代理人一旦行使介入权,就必须取代代理人对第三人承担合同债务与责任。本条第 2 款规定,被代理人应当将其行使介入权的意思分别通知代理人和第三人。在收到通知之后,第三人不得再向代理人履行给付义务,只能向被代理人履行给付义务。以《合同法》第 403 条第 1 款的规定为基础,参考《联合国国际货物销售合同公约》《欧洲合同法原则》的经验及英美代理法,设立本条。

（六）第三人的选择权

条文:“代理人向第三人披露被代理人后,第三人可以选择代理人或者被代理人作为相对人主张其权利,但第三人不得变更选定的相对人。

“第三人应当将其行使选择权的意思分别通知代理人和被代理人。在收到通知之后,被代理人不得再向代理人履行给付义务。”

所谓第三人的选择权,指代理人因被代理人的原因或者其他原因对第三人不履行义务时,第三人不仅可以要求代理人履行合同债务、向代理人提起诉讼或者仲裁,还可以要求被代理人履行合同债务、向被代理人提起诉讼或者仲裁。本条第 1 款规定,第三人一旦选定其中一人,就不能再对另外一人主张权利。第三人对其中一人提起诉讼或者仲裁程序本身,就是其作出选择的关键证据。即使第三人对判决或者裁决不服,也无权再对另外一人提起诉讼或者仲裁。本条第 2 款规定,第三人应当将其行使选择权的意思分别通知代理人和被代理人。在收到通知之后,被代理人无权再向代理人履行给付义务。以《合同法》第 403 条第 2 款的规定为基础,参考《联合国国际货物销售合同公约》《欧洲合同法原则》及英美代理法,制定本条。

九、第七章“诉讼时效”

（一）概说

民法时效,分为取得时效与诉讼时效。取得时效以占有之事实状态为要件,诉讼时效以权利不行使之事实状态为要件;取得时效为权利取得之根据,诉讼时效为权利消灭之原因。现行《民法通则》仅规定诉讼时效,未规定取得时效。

关于诉讼时效的效力,有三种立法例:(1)实体权消灭主义。诉讼时效的效力为直接消灭实体权。《日本民法典》采取此种立法主义。(2)诉权消灭主义。诉讼时效完成后,其实体权利本身仍然存在,仅诉权归于消灭。因诉权消灭,其实体权利不能请求法院强制执行。1922年《苏俄民法典》及匈牙利旧民法典采此种立法主义。(3)抗辩权发生主义。诉讼时效完成后,义务人因而取得拒绝履行的抗辩权。如义务人自动履行的,视为抛弃其抗辩权,该履行应为有效。《德国民法典》《葡萄牙民法典》《国际商事合同通则》《欧洲民法典草案》均采取此种立法主义。现行《民法通则》关于诉讼时效的效力究竟属于何种主义,未有明文规定,学者多解释为诉权消灭主义。2008 年最高人民法院《关于审理民事案件适用诉讼时效制度若干问题的规定》(法释〔2008〕11 号)第 3 条规定:"当事人未提出诉讼时效抗辩,人民法院不应对诉讼时效问题进行释明及主动适用诉讼时效的规定进行裁判。"显而易见,我国采抗辩权发生主义。近年关于编纂民法典的讨论中,多数学者亦主张采抗辩权发生主义。

关于诉讼时效的客体,也有不同立法例。多数立法例,如《德国民法典》《俄罗斯联邦民法典》《土库曼斯坦民法典》及我国《澳门民法典》等,以请求权为诉讼时效的客体。少数立法例,如《日本民法典》,以债权或所有权以外的财产权为诉讼时效的客体。但日本的判例学说却以请求权为诉讼时效的客体。现行《民法通则》关于诉讼时效的客体未有明确规定,但依学者通说,诉讼时效的客体,限于以债权请求权为主的请求权。

考虑到诉讼时效是法律对债权的限制,取得时效是法定的物权取得方法,二者显有差别。因此,本法规定诉讼时效制度,另在民法典的物权编规定取得时效制度。本章分为三节,第一节一般规定,第二节时效的中止和不完成,第三节时效的中断。下面介绍本章在《民法通则》基础上新增加的法律条文。

（二）诉讼时效的客体

条文:“请求权适用诉讼时效,但下列请求权除外:

“(一)基于身份关系的抚养费、扶养费和赡养费的请求权;

“(二)基于财产共有关系的分割请求权;

“(三)基于所有权及其他物权的排除妨害请求权、消除危险请求权、确认权利请求权、已登记不动产所有人的返还请求权;

“(四)基于不动产相邻关系的停止侵害请求权、排除妨害请求权;

“(五)基于投资关系的收益分配请求权;

“(六)基于存款关系的支付存款本金和利息的请求权;

“(七)基于债券关系的还本付息请求权。”

本条规定诉讼时效的客体为请求权,但列举规定以下七种请求权不适用诉讼时效:(1)抚养费、扶养费、赡养费请求权不适用诉讼时效。理由是,受抚养、扶养或赡养者一般是年幼、年老或其他缺乏劳动能力的人,抚养费、扶养费、赡养费是这些人生活的来源,若无此等费用,将严重影响他们的生活,甚至生存。(2)基于财产共有关系的分割请求权不适用诉讼时效。理由是,共有财产分割请求权性质上属于形成权,不是真正的请求权。(3)排除妨害请求权和消除危险请求权,两者为所有权及其他物权的消极功能和重要内容,基于物权的性质和效力,不应适用诉讼时效。确认权利的请求权,目的是解决权利纷争,由其目的和性质决定,不应适用诉讼时效。不动产物权采登记生效主义,非经登记不生效力,若规定已登记不动产物权返还请求权适用时效,将与不动产登记制度相抵触,因此已登记不动产所有人的返还请求权不适用诉讼时效。(4)基于不动产相邻关系的停止侵害请求权、排除妨害请求权,不适用诉讼时效,理由在于权利的目的,即这类权利的目的是解决权利纷争和发挥物权的效用。(5)所谓投资,是指自然人、法人或其他法律主体将一定货币或实物投入企业、公司,以取得股权并获取收益的行为。依据本法关于原物与孳息关系的规定,股息、红利属于股东权的孳息,因此不应适用诉讼时效。(6)存款人可以随时要求金融机构支付其存款本金及利息,是由存款合同的性质决定的,也是世界金融业的通行做法。因此本条规定,存款人要求金融机构支付其存款本金及利息的权利不适用诉讼时效。(7)基于债券关系的还本付息请求权,不适用诉讼时效。理由是,债券是一种需要遵循严格程序在证券市场公开发行的有价证券,其性质和功能决定了,基于债券关系的还本付息请求权不应适用诉讼时效。

(三)普通时效期间

条文:“普通诉讼时效期间为三年。”

关于普通时效期间和特别时效期间,各立法例有不同的规定。如《法国民法典》原规定的普通时效期间为30年,特别时效期间为5年、1年和6个月。《德国民法典》原规定的普通时效期间为3年,特别时效期间为10年和30年。我国台湾地区“民法”规定的普通时效期间为15年,特别时效期间为5年和2年。我国《澳门民法典》规定的普通时效期间为15年,特别时效期间为5年、2年、6个月。现行《民法通则》规定的普通时效期间为2年,特别时效期间为1年,最长时效期间为20年。

在关于起草民法典的讨论中,民法学者一致认为《民法通则》规定的普通时效期间过短,对保护当事人的合法权益不利,有必要予以适当延长。但考虑到现代化市场经济的发展要求加快经济流转,通信手段的现代化使行使权利更加方便,导致普通时效期间缩短的趋势,在总结《民法通则》实施以来的司法实践基础上,着重参考《德国民法典》《俄罗斯联邦民法典》等的经验,在增设10年长期时效期间的同时,将普通时效期间改为3年。

（四）长期时效期间

条文："下列请求权的诉讼时效期间为十年：

"(一)人身伤害的损害赔偿请求权,从加害行为发生时、义务违反时或者损害被发现时开始计算；

"(二)基于所有权及其他物权的返还请求权,从权利发生时开始计算；

"(三)基于借款合同的返还本金和利息的请求权,从权利可以行使时开始计算；

"(四)基于劳动合同、雇佣合同的工资、报酬请求权,从合同终止时开始计算；

"(五)基于建筑物买卖合同的所有权和基地使用权的移转请求权,及对待给付请求权,从买卖合同生效时开始计算；

"(六)基于土地使用权出让、转让合同的土地使用权设定或者移转请求权,及对待给付请求权,从合同生效时起开始计算；

"(七)基于不动产抵押合同的抵押权设定请求权,从抵押合同生效时开始计算；

"(八)基于生效判决和裁决的给付请求权,从判决或者裁决确定时开始计算；

"(九)基于可执行的调解书和公证证书的给付请求权,从权利确定时开始计算；

"(十)基于继承关系的损害赔偿请求权,从继承权或者受遗赠权受侵害时开始计算；

"(十一)经破产程序所确定的可执行的请求权,从破产程序终结时开始计算。"

本条着重参考《德国民法典》和《俄罗斯联邦民法典》的经验,在3年普通时效期间之外,设10年长期时效期间,并明文规定适用长期时效期间的 11 种请求权,这里稍作说明。

侵害人身的侵权损害赔偿请求权适用长期时效,主要理由是,自然人的生命、健康、身体受到的伤害,带给受害者或其亲友的痛苦更为深重,对其生活的影响更为巨大。在致人死亡的情形,人死不能复生,该伤害绝无弥补的可能,这不仅给其亲友造成最深重的痛苦,并且使那些依赖受害人抚养和赡养的人的生活陷于困境。在致人残疾的情形,轻则致受害人丧失劳动能力,重则致受害人生活不能自理,必然使受害人自己的生活及受其抚养和赡养的人的生活遭受重大困难。可见,人身伤害的损害赔偿请求权,相对于其他损害赔偿请求权有适用长期时效期间的理由。所谓人身伤害的损害赔偿,包括精神损害赔偿在内。

不动产物权采登记生效主义,非经登记不生效力,若规定已登记不动产物权返还请求权适用时效,将与不动产登记制度相抵触。本章关于诉讼时效客体的条文,已经明文规定“已登记不动产所有人的返还请求权”不适用诉讼时效,因此,本条规定适用长期时效期间的基于所有权及其他物权的返还请求权,仅指未经登记的所有权及其他物权的返还请求权。

基于借款合同的返还本金和利息的请求权,适用长期时效期间,主要理由是,如借款合同适用短期时效期间,仅因 3 年普通时效期间经过即可拒绝还款,将完全摧毁市场信用。

基于劳动合同、雇佣合同的工资、报酬请求权适用长期时效期间,主要是基于对弱者保护的考虑。因劳动者是经济生活中的弱者,靠出卖劳动力换取微薄的工资、报酬,维持自己和家庭成员的生活,其社会地位卑微,掌握信息有限,很难及时向雇主主张权利。

基于建筑物买卖合同的所有权和土地使用权的移转请求权及对待给付请求权,基于土地使用权出让、转让合同的土地使用权设定或者移转请求权及对待给付请求权,以及基于不动产抵押合同的抵押权设定请求权,均适用长期时效期间。主要理由是,这些请求权均产生于不动产物权。因不动产物权往往具有较大经济价值和社会效用,且对当事人的生产、生活影响巨大,为维护社会秩序的稳定,有必要适用长期时效期间。

基于生效判决和裁决的给付请求权、基于可执行的调解书和公证证书的给付请求权、经破产程序所确定的可执行的请求权,适用长期时效。主要理由是,以上请求权均产生于国家公权力的行使,具有很强的公示效果和证据力,事关裁判权和人民法院的权威,规定适用长期时效体现了对国家公权力的尊重。改革开放以来,所谓"执行难"问题愈演愈烈,证明确保这类请求权实现的重大意义。这一规定借鉴了《德国民法典》《意大利民法典》《日本民法典》及我国《澳门民法典》、台湾地区"民法"等的经验。

基于继承权或受遗赠权所生的损害赔偿请求权适用长期时效,主要理由是,继承权和受遗赠权往往与不动产相关,且关系到家庭关系的稳定,加强对继承权人和受遗赠权的保护,实际上是对家庭秩序和整个社会秩序的保护。

(五)时效的主张

条文:"时效应当由其受益人或者受益人的代理人通过诉讼或者仲裁主张,才能适用。

"法院或者仲裁庭不得依职权适用时效,也不得就时效问题进行释明。"

按照民法原理及发达国家和地区的立法例,时效只能由当事人主张而不能由法庭主动援用。例如,《法国民法典》第 2223 条规定:法官不得自动援用时效的方法。《日本民法典》第 145 条规定:除非当事人援用时效,法院不得根据时效进行裁判。但苏联及东欧社会主义国家民法,出于计划经济和单一公有制的要求,允许法庭依职权适用时效。

例如,1964 年《苏俄民法典》第 82 条规定:不论双方当事人申请与否,法院均应适用诉讼时效。

现行《民法通则》关于法院可否主动适用诉讼时效无明文规定。在《民法通则》施行后的一段时间,民法理论和裁判实务因受苏联及东欧社会主义民法理论的影响,曾经认为法庭和仲裁庭可以依职权适用诉讼时效,而无须当事人主张。自 20 世纪 90 年代以来,民法理论和实务界已经注意到,法庭不待当事人主张而主动适用诉讼时效,违背民法时效制度的本质和市场经济的要求,加之《民法通则》规定的诉讼时效期间过短,更加不利于对公民和企业合法权益的保护。2008 年最高人民法院《关于审理民事案件适用诉讼时效制度若干问题的规定》(法释〔2008〕11 号)第 3 条规定:“当事人未提出诉讼时效抗辩,人民法院不应对诉讼时效问题进行释明及主动适用诉讼时效的规定进行裁判。”迄今,法院和仲裁机构已经纠正不待当事人主张而主动适用时效的做法。在总结《民法通则》实施以来的经验教训的基础上,结合最高人民法院上述司法解释并参考发达国家和地区的立法例,制定本条。

(六)时效完成的效力

条文:“时效期间届满,义务人可以拒绝履行。

“时效期间届满后,义务人向权利人作出同意履行义务的意思表示、自愿履行义务、承认债务或者提出担保的,不得以诉讼时效期间届满或者不知道时效为由进行抗辩或者请求返还。”

立法例关于诉讼时效的效力,有不同立法主义,即所谓诉权消灭主义或请求权消灭主义、实体权消灭主义和抗辩权发生主义。三种立法主义各有其理由。但在分析和考察各主要国家和地区民法的具体规定及裁判实践后发现,三种立法主义未必有实质上的差别。无论民法典采何种立法主义,关于诉讼时效效力的内容都是一致的。(1)诉讼时效完成后,债务人可以拒绝履行债务。我国《澳门民法典》第 297 条、我国台湾地区“民法”第 144 条、《德国民法典》第 214 条、《土库曼斯坦民法典》第 163 条,都有明文规定。《法国民法典》《意大利民法典》《日本民法典》《俄罗斯联邦民法典》及《越南民法典》等虽无明文规定,因采实体权消灭主义,债权既已消灭,债务人当然有权拒绝履行债务。采请求权或诉权消灭主义的民法典,请求权或诉权既然消灭,权利人已不能通过法院强制义务人履行义务,则义务人有权拒绝履行,当是题中应有之义。(2)对时效完成的债务的给付,不得要求返还。现行《民法通则》第 138 条、我国台湾地区“民法”第 144 条、我国《澳门民法典》第 297 条、《德国民法典》第 214 条、《意大利民法典》第 2940 条、《俄罗斯联邦民法典》第 206 条、《土库曼斯坦民法典》第 163 条、《越南民法典》第 389 条,均有明文规定。《日本民法典》虽无规定,但判例学说亦采此立场。《法国民法典》虽无明文规定,但依其第 2221 条的规定,对时效完成的债务仍为履行的,构成默示抛弃时效利益,当然不得再要求返还。(3)时效的完成,不影响时效完成前已经适于抵销的债务的相抵。我国台湾地区“民法”第 337 条、我国《澳门民法典》第 841 条、《德国民法典》第 215 条、《意大利民法典》第 1242 条、《日本民法典》第 508 条、《土库曼斯坦民法典》第 453 条,均有明文规定。《法国民法典》虽无明文规定,但依其第 1290 条的规定,“债的抵销得依法律之效力当然发生,即使债务人不知,亦然”,则时效完成前适于抵销的债务,自两债务并存时起,已当然发生抵销的法律效力,自然不受此后完成时效的影响。

《德国民法典》、我国台湾地区“民法”等规定,对时效完成后的债务表示承认或为其提供担保的,准用债务人就时效完成的债务为履行的规则。按最高人民法院《关于超过诉讼时效期间当事人达成的还款协议是否应当受法律保护问题的批复》(法复〔1997〕4 号)、《关于超过诉讼时效期间借款人在催款通知单上签字或盖章的法律效力问题的批复》(法释〔1999〕7号)的规定,义务人与债权人达成还款协议,或者在债权人的催款通知单上签名或盖章,被视为对时效完成的债务的承认。根据最高人民法院上述解释并参考《德国民法典》及我国台湾地区"民法"的经验,设立本条第2款。

(七)时效规定的强行性

条文:"当事人不得变更时效期间的长短及其计算方法。变更时效期间及其计算方法的合意无效。

"预先抛弃时效的意思表示无效。"

关于法律规定的时效期间,当事人是否可以合意变更,有三种立法主义:(1)时效规定属于强行性规定,不得由当事人依自由意思予以排除,时效期间不得由当事人协议予以延长或缩短,时效利益不得由当事人预先予以抛弃。当事人关于排除时效适用、变更时效期间或预先抛弃时效利益的约定,依法当然无效。瑞士、意大利、葡萄牙、希腊、俄罗斯、魁北克、巴西等国家和地区的民法采此规定。《日本民法典》虽无明文规定,但民法学者作同样解释。(2)允许当事人约定减轻时效,尤其是缩短时效期间,但不允许约定加重时效,尤其是延长时效期间。奥地利、荷兰、丹麦等国民法采此规定。《法国民法典》2008年修正前、《德国民法典》2001年修正前亦同。(3)允许当事人约定减轻或加重时效,但设有一定限制。《法国民法典》(2008年修正)、《德国民法典》(2001年修正)、《匈牙利民法典》《西班牙民法典》《爱沙尼亚民法典》等,均属此列。《国际商事合同通则》(2004年新版)、《欧洲合同法原则》《欧洲民法典草案》亦规定,当事人可协议变更时效的规定,特别是缩短或者延长时效期间。

现行《民法通则》对此未有明文规定,但学者意见及裁判实践多认为诉讼时效期间的规定属于强行性规定,绝对不得变更。考虑到诉讼时效制度的本质是对民事权利的法定限制,关乎社会公共利益和法律秩序的统一,允许改变时效的立法例,其实行效果如何,尚待观察研究,且我国从计划经济向市场经济转轨不久,实行诉讼时效的时间不长,一旦允许当事人约定变更时效期间,难免被居于优势地位的当事人滥用,导致法律秩序混乱。因此本法维持第一种立法主义。根据《民法通则》施行以来的裁判实践和民法理论,参考我国《澳门民法典》及《瑞士债务法》《意大利民法典》《俄罗斯联邦民法典》等立法例,制定本条。

（八）禁止诉讼时效滥用

条文:"人身伤害的损害赔偿请求权,虽然诉讼时效期间届满,但认定请求权基础事实的证据完整、确凿,且加害人有赔偿能力,适用时效完成的效果显然违反社会正义的,人民法院有权决定不适用时效。"

本条规定,人身伤害的损害赔偿请求权,即使诉讼时效期间届满,符合下列条件的,人民法院有权决定不适用诉讼时效。(1)认定请求权基础事实的证据完整、确凿,即有足够的证据证明请求权的存在。(2)加害人有赔偿能力,即有实际的履行能力。(3)适用诉讼时效的效果显然违反社会正义。需注意,禁止诉讼时效滥用规则,仅适用于人身伤害的损害赔偿请求权,即侵害自然人的生命、身体、健康的损害赔偿请求权。

侵害自然人的生命、身体和健康的侵权行为,造成受害人死亡或者严重残疾,如果仅因诉讼时效期间经过,即使事实证据确凿、因果关系清楚,加害人又有赔偿能力,却适用诉讼时效的效果致受害人及其亲属得不到任何赔偿,不仅使受害人或依赖其扶养的亲属坠入痛苦和绝望的深渊,也背离了民法设立诉讼时效制度的目的,违背社会正义。因此,发达国家和地区的法院于这种情形,以诉讼时效滥用为由,拒绝加害人援用诉讼时效的要求,判决加害人承担损害赔偿责任。此项判例规则受到民法学界的一致肯定,称为禁止诉讼时效滥用的法理。

鉴于科学技术和工业交通事业的高速发展,人类面临各种各样的、防不胜防的不测危险,造成死亡和严重残疾人数剧增。粗略估计,我国每年因高压输电设施、高速运输工具等高度危险源所造成的死亡和严重残疾人数在数十万人以上。而受害人多数属于社会生活中的弱者,因种种原因未及时主张权利,致使时效期间届满而得不到任何赔偿的实例比比皆是。现行《民法通则》第 137 条第 3 句规定,“有特殊情况的,人民法院可以延长诉讼时效期间”。其立法意旨,与发达国家和地区所谓“禁止诉讼时效滥用的法理”相同。可惜该规定过于原则,缺乏可操作性,迄今未见有适用该规定的判例,致其立法意旨未能实现。在总结《民法通则》实施以来法院适用诉讼时效的实践基础上,根据《民法通则》第 137 条第 3 句关于“延长诉讼时效期间”的规定之立法意旨,参考发达国家和地区的法院创设的“禁止诉讼时效滥用的法理”,制定本条。

中国民法总则的制定*

引言:中国民法典编纂与民法总则立法概况

中国自改革开放以来,分别制定了《民法通则》(1986年)、《继承法》(1985年)、《婚姻法》(1980年)、《收养法》(1991年)、《担保法》(1995年)、《合同法》(1999年)、《物权法》(2007年)、《侵权责任法》(2009年)、《涉外民事关系法律适用法》(2010年)等一系列民事法律,在经济社会发展中发挥了重要作用。近年来,人民群众和社会各方面对编纂民法典的呼声很高。编纂民法典的主客观条件已经具备。

2014年10月23日十八届四中全会通过的中共中央《关于全面推进依法治国若干重大问题的决定》确定了“编纂民法典”的立法目标。因此,全国人大常委会按照中共中央的决定,将民法典编纂工作提上日程。民法学界关于民法典编纂形成两种思路:中国民法学研究会会长、中国人民大学法学院王利明教授建议分三步走:第一步制定民法总则;第二步制定人格权法;第三步编纂民法典。第十二届全国人大代表、中国社会科学院法学研究所孙宪忠教授建

* 本文原载《北方法学》2017年第1期。

议分两步走:第一步制定民法总则;第二步编纂民法典。

全国人大常委会经同有关方面反复研究,最后决定民法典编纂工作按照“两步走”的思路进行:第一步,在现行《民法通则》的基础上,制定作为民法典总则编的民法总则,经全国人大常委会审议后,争取提请2017年3月召开的第十二届全国人大第五次会议审议通过;第二步,在各民事单行法的基础上,编纂民法典各(分则)编,拟于2018年上半年整体提请全国人大常委会审议,经全国人大常委会分阶段审议后,争取于2020年3月将民法典各(分则)编一并提请第十三届全国人民代表大会审议通过,从而形成统一的民法典。①

按照全国人大常委会的工作部署,自2015年3月以来,全国人大常委会法制工作委员会牵头成立了由最高人民法院、最高人民检察院、国务院法制办、中国社会科学院、中国法学会五个单位组成的“民法典编纂工作协调小组”,并组织了专门负责起草的“工作小组”②,积极开展民法典编纂工作。在深入开展调查研究、梳理分析主要问题、广泛听取各方面意见的基础上,协调小组各成员单位密切配合,工作小组抓紧工作,形成了《中华人民共和国民法总则草案(征求意见稿)》③,于2016年2月2日印发地方人大、中央有关部门和部分全国人大代表、法学教学研究机构和一些社会组织征求意见。法制工作委员会根据各方面的意见和建议,对“征求意见稿”作了反复修改,并分别召开协调小组会议和专题会议,听取协调小组各参加单位、部分全国人大代表和专家学者的意见建议,对草案进行修改完善。

---

① 民法典将由民法总则编与物权编、合同编、侵权责任编、婚姻家庭编、继承编和涉外民事关系法律适用编组成。

② 全国人大常委会的文件中称为“工作专班”。

③ 2016年2月《中华人民共和国民法总则草案(征求意见稿)》包括十章:第一章一般规定;第二章自然人;第三章法人;第四章其他组织;第五章民事权利;第六章民事法律行为;第七章代理;第八章民事权利的行使和保护;第九章期间和时效;第十章附则。共158条。此前,2015年9月法制工作委员会在北京召开专家讨论会,会上讨论的是法制工作委员会民法室的内部草案(简称室内稿),包括九章,共160条。

2016年6月14日，习近平总书记主持召开中共中央政治局常委会会议，听取了全国人大常委会党组《关于民法典编纂工作和民法总则(草案)几个主要问题的请示》的汇报，原则同意请示，并就做好民法典编纂和民法总则草案审议修改工作作出重要指示。全国人大常委会法制工作委员会根据党中央的重要指示精神，对草案又作了进一步修改完善，形成正式的法律草案。

2016年6月28日，第十二届全国人大常委会第二十一次会议对《中华人民共和国民法总则(草案)》(以下简称《民法总则草案》)进行了初审(第一次审议)④，并将该草案在中国人大网正式公布，向社会公众征求修改意见。《民法总则草案》包括十一章：第一章基本原则；第二章自然人；第三章法人；第四章非法人组织；第五章民事权利；第六章民事法律行为；第七章代理；第八章民事责任；第九章诉讼时效和除斥期间；第十章期间的计算；第十一章附则。共186条。与征求意见稿相比，该草案在法律结构合理性、概念准确性、制度目的性、体系逻辑性及法律规范可操作性等方面确有提高，但尚有进一步修改完善的余地。按照立法计划，将根据社会各界意见修改完善，经全国人大常委会二次、三次审议修改完善后，提请2017年3月召开的第十二届全国人大第五次会议审议通过。下面着重介绍《民法总则草案》对《民法通则》的重要修改和新增内容。

一、一般规定

(一)调整对象

第2条规定调整对象(亦即适用范围)⑤，是以《民法通则》第2条

---

④ 按照惯例，一项法律案至少须经全国人大常委会进行三次审议。例如《物权法草案》经常委会审议了六次。

⑤ 《民法总则草案》第2条规定："民事法律调整作为平等民事主体的自然人、法人和非法人组织之间的人身关系和财产关系。"

的规定为依据，但将"财产关系"和"人身关系"的顺序调换了。《民法通则》的规定是"财产关系和人身关系"，现在的条文是"人身关系和财产关系"。所谓"人身关系"，是指婚姻家庭关系，亦即所谓"身份关系"。这与此前民法学界关于民法调整对象的争论有关，当时有学者批评《民法通则》是"重物轻人"。按照本条规定，将来编纂的民法典是否会将"人身关系法"（婚姻家庭编、继承编）安排在"财产关系法"（物权编、合同编、侵权责任编）的前面？

（二）基本原则

第3条至第8条规定了民法的基本原则，即平等原则（第3条）、意思自治原则（第4条）、公平原则（第5条）、诚信原则（第6条）、保护环境原则（第7条）和公序良俗原则（第8条）。法律明文规定基本原则，属于中国立法惯例，这与中国曾经长期实行计划经济体制、缺乏民法传统有关。实行改革开放，发展社会主义市场经济，需要向全社会传达民法所赖以存在的平等、意思自治（合同自由）、公平、诚实信用等基础性原理和思想观念，也便于发挥民法基本原则的立法指导作用。

其中，明文规定公序良俗原则，值得注意。《民法通则》未采用"公序良俗"概念。[⑥] 其中所谓"社会公德"和"社会公共利益"被学者和法官解释为"公共秩序与善良风俗"。《民法总则草案》反映了学术界和实务界的一致要求，采用大陆法系民法通用的"公共秩序和善良风俗"概念，具有重要的理论意义和实践意义。

（三）民法法源

第10条是关于民法法源的规定。[⑦] 按照民法原理和立法例，民法

---

⑥ 《民法通则》第7条规定："民事活动应当尊重社会公德，不得损害社会公共利益，扰乱社会经济秩序。"

⑦ 《民法总则草案》第10条规定："处理民事纠纷，应当依照法律规定；法律没有规定的，可以适用习惯，但是不得违背公序良俗。"

法源分为三个层次，第一层次是“法律规定”；第二层次是“习惯”；第三层次是“法理”。所谓“法理”，指公认的民法原理，日本法和韩国法称为“条理”。值得注意的是，本条关于民法法源的规定，只规定了第一层次的“法律规定”和第二层次的“习惯”。本条未规定“法理”的法源地位，理由是，按照中国的国情，在法律规定和习惯之外，还有最高人民法院制定和发布的各种司法解释，被认为具有相当于法律规定的效力，可以作为裁判案件的依据。

最高人民法院司法解释多数情形是对现行法律规定如何理解适用进行的解释，但针对法律未有规定的案型，创设规则、弥补法律不足的情形也不少。例如，最高人民法院《关于适用〈中华人民共和国合同法〉若干问题的解释（二）》第 26 条创设情事变更规则[⑧]；最高人民法院《关于审理买卖合同纠纷案件适用法律问题的解释》第 2 条创设买卖预约规则[⑨]、第 3 条创设买卖合同特别效力规则[⑩]，即其著例。此外，最高人民法院近年推行指导性案例制度，亦可作为法官裁判案件的参考。质言之，按照中国国情，法官裁判案件，于既没有法律规定也没有相应习惯的情形，还要看最高人民法院是否有司法解释规则、是否有指导性案例，可资引为裁判依据。立法虽未明文规定“法理”的法

---

⑧ 最高人民法院《关于适用〈中华人民共和国合同法〉若干问题的解释（二）》第 26 条规定：“合同成立以后客观情况发生了当事人在订立合同时无法预见的、非不可抗力造成的不属于商业风险的重大变化，继续履行合同对于一方当事人明显不公平或者不能实现合同目的，当事人请求人民法院变更或者解除合同的，人民法院应当根据公平原则，并结合案件的实际情况确定是否变更或者解除。”

⑨ 最高人民法院《关于审理买卖合同纠纷案件适用法律问题的解释》第 2 条规定：“当事人签订认购书、订购书、预订书、意向书、备忘录等预约合同，约定在将来一定期限内订立买卖合同，一方不履行订立买卖合同的义务，对方请求其承担预约合同违约责任或者要求解除预约合同并主张损害赔偿的，人民法院应予支持。”

⑩ 最高人民法院《关于审理买卖合同纠纷案件适用法律问题的解释》第 3 条规定：“当事人一方以出卖人在缔约时对标的物没有所有权或者处分权为由主张合同无效的，人民法院不予支持。”（第 1 款）“出卖人因未取得所有权或者处分权致使标的物所有权不能转移，买受人要求出卖人承担违约责任或者要求解除合同并主张损害赔偿的，人民法院应予支持。”（第 2 款）

源地位,并不是不可以参考“法理”,自不待言。

(四)特别法优先适用

第11条规定了特别法优先适用原则。[⑪] 有必要说明的是,何者为一般法(基本法),何者为特别法,在本法生效之前和生效之后,是有差别的。在本法通过生效之前,现行民事立法是以《民法通则》及若干民事单行法构成的立法体系。其中,《民法通则》是一般法(基本法),《合同法》《物权法》《侵权责任法》等民事单行法,属于特别法。但在本法通过生效之后,本法(《民法总则》)将作为民法典的总则编,《合同法》《物权法》《侵权责任法》《继承法》及“婚姻家庭法”(《婚姻法》《收养法》)等单行法将作为民法典的各(分则)编,经过适当立法程序组成一部完整的民法典。本法与其他原单行法之间,不构成一般法(基本法)与特别法的关系。如本法的规定与《合同法》等的规定不一致,应适用“新法变更旧法的原则”。第11条所称“其他法律”一语,是指置身于民法典之外的《公司法》《票据法》《海商法》《保险法》《证券法》《著作权法》《专利法》《商标法》等民(商)事单行法。

二、自然人

(一)胎儿利益保护

第16条创设了胎儿利益特别保护制度[⑫],值得重视。《民法通则》拘泥于传统民法理论,认为胎儿属于母亲身体之一部分,胎儿在出生之前,不能享有损害赔偿请求权和遗产继承权,对胎儿利益保护非

---

⑪ 《民法总则草案》第11条规定:“其他法律对民事关系另有特别规定的,依照其规定。”

⑫ 《民法总则草案》第16条规定:“涉及遗产继承、接受赠与等胎儿利益的保护,胎儿视为具有民事权利能力。但是,胎儿出生时未存活的,其民事权利能力自始不存在。”

常不利。[13] 学界一致认为这属于立法漏洞。实务界已经有认可胎儿损害赔偿请求权的案例。本条采纳学术界和实务界的建议,规定了胎儿视为有民事权利能力制度,弥补了立法的不足,值得肯定。

(二)行为能力

《民法通则》规定自然人年满“十周岁”具有限制民事行为能力(第12条)。随着社会的发展进步,未成年人从上小学开始就要参加各种民事活动,需要实施各种民事法律行为。按照原来的规定,年满10周岁之前为无民事行为能力人,进行民事活动必须由法定代理人代理。这既不可能也不合理。学者的建议方案有两个:一是维持行为能力的“三分法”,适当降低具有限制行为能力的年龄;二是把民事行为能力的“三分法”改为“两分法”,只规定完全行为能力和限制行为能力,成年人具有完全行为能力、未成年人具有限制行为能力。起草人采纳了第一个方案。

(三)成年监护

废止“精神病人禁治产制度”,新创成年监护制度。中国老龄化问题日益突出,不仅带来所谓“人口红利”消退,而且带来很多社会问题。起草人参考发达国家(例如日本)的立法经验,创设成年监护制度,以资因应。其中,第27条规定指定监护人[14],第31条规定意定监护人[15],第33条第3

---

⑬ 仅《继承法》第28条规定:“遗产分割时,应当保留胎儿的继承份额……”

⑭ 《民法总则草案》第27条规定:“无民事行为能力或者限制民事行为能力的成年人,由下列人员中有监护能力的人依次担任监护人:(一)配偶;(二)父母;(三)子女;(四)其他愿意承担监护责任的个人或者有关组织,经被监护人住所地的居民委员会、村民委员会或者民政部门同意的。”

⑮ 《民法总则草案》第31条规定:“具有完全民事行为能力的成年人,可以与近亲属、其他愿意承担监护责任的个人或者有关组织事先协商,以书面形式确定自己的监护人。监护人在该成年人丧失或者部分丧失民事行为能力时,承担监护责任。”

款规定成年监护的基本原则。[16] 现在的规定还较粗略,仍有完善的余地。

三、法人制度

(一)法人分类

关于法人的分类,学者提出的建议方案有两个:一是按照民法理论和发达国家立法例,分为社团法人与财团法人;二是沿用《民法通则》分为企业法人与非企业法人的经验,分别改称"营利性法人"和"非营利性法人"。2015 年 9 月讨论的室内稿曾经采取第一个方案,但难以区分"机关法人"和"事业单位法人"。因为"机关"和"事业单位"虽可称为"人合组织体",但没有"成员"(股东、会员),难以纳入"社团"概念,且我国《公司法》上的"一人公司",也不符合社团(人合组织体)概念。因此,起草人放弃第一个方案,转而采用第二个方案,按照法人目的划分,分为营利性法人(第二节)与非营利性法人(第三节),非营利性法人包括事业单位法人(第 82、83 条)、社会团体法人(第 84、85 条)、捐助法人(第 86 条第 1 款)、宗教法人(第 86 条第 2 款)、机关法人(第 89、90 条)。这种分类消除了既非营利性也不符合公益性的中间法人,符合民法立法和理论发展的趋势,能够与《民法通则》的分类相衔接,有利于保持法律制度的稳定,值得赞同。

(二)法定代表人制度

法定代表人制度规定在第 57 条。[17] 第 1 款规定法定代表人,沿用

---

⑯ 《民法总则草案》第 33 条第 3 款规定:"成年人的监护人履行监护职责,应当最大程度地尊重被监护人的意愿,保障并协助被监护人独立实施与其智力、精神健康状况相适应的民事法律行为。"

⑰ 《民法总则草案》第 57 条规定:"依照法律或者法人章程规定,代表法人从事民事活动的负责人,为法人的法定代表人。法定代表人以法人名义从事的民事活动,其法律后果由法人承受。法人的章程或者权力机构对法定代表人的代表权范围的限制,不得对抗善意第三人。"

《民法通则》第38条规定。新增第2款和第3款,具有重要的理论意义和实践意义。第2款规定,法定代表人以法人名义从事的民事活动,由法人承受其后果。法定代表人为法人代表机关,其行为是法人自己的行为,所产生的权利义务和责任,理当由法人享有和承担。表明我国民事立法采纳"法人组织体说"。第3款规定了法定代表人越权行为的效力规则。民法解释论上曾经有"权利能力限制说""行为能力限制说"与(法定代表人的)"代表权限制说"。按照"权利能力限制说",法定代表人的越权行为属于绝对无效;按照"行为能力限制说",法定代表人的越权行为属于相对无效;按照"代表权限制说",法定代表人的越权行为属于有效,但不得对抗善意第三人。"代表权限制说"为现今民商法学界之通说,第3款规定采此说,有利于市场交易安全与交易公平两项价值之兼顾。

顺便指出,因《民法通则》未设置法定代表人越权行为效力规则,为弥补这一立法漏洞,《合同法》制定时参考表见代理规则,设置第50条规定越权行为效力规则,称为"表见代表"[18]。因此,法院审理公司法定代表人超越权限订立合同(如担保合同)纠纷案件时,须依据《合同法》第50条表见代表规则进行裁判。在本法生效之后,人民法院审理同类案件,就应当适用本法第57条第3款法定代表人越权行为效力规则。在将《合同法》编纂为民法典的合同编时,似可考虑删除第50条。

(三)超越经营范围法律行为效力规则

第77条创设了超越经营范围法律行为的效力规则。[19] 此项规则

---

[18] 《合同法》第50条规定:"法人或者其他组织的法定代表人、负责人超越权限订立的合同,除相对人知道或者应当知道其超越权限的以外,该代表行为有效。"

[19] 《民法总则草案》第77条规定:"营利性法人超越登记的经营范围从事经营活动的,依法承担相应的责任,但是除违反法律、行政法规的效力性强制性规定外,民事法律行为有效。"

是将最高人民法院《关于适用〈中华人民共和国合同法〉若干问题的解释(一)》第10条解释规则[20]提升为正式法律条文,具有重要理论和实践意义。

四、关于民事权利

(一)不规定民事权利客体(章)

本法设置第五章规定各种民事权利,表明起草人拒绝学者关于专章规定民事权利客体的立法建议。规定了各种民事权利,权利客体也就包含在其中了。例如,第108条列举规定了知识产权的各种客体。[21]在2015年9月的专家讨论会上,曾经讨论过中国法学会的"民事权利客体章"专家建议稿(共16个条文)。多数学者认为,社会生活不断发展变化,不断衍生许多新的事物,不排除将来有规定为权利客体的可能。但问题之一是难以完全列举,问题之二是很难决定其属于何种权利。例如,手机"流量""死者人格利益""遗体"等,属于什么权利很难说清楚。本法不作规定,并不影响其作为民事利益受法律保护。至于脱离人体的器官、血液、骨髓、组织以及精子、卵子等,则以特别法予以规定为宜。

(二)不设"人格权编"

本章列举规定各种人格权[22],表明起草人拒绝人格权单独立法

---

[20] 最高人民法院《关于适用〈中华人民共和国合同法〉若干问题的解释(一)》第10条规定:"当事人超越经营范围订立合同,人民法院不因此认定合同无效。但违反国家限制经营、特许经营以及法律、行政法规禁止经营规定的除外。"

[21] 《民法总则草案》第108条第2款规定:"知识产权是指权利人依法就下列客体所享有的权利:(一)作品;(二)专利;(三)商标;(四)地理标记;(五)商业秘密;(六)集成电路布图设计;(七)植物新品种;(八)数据信息;(九)法律、行政法规规定的其他内容。"

[22] 《民法总则草案》第99条规定:"自然人的人身自由、人格尊严受法律保护。"第100条规定:"自然人享有生命权、健康权、身体权、姓名权、肖像权、名誉权、荣誉权、隐私权、婚姻自主权等权利。法人、非法人组织享有名称权、名誉权、荣誉权等权利。"

（设编）的建议，而坚持当今人格权保护的中国经验。所谓人格权保护的中国经验包含三个要点：一是人格权类型化（第 100 条）加上一般人格权（第 99 条）；二是侵权法保护（《侵权责任法》第 2 条）；三是承认人格权具有财产价值（《侵权责任法》第 20 条）。所谓人格权保护的中国经验，与当今发达国家和地区人格权保护的共同经验是完全一致的。

（三）不设“债权总则编”

第 105 条规定了债权的定义和债的发生原因㉓，表明编纂中国民法典将不设“债权总则编”。民法典是否设债权总则编，是民法学界重大争论点之一。民法典设置债权总则编，有利有弊。利在维持民法逻辑体系和民法理论体系，弊在分解现行《合同法》，诸如债的种类、债的履行、债权的变更与转让、债权人代位权与债权人撤销权、债权债务关系的消灭等内容，须从《合同法》总则部分分离出来，规定到债权总则编。起草人不主张设置债法总则编，目的在于保持现行《合同法》的完整性。本法规定债权的概念和债的发生原因，解决了债权概念和债的发生原因难以纳入《合同法》的难题，至于债权总则的其他内容，则仍保留在《合同法》总则（予以完善）。

五、民事法律行为

（一）法律行为概念之争

《民法通则》发明“民事法律行为”概念和“民事行为”概念。以

㉓ 《民法总则草案》第 105 条第 2 款规定：“债权是因合同、单方允诺、侵权行为、无因管理、不当得利以及法律的其他规定，权利人请求特定义务人为一定行为的权利。”第 106 条规定：“没有法定的或者约定的义务，为避免他人利益受损失进行管理或者服务的，有权请求受益人偿还由此而支付的必要费用。”第 107 条规定：“没有合法根据，取得不当利益，造成他人损失的，应当将取得的不当利益返还受损失的人。”

“民事法律行为”指称合法有效的行为,用“民事行为”概念指称违法的、无效的、可撤销的行为。现在看来,这与制定《民法通则》时民法教学和理论研究刚恢复不久,起草人还未能正确理解法律行为概念本质有关。《民法通则》已施行30年,中国民法理论和学术研究有了长足进步,主张采用大陆法系民法通用的“法律行为”概念,废弃“民事法律行为”概念和“民事行为”概念,已成为学界共识。

2015年9月室内稿采用了“法律行为”概念,却受到其他法学专业学者的反对,理由是,如民法典采用“法律行为”概念,别的法律(法学)专业就难以再使用类似概念,如“经济法律行为”“行政法律行为”等。笔者认为,起草人为了避免纠缠个别概念,仍然采用“民事法律行为”概念。值得注意的是,现在的“民事法律行为”概念[24]已经抛弃《民法通则》起草人赋予的特别含义,而与大陆法系民法中的“法律行为”概念毫无区别。

(二)保留关于法律行为有效要件的规定

第112条规定的法律行为有效要件是以《民法通则》第55条为基础,文字稍有改动。[25] 在关于制定《民法总则》的讨论中,一些学者建议删去本条。理由是,法律已经明确规定了法律行为无效条件、可撤销条件,没有必要再从正面规定法律行为的有效条件。但考虑到社会生活的复杂性和变动性,仍然还会出现一些在法律上没有具体规定的新型案件。保留法律行为有效要件的规定,遇到未有法律具体规定的新型案件,法庭可以直接引用本条作为裁判依据。这就增加了法律的

㉔ 《民法总则草案》第112条规定:“民事法律行为是指自然人、法人或者非法人组织通过意思表示设立、变更、终止民事权利和民事义务的行为。”

㉕ 《民法总则草案》第121条规定:“具备下列条件的民事法律行为有效:(一)行为人具有相应的民事行为能力;(二)意思表示真实;(三)不违反法律、行政法规的效力性强制性规定,不违背公序良俗。”

灵活性。值得注意的是,《民法通则》第55条规定中第3项要件是“不违反法律或者社会公共利益”。本条用“公序良俗”取代“社会公共利益”,并将“违反法律”一语改为“违反法律、行政法规效力性强制性规定”,这是采用了最高人民法院的解释用语。[26] 该项司法解释将“强制性规定”区分为“效力性规定”与“非效力性(管理性)规定”。笔者认为,中国民法实务界采用所谓“效力性规定”一语,是受日本的影响。[27]

(三)创设虚伪表示和隐藏行为规则

新增关于虚伪表示和隐藏行为的规则。[28]《民法通则》未规定虚伪表示,而社会生活中当事人为规避法律强制性规定或逃避债务所为虚伪表示和隐藏行为并不鲜见。为弥补立法漏洞,特创设第124条。

(四)统一欺诈、胁迫的法律效果

第126条至第128条规定了欺诈和胁迫的法律效果。[29] 按照民法原理和立法例,欺诈和胁迫均为法律行为撤销的原因。但《民法通则》第58条规定欺诈、胁迫的法律效果为无效。《合同法》制定时,关于如

㉖ 最高人民法院《关于适用〈中华人民共和国合同法〉若干问题的解释(二)》第14条规定:“合同法第五十二条第(五)项规定的‘强制性规定’,是指效力性强制性规定。”

㉗ 在制定《合同法》时,在北京国际饭店召开的中日国际学术研讨会上,王晨教授就此问题报告过日本的经验。

㉘ 《民法总则草案》第124条规定:“行为人与相对人串通,以虚假的意思表示实施的民事法律行为无效,但是双方均不得以此对抗善意第三人。行为人以虚假的意思表示隐藏的民事法律行为,依照有关法律规定处理。”

㉙ 《民法总则草案》第126条规定:“一方以欺诈手段,使对方在其违背真实意思的情况下实施的民事法律行为,受欺诈方有权请求人民法院或者仲裁机构予以撤销。”第127条规定:“第三人实施欺诈行为,使一方在违背其真实意思的情况下实施的民事法律行为,对方知道或者应当知道该欺诈行为的,受欺诈方有权请求人民法院或者仲裁机构予以撤销。”第128条规定:“一方或者第三人以胁迫手段,使对方在违背其真实意思的情况下实施的民事法律行为,受胁迫方有权请求人民法院或者仲裁机构予以撤销。”

何规定欺诈、胁迫的法律效果发生分歧,一种意见主张规定为可撤销,另一种意见主张仍依《民法通则》规定为无效。最终采取折中办法,分为两个条文,依欺诈、胁迫之是否损害国家利益而规定不同的法律效果[30],这与民法理论及各主要国家及地区的立法例不符,且在裁判实务中徒增操作困难。起草人在总结裁判实践经验的基础上,采纳学者建议,将欺诈、胁迫的法律效果统一规定为可撤销,值得肯定。

(五)合并显失公平和乘人之危

将现行法乘人之危与显失公平合并为一项制度。[31] 在制定《民法通则》时,受当时南斯拉夫新债法的影响,将传统民法"暴利行为"制度(《德国民法典》第138条第2款)一分为二:一为"乘人之危",指一方当事人乘对方处于危难之际,为牟取不正当利益,迫使对方作出不真实的意思表示而成立的法律行为,其法律效果为无效(《民法通则》第58条),后《合同法》改为可撤销(《合同法》第54条第2款);二为"显失公平",凡合同双方给付显失均衡,致一方遭受重大损害的,均可构成显失公平,其法律效果为可撤销(《民法通则》第59条、《合同法》第54条)。

考虑到现行法上乘人之危与显失公平的共同本质均在于双方当事人的权利义务显失均衡,且法律效果均属于可撤销,从裁判实务言之,则乘人之危的构成要件过严,显失公平的构成要件过宽。主张乘人之危获得法院支持的可能性极小,而主张显失公平获得法院支持的可能性较大。有鉴于此,起草人将乘人之危与显失公平合并为一个条

---

[30] 《合同法》第52条第1项规定,一方以欺诈、胁迫的手段订立合同,损害国家利益的合同无效。第54条第2款规定,一方以欺诈、胁迫的手段"使对方在违背真实意思的情况下订立的合同,受损害方有权请求人民法院或者仲裁机构变更或者撤销"。

[31] 《民法总则草案》第129条规定:"一方利用对方处于困境、缺乏判断能力或者对自己信赖等情形,致使民事法律行为成立时显失公平的,受损害方有权请求人民法院或者仲裁机构予以撤销。"

文,仍称"显失公平"(实则将乘人之危作为构成显失公平的主观要件)。这一做法不仅符合民法原理和立法例,而且将更有利于对双方当事人合法权益之保护,更能实现维护市场交易公正性之目的,并方便法院裁判。

(六)删除可撤销法律行为的"变更"效力

民法原理和立法例于法律行为意思表示存在瑕疵情形,赋予受损害一方撤销权,通过撤销权之行使,消灭有瑕疵法律行为的效力,使当事人双方恢复到成立该法律行为之前的状态,以纠正当事人之间的不公正。但现行《民法通则》和《合同法》却在撤销权之外赋予当事人变更的效力。[32] 此项"变更"效力,亦可解释为附着于撤销权的另一项形成权,即"变更权"。此项变更权之行使,将依权利人单方的意思而变更双方之间的权利义务,使权利人单方的意思具有拘束对方当事人的效力,有悖于本法明文宣示的"平等原则"(第3条)、"意思自治原则"(第4条),以及民事法律行为非依法律规定或者双方合意不得变更的基本原理(第115条)。就裁判实践言之,法院因当事人行使撤销权而撤销有瑕疵的法律行为,恢复当事人未实施该法律行为之前的状态,不仅最为公平合理,亦最为方便。大多数当事人之所以不选择行使变更权,显然是考虑到法院难以仅依自己单方的意思作出变更判决,且即使法院作出变更判决,被告方也难免继续缠讼不休。起草人从重大误解、欺诈、胁迫、显失公平民事法律行为的规定中,删除"变更"效力,值得赞同。

㉜ 《合同法》第54条第2、3款规定:"一方以欺诈、胁迫的手段或者乘人之危,使对方在违背真实意思的情况下订立的合同,受损害方有权请求人民法院或者仲裁机构变更或者撤销。当事人请求变更的,人民法院或者仲裁机构不得撤销。"

六、关于代理制度

大陆法系传统民法理论所谓代理,是指直接代理。间接代理被视为类似代理之制度,而非真正代理。德国民法、日本民法及我国台湾地区“民法”所规定的代理,均限于直接代理。《民法通则》关于代理的规定,坚持代理人须以被代理人的名义实施法律行为,与上述国家和地区相同,即仅指直接代理。《合同法》制定时,关于是否规定间接代理曾发生激烈争论。最终起草人采纳多数学者专家的意见,参考英美代理法及欧洲合同法原则,在直接代理之外规定了间接代理(第402条、第403条)。可见中国现行法上的代理,已突破大陆法系传统民法理论,采用了包括直接代理和间接代理的广义代理概念。

编纂民法典及制定民法总则,对待《合同法》中的间接代理问题有两个方案。一是将《民法通则》规定的直接代理制度与《合同法》上的间接代理规则加以整合,制定既符合中国发展现代化市场经济,特别是发展国际经济贸易的要求,又与国际公约和惯例接轨的代理法。二是民法总则规定直接代理作为代理法的一般规则,将间接代理保留在《合同法》上作为特别规则。起草人采纳第二个方案,仅以1个条文规定间接代理的定义。[33]

七、诉讼时效

(一)规定普通诉讼时效期间为3年过短

各主要国家及地区民法规定的普通诉讼时效期间一般较长。《民法通则》规定的普通诉讼时效期间为2年。草案第167条第1款规定

---

[33] 《民法总则草案》第142条规定:“代理人在代理权限内以自己的名义与第三人实施民事法律行为,第三人知道代理人与被代理人之间的代理关系的,该民事法律行为直接约束被代理人和第三人,但是有确切证据证明该民事法律行为只约束代理人和第三人的除外。”

普通诉讼时效期间为3年，仍嫌过短。多数学者建议规定为5年。

（二）建议增设人身损害赔偿请求权的长期诉讼时效期间

《民法通则》第136条规定人身损害赔偿的诉讼时效期间是1年，现在的草案不区分财产性损害赔偿和人身损害赔偿，一律适用普通诉讼时效期间（3年），显然是不适当的。建议参考《德国民法典》和《法国民法典》[34]，规定人身损害赔偿请求权的诉讼时效期间为10年。

（三）建议增设未成年人受性侵害请求权诉讼时效特别规则

鉴于对未成年人性侵害行为的特殊性，受害人属于限制行为能力人或者无行为能力人，不可能自己寻求法律保护。于监护人疏于履行监护职责甚至监护人就是加害人的情形，受害人往往得不到法律救济。受害人成年之后自己寻求法律保护，却因诉讼时效期间超过法院拒绝受理或者被驳回。为了给受性侵害未成年人预留其成年之后寻求法律救济之机会，发达国家立法例有三种方案。

方案一，为受性侵害未成年人的损害赔偿请求权规定足够长的时效期间，保障其成年之后能够寻求法律保护（诉讼时效期间尚未超过）。例如，《法国民法典》第2226条第2款规定："对未成年人实施拷打或野蛮行为、暴力或性侵犯造成损害的，诉讼时效期间为20年。"

方案二，规定受性侵害未成年人的损害赔偿请求权诉讼时效期间，于受害人成年且能够行使诉权之前不开始计算。例如，《德国民法典》第208条规定："基于性的自主决定受侵害的请求权，于受害人满21周岁前，时效不开始进行。时效开始时受害人与加害人处在家庭共同生活关系中的，于共同生活关系终止前，诉讼时效不开始进行。"

---

[34] 人身损害赔偿的诉讼时效期间，《德国民法典》规定为30年，《法国民法典》规定为10年。

方案三,将受性侵害未成年人的损害赔偿请求权诉讼时效与性侵害犯罪行为的追诉时效相联系,规定于性侵害犯罪行为追诉时效届满之前诉讼时效亦不届满,以保障受害人可以行使损害赔偿请求权。例如,新《荷兰民法典》第3:310条第4款规定,对不满18周岁的女性的性侵害犯罪行为,损害赔偿的诉讼时效在犯罪的追诉时效届满前不届满。

其中,方案二,因《德国民法典》第208条规定最为简便,特此建议参考这一经验,创设未成年人受性侵害损害赔偿请求权诉讼时效期间起算的特别规则,规定:"未成年人受性侵害的损害赔偿请求权的诉讼时效期间,自受害人年满十八周岁之日开始计算。"(第1款)"受害人与加害人处在家庭共同生活关系中的,其诉讼时效期间,自受害人年满十八周岁并且脱离家庭共同生活关系之日开始计算。"(第2款)

第五编

民法典编纂

中华人民共和国民法典大纲（草案）*

目　录

* 1998 年 9 月 3 日民法起草工作小组会议上委托作者起草此大纲草案。

第五章 邻地利用权
第六章 典 权
第七章 抵押权
第八章 质 权
第九章 留置权
第十章 让与担保权
第十一章 占 有
第三编 债权总则
第一章 一般规定
第二章 债的原因
第三章 债的标的
第四章 多数当事人的债权债务
第五章 债权的移转与变更
第六章 债的保全
第七章 债权的消灭
第四编 合 同
第一章 一般规定
第二章 合同的成立
第三章 合同的效力
第四章 合同的履行
第五章 合同的解除与终止
第六章 违约责任
第七章至第二十四章 各种合同
第五编 侵权行为
第一章 一般规定
第二章 使用人责任
第三章 工作物责任

第四章　公共营造物责任
第五章　公害责任
第六章　动物伤害责任
第七章　高度危险责任
第八章　交通事故责任
第九章　产品责任
第十章　医疗过失责任
第十一章　侵害人格权的责任
第六编　亲　属
第一章　一般规定
第二章　亲　属
第三章　结　婚
第四章　夫妻关系
第五章　离　婚
第六章　父母子女
第七章　收　养
第八章　扶　养
第九章　监　护
第七编　继　承
第一章　一般规定
第二章　法定继承
第三章　遗嘱继承和遗赠
第四章　遗产的处理

【总说明】

民法所调整的社会关系分为两大类，即经济生活关系和家庭生活关系。与此相应，民法规范也分为两大类，即财产法和身份法。财产法再分为物权法、债权法、继承法和知识产权法,而身份法仅指亲属法。民法属于权利法,物权法规定物权,债权法规定债权,继承法规定继承权,知识产权法规定知识产权,亲属法规定亲属权。人格权属于民事主体资格应有内容,应与主体资格一并规定。物权、债权、继承权和知识产权性质上属于财产权,人格权和亲属权性质上属于非财产权,再由财产权与非财产权构成一个完整的民事权利体系。

民法典编纂有两种体例。一是法国式,以《法国民法典》为蓝本,分为三编:第一编人,第二编财产,第三编取得财产的方法。二是德国式,以《德国民法典》为蓝本,分为五编:第一编总则,第二编债权,第三编物权,第四编亲属,第五编继承。德国式编纂体例的特色在于,将各种法律关系的共同规则抽出,集中规定在个别规定之前,关于各种合同的共同规则,作为合同的总则;关于合同、侵权行为、不当得利和无因管理的共同规则,作为债权总则;关于物权、债权、亲属、继承的共同规则,作为法典的总则,使整个法典成为一个逻辑严谨的规则体系。通说认为德国式编纂体例较优。20 世纪编纂的民法典多数采德国式编制体例或以德国式编纂体例为基础而稍有变化。

德国式编制体例的特点在于着重法律的逻辑性和体系性。着重法律的逻辑性和体系性,会使法律规则明确,人们易于学习、了解,法官易于操作、适用,可以保障裁判结果的统一性和公正性,可以达到通过民法典教育人民的目的。反之,不着重法律的逻辑性和体系性,则法律规则不明确,其内容难以了解、把握,其操作、适用复杂,难以保障裁判结果的统一性和公正性。并考虑到自清末法制改革以来,德国民法典的编制体例及所确立的概念、原则、制度和理论体系,已经为我国民事立法、司法实务和学术界所接受。现行《民法通则》的章节安排、所使用的概念术语及所确立的民事权利体系,显然借鉴了德国民法典的立法经验。因此,我国民法典大纲的设计,应以现行《民法通则》为基础并着重参考德国式编制体例。

本方案以《民法通则》第一章、第二章、第三章、第四章、第七章和第九章的规定为基础，设计民法典的总则编；以《民法通则》第五章第一节的规定和现行《担保法》关于担保物权的规定为基础设计民法典的物权编；考虑到21世纪以来市场经济和科学技术的巨大发展，产生了各种新的交易形式和新的合同类型，产生了各种新的危险和新的侵权行为类型，导致债权法内容极大膨胀，而与其他各编不成比例，因此以《民法通则》第五章第二节债权和第六章民事责任的规定为基础，参考20世纪90年代几部新民法典的经验，设计民法典的债权总则、合同和侵权行为三编，并以债权总则编统率合同编和侵权行为编；以《民法通则》第五章第四节第103条、第104条、第105条的规定和现行《婚姻法》《收养法》的规定为基础，设计民法典的亲属编，并将《民法通则》第二章第二节规定的监护制度作为亲属编的一章；以《民法通则》第五章第一节第76条的规定和现行《继承法》的规定为基础，设计民法典的继承编。考虑到人格权为民事权利主体资格应有内容，如单独设编条文畸少而与其他各编不成比例，且对人格权的尊重和保护重在内容而不在于是否单独设编，因此决定人格权不单独设编，而将《民法通则》第五章第四节关于人格权的规定纳入总则编自然人一章。知识产权为重要的民事权利，现行《民法通则》第五章第三节作了规定，但考虑到现行《专利法》《商标法》和《著作权法》已构成一个相对独立的知识产权法体系，因此决定不设知识产权编，而以《专利法》《商标法》和《著作权法》作为民法典外的民事特别法。《民法通则》第八章涉外民事关系的法律适用，性质上属于国际私法，考虑到20世纪以来单独制定国际私法法典已成为共同趋势，以及我国国际私法学界对单独制定法典已达成共识，因此建议在民法典之外另行制定国际私法法典。

第一编　总　　则

【说明】

总则编规定民法基本原则和基本制度,不仅是整个民法的基础而且是整个法治的基础,相当于现行《民法通则》第一、二、三、四、七、九章的内容。建议以现行《民法通则》上述各章的规定为基础,予以修订增补,分设九章。现行《民法通则》第八章涉外民事关系的法律适用,属于国际私法,建议另行制定国际私法法典。如果不采纳制定国际私法法典的建议,则可将国际私法的内容作为总则编第十章,仍以“涉外民事关系的法律适用”为章名。

【各章名称及内容要点】

第一章　一般规定

建议设四节。

第一节立法目的与调整对象。建议维持《民法通则》第 2 条的规定,即本法调整对象为平等主体间的财产关系和人身关系。

第二节基本原则。建议规定:(1)私法自治原则,即民事主体在法律允许的范围内自由决定缔结民事法律关系,为自己设定权利或对他人履行义务,任何机关、组织和个人不得非法干预。(2)平等原则,即在民事活动中一切当事人法律地位平等,任何一方不得把自己的意思强加给对方。(3)公平原则,即法律行为内容的确定,应当遵循公平原则,由当事人一方或第三方确定法律行为内容的,其确定只在符合公平原则时,才能对他方当事人发生效力。(4)诚实信用原则,即行使权利和履行义务,应当遵循诚实信用原则。(5)公序良俗原则,即法律行为的内容和目的不得违背公共秩序或善良风俗。(6)禁止权利滥用原则,即行使权利,不得超过其正当界限。行使权利超过其正当界限,构成权利滥用,应当承担法律责任。

第三节民事权利。建议对民事权利体系作概括规定,即列举规定物权、债权、继承权、知识产权、发明权、发现权、人格权、亲属权的定义,以便人们了解自己依法享有哪些民事权利。

第四节效力与适用。建议规定:(1)关于时之效力,法律不溯及既往原则;新法改废旧法原则。(2)关于人的效力,同时采用属人主义和属地主义原则。(3)关于地的效力,规定与香港特别行政区、澳门特别行政区、台湾地区间民事关系的法律适用。(4)本法与单行法的关系。

第二章　权利客体

建议设四节。第一节物。建议规定作为权利客体的物的定义:本法所称物指有体物;人力能够支配的自然力,视为物;土地上下人力能够支配之特定空间,视为物。规定以分离身体一部分为标的之法律行为,不违背公序良俗的,为有效,但不得强制执行。第二节不动产。建议规定不动产定义:本法所称不动产,是指土地及其定着物。土地及土地上的建筑物,分别为独立的不动产。第三节动产。建议规定动产定义:本法所称动产,是指不动产之外的物。第四节从物、孳息。建议规定从属于主物之物,为从物;主物的处分,及于从物;原物所出之收益,为孳息;孳息归属于原物所有人。

第三章　权利主体——自然人

建议设六节。

第一节权利能力。建议规定:自然人的民事权利能力始于出生,终于死亡;胎儿从受胎之时起,视为已出生。建议规定死亡时间的推定:二人以上同时遇难,其死亡先后无法证明时,相互有继承关系的,推定长辈先死亡;辈分相同的,推定为同时死亡。相互无继承关系的,推定为同时死亡。

第二节行为能力。建议维持《民法通则》的规定:自然人年满 18 周岁为成年,具有完全行为能力;年满 16 周岁不满 18 周岁的自然人,以自己的劳动收入为主要生活来源的,视为有完全行为能力;不满 10 周岁的未成年人,为无行为能力人;年满 10 周岁的未成年人,为限制行为能力人。规定无行为能力和限制行为能力的未成年人为法律行为,应当由法定代理人代理或者征得法定代理人同意。无行为能力或者限制行为能力的未成年人,不得单独实施下述行为:非使未成年人纯获利益的行为;未成年人自己财产的处分行为;被许可营业的未成年人的营业行为;缔结劳动合同并请求劳动报酬。

第三节宣告失踪。建议维持《民法通则》的规定:自然人下落不明满 2 年的,利害关系人可以向人民法院申请宣告他为失踪人。

第四节宣告死亡。建议维持《民法通则》的规定并作补充:自然人下落不明满 4 年或者因意外事故下落不明满 2 年,其利害关系人可以向人民法院申请宣告他死亡;没有利害关系人或者虽有利害关系人但不提出申请的,由检察院向人民法院申请宣告他死亡。

第五节人格权。建议以《民法通则》现行规定为基础适当补充,规定一般人格权和各种特别人格权,特别人格权包括:生命、身体、健康、自由、名誉、姓名、肖像、隐私。

第六节住所。建议维持《民法通则》的规定:自然人以其户籍所在地的居住地为住所,其经常居住地与住所不一致的,经常居住地视为住所。

第四章　权利主体——法人

建议设五节。第一节一般规定。建议以《民法通则》的规定为基础,规定法人非依法律不得设立;法人的权利能力和行为能力从法人成立时产生;法人的机关;法人的侵权责任;法人以其主要办事机构所在地为住所。第二节法人设立。建议规定非营利法人的设立,采行政许可主义;营利法人中的公司法人的设立,采准则设立主义;其他营利法人的设立,采行政许可主义。规定法人设立必须登记。第三节法人的机关。建议规定各类法人的意思机关(权力机关)和代表机关(执行机关)。第四节法人的解散与清算。建议规定:法人不经解散,其人格不消灭;规定解散的原因;规定法人解散,应当进行清算;规定清算人的产生、职责。第五节非法人团体。建议规定非法人团体的条件及其责任承担。

第五章　法 律 行 为

建议设四节。第一节一般规定。建议规定:法律行为的定义;法律行为的有效要件;法律行为的无效;可撤销的法律行为;效力待定的法律行为。第二节意思表示。建议规定:意思表示效力的发生、意思表示的解释;意思表示瑕疵:真意保留、虚伪表示、错误、误传、欺诈、胁迫。第三节条件、期限。建议规定条件的效力:停止条件;解除条件;条件利益的保护;条件成就的拟制和条件不成就的拟制。规定期限的效力:始期;终期;期限利益的保护。第四节无效与撤销。建议规定法律行为无效与撤销的法律后果。

第六章　代　　理

建议设四节。第一节代理权发生。建议规定代理权发生原因:法定代理;指定代理;委托代理;紧急情况下的代理。第二节表见代理。建议规定:表见代理的构成要件;表见代理的效力;无权代理人的责任。第三节狭义无权代理。建议规定:无权代理的效力;本人的追认;相对人的保护;无权代理人的责任。第四节间接代理。建议规定:间接代理的效力,委托人的介入权和相对人的选择权,代理人的责任。

第七章　期日、期间

不分节。规定期日、期间的效力和计算法。

第八章　诉讼时效

建议设三节。第一节一般规定。建议规定:诉讼时效的效力,改采抗辩权发生主义;规定诉讼时效非经当事人主张,法庭不得主动援用;规定不适用诉讼时效的请求权。第二节诉讼时效的期间。建议规定普通时效期间、特别时效期间和最长时效期间;建议将普通时效期间,改为5年;规定诉讼时效期间的起算时点。第三节诉讼时效期间的中止与中断。建议规定诉讼时效期间中止的效力和中止的原因;诉讼时效期间中断的效力和中断的原因。

第九章　权利行使

建议设两节。第一节权利行使的原则。建议规定:权利行使应当遵循诚实信用原则;超过权利的正当界限而行使权利,构成权利滥用。第二节自力救济。建议规定:自助行为的效力和构成要件;正当防卫行为的效力和构成要件;紧急避险行为的效力和构成要件。

第二编　物　　权

【说明】

物权法规定现存财产归属关系的基本规则,是市场交易关系发生的前提,是市场经济法律秩序的基础,与债权法构成民法财产法两大基干。物权为对物的支配权,以与债权为对人的请求权相对应。物权分为完全物权与不完全物权;完全物权指所有权,不完全物权包括用益物权与担保物权。另外规定作为一种事实状态的占有。至于采矿权、水权等应当由特别法规定。

【各章名称和内容要点】

第一章　一 般 规 定

建议设三节。

第一节物权定义及物权法基本原则。建议规定:物权的定义;物权法定原则;违背物权法定原则的后果;物权公示原则;物权变动的原因行为与物权变动的区分原则;物权的优先效力;物权的解释原则。

第二节物权变动。建议规定不必公示的物权变动:因法律规定、法院判决、政府指令而发生的物权变动,自法律、判决生效或政府指令下达直接生效;因继承发生的物权变动,从继承开始时生效;因事实行为发生的物权变动,自事实行为成就时生效。规定国家征收和征用的条件及补偿。建议规定不动产登记制度:规定不动产登记机关,设在基层人民法院;不动产登记机关的组成、登记官员的资格以及登记程序由不动产登记法规定。规定不动产登记簿的效力;权属证书的效力;不动产登记簿记载的推定效力;登记顺位;预告登记;登记机关错误的责任。规定动产的占有交付:规定动产物权变动自占有交付时生效;受让人先行占有的,自合同生效时生效;出让人可以移转物权请求权代替交付;占有的权利推定效力。

第三节物权请求权。建议规定物权请求权;返还请求权;确权请求权;消除危险请求权;排除妨害请求权;损害赔偿请求权。

第二章　所　有　权

建议设六节。

第一节一般规定。规定所有权定义;孳息的归属;所有权人的容忍义务;取得时效:动产 10 年、不动产 20 年;取得时效的中断和中止;矿藏归国家所有;规定公有物、公用物不得为私人所有,不得转让,也不因时效而消灭。规定宗教财产属于作为财团法人的寺庙宫观所有。

第二节土地所有权。规定国有土地所有权:宪法及法律指定的土地属于国家所有;国有土地所有权由国务院统一行使。规定集体土地所有权:宪法及法律指定的国有以外的农村和城市郊区的土地属当地全体居民共同所有;其所有权由所有人选定的机关依法行使,但其所有权的行使不得违反法律和妨碍公共利益。规定土地所有权的效力范围:土地所有权除法律有限制外,于其行使有利益的范围内,及于土地之上下;如他人之干涉无碍其所有权行使的,不得予以排除。

第三节建筑物区分所有权。规定建筑物区分所有权制度。

第四节不动产相邻关系。规定不动产相邻关系上的各项权利义务。

第五节动产所有权。建议规定善意取得制度;先占制度;拾得遗失物制度;发现埋藏物制度;添附制度。

第六节共有。建议规定共有的定义;共同共有;按份共有;准共有;共有物的分割。

第三章 基地使用权

不分节。建议规定基地使用权的定义:基地使用权,是指为在他人所有的土地上建造并拥有建筑物或其他附着物而使用他人土地的权利。规定基地使用权只能在法律许可为基地用途的土地上设立。基地使用权的效力不及于地表或地下的矿产资源。规定:基地使用权的设定和取得;空间使用权;相邻关系之准用;基地使用权的撤销;租金缴纳;基地使用权的转让;基地使用权期满后的延期与补偿;基地使用权的抛弃。

第四章 农地使用权

不分节。建议规定农地使用权的定义:农地使用权,是指以种植、养殖、畜牧等农业目的,对国家或集体所有的农用土地占有、使用、收益的权利。农地使用权设立于一切适于农业目的而使用的土地,包括山岭、森林、草原、荒地、滩涂、水面等。农地使用权的期限为50年,既存农地使用权,其期限短于20年的,延长为50年。期限届满,如无本法规定之法定事由,则按照原设定条件自动延长,延长的期限为50年。并规定:农地使用权的设定和取得;农地使用权的期间及延长;农地使用权的转让和抵押;农地用途之限制;农地使用权因不耕种而消灭。

第五章　邻地利用权

不分节。建议规定邻地利用权的定义：邻地利用权，是指土地所有权人、基地使用权人或农地使用权人为使用其土地的方便与利益而利用他人土地的权利。需用地的方便与利益包括在供用地上通行、取水、排水、通风、采光、眺望等，以及其他需要供用地人负容忍或不作为义务的方便与利益。并规定：邻地利用权的设定和取得；依时效取得邻地利用权；空间邻地利用权；邻地利用权的附从性；需用地之分割；供用地之分割；邻地利用权的消灭。

第六章　典　　权

不分节。建议规定典权的定义：典权，是指支付典价，占有他人不动产而为使用、收益的权利。此所谓不动产仅指建筑物及其所占用基地的基地使用权。规定典权的设定，应当由双方当事人订立书面合同并向不动产登记机关办理登记，典权自登记之日设定。规定典权之约定期限不得超过20年。并规定：典权的转让；典物的转让；转典或出租；典物因不可抗力灭失；典物的重建；定期典权的回赎与未定期典权的回赎；回赎权的行使。

第七章　抵　押　权

建议设四节。

第一节一般规定。规定抵押权的定义：抵押权，是指债权人对债务人或第三人依照法律规定不移转占有而供作债权担保的财产，在债务人不履行债务时，就该财产拍卖或变价而优先受偿的权利。并规定:抵押物的范围;不得抵押的财产;抵押权的设定必须订立书面合同,并办理抵押登记;不动产抵押权,自抵押登记之日设定;动产抵押权,自抵押合同生效之日设定,但未办理抵押登记的,不得对抗第三人;抵押权的效力;抵押权的顺位;优先受清偿的范围;取得抵押标的物的第三人的涤除权;抵押权的实行;抵押权的消灭。

第二节最高额抵押。规定最高额抵押权的定义:最高额抵押权,是指抵押人与抵押权人协议,在最高债权额限度内,以抵押物对一定范围内的不特定债权设定的担保。规定最高额抵押的适用范围;最高额的约定;最高额的变更;被担保债权的确定;等等。

第三节企业财产集合抵押。规定企业可将其所有的不动产、机械设备、工业产权,组成企业集合财产,设定抵押权;可以组成企业集合财产的财产种类;企业集合财产目录之作成与登记;企业集合财产抵押设定后,企业集合财产之组成物禁止转让;未得抵押权人同意,不得将组成物从集合财产中分离。

第四节企业担保(浮动担保)。规定公司法人向银行借款或者发行公司债券,可将企业现在所有及将来所有的全部财产设定企业担保;唯公司法人可以设定企业担保,被担保债权唯限于银行借款及公司债;企业担保权之设定合同,应作成公证证书,并向公司登记机关进行企业担保权登记;此登记为企业担保权公示方法和生效要件;在企业担保权实行时及设定公司破产的情形,企业担保权优先于其他担保权;但普通债权人及其他担保权人对企业个别财产为执行时,企业担保权无优先效力。

第八章　质　　权

建议设三节。

第一节一般规定。规定质权的定义:质权,是指债权人对于债务人或第三人依照本法移转占有而供作担保的动产，就该动产拍卖或变价优先受偿的权利。并规定：质权的标的物须有可让与性；质权的设定必须订立书面合同；质权自出质人向债权人移转质物的占有时设定；质押合同的内容；流质约款的禁止；转质；质权的留置效力和优先受偿效力；优先受清偿的债权范围；关于转质的规定；最高额质权准用关于最高额抵押权的规定。

第二节动产质权。规定动产质权的善意取得；动产质权人非继续占有质物，不得以其质权对抗第三人；质物的保管；质物的返还；质权的实行；营业质权。

第三节权利质权。规定可以设定权利质权的权利种类：债权；股份；债券；无体财产权（包括专利权、商标权、著作权）。规定股份质权的登记；知识产权质权的登记；股份质权和知识产权质权的标的的处分限制；权利质权可以准用关于动产质权的规定。

第九章　留　置　权

不分节。建议规定留置权的定义：留置权，是指依照本法的规定，债权人在债务人不履行债务时，对其占有的债务人的动产予以留置，并就该动产拍卖或变价优先受偿的权利。并规定：留置权的发生条件；留置权所担保的范围；留置权的效力；留置物的保管；留置权的行使。

第十章　让与担保权

不分节。建议规定让与担保权的定义：让与担保权，是指债务人或第三人为担保债务人的债务之履行，而将担保标的物的权利移转于债权人，于债务清偿后，标的物应返还于债务人或第三人，于债务不履行时债权人得就该标的物优先受偿的担保权利。并规定：凡具有可让与性的财产或财产权利，均可设定让与担保权；让与担保权的设定必须采用书面形式，并移转作为标的物的财产或财产权于债权人；让与担保权的登记，采通知登记或设定合同注册登记方式；规定收益归属和税费负担；债务人（让与人）的赎回权；让与担保权的实行方式及让与担保权人的清算义务。

第十一章　占　　有

不分节。建议规定占有的定义：占有为对于物事实上的控制与支配。并规定：占有的权利推定；占有状态的推定；善意取得；关于盗赃和遗失物的特别规定；善意占有人的使用、收益；善意占有人的责任；善意占有人的费用请求权；恶意占有人的责任及义务；占有人的自力救济权；占有保护请求权；占有保护请求权的除斥期间；共同占有；占有的消灭；准占有。

第三编　债权总则

【说明】

债权法规定财产的流转关系（主要是市场交易关系）的基本规则，与物权法构成现代民法财产法两大基干。债权本质上是对特定人的请求权，区别于本质上为对物的支配权的物权。债权法包括合同法、侵权行为法、不当得利法和无因管理法。鉴于20世纪以来，因市场经济和科学技术的发展，产生各种新的交易形式和交易关系，发生各种新的危险和损害类型，导致债权法内部合同法规则和侵权行为法规则的激增，最终导致债权法的膨胀。出于民法典各编在形式上协调的考虑，将债权法分为债权总则、合同和侵权行为三编，而以债权总则统属合同编和侵权行为编,以此维持债权法内部的逻辑性和体系性。此参考了 20 世纪 90 年代新制定的民法典的经验,如 1992 年的《荷兰民法典》将债权法分为债权总则、各种合同和运输法三编,1994 年的《蒙古国民法典》将债权法分为债权总则、合同之债和非合同之债三编,1995 年的《俄罗斯联邦民法典》将债权法分为债权总则和债权分则两编。

【各章名称及内容要点】

第一章 一般规定

不分节。建议规定:债的定义;规定债权的相对性、期限性、平等性、不可侵性。

第二章 债的原因

建议设四节。第一节一般规定。规定债的发生原因包括:合同;侵权行为;不当得利;无因管理;法律直接规定;诚实信用原则。第二节不当得利。建议规定不当得利的定义;不当得利的构成要件;不当得利的基本类型;不当得利的法律效果。第三节无因管理。建议规定无因管理的定义;无因管理的构成要件;无因管理的法律效果;不法无因管理。第四节悬赏广告。建议规定悬赏广告的定义;悬赏广告的构成要件;悬赏广告的法律效果;悬赏广告的撤回;优等悬赏广告。

第三章 债的标的

不分节。建议规定:作为债务与不作为债务;结果债务与手段债务;特定物债务;种类债务;金钱债务;利息债务;选择债务;附随债务。

第四章　多数当事人的债权债务

不分节。建议规定：可分债权与可分债务；连带债权与连带债务；连带债权的对外效力；连带债权的内部效果；连带债务的对外效力；连带债务的内部效力。

第五章　债权的移转与变更

建议设四节。第一节债权让与。规定债权让与的定义；不得让与的债权；债权让与时从权利的移转；让与人的义务；让与人的瑕疵担保责任；债权让与的通知及其效力；表见让与；债务人的抗辩权及抵销权；重复让与；分别让与；无偿让与；法定的债权移转。第二节债务承担。规定债务承担的定义；债务承担以债权人同意为生效要件；债务承担人的抗辩权；从债务的移转；部分债务承担；法定的债务承担。第三节债权债务的概括移转。规定债权债务概括移转的定义；概括移转的效力。第四节债权变更。规定债权变更的定义；债权变更的要件；债权变更的效力。

第六章　债 的 保 全

建议设两节。第一节债权人的撤销权。规定债权人的撤销权的定义；债权人撤销权的构成要件；债权人撤销权的行使方式；债权人撤销权行使的效果。第二节债权人的代位权。规定债权人代位权的定义；债权人代位权的构成要件；债权人代位权的行使方式；债权人代位权行使的效果。

第七章　债权的消灭

建议设六节。第一节一般规定。规定债权消灭的原因;债权消灭的效果:债权消灭,其债权之担保权及其他从权利同时消灭;债权消灭时,其欠债字据的返还与涂销。第二节清偿。规定清偿受领人;债权准占有人受领;第三人清偿;清偿的代位;清偿期的确定;清偿地之确定;期前清偿;一部清偿;代物清偿;清偿费用;指定抵充顺序;未指定时的抵充顺序;受领证书及其效力。第三节抵销。规定抵销的要件;抵销的方法与效力;抵销的禁止;异地清偿的抵销;时效期间届满的债权的抵销。第四节提存。规定提存的要件;提存的标的物;提存的方法;提存的效力;提存物的取回;提存物的受领及受领权消灭。第五节免除。规定免除的效力。第六节混同。规定混同的效力。

第四编　合　　同

【说明】

合同法规定的是市场经济中的交易规则,属于补充当事人意思的任意性规定,以合同自由为基本原则。从中国改革开放、发展社会主义市场经济、建立全国统一的大市场及与国际市场接轨的实际出发,总结改革开放以来的立法、司法经验,参考借鉴市场经济发达国家和地区的经验,并与国际公约和国际惯例相协调,尽量采纳符合现代市场经济客观规律的共同规则。拟设二十四章,包括总则六章,分则十八章。

【各章名称及内容要点】

第一章　一 般 规 定

不分节。建议规定合同的定义：合同是平等的民事主体之间设立、变更、终止债权债务关系的协议。规定合同法的基本原则：合同当事人地位平等，一方不得将自己的意志强加给另一方；当事人依法享有合同自由，任何单位和个人不得非法干预；当事人应当遵循公平的原则确定双方的权利和义务；当事人行使权利、履行义务，应当遵循诚实信用原则。

第二章　合同的成立

不分节。建议规定合同的成立，以不要式为原则，以要式为例外。亦即，既可以采用口头形式，也可以采用书面形式及其他形式，但法律要求采用书面形式的，必须采用书面形式。并规定要约承诺规则；对定式合同的管制；缔约过失责任。

第三章　合同的效力

不分节。建议规定合同自成立之时生效，法律另有规定或当事人另有约定的除外；规定形式欠缺的补正；规定合同的无效，免责条款的无效；规定合同无效的后果。

第四章　合同的履行

不分节。建议规定：当事人应当按照约定履行义务；当事人应当遵循诚实信用原则并根据合同的性质和交易习惯履行相互通知、相互协助和相互保护的义务;合同条款约定不明时的处理原则;国家定价调整时的处理原则;向第三人履行和由第三人履行的合同;同时履行原则和同时履行抗辩权、不安抗辩权;情事变更原则。

第五章　合同的解除与终止

不分节。建议规定发生法定解除权的情形:不可抗力、履行拒绝、履行迟延;解除权的行使方式;规定合同终止后,当事人应当遵循诚实信用原则和交易习惯履行相互通知、相互协助和相互保护的义务。

第六章　违 约 责 任

不分节。建议规定违约责任的严格责任原则;履行拒绝的违约责任;强制实际履行;瑕疵履行的责任;违约金以赔偿性为原则,惩罚性为例外;当事人可以约定损害赔偿金的计算方法;当事人未约定违约金和损害赔偿金的计算方法时,损害赔偿金应当相当于违约所受损失,包括可得利益;可预见规则;减损规则;过错相抵规则;损益相抵规则;第三人的原因造成的违约;第三人侵害债权;违约责任与侵权责任的竞合。

第七章至第二十四章　各种合同

规定各种典型合同:买卖合同;赠与合同;租赁合同;融资租赁合同;借贷合同;借用合同;承揽合同;运送合同;储蓄合同;结算合同;委托合同;居间合同;行纪合同;保管合同;合伙合同;雇佣合同;保证合同;技术合同。

第五编　侵权行为

【说明】

侵权行为法性质上属于救济法，是人民合法权益遭受侵害时的民事救济手段，因此属于强行规定，不允许当事人以约定排除其适用。但侵权行为所产生的权利义务与合同产生的权利义务本质相同，因此同属于债权法，称为侵权行为之债。侵权行为之债与合同之债的区别在于，前者为法定之债，后者为任意之债。但两者权利本质相同，均属于相对权和请求权，具有共同的本质和效力，其移转、变更、清偿、消灭，以及可分债权与不可分债权，种类债权与特定债权，选择债权债务、单独债权债务及连带债权债务等，适用同样的规则即债权总则的规定。建议设十一章，其中第一章规定一般侵权行为及适用于整个侵权行为法的共同规则，其余各章规定特殊侵权行为的特殊规则。

【各章名称及内容要点】

第一章　一般规定

建议设四节。

第一节责任原则。建议规定：一般侵权行为适用过错责任原则；特殊侵权行为适用无过错责任原则或者过失推定原则；对于本属于一般侵权行为应当适用过失责任原则、加害人没有过失而不予赔偿显然是不公正的，可适用公平责任原则使双方分担损害。

第二节共同侵权行为。建议规定：共同侵权行为的定义；各共同侵权行为人对受害人连带承担损害赔偿责任；教唆者、帮助者视为共同侵权行为人；共同危险行为，准用共同侵权行为的规定。

第三节损害赔偿。建议规定：财产损害的损害赔偿；生命侵害的金钱损害赔偿与抚慰金;人身伤害的金钱损害赔偿与抚慰金;人格损害的金钱损害赔偿与抚慰金;过失相抵规则;侵权行为损害赔偿请求权的消灭时效。

第四节过失相抵。建议规定过失相抵规则:受害人对于损害的发生有过失的,由法院斟酌具体情形减轻加害人的责任;但加害人为故意的,不得以受害人有过失为由主张过失相抵。

第二章　使用人责任

不分节。建议规定:被使用人于执行职务中的行为致他人人身、财产遭受损害的,由使用人对受害人承担损害赔偿责任;被使用人故意或重大过失造成他人损害的,使用人承担损害赔偿责任后对该被使用人有求偿权。

第三章　工作物责任

不分节。建议规定:土地上下的建筑物及其他工作物,因其设置管理存在瑕疵致他人人身、财产遭受损害的,由该建筑物或工作物的所有人或管理人对受害人承担损害赔偿责任。所有人或管理人证明因不可抗力导致损害发生的,可以由法院斟酌具体情形适当减轻其损害赔偿责任。所有人或管理人不得以瑕疵和损害系第三人的原因所造成而要求免责。

第四章　公共营造物责任

不分节。建议规定:公共营造物因其设置管理存在瑕疵致他人人身、财产遭受损害的,由公共营造物的管理人对受害人承担损害赔偿责任。管理人证明因不可抗力导致损害发生的,可以由法院斟酌具体情形适当减轻其损害赔偿责任。管理人不得以瑕疵系第三人的原因所造成而要求免责。

第五章　公 害 责 任

不分节。建议规定:因污染环境造成他人人身、财产损害的,由污染环境的人对受害人承担损害赔偿责任。

第六章　动物伤害责任

不分节。建议规定:饲养动物造成他人人身、财产损害的,由动物所有人或管理人对受害人承担损害赔偿责任;动物所有人或管理人证明因受害人的过失导致损害发生的,不承担损害赔偿责任;动物所有人或管理人证明系第三人的原因导致损害发生的,由该第三人对受害人承担损害赔偿责任。

第七章　高度危险责任

不分节。建议规定:高空、高压、易燃、易爆、剧毒、放射性等具有高度危险的事业或设施造成他人人身、财产损害的,由高度危险事业或设施的经营者或所有人对受害人承担损害赔偿责任;经营者或所有人证明受害人故意造成损害发生的,不承担损害赔偿责任。高度危险事业或设施的经营者或所有人不得以不可抗力或第三人的原因导致损害发生为由要求免责。

第八章　交通事故责任

不分节。建议规定:运行中的机动车造成行人或非机动车驾驶人人身、财产损害的,由机动车所有人对受害人承担损害赔偿责任;机动车所有人证明受害人故意造成损害发生的,不承担损害赔偿责任;运行中的机动车相互碰撞造成人身、财产损害的,由驾驶人有过失的一方机动车所有人承担损害赔偿责任;双方机动车驾驶人均有过失的,由双方机动车所有人按照过失比例分担损害赔偿责任。出租或借用的机动车造成损害的,承租人或借用人视同机动车所有人。

第九章　产 品 责 任

不分节。建议规定:因产品存在缺陷造成他人人身、财产损害的,由产品之生产者对受害人承担损害赔偿责任;产品之生产者证明未将产品投入流通,或产品投入流通时,引起损害的缺陷尚不存在的,或产品投入流通时的科学技术水平尚不能发现缺陷的存在的,不承担损害赔偿责任。

第十章　医疗过失责任

不分节。建议规定:在医疗护理活动中,因医院或医生有诊疗护理过失的行为造成患者生命、身体和健康遭受损害的,由医院或医生对受害人承担损害赔偿责任。医院或医生证明诊疗护理行为不存在过失的,不承担损害赔偿责任。

第十一章　侵害人格权的责任

不分节。建议规定：未经同意而使用他人姓名的，应当停止使用、消除影响并承担损害赔偿责任；未经同意而使用他人肖像的，应当停止使用、消除影响并承担损害赔偿责任，但非以营利为目的的使用除外；传播不真实的信息造成他人名誉遭受损害的，应当承担停止侵害、消除影响并赔偿其损害的责任，但证明所传播的信息基本真实或有正当理由信其真实的，不承担责任；传播他人不愿人知的隐私的，应当承担停止侵害、赔礼道歉并赔偿损害的责任，但该传播行为符合社会公共利益的，不承担责任；正当的舆论监督，不构成侵害他人名誉或隐私的侵权行为。

第六编　亲　　属

【说明】

民法为市民社会的法，所规范的社会关系分为两大类，即经济生活关系和家庭生活关系。与此相应，民法规范也分为两大类，即财产法和身份法。财产法再分为物权法、债权法、继承法和知识产权法，而身份法仅指亲属法。因受苏联民法立法和理论的影响，以及在计划经济体制下家庭丧失其经济职能，家庭生活曾经被认为与经济生活无关，以致否认家庭生活关系属于民法的调整范围，否认亲属法属于民法。在这种历史背景下，亲属法被认为是一个独立的法律部门，并改称婚姻法或婚姻家庭法。改革开放以来，随着计划经济体制向市场经济体制的转轨，以及社会主义市场经济的发展，家庭的经济职能日益增强，认为家庭生活与经济生活无关的旧理论逐渐被抛弃。《民法通则》适时地将家庭生活关系纳入民法调整范围，规定了民法调整家庭生活关系的若干基本规则，如《民法通则》第 103 条规定公民享有婚姻自主权，禁止买卖、包办婚姻和其他干涉婚姻自由的行为；第 104 条第 1 款规定婚姻、家庭、老人、母亲和儿童受法律保护；第 105 条规定妇女享有同男子平等的民事权利。《民法通则》还专设一节规定了当时的婚姻法未规定的监护制度。因此，建议民法典应就规范家庭生活关系的法律规则专设一编，称为亲属编（或婚姻家庭编），包括九章。

【各章名称及内容要点】

第一章　一般规定

不分节。建议规定亲属法的调整对象。规定亲属法的基本原则：婚姻自由；一夫一妻；男女平等；保护妇女、儿童和老人的合法权益；推行家庭生育计划；禁止妨害和干涉婚姻自由；禁止重婚；禁止家庭成员间的虐待、遗弃及其他形式的家庭暴力。实行民主、勤俭持家，维护善良风俗，提倡文明进步的婚姻家庭关系。

第二章　亲　　属

建议设三节。第一节亲属关系的发生。建议规定亲属关系发生的法律事实：结婚；出生；收养。规定亲属的种类：直系血亲；旁系血亲；姻亲。规定亲等及其计算方法。第二节亲属关系的效力。建议规定：近亲属的范围；亲属间禁止结婚的规定；近亲属间扶养关系的规定；姻亲间扶养关系的规定；亲属间监护的规定。第三节亲属关系的终止。建议规定亲属关系终止的法律事实；规定婚姻关系终止后的姻亲关系。

第三章 结 婚

建议设三节。第一节结婚的实质要件。建议规定：自愿；法定年龄；非禁婚亲；无配偶；关于禁婚疾病的规定。第二节结婚的形式要件。建议规定：双方必须亲自到登记机关登记；登记所须文件；登记机关；登记审查。婚姻公告期。第三节婚姻无效制度。规定无效婚姻的种类；婚姻无效请求权；婚姻无效请求时效；婚姻无效的后果；婚姻无效确认的机关；法院关于婚姻无效的宣告；关于法院宣告婚姻无效后子女及财产的规定。

第四章 夫妻关系

建议设两节。第一节夫妻的权利义务。建议规定：姓名权；人身自由权；平等的工作权；平等的亲权；住所决定权；生育权和生育的家庭计划义务；互负共同生活的义务及解除共同生活义务的特定情形；相互扶助的义务；相互为代理人及除外的情形。第二节夫妻财产制。建议规定：个人特有财产；约定财产制包括约定时间、约定原则、登记、约定的变更及终止；法定财产制包括法定财产制的原则、财产范围等；约定财产制的种类包括一般共同制、管理共同制、分别财产制；关于夫妻财产制的适用规则。

第五章 离 婚

建议设三节。第一节登记离婚。建议规定：登记离婚的条件；登记的程序；提出登记离婚申请后的 3 个月考虑期；离婚无效的规定；有未成年子女的夫妻不适用登记离婚的规定。第二节诉讼离婚。建议采列举与概括方式规定可以离婚的条件;规定法官主持下调解和好;调解和好不成时的调解离婚;调解离婚不成时的判决离婚;关于限制离婚的特殊规定;离婚后子女抚养和探视的规定;关于复婚的规定。第三节离婚的财产分割。建议规定:按照约定或法定财产制的原则分割;夫妻共同财产平均分割的原则;一方特有财产归一方所有;财产分割中应照顾女方和子女的利益;财产分割应有利于生活、生产,不损害第三人合法利益;关于住房问题、共同债务的分担的规定等。

第六章 父 母 子 女

建议设四节。第一节父母与婚生子女。建议规定:婚姻关系存续期间受胎或出生的子女为婚生子女;婚生子女的否认之诉及除斥期间;夫妻双方同意的人工生育子女为婚生子女。第二节父母与非婚生子女。建议规定:非婚生子女的定义;非婚生子女享有婚生子女的法律地位;非婚生子女的认领包括自愿认领和强制认领;关于非婚生子女的抚养的规定。第三节养父母与养子女、继父母与继子女。建议规定:养父母与养子女、继父母与继子女适用第一节父母与婚生子女关系的规定。第四节父母子女间的权利义务与亲权。建议规定:亲权的定义;亲权的内容(决定未成年子女姓名权,决定未成年子女住所权,对未成年子女的管束和教育权,保护未成年子女人身的权利和义务,未成年子女职业同意权,未成年子女财产管理权,未成年子女监护权和法定代理权);亲权的行使原则;亲权滥用的禁止、亲权的丧失和恢复。

第七章 收 养

建议设四节。第一节一般规定。建议规定收养的原则:保护合法的收养关系;有利于被收养的未成年人的原则;平等自愿的原则;不得违背有关计划生育的法律。第二节收养关系的成立。建议规定:被收养人的范围;送养人的条件;收养人的条件;收养的人数限制及收养孤儿和残疾儿童不受此限制;无配偶男性收养女性的年龄限制;共同收养的规定;严禁借收养名义买卖儿童;等等。第三节收养的效力。建议规定:自收养关系成立之日起,养父母与养子女之间的关系适用父母与亲生子女之间的关系的规定;关于养子女姓名的规定;收养无效的条件和效果。第四节收养的解除。建议规定:解除收养关系的限制;可以解除收养关系的条件;解除收养关系的程序;解除收养关系的效果。

第八章　扶　　养

建议设四节。第一节扶养的范围。建议规定:近亲属间的法定扶养关系;近亲属的范围:配偶、五代内的直系血亲、二亲等的旁系血亲。第二节扶养的顺序。建议规定:扶养义务人为数人时履行扶养义务的顺序;扶养权利人为数人时受扶养的顺序。第三节扶养的条件和方法。建议规定:扶养的条件;夫妻之间的扶养;父母对未成年子女的抚养;其他近亲属之间的扶养;离婚父母对未成年子女的抚养。第四节扶养关系的变更和终止。建议规定:扶养关系变更的条件和变更的效果;扶养关系终止的原因和终止的效果。

第九章　监　　护

建议设四节。第一节一般规定。建议规定:监护的定义;监护设立的条件;监护的开始。第二节监护人。建议规定:未成年人的监护人,包括法定监护人、指定监护人、选任监护人;成年人的监护人,包括法定监护人、选任监护人、指定监护人;监护人的资格;监护监督人;监护机关。第三节监护职责。建议规定:未成年人的监护人的职责;成年人的监护人的职责;监护监督人的职责;监护机关的职责。第四节监护关系的终止。建议规定:监护关系终止的条件;临时保护人。

第七编 继 承

【说明】

继承法规定自然人死亡后遗产移转的基本规则,继承权属于以血缘或身份关系为基础的财产权。继承法为民法典重要内容,当然应作为民法典的一编。建议以现行《继承法》为基础,总结司法经验,稍做损益,设四章规定。

【各章名称及内容要点】

第一章 一般规定

不分节。建议规定:被继承人死亡之时,继承开始;继承开始,有遗嘱的,按遗嘱继承;没有遗嘱的,按法定继承。规定继承权丧失的法定事由。鉴于现行法对胎儿保护不周及司法实践经验,建议规定:胎儿视为已出生,有继承及受遗赠能力。

第二章 法定继承

不分节。建议规定:继承权男女平等;规定法定继承人的顺序;继承的代位。

第三章　遗嘱继承和遗赠

不分节。建议规定:遗嘱自由原则。规定遗嘱的形式:公证遗嘱;自书遗嘱;代书遗嘱;录音遗嘱;口头遗嘱。建议规定特留份制度。规定遗嘱见证人及其职责。规定遗嘱的撤销和变更;遗嘱的无效。

第四章　遗产的处理

不分节。建议规定:遗产的保管;放弃继承的表示;遗赠扶养协议;遗产分割原则;被继承人的债务和税负的清偿;无人继承遗产的处理。

中国民法典编纂的几个问题*

一、起草民法典的经过

中国自1949年以来曾经三次起草民法典。前两次均因政治原因而中断①,第三次起草民法典从1979年开始,至1982年暂停②,改为先制定单行法。③

1998年1月13日第八届全国人大常委会王汉斌副委

---

* 本文原载《山西大学学报(哲学社会科学版)》2003年第5期。

① 从1954年开始起草民法典,至1956年12月完成新中国第一部《民法草案》,分为总则编、所有权编、债权编、继承编四编,共525条。由于此后发生"整风""反右"等政治运动,致使民法典起草工作被迫中断。这一《民法草案》,其编制体例和基本制度均参考1922年《苏俄民法典》。1962年,中国在经历严重困难时期和"大跃进"之后,重新强调发展商品生产和商品交换,在此背景之下开始了第二次民法典起草工作,至1964年7月完成《民法(草案)》(试拟稿)。该草案仅分三编:第一编总则;第二编财产的所有;第三编财产的流转。这次民法典起草因"四清运动"而中断。

② 1979年开始第三次起草民法典,至1982年完成民法草案一至四稿。《民法(草案)》(第四稿)包括八编:第一编民法的任务和基本原则;第二编民事主体;第三编财产所有权;第四编合同;第五编智力成果权;第六编财产继承权;第七编民事责任;第八编其他规定。其编制体例和主要内容,主要参考1962年《苏联民事立法纲要》、1964年《苏俄民法典》和1978年修订的《匈牙利民法典》。

③ 因1982年立法机关决定暂停起草民法典,于是形成现今由《民法通则》及《合同法》《担保法》《婚姻法》等单行法构成的民事立法体系。

员长邀请五位民法教授④座谈民法典起草工作，五位教授一致认为起草民法典的条件已经具备，王汉斌副委员长遂决定恢复民法典起草工作，并委托九位学者专家组成民法起草工作小组⑤，负责民法典草案的起草工作。

1998 年 3 月召开民法起草工作小组第一次会议，议定“三步走”的规划：第一步，制定统一合同法，实现市场交易规则的完善、统一和与国际接轨⑥；第二步，从 1998 年起，用 4～5 年的时间制定物权法，实现财产归属关系基本规则的完善、统一和与国际接轨；第三步，在 2010 年前制定民法典，最终建立完善的法律体系。至 2001 年，在两个物权法草案学者建议稿的基础上⑦，产生了全国人大常委会法制工作委员会的《物权法（草案）》（征求意见稿），按照原计划应当在 2002 年提交常委会审议，2003 年通过。

因中国加入 WTO，要求改善国内法制环境，第九届全国人大常委会李鹏委员长要求在 2002 年完成民法典草案并经全国人大常委会审议一次。于是，在 2002 年 1 月 11 日召开民法典起草工作会议，由全国人大常委会法制工作委员会副主任胡康生委托六位专家学者分别

---

④ 出席座谈会的 5 位教授是：中国政法大学的江平教授、中国社会科学院法学研究所的王家福研究员和梁慧星研究员、清华大学的王保树教授、中国人民大学的王利明教授。

⑤ 民法起草工作小组的 9 位成员是：江平教授（中国政法大学）、王家福研究员（中国社会科学院法学研究所）、魏振瀛教授（北京大学）、王保树教授（清华大学）、梁慧星研究员（中国社会科学院法学研究所）、王利明教授（中国人民大学）、肖峋先生（全国人大常委会法制工作委员会退休干部）、魏耀荣先生（全国人大常委会法制工作委员会退休干部）、费宗祎先生（最高人民法院退休法官）。

⑥ 合同法的起草始于 1993 年，1993 年 10 月拟订《合同法立法方案》，1994 年 1 月正式开始起草，1995 年 1 月产生《合同法（草案建议稿）》，1998 年形成正式草案提交人大常委会审议，1999 年 3 月 15 日经第九届全国人大第二次会议通过，同年 10 月 1 日生效。

⑦ 一是由梁慧星负责起草的中国社会科学院的《物权法草案建议稿》；二是由王利明负责起草的中国人民大学的《物权法草案建议稿》。

起草民法典各编条文草案[⑧],民法典起草工作正式开始。

在六位受托人相继完成各编条文草案后,全国人大常委会法制工作委员会于2002年4月16—19日召开民法典草案专家讨论会。在对受托人起草的各编条文草案进行了讨论之后,于19日上午集中讨论民法典的结构体例。王家福研究员建议民法典共设十编:第一编总则;第二编人格权;第三编物权;第四编知识产权;第五编债权总则;第六编合同;第七编侵权行为;第八编亲属;第九编继承;第十编涉外民事关系的法律适用。经过讨论,其中八编,包括总则、物权、债权总则、合同、侵权行为、亲属、继承、涉外民事关系的法律适用,获得一致同意。但对于是否设人格权编和知识产权编,未达成一致意见。[⑨]

全国人大常委会法制工作委员会在受托人起草的各编草案的基础上,用5个月的时间进行删节、修改、整理、编纂,形成《民法(草案)》(9月稿),包括九编:总则、人格权、物权、知识产权、合同、侵权行为、亲属、继承、涉外民事关系的法律适用。这一草案在9月16—25日的民法典草案专家讨论会上进行了讨论。

9月16—25日的专家讨论会后,本应在《民法(草案)》(9月稿)的基础上进行修改、增删,形成提交全国人大常委会审议的正式草案,但全国人大常委会法制工作委员会却将《民法(草案)》(9月稿)的"合同编""亲属编""继承编""知识产权编"草案废弃,而将现行《合同法》《婚姻法》《收养法》和《继承法》原封不动地编入,形成彻底的"汇编式"民法典草案,于12月23日提交全国人大常委会进行第一次

---

⑧ 委托中国社会科学院法学研究所梁慧星研究员负责起草总则编、债权总则编和合同编;中国人民大学法学院王利明教授负责起草人格权编和侵权行为编;中国社会科学院法学研究所郑成思研究员负责起草知识产权编;最高人民法院唐德华副院长负责起草民事责任编;中国政法大学巫昌桢教授负责起草亲属编和继承编;最高人民法院退休法官费宗祎负责起草涉外民事关系的法律适用编。

⑨ 笔者不赞成设人格权编,笔者和郑成思不赞成设知识产权编。

审议,然后发布征求意见。[10]

二、《民法(草案)》(征求意见稿)介绍

第一编总则,总共 117 条,包括:第一章一般规定[11];第二章自然人;第三章法人[12];第四章民事法律行为;第五章代理;第六章民事权利[13];第七章民事责任[14];第八章时效;第九章期间。

第二编物权法,总共 329 条,分为五个部分:

(1)“总则”部分,包括:第一章一般规定;第二章物权的设立、变更、转让和消灭;第三章物权的保护。

(2)“所有权”部分,包括:第四章一般规定;第五章国家所有权;第六章集体所有权;第七章私人所有权;第八章建筑物区分所有权;第九章相邻关系;第十章共有;第十一章所有权取得的特别规定。

---

[10] 以下称为《民法(草案)》(征求意见稿)。

[11] 第一章“一般规定”中,未规定“禁止权利滥用”“无法律时可以适用习惯”“无法律和习惯时可以适用公认的法理”等原则。在 2002 年 9 月的专家讨论会上,全国人大常委会法工委民法室主任王胜明介绍说:“法工委草案与梁稿(指笔者受委托负责起草的总则编草案。——笔者按)相比:(1)未规定禁止权利滥用原则。我们认为,什么叫权利滥用说不清楚,被滥用的还叫权利吗?权利滥用与诚信原则是什么关系?(2)未规定法律适用,特别法优先适用不成问题。未规定无法律时可以适用习惯,我们认为,什么是习惯说不清楚,习惯有好有坏。梁稿说无法律规定,无习惯,可以适用公认的法理,什么叫公认的法理?”

[12] 未规定“非法人团体”。在 2002 年 9 月的专家讨论会上,全国人大常委会法工委民法室主任王胜明介绍说:“关于是否规定非法人团体,法工委一种意见认为,将法人概念扩大,改变法人限于有限责任,将合伙包括进去,因此不需要规定非法人团体。”

[13] 因取消债权总则编,致不当得利和无因管理无所归属,致债权概念无所归属,因此专设第六章“民事权利”,列举规定物权、债权、知识产权、人格权和婚姻家庭关系上的权利,造成大量重复:第 85 条与物权法编第一章第 2 条第 1 款重复;第 89 条关于知识产权的规定与专利法、商标法和著作权法的规定重复;第 90 条关于自然人和法人享有人格权的规定与人格权法编第一章第 1 条重复;第 91 条关于自然人因婚姻、家庭关系产生的人身权受法律保护的规定与婚姻法编重复。

[14] 因取消债权总则编,致合同法编的违约责任与侵权责任法编的侵权责任的共同制度、共同问题无所归属,因此在总则编设第七章“民事责任”,造成与合同法编和侵权责任法编的重复:第 93 条关于承担民事责任的方式的规定与侵权责任法编第一章第 4 条重复;第 94 条关于不可抗力免责的规定与合同法编第 117 条重复;第 95 条关于违约责任与侵权责任竞合的规定与合同法编第 122 条重复。

(3)“用益物权”部分,包括:第十二章一般规定;第十三章土地承包经营权;第十四章建设用地使用权;第十五章宅基地使用权;第十六章邻地利用权;第十七章典权;第十八章居住权[15];第十九章探矿权、采矿权;第二十章取水权[16];第二十一章渔业权。

(4)“担保物权”部分,包括:第二十二章一般规定;第二十三章抵押权;第二十四章质权;第二十五章留置权;第二十六章让与担保。

(5)“占有”部分,不设章,共11条。

第三编合同法,总共454条,即现行《合同法》。[17]

第四编人格权法,总共29条,包括:第一章一般规定;第二章生命健康权;第三章姓名权、名称权;第四章肖像权;第五章名誉权、荣誉

---

⑮ 第208条规定:“居住权人对他人住房以及其他附着物享有占有、使用的权利。”第209条规定:“设立居住权,可以根据遗嘱或者遗赠,也可以按照合同约定。根据遗嘱、遗赠或者按照合同约定设立居住权的,应当向县级以上登记机构申请居住权登记,居住权自记载于登记簿之时起设立。”第214条规定:“居住权期限有约定的,按照该约定;没有约定的或者约定不明的,居住权期限至居住权人死亡时止。”创设所谓“居住权”源于江平教授在2001年5月28日物权法草案专家讨论会上的建议。从当时的发言看,创设居住权所要解决的是:保姆的居住问题、父母的居住问题和离婚一方(通常是女方)的居住问题。其中父母的居住问题,靠规定父母为第一顺序继承人、子女对父母的赡养义务完全可以解决;离婚一方的居住问题,主要靠家庭共有财产制度解决,司法实践中判决房屋归男方而使女方继续居住的,属于特殊情形,且绝无允许其永久居住之理。可见创设居住权的理由,主要是解决保姆的居住问题。试问在使用保姆的家庭中究竟有多少家庭打算让保姆永久居住?虽然没有统计,凭生活经验可以肯定,必定属于非常特殊的情形。为了解决这样的非常特殊的保姆居住问题,采用在继承法上给继承权附义务(即“给继承人的所有权设定一个负担”)的办法完全可以解决,何至于需要创设一种“新型”的用益物权!

⑯ 第224条规定:“自然人、法人直接从江河、湖泊或者地下取用水资源的,应当按照国家取水许可制度和水资源有偿使用制度的规定,向主管部门申请领取取水许可证,并缴纳水资源费,取得取水权,但家庭生活和零星散养、圈养畜禽饮用等少量取水的除外。”创设所谓“取水权”,对于我国长江流域及广大降水充沛地区有何实益?依规定,从江河、湖泊取水须经国家许可授予“取水权”,等于将江河、湖泊的“水”视为“国家财产”,则江河、湖泊洪水泛滥造成人民生命财产损害,等于是“国家财产”造成人民生命财产的损害,试问:国家是否应当承担损害赔偿责任?实则江河流水的取用问题在“相邻关系制度”中已有规定。至于干旱、缺水地区抽取“地下水”问题,可由行政法规或地方性法规设立特别管理规则,何至于需要创设一种“新型”的用益物权!

⑰ 将现行《担保法》第二章保证作为合同法编的第二十四章。

权;第六章信用权[18];第七章隐私权。

第五编婚姻法,总共 50 条,即现行《婚姻法》(2001 年修正)。

第六编收养法,总共 33 条,即现行《收养法》(1991 年通过)。

第七编继承法,总共 35 条,即现行《继承法》(1985 年通过)。

第八编侵权责任法,总共 68 条,包括:第一章一般规定;第二章损害赔偿;第三章抗辩事由;第四章机动车肇事责任;第五章环境污染责任;第六章产品责任;第七章高度危险作业责任;第八章动物致人损害责任;第九章物件致人损害责任;第十章有关侵权责任主体的特殊规定。

第九编涉外民事关系的法律适用法,总共 94 条,包括:第一章一般规定;第二章民事主体;第三章物权;第四章债权;第五章知识产权;第六章婚姻家庭;第七章继承;第八章侵权。

三、为什么不赞成“松散式、汇编式”的民法典

今天讨论民法典编纂,一个无可回避的现实是,清朝末年从德国民法继受过来的这套概念、原则、制度和理论的体系,在中国已经存在了 100 年之久。现今法学院所采用的民法教材中的一整套概念、原则、制度和理论的体系都是德国式的。法官裁判案件,不是采用英美法的从判例到判例的推理方法,而是采用德国式的逻辑三段论的推理方法。中国的立法,尤其是改革开放以来的法律,以《民法通则》和《合同法》为典型,所使用的概念、所规定的原则和制度,诸如权利能

---

⑱ 第 21 条规定:“自然人、法人享有信用权。禁止用诋毁等方式侵害自然人、法人的信用。”在 2002 年 9 月的专家讨论会上,创设所谓“信用权”受到学者专家的质疑。究竟什么是“信用权”?是“社会信用”还是“商业信用”?是“人格利益”还是“商业利益”?是“无形财产权”还是“人格权”?所谓“信用”与“名誉”“商誉”是什么关系?学术界对这些问题并未进行理论研究,也缺乏法院裁判经验的支持。实际上,所谓“侵害自然人、法人的信用”的行为,完全被“侵害名誉权”的行为所涵盖,裁判实务中受害人均以“侵害名誉权”起诉,未有以“侵害信用权”起诉的。可见,即使认可所谓“信用”为“人格利益”,也完全可以通过“名誉权”而获得妥善保护,何至于有必要创设一种新型的民事权利!

力、行为能力、法律行为、代理、时效、物权、债权、支配权、请求权、抗辩权、代位权、撤销权等，都是德国式的。可见从德国民法继受而来的这套概念、原则、制度和理论的体系，已经融入中国社会之中，成为立法、司法、教学和理论研究的基础，构成中国法律传统和法律文化的基础。

有的学者反对德国民法的概念体系，大谈所谓“对德国民法说不”。但现在中国所面对的，绝不是在大陆法系与英美法系之间，或者在大陆法系内部的德国法系与法国法系之间作出选择的问题。100 年前，我们的前人已经替我们作出了选择。[19] 中国属于德国法系已经是既成事实[20]，你不可能抗拒、改变、背离或者抛弃一个国家的法律传统。在中国历经百年所形成的法律传统面前，任何立法者和学者，都是渺小的，即使如某些学者所主张的“松散式、邦联式”方案，即使如现在提交审议并发布征求意见的“汇编式”的民法典草案，也并未真正背离德国民法的概念体系，只不过人为地把这一概念体系弄得支离破碎、逻辑混乱罢了。

中国属于成文法国家，与英美法系不同。英美法系国家有悠久的判例法传统，法律规则是法官创制的，主要依靠法官的产生机制、高素质的法官和陪审团制度，保障裁判的公正性和统一性。在大陆法系国家或地区，法律规则是立法机关制定的，主要依靠法律本身的逻辑性和体系性，保障裁判的公正性和统一性。法典愈有逻辑性和体系性，愈能保障审理同样案件的不同地区、不同法院的不同的法官，只能从法典中找到同一个规则，作出同样的判决。尤其中国法官队伍人数众多，法律素质参差不齐，社会地位和工资收入不高，独立性不够，

---

[19] 王泽鉴先生指出：中国之继受外国民法，采大陆法系特别是德国民法，是受日本的影响。其所以不采英美法，纯粹是由于技术上的理由，并非基于法律品质上的考虑。大陆法系与英美法系，并无优劣之分，但英美法是判例法，不适于依立法方式继受。其所以不采法国民法而采德国民法，是因为德国民法典制定在后，其立法技术及法典内容，被认为较 1804 年的《法国民法典》进步。

[20] 北川善太郎指出，日本、韩国、中国，均属于大陆法系中的德国法系，参见［日］北川善太郎：《民法总则》，有斐阁 1993 年版，第 105 页。

容易受法律外因素的影响。一部不讲究逻辑性和体系性的所谓“松散式、邦联式”民法典,使审理同样案件的不同地区、不同法院的不同的法官,可以从中找到完全不同的规则,得出截然相反的判决。这样的法典,不仅不利于保障裁判的统一性和公正性,还会适得其反,使那些在法律外因素影响之下作出的不公正的判决“合法化”。这样的法典,不仅不利于遏止地方保护主义、行政干预和司法腐败,还会适得其反,进一步助长地方保护主义、行政干预和司法腐败。

有的学者不赞成制定一部具有严格逻辑性和体系性的民法典,他们说,英美法不是适用得好好的吗?须知英美法系之所以不讲究法律的体系,不讲究法律的逻辑结构,是因为它们是判例法,是法官造法,它们的法官裁判案件是采用“从判例到判例”的方法。中国属于成文法国家,法律是立法机关制定的,法官只是适用法律而不能制定法律,法官裁判案件是采用德国式逻辑三段论的推理方法,因此我们的法律必须讲究逻辑性和体系性。因为法律愈有逻辑性和体系性,就愈能够保障裁判的统一性和公正性。法律的逻辑性和体系性,实则是法律的生命线。英美法我们学不了[21],是因为我们属于与英美法完全不同的成文法国家;我们没有英美法系的判例法传统;最关键的是我们缺少英美法系那样的高水平的法官队伍。[22]

---

[21] 我们只能在德国民法概念体系的架构中吸收英美法的经验,如现行《合同法》采用德国民法的概念体系,许多原则、制度和条文,可以从德国民法、日本民法中找到它们的原型。但其总则和买卖合同部分,参考了《国际商事合同通则》(PICC)、《联合国国际货物销售合同公约》(CISG)、《欧洲合同法原则》(PECL)和英美契约法。

[22] 美国著名法学家庞德于1946年6月来华,担任中华民国司法行政部顾问,在他呈交中华民国司法行政部的报告中指出:“我的第一个论点,即根据我的判断,如果中国由久经继受的现代罗马法系改采英美法系,将是一个极大的错误。”“一个国家如果没有英美法的历史背景,没有如英国或美国所训练的法官及律师,要去体会它是很困难的。”“英美普通法最不善于处理立法文件,也没有把司法经验予以公布的背景,很多立法都是基于实际需要。英美法制中有法律与衡平法的双重制度,普通法与立法之间有着严格界限,这些我都不欲介绍进来。中国循着已走的道路向前进行,是最适当不过的。”(参见庞德呈交中华民国司法行政部的工作报告《改进中国法律的初步意见》,写于1946年7月12日)

四、为什么不赞成取消债权概念和债权总则编

中国民法学界主张取消“债权”概念的意见由来已久，在20世纪80年代中期制定《民法通则》时就曾发生过争论。已故著名学者佟柔教授在《新中国民法学四十年》一文中说，有人主张中国民法“应摒弃债的概念。理由是：(1)中国人民所理解的债，与大陆法系国家自罗马法以来形成的债的概念大相径庭；(2)债本身是一个外来词，我们可以不用；(3)债的概念主要是概括合同制度，把无因管理、不当得利和侵权行为放在其中，并无科学性；(4)不用债的概念不会影响中国民法和民法学的完整性、系统性以及民事法律关系的严肃性”。佟柔教授指出，“大多数人认为，中国民法和民法学应当使用债的概念”。根据大多数民法学者的意见，《民法通则》专设“债权”一节，并且明文规定了“债权”的定义。

《民法通则》颁布、实施已经十多年，应当说“债权”概念已经深入人心。但在1998年3月民法起草工作小组会议上，有的学者建议取消“债权”概念，建议民法典不设“债权编”，理由是“债权”概念不通俗。在2002年9月16—25日召开的讨论《民法(草案)》(9月稿)的专家讨论会上，就是否保留债权概念和设债权总则编发生激烈争论。主张取消“债权”概念和“债权总则编”的学者所持理由主要有四个：一是认为“债权”概念不通俗；二是认为我们不应迷信德国民法的体系；三是认为债权总则实际是合同总则；四是认为侵权责任不是债或者主要不是债。笔者认为这四个理由都站不住脚。

有学者认为，民法上的“物权”“债权”“法律行为”三个概念最难懂。其实，民法上的概念，不通俗的岂止“法律行为”“物权”和“债权”三者！我们制定民法典，绝不能以所谓“通俗化”为目标。民法是一个具有严格逻辑性的行为规则体系和裁判规则体系，每一个概念均有其特定的含义，概念之间相互有严格的逻辑关系。

正因为如此,才需要开办法学院培养法律专门人才;才需要职业化的法官、律师和检察官;才需要建立专门的司法考试制度。再说,对中国人而言,“债”的概念是古已有之:唐律、明律都有“钱债”,老百姓说“杀人偿命,欠债还钱”,虽其文义有广狭,但其本质同一,都是一方请求他方为某种行为的权利,即“请求权”,从这一角度我们可以说“债权”概念并非不通俗。自《民法通则》颁布以来,“债权”概念已为广大人民所掌握并熟练运用,就是证明。

有学者认为,我们不应迷信德国民法的概念体系,不必套用“物权”“债权”概念,不必设“债权总则编”。其实,“物权”“债权”的明确区分,虽然是《德国民法典》首倡,但《法国民法典》在制定时就已经采用了“债权”概念。特别应注意的是,“债权”“物权”是大陆法系民法的基础性概念,无论所谓大众化的法典如《魁北克民法典》,还是学者型的法典如《荷兰民法典》,都有“债权”概念,都有“债权编”或“债权总则编”。可见,采用“债权”概念,规定“债权总则编”,是民法典科学性和体系性的要求,与“迷信”德国民法的概念体系不相干。退一步说,即使是“迷信”,我们可以“迷信”“物权”“法律行为”“时效”“法人”“人格权”等德国民法的概念,为什么就不可以“迷信”“债权”概念和“债权总则”。

有的学者认为,侵权的本质是“责任”而不是“债”,或者仅“损害赔偿”是“债”,特别提到“停止侵害”“赔礼道歉”不是“债”。但是,各校采用的民法教材,都说“债权”是一方请求他方为一定行为或不为一定行为的权利,从来没有限定所请求的“行为”必须具有金钱价值。因此,侵权行为的后果,不仅请求加害人支付赔偿金是“债”,而且请求加害人停止侵害(不为一定行为)、赔礼道歉(为一定行为)也当然是“债”!王泽鉴先生指出:因名誉被侵害请求为恢复名誉之适当处分,“如刊登道歉启示,虽其内容不以金额为赔偿标的,但性质上仍属债权”。

有学者认为,《合同法》总则部分的大多数内容实际是“债权总则”的内容,因此民法典不必设“债权总则编”。应当看到,现行《合同法》超越自己的范围规定本属于民法总则的法律行为规则、代理规则和本属于“债权总则”的规则,是因为《民法通则》的规定太简单,不能适应市场经济发展的要求,是不得已的权宜之计。现在我们制定民法典,就应当按照法律逻辑和体系的要求,使现行《合同法》中属于“债权总则”的规定回归于“债权总则编”,属于民法总则的内容回归于“总则编”,将剔除了属于“债权总则”内容和属于民法总则内容后的合同法作为民法典的“合同编”。怎么能够因《合同法》规定了“债权总则”的内容而取消“债权总则编”?难道也因《合同法》规定了属于“总则编”的法律行为规则、代理规则,而取消“总则编”吗?

没有“债权总则编”、没有“债权”概念,物权法上的“债权人”“债务人”“被担保债权”“债权质押”等也将失去存在的前提,“物权优先于债权”这一基本原则也就失去了依据。能说“物权优先于合同”吗?能说“物权优先于侵权”吗?没有了“债权”概念,许多商事法律都要受到影响,如《公司法》关于“公司债”的规定、《票据法》关于“票据债权人”“票据债务人”的规定。特别是《企业破产法》中的“债权人申请破产”“债务人申请破产”“债权申报”“债权人会议”“按债权额比例分配”等制度,以及基于“物权优先于债权”原则的“取回权”制度,均将失去前提。甚至公法也要受到影响,如《税收征收管理法》第45条规定的“税收优先于无担保债权”,能够改为“税收优先于无担保合同”吗?应当指出,“债权”概念,绝不仅是民法财产法的基本概念,而是整个民商事法律的基础性概念,是国家整个法律体系的基础性概念,一旦取消“债权总则编”和“债权”概念,必将导致整个法律体系、法律秩序的混乱。

还应当注意,“债权”概念作为法律思维工具的重大价值,例如,“物权优先于债权”“债权平等”“债权请求权”与“物权请求权”的区分,“可分债权”与“不可分债权”,“连带债权”与“连带债务”,等等,是我们进行法律思维的工具。法官、律师正是靠这一系列建基于“债权”概念的原则,进行法律思维和办理案件的。如果废弃“债权”概念,法官、律师将如何进行法律思维,如何分析、裁判案件?

还应当看到,“债权”概念不仅在法律体系和法律思维上具有重大意义,而且在社会层面也有其重要意义。“债权”概念是反映市场经济本质的法律概念,“债权总则”是市场交易的基本规则。“合同之债”是市场交易的常态,“不当得利之债”“无因管理之债”和“侵权之债”是市场交易的变态。在计划经济条件下,整个社会经济生活包括生产、流通、分配、消费均通过行政手段、指令性计划和票证安排,因此没有“债权”概念存在的基础。在改革开放前中国是计划经济体制,企业之间也签订所谓“经济合同”,但这种合同的实质是“计划”而不是“债”。可见,计划经济与市场经济,差异不在合同,而在“债权”,“债权”是民法与市场经济的“连接点”。

1981 年发布的《经济合同法》不讲“债权”,主要是反映计划经济的本质和要求。1986 年发布的《民法通则》专设“债权”一节,符合了市场经济的本质和共同规则,因此为进一步的改革开放提供了平台,为市场经济的发展、为《合同法》的制定提供了基础。《民法通则》采用“债权”概念,相对于此前的法律不使用“债权”概念,的确是一个巨大的进步,并且是改革开放和发展市场经济的成果,也是进一步改革开放和发展市场经济的基础。从“经济合同”概念到“债权”概念,实质是从计划经济转向市场经济。现在我们要建立市场经济法律秩序和法律体系,有赖于继续使用“债权”这一基础性概念。要说什么是《民法通则》的成功经验,《民法通则》专设“债权”一节并规定“债权”概念才是真正的成功经验。因此,制定民法典就应当在《民法通则》成功经验的基础上,保留“债权”概念,设立“债权总则编”以统率合同编和侵权行为编,进一步完善“债权”法律制度,为发展现代化的市场经济和建立健康有序的市场经济法律秩序,提供法制基础。[23]

五、为什么不赞成人格权单独设编

主张人格权单独设编的第一条理由是人格权的重要性。人格权关系到对人的尊重及对人格尊严和人权的保护,其重要性并无人否认,但民法典的编排体例绝不能以重要性为标准。人的尊重、人格尊严和人权保护,属于法典的进步性问题,应当体现在民法典的价值取向、规范目的、基本原则和具体制度上。一项法律制度充分体现了对人的尊重,对人格权和人权的保护,就具有进步性,至于该项制度在民法典中的安排和位置,是作为单独的一编还是一章,是放在法典的前面还是后面,对其进步性不产生影响。法典结构体例、编章设置、法律制度的编排顺序,应当符合一定的逻辑关系,并照顾到法官适用法律的方便。民法典的编纂体例,应当以逻辑性为标准,使民法规则构成一个有严格逻辑关系的规则体系,以保障裁判的公正性和统一性。

主张人格权单独设编的第二条理由是所谓创新。有学者认为,世界上迄今存在的民法典,人格权都是规定在自然人一章,还没有单独设编的,中国民法典单独设立人格权编,就有了自己的特色,有所创新。笔者不反对创新,不反对中国民法典体现中国特色,但问题在于这种创新和特色,一定要符合公认的法理,至少在法理上说得通,有起码的合理性和说服力,否则,就是故意标新立异。民法典是为民事生活制定准则,为市场经济和家庭生活设立行为规则,为法官裁判民事案件设立判断基准,绝不允许任意性和标新立异。

㉓ 在9月16—25日的专家讨论会上,取消"债权总则编"和"债权"概念的做法受到多数学者的批评。但《民法(草案)》(征求意见稿)仍坚持不设债权总则编,仅在"总则编"增设"民事权利"一章,其中第86条规定"债权"定义:"自然人、法人依法享有债权。因合同、侵权行为、无因管理、不当得利以及法律的其他规定,在当事人之间产生的特定的权利义务关系,为债权债务关系,享有权利的人是债权人,负有义务的人是债务人。"

世界上的民法典和民法典草案,关于人格权的规定有三种模式:一是规定在侵权行为法之中,如 1896 年《德国民法典》、1896 年《日本民法典》、1881 年《瑞士债务法》等;二是规定在总则编或人法编的自然人一章,如 1955 年《法国民法典(草案)》;三是在总则编或人法编的自然人一章规定人格权,同时在侵权行为法中规定侵害人格权的后果,如 1959 年的《德国民法典(修正草案)》。没有将人格权单独设编,其理论根据在于人格权的特殊本质,在于人格权与其他民事权利的差异[24],我们有什么理由和必要偏要反其道而行之呢?

主张人格权单独设编的第三条理由是所谓《民法通则》的成功经验。必须指出,当年制定《民法通则》,专设第五章对民事权利作列举性规定,其中第四节规定人身权,并不是出于理性的决定,而是出于不得已,绝不意味着将来制定民法典就一定要单独设立人格权编。《民法通则》之所以在国内外受到好评,是因为《民法通则》规定了比较充分的人格权,而绝不是因为将其单设一节。

人格权不应单独设编的基本理由,在于人格权的特殊本质。首先是人格权与人格的本质联系。作为人格权客体的人的生命、身体、健康、自由、姓名、肖像、名誉、隐私等,是人格的载体。因此,人格权与人格相始终,须臾不可分离,人格不消灭,人格权就不消灭。世界上的民法典,均将人格权规定在自然人一章,其法理根据正在于此。其次是人格权与其他民事权利的区别,还在于人格权是存在于主体自身的权利,不是存在于人与人之间的关系上的权利。人格权就像权利能力、行为能力、出生、死亡一样,属于主体自身的事项。人格权只在受侵害时才涉及与他人的关系,但这种关系属于侵权责任关系,属于债权关

---

[24] 濑川信久指出,人格权区别于财产权的特征是:其一,非因当事人意思而取得;其二,当法律规定对其法益受侵害予以救济时才认识到权利的存在;其三,权利人不能处分其权利(除个别例外),与权利主体不能分离。参见濑川信久在 2002 年 8 月 27 日早稻田大学“日中法学者共同讨论会”上的报告稿《关于人格权》,第 1 页。

系。这也是人格权不应单独设编而应与物权、债权、亲属、继承并立的法理根据。最后是人格权与其他民事权利的区别,还在于其他民事权利均可以根据权利人自己的意思,依法律行为而取得,均可以根据自己的意思,依法律行为而处分。而人格权因出生而当然发生,因死亡而当然消灭,其取得、发生与人的意思、行为无关,且人格权原则上不能处分,不能转让、赠与、抵销、抛弃。因此,民法总则中的法律行为、代理、时效、期间、期日等制度,不能适用于人格权。人格权单独设编,混淆了人格权与其他民事权利的区别,破坏了民法典内部的逻辑关系。相对于总则编而言,其余各编均属于分则,总则编的内容理所当然地应适用于其余各编。试问总则编的法律行为、代理、诉讼时效、期日、期间等制度,将如何适用于人格权编?㉕

㉕ 濑川信久认为,考虑到人格权与权利主体的不可分离的关系,应当支持在总则编或人法编规定人格权的见解。如果人格权单独设编而与债权、物权并立,将人格权与债权、物权同样对待,将给人以人格权可与主体分离而存在并可以处分的印象。进而言之,如人格权单独设编,则至少在形式上,总则编的法律行为、消灭时效的规定,也应当适用于人格权。参见濑川信久在2002年8月27日早稻田大学“日中法学者共同讨论会”上的报告稿《关于人格权》,第2页。

关于民法典分则编纂中的重大分歧*

引 言

党的十八届四中全会决定，将民法典编纂提上立法日程。民法学界立即提出两条编纂“思路”：其一，“三步走”，即先制定民法总则，再制定人格权法，然后编纂民法典；其二，“两步走”，即第一步制定民法总则，第二步编纂民法典。二者的差别在于，是否制定人格权法（编）。

2016 年党中央决定采取“两步走”的民法典编纂思路。

2017 年 3 月 8 日李建国副委员长在第十二届全国人大第五次会议上的《关于中华人民共和国民法总则（草案）的说明》中说：

> 编纂民法典是对现行民事法律规范进行系统整合，编纂一部适应中国特色社会主义发展要求、符合我国国情和实际，体例科学、结构严谨、规范合理、内容协调一致的法典。编纂民法典不是制定全新的民事法律，而是对现行的民事法律规范进行科学整理；也不是简单的法律汇编，而是对已经不适应现实情况的规定进行修改完善，对经济社会生活中出现的新情

---

* 本文写作于 2019 年。

况、新问题作出有针对性的新规定。

因为贯彻执行了党中央为民法典编纂确定的“两步走”“不是制定全新的民事法律,而是对现行的民事法律规范进行科学整理”的“基本遵循”的思路,保障了2017年3月《民法总则》的顺利出台。

现在的民法典草案分则编包括物权编、合同编、人格权编、侵权责任编、继承编和婚姻家庭编。下面谈谈我与起草人就民法典草案分则编产生的重大分歧,仅限于前四编,不涉及继承编和婚姻家庭编。请予注意。

一、不赞成规定“双重适用原则”

请看《人格权编(草案)》(三审稿)第778条第1款规定:“人格权受到侵害的,受害人有权依照本法和其他法律的规定请求行为人承担民事责任。”

请大家特别注意,按照民法典“总则与分则”的逻辑关系,“本法典”与法典之外的“其他法律”的适用关系,只能由民法总则编加以规定,不能由分则编加以规定。而实际上,民法典与其他法律之间的适用关系,已经规定在《民法总则》(将来的民法典总则编)第11条了。

因此,第778条第1款所谓“本法”是指“人格权编”,而不是“本法典”;所谓“其他法律”,是指侵权责任编(以及民法典之外规定人格权侵权责任的法律法规)。

再请注意,本款在“本法”(实指人格权编)与“其他法律”(实指侵权责任编及其他法律法规)之间用了一个“和”字,相当于英文的“and”。因此,草案第778条第1款的意思是,法官审理侵害人格权的侵权责任案件,须同时适用两个法律条文:一个是人格权编的条文,另一个是侵权责任编(或者其他法律)的条文。这就叫“双重适用原则”。

大家看王泽鉴先生的《民法思维:请求权基础理论体系》[①]一书,王先生讲请求权基础,是一个法律条文。他讲到,如果原告的请求权,有两个法律条文可以作为请求权基础,则原告必须(只能)选择其中一个条文,作为本案请求权基础。

请求权基础,是从原告角度讲的,如果原告的诉求得到法官支持,法官就用原告起诉状中作为本案请求权基础的那个条文,作为裁判本案的法律依据。假设原告起诉状中提出两个法律条文作为请求权基础,法官必须通过释明权之行使,告知原告选择其一;如原告不作选择,将驳回其起诉。所以说,请求权基础只能是一个条文,裁判依据也只能是一个条文,可称为单一适用原则。

双重适用原则对案件当事人、判决结果可能影响不大,因为最终仍然是依据侵权责任法条文判决被告是否承担侵权责任、承担什么样的侵权责任。规定双重适用,对人民法院的裁判实践和裁判秩序是一场危险的挑战。

因为只有侵害人格权的侵权责任案件才是双重适用,侵害知识产权、继承权、财产权的侵权责任案件仍然是单一适用。至于违约责任案件,也是单一适用。一个国家的法院适用法律,某一类案件双重适用,其他案件单一适用,这岂不荒唐?

从法官来说,上午审理一个侵害人格权的侵权责任案件是双重适用,下午审理侵害知识产权的侵权责任案件就改为单一适用;开前一个庭审理违约责任案件是单一适用,开后一个庭审理侵害人格权的案件立即转换成双重适用。

我曾经说过,为什么要这样翻来覆去地折腾民事法官?为什么审理民商事案件都是单一适用,审理侵害人格权的侵权责任案件要双重适用?为什么审理侵害人格权的刑事案件不是双重适用?

---

① 参见王泽鉴:《民法思维:请求权基础理论体系》,北京大学出版社 2009 年版。

双重适用不仅折腾民事法官,也折腾民事律师。律师代理侵害人格权的侵权责任案件,需要两个请求权基础:一个人格权编条文再加一个侵权责任编条文。代理民商事案件只需一个请求权基础:一个法律条文。一旦律师搞错了怎么办?例如,在侵害人格权的侵权责任案件中律师只提了一个侵权责任编条文,遗漏了人格权编的条文,怎么办呢?

法院立案庭是按照程序法的规定立案。只要有当事人(原告和被告)、有法律关系、有明确的诉求、有法律依据,立案庭就予以立案。案件交到审判庭,法官一看原告诉状缺少了人格权编条文,应当如何处理?是退回立案庭,还是开庭审理?如果退回立案庭,就要算立案庭的错误,立案庭同意吗?如果开庭审理,是判决驳回起诉,还是判决原告败诉,还是行使释明权告知原告补充人格权编条文?经告知原告仍不予补充,怎么处理?

如果审判庭没有注意到本案应当双重适用、诉状遗漏了人格权编条文,直接按照单一适用原则依据侵权责任编条文作出判决,理当构成法律适用错误,成为上诉的理由。二审法院应当如何处理?是否撤销原判、发回重审?如果发回重审,原审事实认定无误、判决结果公正,如何重审?重审什么?如果重审只是补充了遗漏的人格权编条文、原审判决结果不变,此项判决究竟是原告胜诉,还是被告胜诉?如果重审仍不补充人格权编条文,再上诉到二审法院,二审法院应该如何处理?如果二审法院直接改判,只是补充了遗漏的人格权编条文,判决结果不变,是上诉人胜诉,还是被上诉人胜诉?

此外,双重适用的案件判决书拿到日本、美国、欧洲国家的法院去申请执行,它们的法院会怎么看?会不会以违反程序、违反公共秩序为由裁定不予执行。它们的法院裁定我们的判决不予执行,我们的法院也应照此办理,裁定它们的(单一适用)判决不予执行。

一个双重适用,给法院制造出意想不到的、难以处理的各种各样的难题。人民法院经过40多年形成的民商事裁判实践、裁判秩序，会不会因此毁于一旦？

可以断言：这样的“双重适用原则”一旦付诸实施，人民法院（包括最高人民法院）经过四十多年的艰苦奋斗所形成的民商事裁判秩序和裁判实践，将被彻底搅乱。

二、不赞成规定“自卫权”

在讲人格权编关于“自卫权”的规定之前，作为对照，让我们先看《民法通则》和2002年全国人大常委会审议后公布征求意见的《中华人民共和国民法典（草案）》是如何规定“生命健康权”的。

《民法通则》第98条规定：“公民享有生命健康权。”

《民法通则》另在侵权责任部分规定了侵害生命健康权的侵权责任，即第119条规定：“侵害公民身体造成伤害的，应当赔偿医疗费、因误工减少的收入、残废者生活补助费等费用；造成死亡的，并应当支付丧葬费、死者生前扶养的人必要的生活费等费用。”

再看2002年的《中华人民共和国民法典（草案）》人格权编第8条：“自然人享有生命健康权。禁止非法剥夺自然人的生命、禁止侵害自然人的身体健康。”

《民法通则》和2002年《中华人民共和国民法典（草案）》的规定，完全符合现代法治国家的共同立法经验：人格权属于防御性权利，只需规定自然人享有生命健康权即可。国家对人民的生命健康权，实行公力救济，即由国家运用公权力保护人民的生命（身体和财产）安全。

公力救济，特别体现在法院根据刑法关于侵犯人身权利罪的规定，追究犯罪人刑事责任；根据侵权责任法关于侵害人身权侵权责任的规定，追究侵权人的侵权责任。

下面看《人格权编（草案）》（三审稿）的三个条文：

第783条：“自然人享有生命权，有权维护自己的生命安全和生命尊严。任何组织或者个人不得侵害他人的生命权。”

第 784 条:“自然人享有身体权,有权维护自己的身体完整和行动自由。任何组织或者个人不得侵害他人的身体权。”

第 785 条:“自然人享有健康权,有权维护自己的身心健康。任何组织或者个人不得侵害他人的健康权。”

我们将这三个条文与《民法通则》第 98 条、2002 年全国人大常委会审议的《中华人民共和国民法典(草案)》人格权编第 8 条相互对照,即可发现:这三个条文中的第 2 句,规定了一项新的权利。这三个条文中的第 2 句:“有权维护自己的生命安全和生命尊严”“有权维护自己的身体完整和行动自由”“有权维护自己的身心健康”,是区别于生命权、身体权和健康权的,不属于民事权利的特别权利,即自然人用自己的力量保护自己的生命、身体和健康的权利(权力),法律理论上称为“自力救济权”,通称“自卫权”。

《人格权编(草案)》(三审稿)规定自卫权,违背了现代法治国家“禁止私力救济、实行公力救济”这一奠基性基本原则。由国家承担保护人民生命、财产安全的职能,禁止私力救济,实行公力救济,是现代法治国家的第一块奠基石。包括大陆法系国家和英美法系国家(美国除外),莫不如此。

有人说,不是还有“正当防卫”吗?但正当防卫绝不是“权利”。在民法上,正当防卫是免除侵权责任的“免责事由”。在刑法上,正当防卫是免除刑事责任的“违法性阻却事由”。

即使要设人格权编,对于生命、身体、健康也应当像草案对其他人格权的规定一样,规定任何组织或者个人不得侵害,一旦侵害应当承担法律责任,这就足够了。完全没有必要规定一个自卫权。

三、不赞成规定“居住权”

下面讲居住权。居住权规定在《物权编(草案)》第十四章。居住权迄今在中国民法立法上没有出现过,但曾经在法律草案中出现过。

居住权写入法律草案是2002年的《中华人民共和国民法典(草案)》,该草案第十八章规定了居住权。《中华人民共和国民法典(草案)》在2002年12月经过常委会第一次审议,到2003年全国人大换届,该草案就没有再审议,因此成为废案。

第十届全国人大常委会重新将物权法的制定提上日程。在《物权法(草案)》的第二次审议稿、第三次审议稿、第四次审议稿中都规定了居住权。

《物权法(草案)》中创设居住权制度,全国人大常委会审议时是什么意见呢?常委会委员们怎么看待呢?在第三次审议以后,法律委员会整理了一个文件,归纳了审议中常委会委员们提的意见。第三次审议中有两位委员对这一问题发表意见:

一位是任茂东委员,他指出通常居住权的取得有三种途径:第一种是法定的。有两层意思:一是未成年人随父母居住;二是解除婚姻的时候法院判定另一方有居住权。第二种是依合同。第三种是依据遗嘱。实际上,任茂东委员对居住权的认识并不完全正确。但是,紧接着他发表的意见却是正确的,他说,"现在的草案所规定的居住权只适用于很少的人群,因此就没有必要设定居住权"。

另一位是沈春耀委员,他是现在的全国人大常委会法工委主任。沈春耀委员指出,最常见的解决居住的租赁关系不包括在草案中,还有同一家庭成员的居住权在草案中已经排除,也不包括在草案中。"这一章所规定的居住权都不是多数人看到的、听到的、想到的居住权,这里讲的居住权在现实中会有,但是很少,是否有必要专章规定则需要进一步研究。"根据当时发言的记录,任茂东委员和沈春耀委员都不赞成物权法规定居住权。

对居住权问题作决定,是第十届全国人大常委会第十八次会议第四次审议《物权法(草案)》之后,法律委员会向常委会写了一个汇报

(《全国人大法律委员会关于物权法草案修改情况的汇报》,2006 年 8 月 22 日)。在这个法律文件的第 9 页写道:

关于居住权,草案第四次审议稿第十五章对居住权作了规定。对物权法要不要规定居住权,一直有争论。有的认为在社会生活中需要保留居住权的情形确实存在,如有人把自己的房屋赠与朋友但自己要保留居住权等。在物权法中对居住权作出规定是必要的。有的认为,居住权的适用范围很小,从一些国家的法律规定居住权的社会背景看,主要是由于那些国家的妇女在当时没有继承权,法律通过设定居住权以解决妇女在丈夫去世后的居住问题。我国男女都享有继承权,物权法没有必要对居住权作规定。

法律委员会研究认为,居住权的适用面很窄,基于家庭关系的居住问题适用婚姻法有关扶养、赡养等规定,基于租赁关系的居住问题适用合同法等有关法律的规定,这些情形都不适用草案关于居住权的规定。并且,居住权大多发生在亲属朋友之间,一旦发生纠纷可以通过现行有关法律规定的救济渠道加以解决。因此,法律委员会建议将这一章删去。

于是,《物权法(草案)》第五次审议稿删除了居住权。

但是在第十届全国人大常委会第二十三次会议第五次审议《物权法(草案)》时,还有常委建议恢复居住权。因此,第二十四次常委会第六次审议《物权法(草案)》之前,法律委员会再次作出决定:不恢复居住权,并讲了不恢复居住权的理由。《全国人大法律委员会关于物权法草案修改情况的汇报》(2006 年 10 月 27 日)第 21 页写道:

法律委员会研究认为,从一些国家的法律规定居住权的社会背景看,主要是那些国家的妇女当时没有继承权,法律通过设定居住权,以解决妇女在丈夫去世后的居住问题。我国男女享有平等的继承权,物权法没有必要对居住权作规定。我国基于家庭关系的居住问题适用婚姻法有关扶养、赡养等规定，基于租赁关系的居住问题适用合同法等有关法律的规定，这些情形都不适用作为物权的居住权的规定。原草案规定的居住权适用面很窄，大多发生在亲属朋友之间，一旦发生纠纷，依照公平原则，通过当事人协商或者法院审判解决有关居住问题更为妥当。因此，法律委员会建议不予恢复原草案关于居住权的规定。

于是，根据法律委员会上述建议，《物权法(草案)》第六次审议稿和提交全国人大大会审议的正式《物权法(草案)》，均未规定居住权。最后，2007 年 3 月第十届全国人民代表大会第五次会议表决通过《物权法》，物权法不规定居住权，成为经全国人民代表大会肯定的中国民事立法既定立场。

《物权法》迄今已实施 12 年，现在有人又提出规定居住权，如何看待这一问题呢？如果有证据证明，现实生活中有大量的居住权问题存在，表明现阶段中国社会经济条件下确有相当数量社会成员依靠设立居住权解决居住问题，就可以判定：当年全国人大法律委员会建议、第十届全国人大常委会决定从《物权法(草案)》中删除居住权，的确是错误的。于是，现在重新规定居住权就是有道理的、合乎民法典编纂的逻辑的。反之，如果有证据表明，《物权法》生效以来的实践中设立居住权的实例极少并且限于亲属朋友之间，就可以证明在中国特色社会主义经济条件下，不存在规定居住权的社会需求，因此可以肯定：当年全国人大法律委员会关于删除居住权的建议，第十届全国人大常委会删除居住权的决定，经社会实践的检验证明，是完全正确的。民法典物权编绝不能规定居住权。

截至 2018 年 10 月 8 日人民法院网民商事案例库的判决书总数是 4073667 份，以“居住权”作为关键词检索，有 10989 份判决书涉及居住权；以“离婚”加“居住权”检索，有 3448 份判决书涉及居住权；以“合同”加“居住权”检索，有 6260 份判决书涉及居住权；以“租赁合同”加“居住权”检索，有 1417 份判决书涉及居住权。

以“保姆”“居住权”“终身居住”检索，找到一份判决书，但下载下来发现，并不是为保姆设定居住权，而是判决书提到“保姆费”由谁负担的问题。以“朋友”“居住权”“终身居住”检索，搜索到一份判决书，下载下来看，也不是为朋友设定居住权，而是关于赡养费的纠纷，判决书中提到被赡养人曾“在朋友家居住”。可见为保姆设居住权、为朋友设居住权的案件均为零。

有没有亲属关系中设立居住权的案件呢？以“合同”“居住权”“终身居住”三个关键词检索，检索到 2 份判决书。

第一份是河南省洛阳市中级人民法院 2014 年作出的第 3106 号民事判决书，案件事实是，父母没有钱买房改房，由他的五个孩子中的第四个孩子出资为父母购买房改房。父母担心自己去世后五个孩子为这套房子发生争执，就和五个孩子签订了一个协议，明确写明“由父母终身居住”，父母去世以后，这套房屋归出资购买的第四个孩子所有。本案是家庭关系中通过协议约定居住权。

第二份是吉林省通化市中级人民法院 2018 年作出的第 467 号民事判决书。该判决书中，法院认定该案中的合同是一个典型的附负担的赠与合同。赠与合同中约定了第三人终身居住，亦即约定了第三人的居住权，而这个第三人是赠与人的亲属。

请看，从 4073667 份判决书中，仅仅检索到两份设立居住权的判决书，一份是在父母子女之间通过约定居住权解决父母的居住问题；另一份是赠与合同中约定居住权解决赠与人亲属的居住问题。

事实充分证明，全国人大法律委员会关于“居住权适用面很窄，大多发生在亲属朋友之间”，即使发生了纠纷，人民法院完全可以根据现行有关法律作出妥当裁判的判断是正确的。

四、不赞成删除“无权处分合同规则”

《合同编(草案)》最大的问题是删掉了《合同法》第 51 条无权处分规则。删掉无权处分规则会造成非常严重的社会问题。《合同法》第 51 条无权处分规则的适用案型,在美国和其他国家叫“出卖他人之物”,在德国法叫作“无权处分他人财产”。“无权处分”和“出卖他人之物”是同一意思。为什么出卖他人之物?往往是出于误认或故意,这是《合同法》第 51 条的适用范围。

《关于审理买卖合同纠纷案件适用法律问题的解释》第 3 条的适用范围是什么?解释第 3 条第 1 款规定,当事人以出卖人订立合同之时对标的物没有所有权或处分权为由主张合同无效的,人民法院不予支持。第 2 款规定,如果出卖人不能交付标的物并移转所有权,买受人可以要求解除合同并追究损害赔偿责任。它的适用范围是两类案型:

第一类案型是将来财产买卖。将来财产买卖以 4S 店为典型,出卖人把德国奔驰汽车卖给中国消费者的时候,汽车并不在 4S 店,还在德国奔驰汽车公司的生产线上,甚至还没有生产出来。出卖人把汽车卖给中国的买车人之后,再从德国的奔驰汽车公司进口汽车。这就叫将来财产买卖,即先卖出、后买进。在合同法制定的时候,起草人没有想到、不知道这种交易形式,没有规定将来财产买卖合同规则,构成法律漏洞。

第二类案型是权利(处分权)受到限制的所有人出卖自己的财产。例如,抵押人没有经过抵押权人同意出卖抵押物;融资租赁的承租人没有还清租赁公司的垫款就转卖租赁物;还有一些国有部门、事业单位没有经过批准处分财产等,也属于这一类案型。

可见,《关于审理买卖合同纠纷案件适用法律问题的解释》第 3 条的适用范围和《合同法》第 51 条无权处分规则的适用范围是截然不同的。现在的草案,把《合同法》第 51 条删掉了,那么因故意或者过失出卖他人之物的案型就进入了《关于审理买卖合同纠纷案件适用法律问题的解释》第 3 条的适用范围。这样,因故意或者过失出卖他人之物的合同,将根据《关于审理买卖合同纠纷案件适用法律问题的解释》第 3 条的规定被认定为有效。

由于社会上有大量的财产在他人的控制、占有之下,甚至登记在他人的名下,登记簿上的名义所有权人并不是真实所有权人、名义股东并不是真实股东(实际出资人)。一旦删掉了《合同法》第 51 条无权处分规则,盗卖、骗卖、误卖他人财产的合同案型,将适用《关于审理买卖合同纠纷案件适用法律问题的解释》第 3 条的规定,即认定买卖合同有效、转让合同有效,这样就会怂恿、诱使社会上那些心术不正的人盗卖、骗卖他人的房屋、他人的动产、他人的股权,等等。这是很危险的。

2018 年 10 月,据电视台报道,北京市法院在审的 48 件骗卖他人(老人)房产案件中,其中 46 件案件法院不敢判,因为最高人民法院《关于审理买卖合同纠纷案件适用法律问题的解释》第 3 条规定不能够以出卖人没有所有权、处分权为由认定合同无效。仅有两个案件法院依据《合同法》第 51 条认定合同无效。据电视台报道,一对老年夫妻就一套房子,被骗卖之后,每天坐公交车到原来的小区看自己的房子,然后悲苦万分地回到他们租住的地下室。删除《合同法》第 51 条无权处分规则的恶果已经摆在我们面前。

《合同法》第 51 条在我国是一项非常重要的制度,它能够起到稳定社会的“压舱石”“承重墙”的作用。删掉《合同法》第 51 条,其后果是非常危险的。

还要注意,删掉了《合同法》第 51 条无权处分规则,其他若干法律制度也就名存实亡了,首当其冲的是善意取得制度(《物权法》第 106 条)。因为无权处分他人财产的合同有效,买受人(不区分善意、恶意)均依据有效的买卖合同取得财产所有权,善意取得制度也就失去其存在的价值。

《物权法》第106条规定,无处分权人将不动产或者动产转让给受让人的,所有权人有权追回;除法律另有规定外,符合规定情形的,受让人取得该不动产或者动产的所有权。为什么权利人有权取回?先要法院认定这个无权处分合同无效,权利人才能取回。现在认定无权处分合同有效,买受人根据有效合同合法取得标的物所有权,权利人怎么能够取回?既然买受人不区分善意、恶意都可以根据有效合同得到标的物所有权,善意取得制度的立法目的就落空了,就没有存在的必要了。

相应地,合同法上的权利瑕疵担保(又称追夺担保)制度(《合同法》第150条)也就失去了存在的价值。因为,既然无权处分合同都有效,买受人根据有效买卖合同合法取得的所有权、债权人根据有效抵押合同取得的抵押权、受让人根据有效转让合同取得的股权,就不发生权利瑕疵问题,就具有完全的排他效力、对抗效力,任何人(包括真正权利人)都不能干涉、不能侵犯、不能追夺,权利瑕疵担保制度就没有用了。因此,删除一个无权处分制度,牵一发而动全身,善意取得和权利瑕疵担保这两个重要的制度就名存实亡了。

下面我借这个机会谈谈“出卖他人之物”案型,在当代民法上是怎么处理的。民法(判例),有三种处理方案:

第一种方案,认定合同无效(原则),但权利人追认、处分人事后得到处分权的有效(例外)。《德国民法典》《法国民法典》、我国《合同法》及《葡萄牙民法典》《阿根廷民法典》均有明文规定。《德国民法典》叫无权处分行为,其他民法叫无权处分合同,在实际效果上没有差别。

例如,《阿根廷民法典》第1330条规定:“出卖他人之物的合同无效,但其无效可因所有权人的追认或者出卖人概括继承而被补正。”亦即出卖他人之物的合同原则上无效，但如权利人追认或者出卖人后来得到处分权，其无效可变为有效。该条还同时规定，“合同无效的情形，权利人可以行使取回权”。

再如，《葡萄牙民法典》第 892 条规定：“不具有出卖他人财产的正当性的人，出卖他人的财产，买卖无效。”第 895 条规定：“出卖人如果取得了所有权，这个合同可以由无效转为有效。”

以上是第一种方案，出卖他人之物的合同原则上无效，如权利人追认、处分人事后得到处分权，可转为有效。不用说，在合同无效、权利人行使取回权的情况下，买受人如属于善意，还可以主张善意取得。

第二种方案，认定出卖他人之物的合同有效，但不影响所有权人的权利。《智利共和国民法典》《埃及民法典》《路易斯安那民法典》都有明文规定。

例如，《智利共和国民法典》第 1815 条规定：“出卖他人之物的合同有效，但不得损害该物所有人未因期间的经过而消灭的权利。”然后，第 1818 条规定：“所有人可以追认，如果所有人追认的，买受人可以自出卖时取得所有权。”

因为合同本来是有效的，只是因为法律规定不损害所有人的权利，因此买受人得不到标的物所有权。现在第 1818 条规定，如果所有人予以追认的话，则买受人可以（自买卖合同成立之时）得到所有权。

再如，《埃及民法典》第 466 条规定：“出卖他人之物的，买受人可以主张无效，在任何情形，该买卖对物的所有人不发生效力。”紧接着第 467 条规定，如果所有权人追认，则该买卖合同才对他发生效力。

这是第二种方案，出售他人之物的合同有效，但是有效只限于买卖双方当事人之间，不能拘束标的物权利人。可见此种立法方案拘泥于合同的相对性原理，同时明文规定不影响权利人的权利以保护真正权利人。

第三种方案，认定出卖他人之物合同可宣告无效。以《魁北克民法典》及美国法为典型。《魁北克民法典》第 1713 条规定:“非所有人、非负责财产买卖的人或者未经授权出卖财产的人出卖财产的,可被宣告无效。但出卖人尔后成为所有人的,不得宣告无效。”第 1714 条紧接着规定:“真正所有人可请求宣告无效,并从买受人处取回出卖物,但法院授权的出卖除外。”此外还规定,如果买受人是在企业正常营业期间购买的,在这种情况下,真正权利人取回物的时候应当支付诚信买受人所支出的价款。实际上是保护诚信买受人,因此不存在善意取得的可能性。可见《魁北克民法典》的规定更为严格。

美国判例法中出卖他人之物的合同可分两类:自动无效合同和可宣告无效合同。如属前者,合同自始不发生效力,真正权利人可以从诚信购买人手中取回自己的财产(动产、不动产)。但出卖他人之物合同,被认定为自动无效合同的情形极为罕见。华盛顿特区法院在 *Chen v. Bell Smith* 案中指出,可以成功证明合同属于自动无效,只发生在最极端的情形。如属后者,真正权利人可主张合同无效,但不能从诚信购买人手中取回自己的财产,他只能向出卖人索赔。美国联邦第九巡回上诉法院在 *Southwest v. Rozays Transfer* 案中指出,真正权利人只能在合同自动无效而非可宣告无效情形下,才能从诚信购买人手中取回自己的财产。

可见,在美国法中,出卖他人之物的合同通常属于可宣告无效的合同,真正权利人可主张合同无效并行使取回权,从买受人手里取回自己的财产。但如果买受人向法庭主张并证明自己是诚信购买人(相当于善意购买人),法庭在宣告合同无效的同时,将驳回权利人的取回请求,判决标的物归诚信买受人取得。真正权利人不能取回自己的财产所遭受的损失,理当要求出卖人予以赔偿。这与我们的善意取得制度类似。

现在对三种方案作一个简单的分析。第二种方案是认定合同有效,第三种方案是认定合同可宣告无效,两种方案的差别较小。共同特点是拘泥于合同的相对性原理，对于合同在当事人之间的效力及对被出卖之物权利人的保护，采取分别处理的办法。按照合同有效的方案，法院审理当事人之间的合同纠纷，发现合同是出卖他人之物时，完全可以不理会谁是真正的权利人。

出卖他人之物的合同，既然法律规定合同有效，因此法院判决这个合同有效，于是依有效合同在当事人之间发生交付、付款这些问题，法庭当然不会去找真正权利人。假设真正权利人发现了，要求加入诉讼，向法院提起返还之诉，法院可能会把这两个案件合并审理，并判决真正权利人从购买人手中取回自己的财产。

但是，按照社会生活经验，真正的权利人不可能总是在第一时间发现自己的财产被他人出卖并立即加入诉讼。因为法律规定出卖他人之物的合同有效，所以法院将依法认定合同有效，并在当事人之间依据有效合同发生交货、付款及产权过户的效果。经过若干时日之后，真正权利人才发现，才向法院起诉主张取回权，能获得法院支持取回自己财产的可能性极其微小。

所以，第二种方案，将出卖他人之物的合同效力与权利人的保护分别处理，在规定出卖他人之物合同有效的同时，虽以“但书”规定不损害权利人的权利，但是权利人往往不可能及时发现、及时加入诉讼、及时行使取回权。可见第二种方案对权利人不利。

第三种方案和第二种方案实际上是一样的。虽然说权利人可以宣告该合同无效，并行使取回权，但权利人要在第一时间知道、发现并且及时向法院起诉，才能够主张宣告合同无效。权利人没有在第一时间发现、不能及时加入诉讼，法院将依法（依先例）认定合同有效，买卖双方将依有效合同发生交货、付款及所有权移转的法律效果。时过境迁之后，当真正权利人发现自己的财产被他人出卖，才向法院起诉，最终从购买人手中取回自己财产的可能性极其微小。

所以说，第二种方案、第三种方案采取对合同效力、权利人保护分别处理的办法,都对真正权利人不利。

现在说第一种方案,规定出卖他人之物的合同原则上无效,但权利人追认或者处分人事后得到处分权的有效。它的特点是,将出卖他人之物的合同的效力,与权利人是否追认、是否行使取回权合并在一个案件中审理。

法官审理违约纠纷案件,发现案件事实属于出卖他人之物,按照《合同法》第51条关于权利人追认或者处分人事后得到处分权合同有效的规定,法庭就要问权利人追认不追认?处分人事后是否获得处分权?并要求出卖人提供证明权利人予以追认的书面证据,要求出卖人提供证明他已经从权利人那里取得了标的物所有权或者处分权的书面证据。出卖人提供了这样的证据,法庭就认定合同有效;反之,出卖人举不出权利人追认的证据,举不出得到所有权或者处分权的证据,法庭即依据《合同法》第51条认定合同无效。合同无效,不发生标的物所有权移转的效果,已经履行的按照《合同法》第58条规定恢复原状,返还标的物,涂销此前的过户登记。因此,权利人一旦发现,他可以行使取回权,从出卖人处取回标的物,恢复自己的所有权。

按照《合同法》第51条的规定,人民法院审理出卖他人之物的合同案件,可依职权通知(或者责令出卖人通知)权利人到庭,权利人以第三人的身份加入诉讼,当庭询问他是否追认?如权利人追认,法庭即判决合同有效;如权利人不追认,法庭即判决合同无效,并支持权利人行使取回权。

这种情形,买受人如果依《物权法》第106条主张善意取得,法庭就会一并审理权利人的取回权与买受人的善意取得主张。符合《物权法》第106条善意取得要件的,法庭即判决本案财产已经由善意买受人取得,权利人的权利(包括取回权)已经消灭;反之,则判决驳回买受人的善意取得主张,认可权利人的取回权。

可见,这种方案是把权利人的权利保护与合同的有效无效合并在一起审理,如果找不到权利人(没有权利人追认或者没有出卖人获得所有权、处分权的证据),法庭即认定合同无效,不发生权利转移的效果,并责令双方恢复原状,为权利人以后向法院起诉行使取回权留下可能性,对保护权利人最为有利。同时,也不会损害交易安全,因为买受人如属于善意,他可以根据善意取得制度主张善意取得,即使买受人主张善意取得(因不符合善意取得的要件)被法庭驳回,他还可以根据《合同法》第 150 条权利瑕疵担保制度另案起诉,追究出卖人的权利瑕疵担保责任,从出卖人那里得到赔偿。

可见,第一种方案即《合同法》第 51 条这种方案,兼顾权利人的保护与善意买受人的保护,兼顾财产"静的安全"与市场交易"动的安全"的最为妥当的方案。尤其值得重视的是,这个方案不会鼓励、怂恿那些偷卖、盗卖、故意出卖他人之物(他人股权、知识产权)的行为,有利于防止这类行为的发生。对于维护社会经济法律秩序和诚实守信的道德水准,有非常重要的作用。

下面看这个制度在现实中的适用情况。我们检索了一下截至 2018 年 11 月 2 日案例库中的 4533725 件民商事案件判决书,以"无权处分"和"合同"两个关键词检索,检索到无权处分案件 25532 件,最终法院认定合同无效的有 12708 件,约占无权处分合同案件总数的 1/2。因权利人追认、处分人事后得到处分权被法院认定合同有效的有 5676 件,约占总数的 22%。

还要注意,被法院认定无效的案件,权利人可以根据《物权法》第 106 条第 1 款第 1 句行使取回权,而买受人可以根据同条善意取得制度主张善意取得。检索结果,认定无效的 12708 件案件中,买受人主张善意取得的有 3259 件,占合同无效案件的 25%。买受人主张善意取得,得到法院支持的有 1011 件,占(主张善意取得案件)总数的 1/3。法院判决(不构成善意取得)驳回的有 2248 件。

因此,我们看到无权处分案件(25532 件),被法院认定合同无效的有 12708 件，然后买受人主张善意取得的有 3259 件，法院判决构成善意取得的有 1011 件，判决不构成善意取得的有 2248 件，最终权利人取回自己的财产的有 11697 件。也就是说，无权处分案件中有 45. 8% 的案件保护了权利人，权利人取回了自己的财产。

买受人最后得到所有权的有多少？法庭因权利人追认或者出卖人事后得到处分权判决合同有效的案件有 5676 件，加上主张善意取得获得法院支持的有 1011 件，买受人得到了所有权的有 6687 件，占无权处分案件总数的 26%。这个结果和立法当时的政策判断大致相符（以上统计仅限于无权处分他人有形财产案型，不包括无权处分他人无形财产如股东权、知识产权的案型）。

这充分说明，《合同法》第 51 条无权处分合同规则，加上《物权法》第 106 条善意取得制度（此外还有《合同法》第 150 条权利瑕疵担保制度）这套制度设计，在当前大陆法系和英美法系的法律方案中是最好的一个方案，而且是经过长期实践检验证明的最好、最稳妥、最符合中国国情的制度设计。今天编纂民法典，没有任何理由删掉《合同法》第 51 条。

第六编

民法方法

法解释方法论的基本问题*

引　言

一般将法解释学定义为确定现行法规范的意义内容、构筑规范体系的学问。[①] 我国学者史尚宽先生认为，法解释学乃是运用解释方法阐明成文法规范意义，理论上使其调和，组成体系的科学。[②] 上述解释并未摆脱概念法学的影响。

法学以现行法为研究对象，同时以构成对人类社会生活有效的规范体系为其任务。为了使现行法适合于法的目的，对现行法进行解释的法学，称为法解释学。日本学者尾高潮雄指出，法解释学的作用不仅在于理解法，常常起着造法的作用。在这个意义上说，法解释学与作为理论科学的一般社会科学有很大的差异，属于一种独特的实践科学。[③] 作为科学的实用法学，它并不以法律解释本身作为目的，而

---

* 本文原载《中外法学》1993 年第 1 期。

① 参见[日]矶村哲：《现代法学讲义》，有斐阁 1978 年版，第 44、81—82、89、90、91—92、95、275 页。

② 参见史尚宽：《民法总论》，第 36 页。

③ 参见[日]尾高潮雄：《法》，劲草书房 1983 年版，第 81—82、95 页。

是以裁判的先例为素材，以预见将来的裁判为目的。[④] 日本学者川岛武宜指出，法解释学的任务在于，究明规定法官裁判活动的诸要因，即裁判活动的经验法则。[⑤] 石田穰进一步指出，法解释学以构成裁判的具体判断规准，并将其向法官传达，以制御法官的价值判断为主要目的。[⑥]

关于法解释学与法解释方法论的关系，德国学者和日本学者的解释有差异。德国学者将法解释学归结为一种方法论，即对法律解释适用的方法论，与法解释学为同义语。但在日本，法解释学的内容比较广泛。[⑦] 按照石田穰的见解，法解释学的内容，包含下述三种作业：第一，明确成为裁判的大前提的法命题的作业，即法源论；第二，明确从作为裁判大前提的法命题，构成具体判断规准的方法的作业，即法解释方法论；第三，依法解释方法的规则，从裁判的大前提构成具体判断规准的作业，即法的构成。[⑧] 无论依何种解释，强调法解释方法论为法解释学之基本内容，应都不为过。

所谓法解释方法论，可以理解为以什么样的方法构成裁判的具体判断规准更好的议论，简而言之，即关于法解释方法的理论。[⑨] 法解释方法论，不具有发现认识客观存在的经验科学的性质。因为，用什么样的方法构成裁判的具体判断规准最为妥当，属于政策问题，属于价值判断问题。因此，法解释方法论，具有实践性和政策性。

---

④ 参见[日]加藤一郎：《民法学的历史与课题》，东京大学出版会1982年版，第4、5、32、106、107页。

⑤ 转引自[日]加藤一郎：《民法学的历史与课题》，东京大学出版会1982年版。

⑥ 参见[日]石田穰：《法解释学的方法》，青林书院新社1980年版，第75—76、81页。

⑦ 参见[日]加藤一郎：《民法学的历史与课题》，东京大学出版会1982年版，第4、5、32、106、107页。

⑧ 参见[日]石田穰：《法解释学的方法》，青林书院新社1980年版，第75—76、81页。

⑨ 参见[日]石田穰：《法解释学的方法》，青林书院新社1980年版，第75—76、81页。

一、法适用与法解释

关于法律之适用，法解释学上所使用的基本概念为"subsumtion"，通常译为归摄或涵摄，指将待决案件事实置诸法律规范构成要件之下，以获得特定结论的一种逻辑思维过程。若以法律规范(T)为大前提，以待决案件事实(S)为小前提，以特定法律效果(R)之发生为其结论，则此法律适用的逻辑结构可表示如下：

T→R(具备T构成要件者应适用R法律效果)

S=T(待决案件事实符合T构成要件)

S→R(该待决案件事实应适用R法律效果)[10]

概言之，法律的适用，即将法律规范适用于具体案件以获得判决的全过程。按照概念法学的理解，法适用过程为通过三段论法的逻辑推演获得判决的过程。法官须严格按照三段论法作逻辑推演，遇有法律条文意义不明，只能探求立法者明示的或可推知的意思。法律以外的因素如经济、政治、伦理等的考虑，均属于"邪念"，应一概予以排除。将法官视为适用法律的机器，判决之获得犹如文件复印。[11]

实际上，法律的适用并非简单的三段论推理。在能够作三段论逻辑推理之前，首先须探寻可得适用之法律规范，即所谓"找法"。找法的结果，有三种可能：其一，有可适用的法律规范；其二，没有可适用的法律规范，这种情形即存在法律漏洞；其三，虽有规定，却因过于抽象，须加以具体化。若出现第一种可能，即存在可适用的法律规范，则应进行下述作业：(1)通过各种解释方法，确定该法律规范的意义；(2)将该法律规范区分为构成要件及法律效果；(3)再将构成要件区

---

⑩ 参见王泽鉴：《民法实例研习·基础理论》，1981年版，第116—117、119—121、125、129页。

⑪ 参见[日]加藤一郎：《民法学的历史与课题》，东京大学出版会1982年版，第4、5、32、106、107页。

分为若干具体要素;(4)审查待决案件事实是否符合该法律规范构成要件之全部要素,若符合,方可依 subsumtion 得出判决。若出现第二种可能,即存在法律漏洞的情形,则应进行漏洞补充。若出现第三种可能,即属于不确定法律概念或一般条款,则应进行价值补充。待通过漏洞补充或价值补充得到可适用法律规范之后,方能继续进行区分构成要件及法律效果等作业。⑫

从法律规范的探寻即找法开始,直到可依 subsumtion 进行三段论推演之前的整个活动过程,属于广义法律解释。而确定法律规范意义的作业,则属于狭义法律解释。广义法律解释包括狭义法律解释、漏洞补充和价值补充。为了解决具体的案件,必须获得作为大前提的法律规范,这种获得作为判决大前提的法律规范的作业,亦即广义的法律解释。

由上可知,法律解释乃是法适用之不可欠缺的前提,要得到妥当的法适用,必须要有妥当的法律解释。⑬ 关于法律解释的必要性,我国著名学者王泽鉴先生指出,凡法律均须解释,盖法律用语多取诸日常生活,须加阐明;不确定之法律概念,须加具体化;法规之冲突,更须加以调和。因此,法律之解释乃成为法律适用之基本问题。法律必须经由解释,始能适用。⑭

法律解释以解释者身份的不同,分为三种:其一,裁判解释,指法官于裁判案件时所作解释;其二,学说解释,指学者在学术著作、论文及教科书中所作解释;其三,当事人解释,指具体诉讼案件当事人及其代理人所作解释。其中,裁判解释和学说解释为法解释学上所说的典

⑫ 参见王泽鉴:《民法实例研习·基础理论》,1981 年版,第 116—117、119—121、125、129 页。

⑬ 参见[日]矶村哲:《现代法学讲义》,有斐阁 1978 年版,第 44、81—82、89—92、95、275 页。

⑭ 参见王泽鉴:《民法实例研习·基础理论》,1981 年版,第 116—117、119—121、125、129 页。

型的法律解释。需说明的是,裁判解释对于所裁判的案件当事人来说,具有法律效力;而学说解释,即使是通说或多数说,亦不具有法律效力。⑮

裁判解释有下述特点:(1)法律的拘束性较强。法官于裁判时,负有严格遵守法律的义务,非如学者解释法律那样自由。(2)紧迫感。法官面对的是具体待决案件,无论其性质及难易,均不容回避,且有时限的限制,非如学者解释针对想象的事实关系,有充分的自由。(3)便宜性。法官所作解释,不必列举详细理由,重要的是结论之妥当性。而学说解释,毫无疑问须有详细的理由。相比之下,裁判解释具有便宜性。⑯

学说解释有如下特点:

1. 抽象性

学术著作、论文和教科书中所展开的解释论,针对具体事例的较少,大都属于抽象的一般性的议论。

2. 理论性

学说解释,往往展开充分的论述,更着重于解释的理由即理论构成。

3. 相对自由性

学说解释当然不能无视法规、背离条文,但与法官的解释相比,有相对的自由。

学者往往借解释批评现行法的缺失,批评判例的失当,并为法律修改提供建议。正因为如此,学说解释担负着对现行法令、判例进行整理,对现行法状态作批判检讨,提出应有法的建议及指导判例的任务。⑰ 实际上,法官解释往往直接采纳学者的解释。

---

⑮ 参见[日]山田卓生:《法解释的主观性》,第100—104、108、125页。

⑯ 参见[日]山田卓生:《法解释的主观性》,第100—104、108、125页。

⑰ 参见[日]山田卓生:《法解释的主观性》,第100—104、108、125页。

德国法学家萨维尼曾对法律解释予以高度评价。他说:“解释法律,系法律学之开端,并为其基础,系一项科学性之工作,但又为一种艺术。”[18]

二、法解释的创造性

所谓法解释的创造性,是指法律解释具有造法的作用。法律解释并非单纯地对法的理解活动,也有造法的作用,具有立法的延长的性质。[19]

在罗马法时代,若干权威学者被授予解答法律问题的资格,称为解答权。拥有解答权的学者对法律的解释具有法律效力。这一时期,学说解释成为法源之一,被称为学说法。[20] 通过解释造法的例子极多。因此,罗马法被称为法学者创造的法。

19 世纪,随着欧洲各国的法典编纂,法律实证主义发展到极端,沦为概念法学,在法国、德国、日本等大陆法系国家占据支配地位,对英美普通法系国家亦有影响。概念法学竭力否认法律解释的创造性。按照概念法学,法官适用法律须严格依三段论法,仅能作机械的逻辑推演;遇有疑义时,则探求立法者主观意思,一切解释均应以立法者意思为依归;法律之外的一切因素,包括政治、经济、社会、道德及当事人利害关系,均属“邪念”,应一概予以排除,不允许有任何利益衡量和价值判断。[21]

概念法学否认法解释的创造性,主要原因在于:(1)整个 19 世纪是欧洲主要国家资本主义稳定发展时期,资本主义市场经济要求可预

---

⑱ [日]山田卓生:《法解释的主观性》,第 100—104、108、125 页。

⑲ 参见[日]尾高潮雄:《法》,劲草书房 1983 年版,第 81—82、95 页。

⑳ 参见[日]柴田光藏:《罗马法学》,载[日]碧海纯一等主编:《法学史》,东京大学出版会 1976 年版,第 30—32、38—39 页。

㉑ 参见山口俊夫的《法兰西法学》《法学史》。

见性和可计划性，要求具有尽可能高的确定性和安全性的法律秩序。概念法学以法律的安定性为最高价值，为了确保这一安定性价值，不惜牺牲妥当性价值，不容许法官借法律解释以变更或增减法律规定。(2)受孟德斯鸠等启蒙思想家的影响，“三权分立”被奉为绝对准则，立法属于立法者的专职，严格禁止法官创造法律。法律解释的功能仅限于探求立法者明示的或可推知的意思。借法律解释之名增减或变更法律规定，即属“逾分”，应严加禁止。(3)由于欧陆各国相继制定法典，使法律实证主义发展到极端，形成“成文法至上”“法典之外无法源”“法律体系逻辑自足性”等观念，使法解释学陷入僵化，风行法典崇拜和法律逻辑崇拜，迷信成文法完美无缺，仅靠对法律概念作逻辑推演，即可能解决一切案型。[22]

20世纪是一个剧烈动荡和变革的世纪，人类社会经历了世界性的严重经济危机、两次世界大战及科学技术的飞速发展，机械化、电气化工业交通事业的勃兴，大型企业及跨国企业的出现，伴随而来的是严重的交通事故、产品缺陷致损、医疗事故、环境污染公害及核损害等层出不穷的新问题，这就要求承认成文法的局限性，要求赋予法官较大的裁量权，要求弹性解释法律，要求承认法解释的创造性，要求法解释学自身的变革。因此，20世纪出现了对概念法学展开猛烈批判的所谓“自由法运动”，如德国学者耶林将概念法学讥为“法学游戏”，并提倡目的论法学。在耶林的影响下，埃利希和康特洛维茨倡导自由法学，认为法律每因立法者之疏忽而未预见，或情势变更而发生许多漏洞，此时法官应自由探求活的法律，以资因应；主张法官有法律变更权能，应进行法的自由发现。法国科学学派的首倡者惹尼和撒莱认为，人类创造的实证私法，难期尽善尽美，必然有许多漏洞，绝不应像概念法学

㉒ 参见[日]碧海纯一等主编：《法学史》，东京大学出版会1976年版；[日]加藤一郎：《民法的理论与实践》；杨仁寿：《法学方法论》，中国政法大学出版社1999年版；徐国栋：《民法基本原则解释》，中国政法大学出版社2004年版。

那样仅作逻辑推演，应从法律之外去发现“活生生的法律”加以补充。认为法律应与社会并行进化，法律的安全性价值和适应性价值同等重要，法律解释必须调和二者。㉓

自由法运动的贡献在于，承认法律有漏洞，承认法律解释的创造性，将法解释学从陷于极端僵化、保守的概念法学的禁锢中解放出来，推进到一个新的境界。但自由法学因矫枉过正，从一个极端走向另一个极端，因主张法官自由发现法律及极度轻视法典的权威，必然损及法律的安定性，且法官亦为常人而非神，亦有其缺点和能力的局限，若任其自由发现所谓活法，亦恐难确保判决的妥当性。

值得特别重视的是德国学者赫克所首倡的利益法学。利益法学同自由法学一样，承认即使最好的法律也存在漏洞。赫克将概念法学派斥为保守分子；同时，赫克亦不赞成自由法学所主张的任由法官自由发现法律，即由法官自由裁量补充法律漏洞。按照利益法学，法官有补充法律漏洞的权限，但不能仅凭法官自己的价值判断，应受立法者各种意图的拘束。依利益法学，法官绝非一种自动机器，应是所适用的法律规范的一个创造者，是立法者的“助手”。法官通过“从属的命令补充”方式补充法律漏洞，通过解释确定其妥当界限，而且在一定条件下可对现存法律规定予以订正。㉔ 利益法学企图兼顾法律的安定性价值和妥当性价值，属于一种折中的立场，其充分肯定法律解释的创造性，同时以立法者价值判断拘束法官的自由裁量，指明了法解释学的发展方向。因此，在第二次世界大战以后，利益法学及其发展形态的价值法学对实务和理论产生了很大影响，几乎成为当代法解释学的主流。

㉓ 参见［日］碧海纯一等主编：《法学史》，东京大学出版会 1976 年版；［日］加藤一郎：《民法的理论与实践》；杨仁寿：《法学方法论》，中国政法大学出版社 1999 年版；徐国栋：《民法基本原则解释》，中国政法大学出版社 2004 年版。

㉔ 参见［日］津田利治译：《利益法学》，庆应大学法学研究会 1985 年版，第 13—15 页。

依现今通说，立法机关之立法权性质，已由过去的专属立法权转变为优先立法权，而司法因而取得对立法机关所制定法律之补充权，亦即在法律补充意义上的候补立法权，这种司法机关的候补立法权，具有两个特征，即候补性和针对个案性。[25] 按照日本学者末弘严太郎的解释，立法机关制定法的“外围”，而由法院决定其“内容”[26]。美国的卡多佐法官在比较法官与立法者在法形成上的作用之后说，实际上，法官与立法者一样，同样在被许可的范围内进行立法活动。当然，与许可立法者立法的范围相比，法官被许可立法的范围较小。法官只在填补法的间隙的程度内进行立法，另外在全无法律规定的场合进行补充。[27] 日本学者山田卓生将法解释的创造性概括为三种情形：其一，法律漏洞的补充；其二，恶法的回避；其三，不明确法律规定及一般条款的价值补充。

美国学者弗兰克崇尚一句名言：谁对于法律的解释具有绝对的权威，则不论从何种意义上说，他都是真正的立法者，而写下或口述该法律的人则非是。[28]

三、法解释的特征

法解释的特性或特征，学者黄茂荣论述为以下六项：(1)法律解释对具体案件之关联性；(2)法律解释的价值取向性；(3)法律解释之文义范围性；(4)法律解释之解释循环性；(5)法律解释之历史性；(6)法律解释之合宪法。[29] 而其中所谓法律解释之文义范围性、法律解释的

---

[25] 参见黄茂荣：《法学方法与现代民法》，1982 年版，第 257—273、275、380 页。

[26] 参见[日]加藤一郎：《民法学的历史与课题》，东京大学出版会 1982 年版，第 4、5、32、106、107 页。

[27] 参见[日]加藤一郎：《民法学的历史与课题》，东京大学出版会 1982 年版，第 4、5、32、106、107 页。

[28] 参见[日]山田卓生：《法解释的主观性》，第 100—104、108、125 页。

[29] 参见黄茂荣：《法学方法与现代民法》，1982 年版，第 257—273、275、380 页。

历史性及法律解释之合宪性,与法律解释的解释因素之相关内容重复,似不属于法律解释的特性问题。

法解释学本来是由哲学的解释学和科学的解释学衍生而来。解释学的渊源之一是古希腊的文献学研究,解释学的另一渊源是神学解释学,是神学家为研究《圣经》而发展起来的。

古代罗马人法与神法不分,由神官掌管诉讼及有关知识。其后人法与神法分离,但法律知识仍由神官垄断,故有神官团非公开讲授法律知识。公元前 254 年,平民出身的大神官康勒卡力瓦士在公开场合讲解法规、法文的解释及法发现的方法[30],被认为法解释学之开端。法解释学一开始就从神学解释学及文献学借用研究方法和解释方法。曾经植根于古代文献学和神学解释学的法解释学,经过 19 世纪和 20 世纪的发展,已经形成自己的方法和理论,成为现代解释学的一个重要分支。

现代解释学,实际上是一种关于理解(verstchen)的学问[31],即对文本(text)加以明确理解的技术。[32] 但是,作为解释学一个重要分支的法解释学,其最终目的却不限于对法律(文本)的理解,而是为了解决具体案件即正确适用法律而理解。因此,法律解释除具有解释活动的一般性之外,还具有区别于其他解释活动如对文学艺术作品的解释活动的特殊性。

(一)法律解释对具体案件的关联性

法律解释必须针对具体的案例事实,在判例解释的场合,是针对

---

[30] 参见[日]柴田光藏:《罗马法学》,载[日]碧海纯一等主编:《法学史》,东京大学出版会 1976 年版,第 30—32、38—39 页。

[31] 参见[日]浅田和茂等译:《法理论的现在》,第 226—227、237 页。

[32] 参见张汝伦:《意义的探究——当代西方释义学》,辽宁人民出版社 1986 年版,第 6 页。

法官面临的待决案件;在学说解释的场合,则是针对学者所想象的或虚拟的案件。无论如何,只在将法律规定与某个具体案例事实相联系,即须用法律解决案件时,才发生法律解释问题。因此,对法律条文而言,只有与具体案件有关的部分才是重要的;反之,对具体案件而言,只有与法律条文有关的部分才是重要的。在法律适用的过程中,务必使法律规范与事实相符、法律事实与规范相符,此即法律解释对于具体案件的关联性。德国著名学者拉伦茨解释说:“法律条文对解释者构成疑难时,他借着解释这一媒介活动来了解该条文的意旨;而一个法律条文疑难则在被考虑到它对某一特定法律事实的适用性时发生。”[33]从而,法律解释对于具体案件的关联性,包含下述意思:其一,法律解释往往由待处理的案件所引起;其二,法律解释的任务,在于确定该法律规定对某特定法律事实是否有意义;其三,法律条文应相对于一个待处理事实加以阐释并具体化。这在不确定法律概念的具体化和适用上表现得特别清楚。例如,最高人民法院法函〔1992〕第27号指出:“就本案购销煤气表散件合同而言,在合同履行过程中,由于发生了当事人无法预见和防止的情事变更……”如要求仍按原合同约定履行“显失公平”。[34] 在此例中,法律解释问题与对生活事实的评价问题,相互渗入对方,不可截然划分,充分体现了法律解释对于具体案件的关联性特征。

（二）法律解释的价值取向性

学者通说认为,法律解释具有价值取向性。所谓价值取向性,是指法律解释并非形式逻辑的操作,而是一种价值判断;但此种价值判断并非脱离法律的独立的价值判断,而是以已经成为法律之基础的内

---

[33] 黄茂荣:《法学方法与现代民法》,1982 年版,第 257—273、275、380 页。

[34] 转引自耀振华:《情事变更原则的适用》,载《法学研究》1992 年第 4 期。

在价值判断为依据。盖法律本质上为行为规范,但人类并不是为规范而规范,而是利用法律规范去追求某些目的。这些目的是基于某些基本的价值判断所决定的,此即法律解释所应探求和阐释的法律意旨所在。正如德国学者达姆所指出的,“法律绝不仅是徒具语言形式的东西。它有所志,有所意味;它追求着实务的目的,它的眼中有它在生活中要贯彻的价值”㉟。在实务上,解释主要利用宪法上的基本价值决定如公民权利之保障及其他法律之立法目的和基本原则。后者如《民法通则》所规定的公平原则和诚实信用原则等。例如,最高人民法院〔1988〕年民他字第 1 号批复,即依据《宪法》关于对劳动者实行劳动保护的价值规定,认定雇工合同中“工伤概不负责”的免责约款无效。

(三)法律解释之解释学循环

解释学上有所谓解释学循环(the hermeneutic circle)问题。根据解释学者的考证,是康德首先使用了解释学循环一词,而笛尔塔最为明确完整地表述为:“整体只有通过理解它的部分才能得到理解,而对部分的理解又只能通过对整体的理解。”㊱解释学循环问题,其依据在于精神作品的整体与部分之间的相互关系,即对部分的理解须以对整体的理解为前提,而对整体的理解亦须以对部分的理解为前提。从逻辑上讲,在理解文本整体意义之前,不可能正确理解其部分的意义;而在理解各部分意义之前,亦不可能正确理解其整体意义。这样,理解过程表现为一个从整体到部分、从部分到整体的循环。有的学者指出,所谓解释学循环并不是本来意义上的循环,实际上是一种螺旋形,因为每循环一周均获得对文本更新的认识和更深的理解。㊲ 一般解释学上又提出所谓先行理解概念或前理解概念(pre-understanding)。先

㉟ 黄茂荣:《法学方法与现代民法》,1982 年版,第 257—273、275、380 页。

㊱ 殷鼎:《理解的命运》,生活·读书·新知三联书店 1988 年版,第 23、145、147 页。

㊲ 参见[日]浅田和茂等译:《法理论的现在》,第 226—227、237 页。

行理解是理解的开端,理解之前的理解状态,即先行理解。[38] 由于先行理解概念的提出,使解释学循环理论受到非难。因为,既有其开端,即不再有循环。但是,所谓先行理解只不过表明人们为了理解,须运用先前已有的知识。如果将先行理解看作一种已被纳入文本的东西,则解释学循环将不受其影响。[39] 因此,解释学者加德默尔将解释学循环表述为:理解永远是由整体理解(解释者的前理解)运动到部分又回到整体的理解(解释者所达到的新的理解)。[40] 在这一循环的理解过程中,所有部分与整体的和谐状态便是正确理解的标准。反之,部分和整体没有达到这一和谐状态,便不是正确理解。

法解释学作为一般解释学的一个分支,理所当然地存在解释学循环。解释者要理解法律的每个用语、条文或制度,须以对整个法律体系的理解为前提;而离开对法律用语、条文和制度的理解,则不可能理解整个法律体系。[41] 强调法律解释存在解释学循环,对于防止孤立地、断章取义地曲解法律,无疑是有益的。

四、法解释的目标

法解释的目标和法解释的标的,是两个不同的概念。法解释的标的,是指解释的对象,为法律意旨之表示方式。标的,亦即解释学上所谓文本。法解释的标的,是法律规范之条文、立法文献,如立法理由书、草案、审议记录等,以及立法当时的社会、经济、政治、技术等附随情况。[42] 法解释的目标,是指解释者通过对法律条文、立法文献及其附

---

[38] 参见殷鼎:《理解的命运》,生活 · 读书 · 新知三联书店 1988 年版,第 23、145、147 页。

[39] 参见[日]浅田和茂等译:《法理论的现在》,第 226—227、237 页。

[40] 参见殷鼎:《理解的命运》,生活 · 读书 · 新知三联书店 1988 年版,第 23、145、147 页。

[41] 参见黄茂荣:《法学方法与现代民法》,1982 年版,第 257—273、275、380 页。

[42] 参见黄茂荣:《法学方法与现代民法》,1982 年版,第 257—273、275、380 页。

随情况进行解释,所欲探究和阐明的法律规范之法律意旨。

作为法解释目标的法律意旨,究竟是立法者制定法律规范时的主观意思,抑或存在于法律规范的客观意思,法解释学者从来聚讼纷纭,并形成主观解释论与客观解释论的对立。整个 19 世纪,主观说占据支配地位。19 世纪末,客观说抬头。之后客观说占据优势地位。但此后,利益法学及埃利希的后期自由法学提倡新主观说,成为有力的主张;同时又出现对主观解释论和客观解释论加以折中的见解,即中间说,也是有力的主张。但总的来说,当今客观说仍占据通说地位。[43]

(一)主观说

19 世纪主观解释论占据统治地位。按照主观解释论,法律解释的目标,在于探求立法者制定法律当时事实上的意思。这种意思是心理学意义上的东西。因此,旧主观说又称为立法者意思说。同时,立法者打算规范可能发生的一切事态,因此认为通过解释确定的制定法不存在任何漏洞。[44]

主观说的立论根据有:其一,只有立法者知道自己所要的是什么。立法行为是立法者的意思行为,立法者通过立法以表达他们的看法和企图,借助法律以实现他们所追求的社会目的。因此,只有立法者知道得最清楚。其二,为了确保法律的安全性价值。立法者意思是一种可以借助立法文献加以探知的历史事实。只要法律解释取向于这种可被探知的立法者意思,法院的判决和决定便不会捉摸不定。因此,贯彻主观说的见解可以确保法律秩序的安定性。其三,基于三权分立原则。按照三权分立原则,法律只能由立法机关制定,法院的职能只

---

[43] 参见[日]矶村哲:《现代法学讲义》,有斐阁 1978 年版,第 44、81—82、89—92、95、275 页。

[44] 参见[日]矶村哲:《现代法学讲义》,有斐阁 1978 年版,第 44、81—82、89—92、95、275 页。

是依法裁判。立法者意思是法律适用上的决定性因素,从而法律解释即应以探求立法者意思为目标。[45]

(二)客观说

随着社会生活的发展变化,发生了立法者未能预见的各种事态,如仍依立法者意思进行解释,将无法适应新的情况。因此,产生了客观说。按照客观说,法律一经制定,即与立法者分离,成为一种客观存在。立法者于立法时赋予法律的意义、观念及其期待,并不具有拘束力;具有拘束力的,是作为独立存在的法律内部的合理意义。因此,法解释的目标,在于探究和阐明这种法律内部合理性所要求的诸目的。这种合理目的,亦常因社会发展变化而变迁。法解释的课题,是在法律文本语义上可能的若干种解释中,选择现在最合目的之解释。客观说强调,法律解释总是关于现在的解释,而且与目的论解释相结合。同时,客观说承认法律漏洞的存在,承认法官有规范创造功能。[46]

客观说的立论依据如下:其一,一个具有意思能力的立法者并不存在。法律之草拟、制定,历经各种机关,何人为立法者殊难确定。意思不一致时,应以何人为准,实有疑问。其二,法律与立法者意思并非一体。具有法律效力的,系依法律形式表达于外部之表示意思,而非所谓立法者的内心意思。其三,受法律规范之一般人所信赖的,是存在于法律规范的合理意思,而非立法者主观的意思。其四,客观说最能达成补充或创造法律的功能。倘若采主观说,则法律之发展将受制于“古老的意思”,不能适应社会发展的需要。[47]

---

[45] 参见[日]矶村哲:《现代法学讲义》,有斐阁1978年版,第44、81—82、89—92、95、275页。

[46] 参见[日]矶村哲:《现代法学讲义》,有斐阁1978年版,第44、81—82、89—92、95、275页。

[47] 参见王泽鉴:《民法实例研习·基础理论》,1981年版,第116—117、119—121、125、129页。

（三）现代主观说

客观说受到利益法学的严厉批判，因为客观说将损害法律的安定性。利益法学在批判客观说的同时，提出了自己的解释论，即对旧主观说加以修正之后形成的新主观说，亦可称为现代主观说。现代主观说与旧主观说的区别在于，不再如旧主观说那样探求立法者于立法时的心理学意义上的意思，而是探求法律规范命令背后与之有因果关系的各种利益状态及其衡量，以尽量扩展法律规范的意义内容。同时，现代主观说不再如旧主观说那样迷信法典完美无缺，而是假定广泛的法律漏洞领域的存在。但对于法律漏洞，原则上应推测立法者的评价，以进行补充；在无法推测这种评价时，则以社会上占据支配地位的评价及自己的评价进行补充。此说将制定法的历史的解释与法官的规范创造功能加以调和，以兼顾法律的安全性和对社会变化的适应性，对法学界及实务界产生了很大影响。[48]

（四）折中说

现代解释论，客观说仍占通说地位。但试图将主客观两说加以折中的中间说，亦为有力主张，值得注意。折中说认为，法律解释的目的，归根到底，在于获得解决现在问题的基准。主观解释论关注立法者的规范意图、目的和评价，不足以解决因社会发展变化所发生的法律适用问题。客观解释论则为解决这类问题提供了可能性。但由于客观说全然无视制定法的历史的意义，突如其来地从中取出解释者认为合乎现在目的的意思，如果彻底贯彻这种理论，则易导致先获得解释者所希望的所谓合理结论，然后再给这一结论附加上制定法的基

---

[48] 参见［日］矶村哲：《现代法学讲义》，有斐阁 1978 年版，第 44、81—82、89—92、95、275 页。

础。这种倾向,被利益法学指责为非解释,而是“插入”。按照折中说,解释者首先应依历史的解释,确定立法者的规范意图、目的和评价,然后,在立法者的“意思”无法认知,或对现代情势所生问题未提供解决基准的场合,考虑在法律文本可能的语义范围内,检讨可能的理由和基准(如“自然的本性”及法秩序内在的“法的诸原理”),认为对现在的法律适用合乎目的的意义。依这种历史的解释,明确了立法当时的利益情况、利益衡量、立法意图和立法目的,并通过确定在什么样的范围内发生了变动,为超过立法者“意思”的解释提供了实质根据,亦即将立法者本来的评价作为法律规范创造的依据。于是,将主观解释论的优点与客观解释论的优点结合起来了。㊾

关于法解释目标的争论由来已久。就整个法律解释论之发展趋势而言,19 世纪初至 20 世纪初多偏重主观说,而今日则以客观说占据优势地位。中间说企图折中二论,甚受重视,但迄未被普遍接受。我国台湾地区学说及实务,均采客观说。㊿ 我国大陆对此问题迄今尚未论及,最高人民法院的批复、解答及所公布判例,给人以客观说的印象。笔者个人亦倾向于客观说,正如倡导客观说最力之学者拉德布鲁赫所言:法律犹如航船,虽由领港者引导出港,但在海上则由船长指挥,循其航线而行驶,应不受领港者之支配,否则将无以应付惊涛骇浪、风云变幻也。(51)

结 语

法解释学方法,是一种传统的、基本的研究方法。我国法学理论

㊾ 参见[日]矶村哲:《现代法学讲义》,有斐阁 1978 年版,第 44、81—82、89—92、95、275 页。

㊿ 参见王泽鉴:《民法实例研习·基础理论》,1981 年版,第 116—117、119—121、125、129 页。

(51) 参见王泽鉴:《民法实例研习·基础理论》,1981 年版,第 116—117、119—121、125、129 页。

研究,要在现有基础上进一步提高,尤其要对现行立法及判例进行整理,消除其内部矛盾,构筑理论体系,并担负起指导实践及立法的重任,非重视法学方法论不可。

民法典解释与适用中的十个问题*

《民法典》于2020年5月28日由第十三届全国人民代表大会第三次会议通过,自2021年1月1日起施行。《民法典》的颁布施行,意味着围绕民法典编纂的诸多争议皆已尘埃落定,今后民法学理论研究和司法实践的主要任务是如何对《民法典》进行解释与适用。

一、对《民法典》第416条"超级优先权"的评析

《民法典》第416条规定:"动产抵押担保的主债权是抵押物的价款,标的物交付后十日内办理抵押登记的,该抵押权人优先于抵押物买受人的其他担保物权人受偿,但是留置权人除外。"《民法典》第416条是一个新创的制度,要准确把握就需从立法政策角度去考虑。要理解这个条文,首先需理解什么叫抵押、抵押和质押的区别何在。

质押是人类历史上最悠久的担保制度,例如,我国在没有实行市场经济时就已经存在当铺。质押须移转标的物的占有,而抵押不必移转标的物的占有,所以在人类历史上抵押权制度出现较晚。无论是抵押还是质押,关键问题是怎

---

* 本文原载《温州大学学报(社会科学版)》2021年第1期。

样实现对标的物的控制。如果抵押物是不动产,且被移转占有,那么抵押人就没有办法利用抵押物。举例而言,假如抵押人借贷的目的是要发展生产,结果却是抵押人在拿到贷款以后反而丧失了生产的对象——不动产土地,以致无法实现生产的目的。这一突出难题催生了登记制度,登记制度解决了抵押人因抵押物被移转占有而产生的窘境,但必须是能够登记的物权才能适用抵押权制度。

自 2021 年 1 月 1 日废止的《物权法》所规定的抵押权均针对不动产,因为不动产有登记制度,动产也要有登记制度才能被抵押。《民法典》第 395 条规定了抵押财产的范围:第一,建筑物和其他土地附着物;第二,建设用地使用权;第三,海域使用权;第四,生产设备、原材料、半成品、产品;第五,正在建造的建筑物、船舶、航空器;第六,交通运输工具;第七,法律、行政法规未禁止抵押的其他财产。这些被列举的财产都需要登记后才能被抵押。

《民法典》第 416 条提到"动产抵押",第 395 条所列抵押财产范围当中哪一项属于该处的"动产"范畴呢?是第 1 款第 4 项的抵押财产"生产设备、原材料、半成品、产品"吗?不是。因为《民法典》第 395 条第 1 款第 4 项抵押财产有《民法典》第 396 条的规定与之相匹配。《民法典》第 396 条规定:"企业、个体工商户、农业生产经营者可以将现有的以及将有的生产设备、原材料、半成品、产品抵押,债务人不履行到期债务或者发生当事人约定的实现抵押权的情形,债权人有权就抵押财产确定时的动产优先受偿。"这类抵押常被称作浮动抵押,这是不准确的,因为所谓浮动就是不确定。原材料变成半成品,半成品变成成品,成品要卖出去,这些财产在流变,从这个意义上说它们才是浮动的。其实,《民法典》第 396 条规定的是特别动产结合抵押,也就是说,《民法典》第 395 条第 1 款第 4 项的抵押财产"生产设备""原材料""半成品""产品"虽然都是动产,但要结合在一起抵押。做法是,列一个抵押财产清单,并在清单上标明抵押财产的位置,如它们属于哪个厂、堆放在哪里。这个清单不像别的抵押那样要具体地列出特定物,而只需列出抵押财产的类型、种类,这就叫特别动产结合抵押,其抵押财产是合在一起的。

《民法典》第 395 条第 2 款规定:“抵押人可以将前款所列财产一并抵押。”“一并抵押”是什么呢?它跟日本法律上说的企业财团抵押相当。所谓企业财团抵押就是指把企业所有的不动产、动产结合起来列一个清单一并抵押。企业财团抵押和浮动抵押的差别何在?平常说的浮动抵押,英美法系称 floating charge,着重于标的物的浮动、不确定。浮动抵押的内容不仅包括企业的不动产、动产,还包括抵押人的债权、债务、知识产权等。浮动抵押不是随便设定的,它是为了担保企业发行公司债券这一特定目的而设定的。

《民法典》第 396 条把第 395 条第 1 款第 4 项抵押财产规定为特别动产抵押,那么第 395 条所列举的其他抵押财产哪些是动产呢?那就是第 6 项,即交通运输工具。交通运输工具适用抵押,因为它有登记制度。船舶由船籍港登记,航空器(如民航飞机)由民航局登记,机动车由交通管理部门登记。交通管理部门登记机动车俗称“上路发牌照”,这个登记同样可以起到物权上的登记效力。交通运输工具这一类动产在《民法典》“物权编”叫作特别动产。特别动产实行登记对抗主义,为什么特别动产要实行登记对抗主义呢?因为特别动产处于运动状态。假使一艘船航行到某一个港口,急需一笔资金,需要设定抵押,却又没法实现登记(因为登记地在船籍港),那么只要抵押合同生效抵押就生效了,而这艘船要回到船籍港办理了抵押登记才能取得对抗效力。航空器也是这样,因为航空器到处飞,所以它不能严格地像不动产那样实行登记生效主义。不动产实行登记生效主义,因为不动产是不动的,正所谓“跑得了和尚跑不了庙”;特殊动产是处于运动状态的,所以不得已实行登记对抗主义。需要注意的是,在交通运输工具当中,船舶的抵押在海商法中有特别规定,航空器的抵押在航空法上有特别规定,《民法典》规定的对象其实就是机动车。《民法典》第403 条规定的是动产抵押权设立的登记对抗主义,该条明确规定:“以动产抵押的,抵押权自抵押合同生效时设立;未经登记,不得对抗善意第三人。”

《民法典》第 404 条又规定:“以动产抵押的,不得对抗正常经营活动中已经支付合理价款并取得抵押财产的买受人。”据此而解读出的“动产抵押没有追及力”这一结论是值得商榷的。第 404 条讲的是,正常生产经营当中销售出去的产品,买受人花钱购买了,这些产品就脱离了抵押权的范围,不能追及。实际上,第 404 条的适用范围就是第396 条规定的内容,即前面讲的特别动产结合抵押:企业把自己流水线上的生产设备、原材料、半成品、产品作一个清单,设定一个抵押,就作一个抵押登记;设定抵押权以后,企业正常生产,原材料变成半成品,半成品变成成品,成品销售出去,新的原材料又进来了,抵押物处于浮动当中。

但特别动产结合抵押有一个“确定”,这个“确定”规定在《民法典》第 411 条。第 411 条确定什么呢?第 411 条规定:“依据本法第三百九十六条规定设定抵押的,抵押财产自下列情形之一发生时确定:(一)债务履行期限届满,债权未实现;(二)抵押人被宣告破产或者解散;(三)当事人约定的实现抵押权的情形;(四)严重影响债权实现的其他情形。”特别动产结合抵押的财产一经确定,其抵押权就变成普通的抵押权,而且马上就要执行。所以说“确定”是为了执行抵押权,而在“确定”之前,产品和原材料都存在流动性。也就是说,在“确定”之前,特别动产在浮动,无法追及,但在“确定”以后,特别动产就可追及。特别动产结合抵押与特别动产自身的性质相关,它是为生产当中处于浮动状态的标的物设定的抵押,但抵押财产一经“确定”就有追及力。

什么叫追及力?什么叫抵押权的追及力?《民法典》第 406 条第1 款最后一句规定“抵押财产转让的,抵押权不受影响”,这就是具体体现。抵押权设立以后，抵押财产转给张三，张三转给李四，李四转给王五，不管转到哪里，其抵押权不受影响，一直黏附在抵押财产的所有权上，虽然王五变成了抵押财产的所有权人，但抵押权人可以找到所有权人王五，并申请法院拍卖，这就是追及力。因此，从抵押权来说，第一个登记生效的抵押权一经生效抵押权就发生，就有追及力。总之，追及力是支配力的体现，凡是登记生效的抵押权都有追及力。

再看《民法典》第416条，该条中的动产其实特指机动车，机动车抵押所担保的主债权是购买机动车这一动产的价款。这个动产抵押制度是新设的，《物权法》中没有。在市场交易中，除家用的代步机动车以外，机动车还包括基建所用的大吊车、水泥搅拌车、油罐车等。一般的小轿车价格便宜，但像大吊车、水泥搅拌车这样的大型机动车，一个建筑公司如果要买好多辆，则要花费巨额的资金。针对这种因标的物价款巨大而难以一次支付的交易，《民法典》在第634条规定了分期付款。依据该条规定，采用分期付款的买卖，如果迟延付款的数额超过了全部价款的1/5，且在出卖人催告后买受人在合理期限内仍然不支付，出卖人就可以行使“提前到期”“解除权”两种权利。提前到期指的是，原来约定的分期付款，在买受人拖欠支付的价款超过全部价款的1/5时，就变成现付，即凡是拖欠的价款买受人需一次性付给出卖人；解除权则指的是，在出卖人行使提前到期权利后，如果买受人无法付清拖欠的价款，出卖人就可以解除合同，解除合同的后果就是出卖人有权收回所出卖的机动车。可见，《民法典》第634条保护的是出卖人。

《民法典》第641条还规定了出卖人保留所有权制度。分期付款买卖在国际上惯常约定由出卖人保留所有权，即在机动车售出并交付后，机动车的所有权仍在出卖人手里，出卖人在解除合同的时候凭所有权行使取回权[①],直接到现场把车开走就行了。但这在我国现实生活中存在难题,这个难题来自交通管理部门的机动车执照制度。租一辆车去交通管理部门上牌照是绝对不允许的,需要上牌照的车必须是自己买的。汽车所有权人必须去交通管理部门申办汽车牌照,没有牌照就不能开车上路,否则就是违法的,这是汽车上路的行政许可制度,至关重要。但在买受人分期付款时,出卖人保留了汽车所有权,买受人如何上汽车牌照呢?所以自《物权法》生效以来,那些生产大型载重汽车、大型吊车的企业,仍然采用买受人分期付款的销售方式,却难以保留车辆的所有权,因为尽管法律规定了出卖人保留所有权制度,但生产企业一旦保留了车辆的所有权,买受人就无法申办车辆牌照,买受人如果无法申办车辆牌照就会放弃购买车辆。可见,买受人分期付款时出卖人保留所有权的买卖制度,在一定程度上给现实的生产生活造成了阻碍。

《民法典》第416条解决了这一难题。依据第416条的规定,出卖人在将车辆的所有权转移给买受人的时候,可以让买受人反过来把车辆抵押给出卖人,以担保买受人分期付款的价款。可见,第416条完全是针对我国社会问题而创设的制度。这也正是《民法典》创设第416条这样一个崭新制度的原因,所以《民法典》第416条具有非常重要的实践意义和理论意义。

而且,《民法典》第416条规定标的物在交付后10日内需办理抵押登记,标的物一经登记,抵押权就具有对抗力和追及力了,该抵押权人就可以优先于买受人的其他债权人受偿,也就是说,即使买受人将标的物转卖,该抵押权人也可以凭借抵押权将标的物追回。如果买受人在车辆上重复设置抵押怎么办呢?按照《民法典》第414条的规定,同一财产重复抵押是以登记的时间先后顺序来划分权益保护的。

① 所有权的内容当中包含取回权,取回权规定在《民法典》第642条。

此外,《民法典》第416条规定办理抵押登记的时限为标的物交付后10日内,也是有考虑的。车辆一交付就要求买受人办理设定担保购买价款的特别抵押权的抵押登记不太现实,但万一买受人在买了车辆之后先将其抵押给别人,别人的抵押权就在先,这种情况需要限制,并且抵押登记也不是一件容易的事,所以《民法典》第416条要求办理抵押登记的时限为标的物交付后10日内,并且规定10日内办理登记的抵押权优先于别的抵押权。

《民法典》第416条不仅解决了我国现实存在的社会问题,而且保障了这个制度设立目的的实现——出卖人收回价款。不过,《民法典》第416条的"优先"并非"超级优先权",在我国法律中也没有优先权制度。

二、对《民法典》第494条"强制缔约"的解读

《民法典》第494条是关于强制缔约的规定。《民法典》第494条第1款规定:"国家根据抢险救灾、疫情防控或者其他需要下达国家订货任务、指令性任务的,有关民事主体之间应当依照有关法律、行政法规规定的权利和义务订立合同。"该款属于国家指令性计划范畴,国家指令性计划相当于具有法律效力。所谓指令性订货任务是指国家确定了买受人,出卖人,标的物的种类、品质、规格、型号、数量甚至价格等,买受人和出卖人双方没有谈判的余地,交货的时间可能有一些商量的余地,但即使有也是次要的。因此,《民法典》第494条的关键词就是国家订货任务。

强制缔约是中国特色社会主义的重要体现,在起草《合同法》的时候,尽管当时依据国家指令性计划签订的合同所占的比例已经很少,但到底要不要让国家指令性计划合同退出历史舞台,当时并没有形成统一意见,于是国家指令性计划合同就保留了下来,以备不时之需,比如紧急情势下的抢险救灾。强制缔约在特殊情况时会多一些,在和平

年代自然就会少一些。在法律上保留这个制度,是有益无害的。

三、对《民法典》第545条“债权转让对外效力”的解读

《民法典》第545条第1款规定:“债权人可以将债权的全部或者部分转让给第三人,但是有下列情形之一的除外:(一)根据债权性质不得转让;(二)按照当事人约定不得转让;(三)依照法律规定不得转让。”第2款规定:“当事人约定非金钱债权不得转让的,不得对抗善意第三人。当事人约定金钱债权不得转让的,不得对抗第三人。”

《民法典》第545条源自《合同法》第79条,《合同法》第79条没有《民法典》第545条第2款。当初设计时债权以可转让为原则,以不可转让为例外。《民法典》第545条第1款规定的三项情形实际上都是例外。《民法典》第545条第1款是一个法律政策上的判断,即债权转让对债务人没有损害。即使债权转让存在特别情形,如债务人因履行债务而增加了额外费用,这些费用由受让人或者转让人承担也就解决问题了。所以债权转让不损害债务人的利益是一个正确判断。但债务转移容易损害债权人利益,所以法律规定债务转移一定要得到债权人的同意。

《民法典》第545条第1款规定的“不得转让”的第一种情形是“根据债权性质不得转让”。《民法典》第535条第1款规定:“因债务人怠于行使其债权或者与该债权有关的从权利,影响债权人的到期债权实现的,债权人可以向人民法院请求以自己的名义代位行使债务人对相对人的权利,但是该权利专属于债务人自身的除外。”最高人民法院《关于适用〈中华人民共和国合同法〉若干问题的解释(一)》第12条指出:“……专属于债务人自身的债权,是指基于扶养关系、抚养关系、赡养关系、继承关系产生的给付请求权和劳动报酬、退休金、养老金、抚恤金、安置费、人寿保险、人身伤害赔偿请求权等权利。”“专属于债务人自身的债权”就是债权性质决定不能转让的情形。但哪些债权

不能转让,最高人民法院有解释的,容易掌握,而没有相关规定的就难以确定。

《民法典》第 545 条第 1 款规定的“不得转让”的第二种情形是“按照当事人约定不得转让”。但如果当事人动不动就约定一个债权不得转让,岂不是和“债权以可转让为原则”相抵触?这是《民法典》第 545 条设立第 2 款的初衷:限制当事人盲目地约定债权不得转让,以保障这个制度设立目的的实现。

《民法典》第 545 条第 2 款对市场经济具有重要意义。比如,张三欠李四钱,王五欠张三钱,通常的还钱办法是张三从王五那里收账后再转给李四,但如果张三和李四协商采取债权转让的办法,一个转让合同就够了,即债务人王五直接把钱支付给张三的债权人李四,两个环节变为一个环节,这就大大减少了时间成本,进而加速了资本的流转与流通。但如果当事人动辄约定债权不得转让,势必会对市场的运行造成阻碍,此时《民法典》第 545 条第 2 款的作用就能得到体现。

《民法典》第 545 条第 2 款的立法目的从其条文表述亦可推出。第 2 款第一句是“当事人约定非金钱债权不得转让的,不得对抗善意第三人”。什么叫第三人?第三人这个概念是当今法律界最混乱的概念之一,将合同双方当事人之外的所有人都称作第三人是完全错误的。合同双方当事人之外的且与其中一方有某种法律关系的特定人才是第三人。《合同法》中的第三人往往与连锁交易有关系,如张三把货物卖给李四,李四再卖给王五,那后一个合同的买受人王五对前一个合同双方当事人来说就是第三人。什么叫善意?这是民法上一个特殊概念,民法上所说的善意是指不知情,和老百姓所说的善意(慈悲之心)是不一样的。什么叫不得对抗善意第三人?善意就是不知情,第三人不知情,就不得对抗;知情就叫恶意,第三人知情,就可以对抗。例如,李四是债务人,张三是债权人,双方约定了非金钱债权不得转让,但出于某种原因,张三把债权转让给了王五;如果王五知道张三、李四之间的约定,则张三、王五之间的债权转让合同无效,如果王五不知道张三、李四之间的约定,王五就是善意第三人,那么张三、李四之间的约定就不能否定王五所受让的债权。所以,是否可以对抗第三人的问题实质上是后面一个转让合同有效与否的问题:可以对抗,那么后一个转让合同就无效;不可以对抗,那么后一个转让合同效力不受影响。

但善意与否是主观性的状态,在诉讼当中,第三人将面临举证困难的问题,因为按照社会生活经验,自己不知道什么是难以举证的,而知道什么反而更容易举证。正因为如此,法律上有一个判断善意的规则叫善意推定:凡是在诉讼、仲裁中,当事人一方主张自己是善意,法庭、仲裁庭不要求他举证,推定他为善意;如果另一方当事人对此持异议,法庭、仲裁庭就要求异议方就自己的异议举证。

在债权转让上,《民法典》第 545 条第 2 款区别了金钱债权和非金钱债权。对于金钱债权,合同双方的约定不能逾越合同相对性而约束合同当事人之外的第三人,即依法成立的合同仅在当事人之间有效。同样是债权,为什么金钱债权要严格遵守合同相对性?这源于金钱、货币的本质,涉及政治经济学的货币流通、价值等理论。货币最重要的功能是流通,它不具有特定的性质。所以对于金钱债权,法律要尽量使当事人不去限制它,以发挥货币的流通功能,即使当事人约定了不得转让,法律也要使该约定在当事人之外无效。

四、对《民法典》删除《合同法》第 51 条的看法

《合同法》第 51 条的去留问题是《民法典》“合同编”起草过程中的焦点问题。《合同法》第 51 条规定:“无处分权的人处分他人财产,经权利人追认或者无处分权的人订立合同后取得处分权的,该合同有效。”《民法典》没有吸收《合同法》这条规定,但《民法典》第 597 条第 1 款规定:“因出卖人未取得处分权致使标的物所有权不能转移的,买受

人可以解除合同并请求出卖人承担违约责任。”第 2 款规定:“法律、行政法规禁止或者限制转让的标的物,依照其规定。”那么《民法典》第 597 条能替代《合同法》第 51 条吗? 不能。

在因故意或者过失出卖他人之物这一问题上,大陆法系和英美法系从立法利益角度考虑产生了三种方案:第一种方案是合同无效,无效是原则,若权利人追认,合同就变成有效;第二种方案是合同有效,但是以不损害权利人的权利为前提;第三种方案是美国的方案,即“无处分权的人出卖他人之物”的合同可以宣告无效,首先是权利人可以宣告合同无效,其次是买受人可以宣告合同无效。《合同法》采取的是第一种方案。但是意想不到的是,自《合同法》颁布以来这种方案一直存有争议,其实这个争议肇始于“德国法区分物权行为和债权行为,认为合同有效,处分行为无效”。可是,处分行为无效还不是合同无效吗?《合同法》的这一方案和德国的方案没有区别,《合同法》的特点是把对权利人的保护与合同效力结合在一起了,即权利人不追认,法庭就认定合同无效。如果买受人主张有效,出卖人主张无效,法庭就要让买受人把权利人追认的文件拿来,甚至可以把权利人传到庭上,把对真正权利人的保护和合同效力合在一起审理。这样的制度无疑是最好的制度。因为自己的财产被他人处分,权利人不是马上就能知道的。即便在美国,权利人同样可以宣告这样的合同无效。

在司法实践中,“无处分权的人处分他人财产”这样的案件相当多,法院依据《合同法》裁判的公正性并没有受到质疑,而且最高人民法院还直接用这个规则去解决名义股东转让股权所引发的问题。[②] 从立法技术、立法学上说,如果法律上一个制度存有争论,但在实践当中并未造成弊端,而且现实中也没有严谨的调查研究与分析证明这个制

---

② 详见最高人民法院《关于适用〈中华人民共和国公司法〉若干问题的规定(三)》(2020 年修正)第 25 条。参见《中华人民共和国上市公司法律法规全书(含典型案例及发行监管问答)》,中国法制出版社 2019 年版。

度应该删掉,那么修法或立法就应该保留该制度。

五、对《民法典》第680条"禁止高利放贷"的评论

禁止高利放贷是绝大多数国家和地区都有的规定,而且历史悠久,罗马法就有禁止高利放贷的规定。[③]《民法典》第680条第1款规定:"禁止高利放贷,借款的利率不得违反国家有关规定。"《民法典》第670条又规定:"借款的利息不得预先在本金中扣除。利息预先在本金中扣除的,应当按照实际借款数额返还借款并计算利息。"这样的制度设计是出于维护社会公平正义和弘扬诚信美德的考虑。简单地说,法律允许人们在市场经济下靠金钱去赚钱,但靠金钱去赚钱应有一定的限度,应该符合公平原则、诚信原则、公序良俗原则。这就是文明发展的体现。因此,"禁止高利放贷"的规定被民法一直保留了下来,但是这个规定必须具体化,比如到底利息多少是高利呢?

社会在发展,借贷上限利率也会随之调整。2015年通过的最高人民法院《关于审理民间借贷案件适用法律若干问题的规定》第26条规定:"借贷双方约定的利率未超过年利率24%,出借人请求借款人按照约定的利率支付利息的,人民法院应予支持。借贷双方约定的利率超过年利率36%,超过部分的利息约定无效。借款人请求出借人返还已支付的超过年利率36%部分的利息的,人民法院应予支持。"最高人民法院《关于修改〈关于审理民间借贷案件适用法律若干问题的规定〉的决定》(2020年8月19日修正)将此条修正为:"出借人请求借款人按照合同约定利率支付利息的,人民法院应予支持,但是双方约定的利率超过合同成立时一年期贷款市场报价利率四倍的除外。前款所称'一年期贷款市场报价利率',是指中国人民银行授权全国银行间同业拆借中心自2019年8月20日起每月发布的一年期贷款市场

③ 参见尚绪芝主编:《外国法制史教程》,知识产权出版社2014年版。

报价利率。”上限利率调整也是一个政策,它反映了一个国家的经济发展情况,所以禁止高利放贷这个原则在法律上不能被否定,但法律应对借贷上限利率予以合理规定。

各国和地区关于禁止高利放贷的规定都是原则规定,具体的操作则在一些管制性的、行政性的法规当中,其中对违法合同的认定也是随时代的发展而变化。现实中有一种协议条款叫作对赌回购,它实质上是借款关系,目的就是规避金融管制。一开始的时候法院认定对赌回购协议条款无效,因为它是规避金融管制的,实际上是放贷;现在法院改变了态度,尽管也认定对赌回购协议条款无效,但认定借款合同是有效的,因为现在银行的资金多了,国家的资金多了,情况发生了变化。

六、对《民法典》“保理合同”的解读

保理,全称是保付代理。与保理制度相关的公约有《国际保理公约》《联合国国际贸易中应收款转让公约》等。《联合国国际贸易中应收款转让公约》最初草案的名称叫作《联合国国际贸易中应收款转让与融资公约》,后来“融资”二字被删去了。什么叫应收款转让呢?它是用来解决国际货物买卖和销售合同问题的。国际贸易货款结算一般采取信用证的方式。比如,船长亲笔签发了装船的单据,出卖人、供货商就在合同后附上这些单据,买受人马上就会签信用证。在一段时间内,信用证被认为是最可靠的支付手段,但是后来人们发现信用证也不是那么可靠。如果货物在装船以后又被卸了,怎么办?货船到了百慕大三角消失了,怎么办?船方为侵吞货物编造事故欺诈合同相对人,怎么办?

于是,为了实现支付,联合国制定了《联合国国际贸易中应收款转让公约》,其中的操作方式是,出口商按照销售合同销售一批货物,这批货物一旦发货,货款债权就转让给了当地的银行,当地的银行则直

接将货款支付给出口商。“融资”二字为什么被删掉了呢？因为经由出口商所在地的银行，货款债权实现了转让，出口商直接收到货款，整个过程不发生融资行为。出口商所在地的银行在得到货款债权以后，怎么去收款呢？它会把货款债权转让给进口商所在地的进口商开户银行，进口商所在地的进口商开户银行将直接从进口商存款账户中扣收。如果进口商存在不能支付的情况，进口商所在地的进口商开户银行就把货款债权再转让给出口商所在地银行，出口商所在地银行继而将货款债权退给出口商，这就是《联合国国际贸易中应收款转让公约》中的追索权。如果进口商进行了支付并且所支付金额超过货款数额，那么超过的数额也归银行，整个过程不实行“多退少补”制度。④

出口商和当地的银行没有必要每转让一次货款债权就成立一个转让合同，而是可以建立一个长期的合同关系。长期的合同不仅仅包括债权转让，还可以包括对出口商账户的管理，在这个基础上，双方还可以就融资问题达成合意，这就是保理。《国际保理公约》第 1 条中规定保付代理人应履行至少两项下述职能：“a. 为供应商融通资金，包括贷款和预付款；b. 保持与应收账款有关的账目（总账）；c. 托收应收账款；d. 防止债务人拖欠付款。”⑤其中 c 项职能里的“托收”就是委托收款，所说的情形是，假设供货商的货没有出口，而是被发到国内别的地方，那么保付代理人（保付代理人一定是银行）就委托收款，可见委托收款和应收款转让在操作方式上是不同的。其中的 d 项职能则涉及坏账担保。什么叫坏账担保？为债务人所欠付的货款提供担保叫作坏账担保。坏账担保是银行保理当中一个特殊内容，银行不必受债务人委托就会主动为债务人提供担保，即货款如果收不回来就由银行

④ 李书文、厚朴保理：《商业保理理论与实务》，中国民主法制出版社 2014 年版，第 260 页。

⑤ 李书文、厚朴保理：《商业保理理论与实务》，中国民主法制出版社 2014 年版，第 225 页。

支付。

《国际保理公约》第 1 条规定："本公约适用于本章所规定的保付代理合同及应收账款的转让。为本公约的目的，'保付代理合同'系指在一方当事人(供应商)与另一方当事人(保付代理人)之间所订立的合同……供应商可以或将要向保付代理人转让供应商与其客户(债务人)订立的货物销售合同产生的应收账款。"[⑥]通俗地说，保理合同就是供货商和银行之间的一个合同，这个合同的基础是债权转让，但这里的债权转让不是一般的债权转让，而是将要发生的应收款债权的转让。账户管理、委托收款都是委托合同，融资是借款合同，坏账担保是一种特殊的担保合同，因此保理合同是一种复合性的合同。《民法典》规定的其他合同都是单一的合同，即便是融资性租赁，那也是租赁，只不过和设备买卖稍有联系，其合同仍是单一的合同，并不是两个合同。

需要注意的是，《民法典》第 761 条用"催收"一词是不妥的，"催收"应是"托收"，两者是截然不同的。比如，根据《民法典》第 763 条的规定，如果债权人和债务人约定了一个假的应收款债权，并把假的应收款债权转让给了保理人，那么虽然假合同是虚伪表示，但应收款债权不能因为这个假合同而被否定。

尽管保理合同是一种复合性的合同，但处理相关纠纷的方法并不复杂，即在债权转让合同方面发生纠纷的，按照债权转让规则处理；在合同的成立生效方面发生纠纷的，按照合同的成立生效规则处理；涉及融资的，按照借款合同的规则处理；涉及账户管理、委托收款等问题的，按照委托合同处理。

七、对《民法典》"精神损害赔偿"新规定的解读

关于精神损害赔偿，《民法典》第 996 条和第 1183 条第 2 款均为

---

⑥ 李书文、厚朴保理：《商业保理理论与实务》，中国民主法制出版社 2014 年版，第 225 页。

新规定。前者规定的是因违约而产生的精神损害赔偿,后者规定的是因侵害财产(具有人身意义的特定物)而产生的精神损害赔偿。违约责任和侵权责任是不一样的,所以《民法典》第186条规定了违约责任和侵权责任竞合这一制度。这也是多数国家和地区的立法经验,尽管少数国家和地区不认可这个竞合概念。在违约责任、侵权责任的竞合当中,精神损害赔偿是最重要的一个问题。

"侵权责任承认精神损害赔偿,违约责任不承认精神损害赔偿"这一说法并不准确。违约责任原则上不承认精神损害赔偿,但也有例外,这个例外就是违约责任涉及某些具有人身意义的物品。例如,骨灰盒丢失了,这里的骨灰盒就是有人身意义的。又如,婚礼的视频、照片被损毁了,因为不可能再结一次,所以这里的视频、照片就是有人身意义的。人身意义的判断涉及社会生活的一般观念。比如,小猫、小狗对豢养人来说可能如他们的孩子一般,但从社会生活经验来看,它们都是动物,和鸡、鸭、鹅一样,是一般的有机物,不是人,不具有人身意义。人身意义和人格意义尽管有所不同,但其实差别不大,因为人身意义包括人格利益,人身权包括人格权。

因违约而造成的精神损害赔偿,虽然《合同法》没有规定,但是在法院裁判实践当中是作为例外存在的。

八、对《民法典》新规定"遗产管理人制度"的解读

《继承法》没有遗产管理人制度,因此,《继承法》在施行期间就会遇到一个难题,即如果民事诉讼中的被告死亡,而且没有财产共有人,遗产继承人又放弃了继承权,那么原告的债权怎么办?按照应诉的原理,诉讼中当事人一方死亡,财产共有人要参加诉讼以保证诉讼继续进行;如果死亡的当事人没有财产共有人,遗产继承人则要参加诉讼;如果死亡的当事人没有财产共有人,遗产继承人也全部放弃继承,那么诉讼三要素当中人的要素丧失,诉讼就无法成立,按照《民事诉讼

法》此种情形法院应该终止诉讼。而从法律的立法精神看,遗产继承人的继承权是可以放弃的,但法定继承人身份则是法律规定的,放弃继承权不等于放弃法定继承人身份,被告一方必须参加诉讼。换言之,这个难题的症结在于,《继承法》第 33 条第 2 款规定的“继承人放弃继承的,对被继承人依法应当缴纳的税款和债务可以不负偿还责任”使得处于上述情形中的诉讼因无人担当被告而不得不被终止。

《民法典》“继承编”设立的遗产管理人制度可以解决这一难题,即由遗产管理人担当被告。《民法典》第 1145 条规定:“继承开始后,遗嘱执行人为遗产管理人;没有遗嘱执行人的,继承人应当及时推选遗产管理人;继承人未推选的,由继承人共同担任遗产管理人;没有继承人或者继承人均放弃继承的,由被继承人生前住所地的民政部门或者村民委员会担任遗产管理人。”第 1147 条又规定:“遗产管理人应当履行下列职责:(一)清理遗产并制作遗产清单;(二)向继承人报告遗产情况;(三)采取必要措施防止遗产毁损、灭失;(四)处理被继承人的债权债务;(五)按照遗嘱或者依照法律规定分割遗产;(六)实施与管理遗产有关的其他必要行为。”

遗产管理人制度的建立有很多重要的立法政策上的考虑,其中之一就是在被继承人死亡且没有财产共有人、继承人的情形下如何保护债权人利益的问题,所以遗产管理人制度在程序法上有着重要意义。当然,遗产管理人制度还有其他的重要意义,如遗产管理、遗产分割等。在财产分割上,当财产需要清理、登记时,遗产管理人可以以召集人的身份组织遗产分配,被继承人有遗嘱就按照遗嘱分配遗产,被继承人没有遗嘱则按照法定继承来分配遗产;一旦继承人之间达不成协议,进而诉诸法院,那么遗产分割方式就由法院来判决,而这个时候“遗产管理人处于什么身份地位”“法院应该不应该听取遗产管理人的意见”“继承人达不成协议时,遗产管理人可不可以自己有效管理”等问题都留给法院去解决。

九、对《民法典》第1186条“公平责任”的评析

关于公平责任,《民法典》第1186条将《侵权责任法》第24条中的“根据实际情况”修改为“依照法律的规定”,这一重大变化值得关注。关于公平责任的规定最早出现在《民法通则》中,后来《侵权责任法》作了修正:《民法通则》第132条的用词是“分担民事责任”,《侵权责任法》第24条将其改为“分担损失”。当时考虑的是,面对案件中的具体损失时,怎么提出一个更具体的处理方案。在民法特别是大陆法系民法中,侵权法规定的基本都是过错责任。尽管德国有无过错责任,但其无过错责任适用面很窄,都规定在民事特别法中。所以在民法现代化的过程中,过错责任原则逐渐发展为在以过错责任原则为主的基础上规定过错推定、无过错、公平责任。

笔者在1981年阐论侵权行为法时提及过错责任、过错推定、无过错责任。[⑦] 例如,一个5岁的孩子造成他人损害(比如把他人价值不菲的花瓶损坏了),依据当时的侵权行为法应该免责。免责是有悖于常理的,因为这个5岁的孩子家里或自己可能很有钱。出于公平的考虑,用孩子父母的财产或者孩子自己的财产适当地予以赔付是合理的。但过错责任不适用于5岁孩子这样的无民事行为能力人,民法中又没有规定无过错责任原则,怎么办?此时公平责任就能起到作用,即法官出于公平的考虑对案件进行判决。公平责任的重大意义在于能够大致实现公平。

现在《民法典》不仅规定了无过错责任,还规定了监护人责任,这实际上已经解决了上述例子中的难题,那公平责任还需要吗?前文已述,关于公平责任,《民法通则》表述为“分担民事责任”,《侵权责任法》修改为“分担损失”。而不管是“分担民事责任”还是“分担损失”,

---

⑦ 参见梁慧星:《试论侵权行为法》,载《法学研究》1981年第2期。

《民法通则》和《侵权责任法》都规定"根据实际情况"。可见,两者关于公平责任的规定实际上都是具有弹性的授权性规则,即授予法官一定的自由裁量权让其根据案件的具体情况进行裁判,但适用前提是双方对损害的发生都没有过错。那么两者关于公平责任的规定是无过错责任规定吗?不是。无过错责任可以按照无过错责任的规定予以裁量,而公平责任的适用范围一定是过错责任。更精确地说,公平责任的适用前提一定是过错侵权但双方均没有过错的情形。比如,一住户外出旅行,家里的下水管道无故破裂,旅行回来的时候该住户发现家里满屋都是脏水,以致地板和部分生活物品受到损坏,该住户就把楼上的住户告上法院,而楼上的住户主张自己并没有什么过错。此时法院就面临一个问题:如何判决才能够让双方信服并能够弥补原告方的损失?根据《侵权责任法》第 24 条的规定,判决结果一般是被告适当地给原告一些金钱补偿。

《侵权责任法》第 24 条中的"实际情况"具体指什么?它实际上指的就是损失情况。虽然被告没有过错,但是其行为与侵害结果有因果关系,法官还要根据损害结果的严重与否去衡量实际情况这一因素来分配双方应分担的损失。《侵权责任法》第 24 条是一个授权条款,如果法律对"实际情况"有具体规定,这一条款就没有存在的必要了,法官按照法律规定去解决即可。《民法典》第 1186 条把《侵权责任法》第 24 条中的"根据实际情况"改为"依照法律的规定",那么《民法典》第 1186 条就不具有授权性质了,但现在的问题是法律中并没有与该条款相匹配的规定,这就使这个制度失去了它的价值。

十、对《民法典》第 533 条"情势变更"的解读

《民法典》第 533 条第 1 款规定:"合同成立后,合同的基础条件发生了当事人在订立合同时无法预见的、不属于商业风险的重大变化,继续履行合同对于当事人一方明显不公平的,受不利影响的当事人可

以与对方重新协商;在合理期限内协商不成的,当事人可以请求人民法院或者仲裁机构变更或者解除合同。”第 2 款规定:“人民法院或者仲裁机构应当结合案件的实际情况,根据公平原则变更或者解除合同。”

《民法典》第 533 条是关于情势变更原则的规定,是在最高人民法院《关于适用〈中华人民共和国合同法〉若干问题的解释(二)》第 26 条的基础上修订而成。该解释第 26 条规定:“合同成立以后客观情况发生了当事人在订立合同时无法预见的、非不可抗力造成的不属于商业风险的重大变化,继续履行合同对于一方当事人明显不公平或者不能实现合同目的,当事人请求人民法院变更或者解除合同的,人民法院应当根据公平原则,并结合案件的实际情况确定是否变更或者解除。”

《民法典》第 533 条和《关于适用〈中华人民共和国合同法〉若干问题的解释(二)》第 26 条最重要的一个差别是,前者用词是“基础条件”,后者用词是“客观情况”。涉及情势变更制度的理论各种各样,“基础条件”这个概念表明《民法典》第 533 条的理论基础来源于德国的行为基础理论。《民法典》第 533 条删除了《关于适用〈中华人民共和国合同法〉若干问题的解释(二)》第 26 条中的“不能实现合同目的”,具有重要意义。“不能实现合同目的”在国外就是合同目的落空,适用解除制度,即合同由当事人行使法定解除权来解决。此外,合同目的落空还适用不可抗力制度。不可抗力和情势变更的区别就在于,发生不可抗力后合同目的不能实现,而发生情势变更后合同目的还能够实现。《民法典》第 533 条删去“不能实现合同目的”,就划清了情势变更制度和法定解除权制度的界限,划清了情势变更制度和不可抗力制度的界限。

其实,不可抗力和情势变更还有一个区别,即不可抗力是一个法定免责事由,是一个具体的、完整的裁判规范,并非授权条款,此中法官没有裁量权，只有认定权，当事人要提供证据，法官一旦认定不可抗力发生，当事人就可以免责；情势变更则是一个授权条款，变更的条件、解除的条件完全由法官在法庭上认定。

情势变更认定的条件有五个。第一个条件是合同的基础条件发生重大变化。什么叫基础条件？国外有个假设的判断标准理智人(reasonable man)，这是一个抽象的判断标准。我国称理智人为"富有经验的诚信商人"。一个富有经验的诚信商人，在本合同签订所需的客观情况之下，一定会签订本合同；如本合同签订所需的客观情况不存在，他一定不会签订本合同。这样的客观情况就叫作基础条件。第二个条件是基础条件的重大变化发生在合同履行完毕之前。第三个条件是基础条件的重大变化不能合理预见，这也要借助上述抽象的判断标准。即使是一个富有经验的诚信商人，他在签订合同的时候也想不到，如新型冠状病毒肺炎疫情爆发，以致各国关闭商店，封闭小区等。第四个条件是不属于商业风险。商业风险与不能合理预见共同构成"一个硬币的两面"，即不能合理预见不会导致商业风险，合理预见则会导致商业风险。第五个条件是若按照合同的约定履行将造成明显的不公平。情势变更虽然并不导致合同目的落空，但会使合同目的实现的实际难度超出人的想象，并且会使合同双方的利益发生变化。国际统一私法协会《国际商事合同通则》(2010 版)称这种情况为"艰难情形"，即"发生的事件致使一方当事人的履约成本增加，或者所获履约的价值减少，因而根本改变了合同的均衡"⑧。有的学者形象地称之为"生存毁灭"⑨。

情势变更认定以后，双方需要协商变更合同。双方若达不成协议，则请求法院或者仲裁机构来变更合同。变更合同主要是变更它的

---

⑧ 参见张玉卿主编：《国际统一私法协会国际商事合同通则 2010》，中国商务出版社 2012 年版，第 475 页。

⑨ 参见张庆麟：《欧元法律问题研究》，武汉大学出版社 2002 年版，第 190 页。

价款。如何变更合同,法庭或仲裁庭要看当事人的意愿及合同的具体情形。如果当事人之间的合同是长期合同,发生情势变更时合同就以变更为原则,以裁决解除为例外。《民法典》第 533 条第 2 款规定"根据公平原则变更",国际统一私法协会《国际商事合同通则》(2010 版)规定"极力在双方当事人之间公平地分配损失"⑩。两者基本一致。

情势变更制度在国际上是一个非常重要的制度,主要针对的是长期合同,同一合同发生情势变更甚至不止一次。

---

⑩ 张玉卿主编:《国际统一私法协会国际商事合同通则 2010》,中国商务出版社 2012 年版,第 491 页。

从法律的性质看裁判的方法*

一、从法律的规范性看裁判

（1）法律是社会生活中的行为规范，规范性是法律的属性，这是显而易见的。因此，以法律为研究对象的法学，也具有规范性。法学一般不直接研究社会现象、社会生活和社会关系，而是直接研究“法律”。因研究对象具有规范性，法学也就具有了规范性。法学者讨论问题、思考问题，必定先问“是否合法”，与经济学家讨论问题、思考问题，必定先问“是否有效率”，是全然不同的。这就是法律和法学的规范性所使然。

（2）规范性与法律思维。每一个法律规则，都可以分解为构成要件、适用范围、法律效果等要素。例如，人们熟知的《消费者权益保护法》第 49 条规定，经营者有欺诈行为的，可以判双倍赔偿。这是一个法律规则，从规范性分析：其适用范围——消费者合同，即消费者与经营者之间的合同；其构成要件——欺诈行为；其法律效果——双倍赔偿。因此，学习法律一定要从规范性入手。法律思维与别的思维如经济学思维的区别，正在于规范性。

---

* 本文原载《金陵法律评论》2005 年春季卷。

有时电视台邀请经济学家和法学家讨论社会问题,我们可以发现两种思维的差异。经济学家总是问:有没有经济效率?能否提高生产力?能否做到价值最大化?这就是经济学家的思维、经济人的思维。法学家总是问:是否合法?有没有法律规定?法律是怎样规定的?其构成要件是什么?适用范围如何?法律效果是什么?这就是法学家的思维、法律人的思维。

(3)规范性与裁判。法律的规范性,是成文法的根本特征,成文法靠的是"规范约束"。与此不同,不成文法、判例法,不具有"规范性",判例法靠的是"先例约束"。先例约束:案件事实—先例—判决。规范约束:案件事实—法律规范—判决。英美法裁判与大陆法裁判同样分为两个环节,其中一个环节是事实认定,这是相同的;另一个环节不同,英美法裁判是先例适用,大陆法裁判是法律适用。

规范性与裁判的逻辑公式:第一段:T—R,叫大前提;第二段:S = T,叫小前提;第三段:S—R,是得出的结论。裁判的实质是将案件事实与构成要件进行对照。

例如,原告另一作家诉被告某作家侵犯名誉权案的事实是:某作家撰写文章指出,另一作家接受南方某城市奖励的住房一套,而实际上并无此事。最高人民法院《关于审理名誉权案件若干问题的解答》(1993 年 8 月 7 日)中提出:"八、问:因撰写、发表批评文章引起的名誉权纠纷,应如何认定是否构成侵权?答:因撰写、发表批评文章引起的名誉权纠纷,人民法院应根据不同情况处理:文章反映的问题基本真实,没有侮辱他人人格的内容的,不应认定为侵害他人名誉权。文章的基本内容失实,使他人名誉受到损害的,应认定为侵害他人名誉权。"因此,因为撰写批评文章而侵犯他人名誉的要件有两项:一是文章内容失实;二是致使他人社会评价降低。法院认为,由于原告未接受住房,所以属内容失实,满足了第一个要件;但是,由于原告是作家,即使接受所奖励的住房,也无可厚非,所以不能满足第二个要件。因此,驳回原告的诉讼请求。

二、从法律的社会性看裁判

(1)法律以人类社会生活、社会现象、社会关系为规范对象,如刑法规范对犯罪行为的制裁;民法规范人与人之间的财产关系、身份关系;经济法规范对社会经济生活的调控和管理;行政法规范国家行政权的运行、控制。简而言之,法律是社会生活规范,使法律具有社会性。

(2)社会性与事实认定:法院裁判案件,须先认定案件事实,然后适用法律规则。法官于事实认定时,常常直接依据"经验法则"而不待当事人举证。所谓"经验法则",即"社会生活经验"。最高人民法院对此作有解释,《关于行政诉讼证据若干问题的规定》第 68 条规定,法庭可以直接认定根据日常生活经验法则推定的事实。

例如,北京某法院审理的 300 支派克笔索赔案。一审法院判决退货,原告不服,上诉至北京市第二中级人民法院。二审法院审理认为,根据已查明事实,原告未能提供证据证明 300 支派克笔是为生活消费的需要购买的,因此本案不属于《消费者权益保护法》调整的范围,不适用《消费者权益保护法》第 49 条关于双倍赔偿的规定。原告主张购买 300 支派克笔是"为生活消费的需要",不符合一般人的生活经验。法院实际上是依据一般人的"社会生活经验"作出判断。

特别应注意的是,在请求精神损害赔偿的案件中,要求原告就精神损害之是否存在及其程度举证,往往是不可能的,应由法院直接依据社会生活经验认定。这里介绍我国台湾地区台北地方法院 1999 年诉字第 2039 号判决。案情是:被告餐厅服务员意外打破一只玻璃碗,玻璃碎片正巧飞溅至冰激凌中,造成原告于饭后吃冰激凌时,咬到一片 2 厘米 ×1 厘米之玻璃碎片,致口内颊侧口腔黏膜流血。原告除请求人身伤害的赔偿外,并请求判决精神损害赔偿。判决书中指出:"查甲受友人邀请,至五星级餐厅用餐,原本心情愉悦,竟于冰激凌中咬到玻璃碎片,致口内颊侧口腔黏膜流血,并受有 2 厘米 ×1 厘米大小之外伤性口腔溃疡,约 1 ~2 周才可痊愈,业经证人之结证在卷,且经本院函询财团法人新光吴火狮纪念医院属实,甲主张因此事件,连续数日惶惶不安,担心是否已吞入玻璃碎片,是否造成穿肠破肚、内脏损坏,是否须开刀取出,亦符合一般经验法则。”于是在实际损害赔偿之外,判决 10 万元精神损害赔偿金。

(3)社会性与法律解释。法律的社会性,不仅与事实认定有关,还与法律解释有关。所谓“社会学解释方法”,就是由法律的社会性所决定的。法律既然是社会规范,其解释、适用就不能仅依“文义”和“逻辑”,而不顾及所产生的“社会效果”。当存在两种不同的解释意见而一时难以判断何者正确时,应以其中产生“好”的“社会的效果”的解释意见为准,就是“社会学解释方法”。

以商品房买卖是否适用《消费者权益保护法》第 49 条关于双倍赔偿为例。可以肯定,当年规定《消费者权益保护法》第 49 条双倍赔偿的立法目的是要鼓励受损害的广大消费者同有违法行为的经营者作斗争,绝不是要鼓励个别人、少数人利用《消费者权益保护法》第 49 条来牟利,甚至建立所谓“打假公司”,由他们代替广大消费者的维权斗争,取代市场管理机关的职责和职能。如果对商品房买卖适用《消费者权益保护法》第 49 条,可以预见,就不会仅仅有几个“打假专业户”“打假公司”。商品房买卖中或多或少都会有一些争议、问题、矛盾,绝大多数都可以通过协商、调解解决,起诉到法院,也可以通过适用合同法的违约责任、瑕疵担保责任甚至缔约过失责任等制度妥善解决。如果适用《消费者权益保护法》第 49 条,30 万元的房屋双倍赔偿就是 60 万元,60 万元的房屋双倍赔偿就是 120 万元,120 万元的房屋双倍赔偿就是 240 万元,如此巨大的经济利益,将是多么强烈的诱惑、刺激、鼓动。只要抓着哪怕是一点点理由,谁还会同意协商、接受调解、同意修理？不知会有多少人将要走上“购房索赔”的专业“打假”之路。问题是，这对整个社会的发展、稳定，究竟有利还是有害？因此，我之所以不赞成适用《消费者权益保护法》第49条，所持的一个重要理由是：商品房交易中总会发生各种各样的争议，而这些争议按照现行《合同法》的规定能够妥善处理，如果适用双倍赔偿，将会激化矛盾，并鼓动一些人以获取双倍赔偿为目的从事“购房索赔”，不利于建立房地产市场的正常秩序，不利于社会稳定。这种解释所采用的是“社会学解释方法”。

再以商品房买卖合同逾期办证的违约责任为例。最高人民法院《关于审理商品房买卖合同纠纷案件适用法律若干问题的解释》第18条规定：“由于出卖人的原因，买受人在下列期限届满未能取得房屋权属证书的，除当事人有特殊约定外，出卖人应当承担违约责任：（一）商品房买卖合同约定的办理房屋所有权登记的期限；（二）商品房买卖合同的标的物为尚未建成房屋的，自房屋交付使用之日起90日；（三）商品房买卖合同的标的物为已竣工房屋的，自合同订立之日起90日。合同没有约定违约金或者损失数额难以确定的，可以按照已付购房款总额，参照中国人民银行规定的金融机构计收逾期贷款利息的标准计算。”

在现实生活中，不能按期办证的现象大量存在，有的甚至10年未能办证。如果买受人依最高人民法院的司法解释要求支付违约金或赔偿金，开发商将面临大量的诉讼。如果承担违约责任，将倾家荡产，肯定会有很多开发商不再敢开发房屋。因此，应该通过《合同法》和《民法通则》的有关规定加以纠正。应该注意的是，该解释只是解释了办证期限的计算，而违约责任的承担当然应遵循《合同法》的有关规定。①如合同就逾期办证约定有违约金，则逾期未办证的，买受人有权请求违约金。按照《合同法》第114条第2款的规定，约定的违约金过高的，出卖人有权请求降低；按照《民法通则》关于诉讼时效的规定，此违约金请求权应当适用诉讼时效的规则，超过诉讼时效期间的，违约方（出卖人）有权主张诉讼时效抗辩。②如合同未就逾期办证约定违约金，则期满未办证的，买受人有权请求违约损害赔偿金，而请求损害赔偿金应当适用《合同法》有关规定，以实际经济损失为要件，并且应当由买受人就因逾期办证造成的实际损失的存在和数额举证。商品房买卖的实际情形，多数买受人购房自己使用的，房屋交付使用后未按期办证，对其使用房屋并无影响，不可能造成实际损失，因此不发生损害赔偿责任。如果买受人出租、出卖该房屋因未办证而影响出租、出卖的，出卖人应当承担损害赔偿责任，这种情形应当由买受人举证证明确因未按期办证而影响其出租、出卖，并证明实际损失数额。仅在确实造成损失，而损失数额难以计算的情形，才适用最高人民法院《关于审理商品房买卖合同纠纷案件适用法律若干问题的解释》第18条第2款，按照金融机构计收逾期贷款利息的标准计算赔偿金。同样，逾期办证的损害赔偿金的请求权，亦应适用诉讼时效规则，自不待言。

三、从法律的逻辑性看裁判

（1）规范性决定逻辑性。制定一部民法典，法律条文上千条，总要有个编排顺序。这个编排顺序，以什么为标准？不是也不应该以所谓"重要性"为标准，只能以"逻辑性"为标准。因为，所谓"重要性"，是主观的价值判断问题，一项制度之是否重要及其重要程度，将因人、因时、因地而有不同认识。例如，《合同法》按照合同的"成立""生效""履行""变动""责任"的顺序，究竟"合同成立"重要，还是"合同生效"重要，还是"违约责任"重要？是很难判断，很难有统一意见的。

（2）法律具有逻辑性是法律适用的前提条件。现在学术界关于民法典制定过程中最重大的争论，就是要不要强调民法典的逻辑性。如果我们仅仅满足于规定人民的权利，仅仅满足于承认人们有什么权利，不要求什么逻辑性，搞所谓的松散式、邦联式、汇编式都是可以的，甚至不制定民法典都可以，通过法院判例规则就可以保护人民的权利、确认人民的权利。英美法系不制定民法典，人民的权利照样得到保护，人民凭借法院判决来了解自己有什么权利。可见，单从规定人们有什么权利的角度看，完全可以采取松散式、邦联式、汇编式，甚至不制定民法典都是可以的。但是，为什么大陆法系国家和地区要制定民法典呢？其关键理由，不是规定人们的权利，不是规定人们的行为规则，而是规定法官的裁判规则，为法院裁判案件提供裁判标准。这是问题的关键所在。当法官裁判案件查清案件事实后，他发现民法典上的许多条文都与本案有关，他只应从中选用一个法律规则。他应该选择适用哪一个法律规则呢？因此，需要一个基本原则来指引法官，这个指引法官选用法律规则的基本原则，就是教科书上说的“特别法优先适用”。

(3)什么叫“特别法优先适用”呢？如果有两个、三个甚至更多的法律规则都与本案有关，法官不可能同时适用几个规则，因为这些法律规则的内容是不同的。例如，按照这个规则合同应当无效，按照那个规则合同应当有效，如果同时适用就无法下判，法官只能选用其中一个规则。选哪一个呢？就是看各个规则相互之间的逻辑关系，哪个是“特别法”，哪个是“一般法”？这个“特别法”与“一般法”的关系，就是一个哲学上的“一般”和“特殊”、“共性”和“个性”的逻辑关系。如果两个法律规则，一个是一般的、共性的、抽象的规则，另一个是特殊的、个性的、具体的规则，按照“特别法优先适用”的原则，法官应当优先适用特别法规则裁判本案。如果法官不适用特别法而适用一般法，就叫法律适用错误，就是错判。只在特别法规则解决不了本案的情形，才能沿着特别法与一般法的逻辑关系往后倒退，倒退到适用那个一般法的规则。可见，这个法律上的逻辑关系非常重要。如果没有这个逻辑关系，逻辑混乱、支离破碎，法官就没有办法正确适用法律，他不知道应该适用哪一个规则才是正确的,他会无所适从,无法下判,这当然是公正的法官。反之,一个不公正的法官、受法律外因素影响的法官,却可以想怎么判就怎么判,既然好几个条文都与本案有关,他适用任何一个条文,你都没法指责他,没法批评他,就会使一些枉法裁判合法化。

(4)"总则"与"分则"中"一般"的、"共性"的制度在前,"特殊"的、"个性"的制度在后,这就使民法典形成总则(共同的规则)、分则(特殊规则)的结构。首先,民法典分为"总则"和"分则"(物权、债权、亲属、继承是分则);其次,债权法分为"债权总则"和"债权分则"(合同、侵权行为、不当得利、无因管理是分则);再次,合同法也分为"合同总则"和"合同分则"(买卖合同、租赁合同等是分则);最后,买卖合同也分为"买卖总则"和"买卖分则"(特种买卖是分则)。构成一个严格的从一般到特殊的逻辑关系:愈是一般的愈靠前,愈是特殊的愈靠后。这样的民法典就为法官正确适用法律奠定了逻辑基础,特别法优先适用的原则才能发挥作用。

举个例子说明。法官受理了一个拍卖案件。拍卖是订立买卖合同的特殊方式,对此《拍卖法》有规定;而《合同法》分则的买卖合同一章专门规定买卖合同;买卖合同属于合同的一种,《合同法》总则的规定如合同成立、生效、履行、违约责任的规定与之有关;买卖合同产生的权利属于债权的一种,债权总则的规定与之有关;买卖合同属于法律行为,《民法总则》关于法律行为的规定也与之有关。法官面对与本案有关的如此多的法律规则,他应当适用哪一个法律规则进行裁判呢?他应该按照特别法优先适用的原则,优先适用《拍卖法》的规定;如果《拍卖法》的规定解决不了,他就应该适用《合同法》分则关于买卖合同那一章的规定;如果《合同法》分则关于买卖合同那一章的规定也解决不了,他就应该适用《合同法》关于合同总则的规定;如果适用《合同法》关于合同总则的规定也解决不了,他就要适用关于债权总则的规定;如果适用债权总则的规定也解决不了,他就应该适用《民法总则》中关于法律行为的规定。可见,强调民法典的逻辑性,关键在于保障法官正确适用法律,保障裁判的统一性和公正性。

(5)逻辑性是否导致僵化?有的学者认为,强调法典的逻辑性,会导致法律僵化,不能适应社会生活的发展变化。实际情形恰好相反。坚持法典的逻辑性不仅不会使法律僵化,反而会增强法典的适应性和灵活性。下面举一个婚姻法关系上的违约金案件。原告和被告结婚时订立书面的婚姻合同,上面约定了违约金条款:任何一方有第三者构成违约,应当支付违约金 25 万元给对方。现在被告违约,原告起诉请求被告支付违约金。法院审理本案,遇到的难题是:本案是婚姻案件,应当适用婚姻法,但婚姻法上没有违约金制度。违约金是合同法上的制度,而《合同法》第 2 条第 2 款明文规定:婚姻关系不适用合同法。

我们看到,审理本案的法官正是根据法律的逻辑性解决了这一难题:合同和婚姻,一个是财产法上的行为,另一个是身份法上的行为,是"特殊性"。但两者均属于法律行为,法律行为是其"共性"。法律行为,与合同、婚姻,构成"一般"与"特殊"的关系。法律行为的规则是"一般法",合同的规则和婚姻的规则,均属于"特别法"。按照"特别法优先适用"的原则,特别法有规定的,优先适用特别法的规定,特别法没有规定的,则应当适用一般法的规定。因此,法官适用关于法律行为生效的规则,具体说就是:其一,意思表示真实;其二,内容不违反法律强制性规定;其三,内容不违反公序良俗。审理本案的法官认为,本案婚姻关系上的违约金条款,是双方的真实意思表示,现行法对此并无强制性规定,并不违反"公序良俗",因此认定该违约金条款有效,并据以作出判决:责令被告向原告支付 25 万元违约金。

如果我们的法律不讲逻辑关系,共性、个性、一般性、特殊性通通不讲,甚至像有的学者建议的那样把法律行为取消,即使合同法再完善,也解决不了本案。说不定哪一天兄弟姐妹又订立一个什么合同,父母子女又订立一个什么合同,法律上都没有规定,怎么裁判呢?

可见,民法典一定要有逻辑性,这是由民法的裁判规则的本质决定的,民法典有逻辑性,法官才能按照特别法优先适用的原则正确适用法律,才能保障裁判的统一性和公正性;民法典愈是有逻辑性,愈是能够保障裁判的统一性和公正性。不仅如此,民法典要有逻辑性。遇到社会生活发展变化产生的新型的、千奇百怪的案件,民法典没有具体规定的案件,可以适用一般的、抽象的规则予以裁判,这就使民法典具有适应性、灵活性。

四、从法律的概念性看裁判

(1)概念性与法律解释。概念是人的发明,是用文字表述的,是科学思维的工具。因此,概念性是文义解释的根据。解释法律,必须先从文义解释入手。概念有其内涵、外延,概念有其模糊边界,即概念具有模糊性,这就决定了文义解释可能得出多个解释结果。当采用文义解释得出两种或两种以上的解释结果时,就需要进一步采用其他解释方法。

例如,"产品"这一概念,看起来很明确,不觉得有什么歧义,但《产品质量法》第 2 条规定,本法所称产品,指经过加工、制作,用于销售的产品。天津有 70 个中专学生向法院起诉高等教育出版社,说该社出版的一本经济法教材错误百出,要求赔偿损害。法院对这个案件,适不适用《产品质量法》? 是适用《产品质量法》第 41 条,或者《民法通则》第 122 条,或者适用《民法通则》第 106 条第 2 款关于侵权行为的一般规定? 书籍当然是产品,但这个案件指的不是书籍本身有什么缺陷,而是书籍上所记载的信息有错误。国外有这样的案件,一本关于化学实验的教材,上面记载的某个化学实验公式有错误,当按照它进行化学实验时,一下子发生剧烈爆炸,造成人身财产严重损害。

因为书籍上记载的信息有错误造成损害,应由谁承担责任?承担什么样的责任?是否适用产品责任法?关键在于信息是不是产品,这就产生疑问。再如输血致感染案件,是适用《产品质量法》追究无过错责任,还是适用《民法通则》第106条第2款追究过错责任?关键在于输血用的血液,是不是"产品"。

(2)概念性与专业化。正是因为法律有概念性,才使民法解释学成为可能,使法官、律师、法学者无用武之地。也正是因为法律有概念性,决定了法学是一门高度专业化的学问,不可能做到"通俗化"。假设每一个法律概念都是含义明确无误,没有歧义,只有一种解释、一种理解,其含义与日常生活中的含义完全一样,能够做到所谓的"通俗化",法官、律师和法学者也就成了"普工",还需要开办法学院培养法律专业人才吗?还需要专门举行一年一度的司法考试吗?只有掌握这套法律的概念体系,才能谈得上正确解释适用法律。

(3)概念性与法律思维。法律概念,是法律思维的工具。法官、律师正是运用物权、债权、法律行为、权利、义务等法律概念,进行思维,分析案件,裁判案件。前面举的婚姻关系上的违约金条款案,法官运用"合同""婚姻""法律行为"等法律概念,正确分析了这几个法律概念之间的逻辑关系,法律行为是上位概念,合同和婚姻是下位概念,当属于下位概念的法律规则不能适用时,应运用上位概念的"法律行为"的法律规则,从而正确地裁判了本案。

例如,美容手术是否属于"医疗行为"?一审判决认为,隆鼻手术等美容手术,在多数情况下与以预防及治疗疾病为目的的医疗行为相似。了解人体的生理结构的人施行美容手术时,才能尽可能减少发生并发症以及副作用。但是,即便考虑以上因素,也不能把美容手术认定为医学上的医疗行为,因为它与预防以及治疗疾病毫无关系,而仅仅是以美容为目的的行为。因此一审判决认为被告无罪。

二审判决认为,如果将医疗行为视为预防以及治疗疾病的行为,那么它就是指：运用以医学专业知识为基础的经验和技术，进行检查、检验、处方、投药以及实施外科手术等行为。医疗行为不仅需要高级的专业知识和经验，同时也与人的生命、身体以及公共卫生密切相关，因此，韩国《医疗法》严格地限制医生的资格。韩国旧《医疗法》第25条规定：禁止不具有医生资格的一般人施行医疗行为。目的是避免医生以外的一般人进行医疗行为可能会导致对人的生命、身体以及公共卫生的危险。由于医疗行为的概念，随着医疗科学及社会的发展而变化，所以并没有任何法条对医疗行为的具体内容作出界定。因此，法院在判断医疗行为的内容时，须考虑两个问题：第一，医疗法的目的；第二，它是否符合当时社会的观念。

鉴于当时的医生已经开始施行美容手术，而且在医学界已经出现了整容外科协会；被告做隆鼻手术时，利用了注射麻醉药、切开鼻下部位、插入软骨以及缝合等医疗技术；在切开鼻下部位、插入软骨以及缝合的过程中存在被细菌感染的危险。考虑到隆鼻手术的方法、行为以及样态，解释外科方面的医疗行为时，不应当仅限于处置已发生的伤口等行为，而应当把被告所做的隆鼻手术的整容手术行为也包含在此治疗行为范围内。这样解释比较妥当。因此，法院接受公诉方的上诉理由，参与本案的全体法官一致同意废除一审判决。

五、从法律的目的性看裁判

（1）法律作为一种行为规则，是立法机关制定的，立法机关代表人民行使立法权，制定各种法律，每一个法律规则都有其目的。因此，学习法律、理解法律，需要了解各个法律规则所要实现的目的。德国学者耶林发表《目的法学》批评概念法学玩概念游戏，忘记了法律的目的。耶林将法律目的比喻为在茫茫大海上指引航船方向的“导引之星”（北极星）。我们学习法律和解释、适用法律，犹如在茫茫大海上驾驶船舶，只要掌握法律的目的，即不致迷失航向。

(2)目的性与学习方法。法律的目的性,即在学习方法上的意义在于,我们学习每一个法律制度、法律规则,不仅要理解和掌握每一个法律规范的构成要件、适用范围和法律效果,不仅要正确理解和正确解释所使用的概念,还要准确把握这一法律规则、法律制度的目的。一定要弄清楚立法者设立这一法律规范的目的何在。在解释、研究每一个规范和制度时,一定不要忘记它的目的。王泽鉴先生说,任何法律均有其规范意义和目的,解释法律时必须想到立法者为何设此规定,其目的何在?可见,掌握每一个规范和制度的目的,是学习、研究、解释、运用这一规范和制度的关键。

(3)目的性与法律解释。因法律的目的性,而有目的解释方法。所谓目的解释方法,是指法官在解释法律条文时可以用法律条文的立法目的作为解释的根据,当采用文义解释及其他解释方法,得出两个不同的解释意见而难以判断哪一个解释意见正确时,应当采纳其中最符合立法目的的解释意见,即当存在不同的理解、解释时,以该规范和制度的目的作为判断标准。

还可以以最高人民法院关于《合同法》第286条的解释即《关于建设工程价款优先受偿权问题的批复》为例。《合同法》第286条规定:发包人未按照约定支付价款的,除按照建设工程的性质不宜折价、拍卖的以外,承包人可以申请人民法院将该工程依法拍卖并优先受偿。此承包人的优先受偿权,能否优先于银行的抵押权?学者间有不同意见。因此,应当探求本条的立法目的。建设工程合同的特殊性在于,所完成建设工程的所有权归发包人,承包人不能享受双务合同的同时履行抗辩权,致承包人与发包人之间失去平衡,承包人处于极不利地位,因而发生拖欠工程款的严重社会问题。《合同法》设立第286条的目的,在于补救承包人的不利地位,谋求发包人与承包人之间的利益平衡。同时考虑到,工程价款一般不超过整个建设工程价值的20%,银行在发放抵押贷款时,可通过预估工程价款以保护自己的利益,设立承包人法定抵押权,并不会对银行合法利益造成损害。最高人民法院《关于建设工程价款优先受偿权问题的批复》解释规定,《合同法》第 286 条所规定的承包人的优先受偿权,应当优先于该建设工程上的银行抵押权。显然是以该条立法目的作为判断标准,系采用目的解释方法。

再如《合同法》第 73 条规定的债权人代位权,关于代位权行使结果之归属,有不同解释意见:第一种意见认为,应当判归原告即行使代位权的债权人,由其优先受偿;第二种意见认为,应判归债务人,再由债务人的全体债权人按债权额比例分配。两种解释意见均有其理由。考虑到《合同法》制定当时的背景,是存在的所谓"三角债",已经严重影响市场经济的正常发展,《合同法》设立第 73 条的目的,是要刺激债权人的积极性,促使债权人主动行使代位权,以解开"三角债"的死结。假如行使代位权的结果,先归属于债务人,再由其全体债权人按债权额比例分配,则债权人无须行使代位权亦可坐享其利益,而积极行使代位权的债权人必将得不偿失,必然挫伤债权人行使代位权的积极性,而导致该条立法目的落空。有鉴于此,最高人民法院《关于适用〈中华人民共和国合同法〉若干问题的解释(一)》采第一种解释意见,行使代位权的结果,直接由行使代位权的债权人优先受偿,系目的解释方法之成功运用。

再如关于《消费者权益保护法》第 49 条的适用,有不同的解释意见,而只要把握该条的立法目的,即不难获得正确解释意见。《消费者权益保护法》第 49 条的立法目的,在于制裁假冒伪劣、缺斤短两行为,不是针对一般质量问题。偏离这个目的,就会导致混乱,使与合同法上的瑕疵担保制度、侵权法上的产品责任制度等发生混淆。瑕疵担保制度的目的,在于解决一般产品质量问题。产品责任制度的目的,在于解决缺陷产品致人损害问题。对有欺诈行为的经营者的制裁,也要"罚当其过",消费者的合法利益要保护,经营者的合法利益也要保护,因为保护包括经营者在内的一切自然人和法人的合法利益是整个法律制度的目的，不能片面强调保护消费者利益，损害经营者的合法权益。

（4）目的性与判断标准。近年有两起请求精神损害赔偿的案件，因为一审法院的判决与二审法院的判决截然不同，在新闻媒体上引发激烈的争论。对于上海的一起超市对一位女大学生顾客进行搜身的案件，一审判决被告超市向受害人支付精神损害赔偿金25万元。上诉到二审法院，被二审法院改判为2万元。发生在深圳的一起案件是：遭受性侵犯的受害人，在加害人被追究刑事责任之后，另行提起民事诉讼，请求精神损害赔偿，一审判决精神损害赔偿金5万元。上诉到二审法院，二审法院判决撤销原判，驳回受害人的诉讼请求。如何看待、如何评价这两起案件的一、二审判决，究竟哪一审判决具有妥当性？

我们只要从法律的目的性出发，把握精神损害赔偿制度的目的，就不难得出正确的判断。因为人格是无价的，精神是无价的，痛苦也是无价的，难以用金钱予以计算。现代民法之所以承认并规定精神损害赔偿制度，并不是要（也不可能）填补受害人的损害，其立法目的，只在于对受害人给予某种抚慰。判决加害人向受害人支付一笔精神损害赔偿金，可以对受害人起到某种抚慰、安慰的作用。上海的案件，一审法院只注意到人格、精神是无价的，未注意到精神损害赔偿制度的目的。二审法院认为一审判决25万元赔偿金，超出了设立这一制度的目的，二审法院撤销原判，改判2万元赔偿金，大致符合精神损害赔偿制度的目的。

对于深圳的案件，关键在于被告已经被判处刑罚，受害人可否另行请求精神损害赔偿？一审法院的回答是肯定的，二审法院的回答是否定的。二审法院认为，既然精神损害赔偿制度的目的是对受害人的抚慰，本案被告已经被依法判处有期徒刑，此刑罚制裁已经达到了对受害人抚慰的目的,因此撤销了一审判决。可见,法律的目的,不仅是法院解释法律的标准,也是评价和判断法院判决是否妥当的标准。需注意,某一赔偿金额是否足以达到抚慰受害人的目的,或者对加害人的刑事制裁是否已经达到抚慰受害人的目的,不能以受害人的主观感受为准,而应以社会一般人的生活经验判断。

六、从法律的正义性看裁判

(1)所谓法律的正义性,是指法律本身须符合社会正义,是法律与其他行为规则如技术规则的根本区别所在。正如人有"善、恶",法律也有"善、恶",这就是所谓的"良法"与"恶法"。符合"社会正义"的法律是"良法",违背"社会正义"的法律就是"恶法"。历史上曾经存在过许多"恶法"。诸如规定对小偷砍手的法律,规定当众将"私通"者乱石砸死的法律,规定对流浪者加以鞭打、监禁甚至处死的法律,规定对同性恋者予以惩罚的法律,随着社会的进步而相继被废止。我国去年废止的"收容遣送"制度、规定"撞了白撞"的地方性法规,就属于"恶法"。

(2)正义性与法律评价。正因为法律有正义性,才使具体的法律法规成为被批评、评价的对象。法律绝不仅是主权者的"命令",绝不仅是立法机关制定的"行为规则","主权者""立法机关"也不能随意制定"法律",其所制定的法律必须符合"社会正义"的要求。只有符合"社会正义"的法律法规,人民才有服从和遵守的义务。对于违背"社会正义"的法律,即所谓"恶法",应当通过"违宪审查程序"予以废止,或者通过"统一解释法律法规程序"回避其适用。

(3)正义性与法律职业。一个人选择了法学,选择以法律为业,就选择了"公平正义"。如果担任法官,就应当断然拒绝法律外因素的干扰,作出的每一个判决都合情、合理、合法,在当事人之间实现公平正义。

法官以适用法律为职业,但这绝不是一般的职业,不是仅仅为了赚钱谋生。法官不是商人。法律职业的神圣性在于:维护法律,维护正义。西方的法官,被人民当成正义的化身,就像神职人员之被视为上帝的代表。法律人不可能是革命者,但法律人是社会正义的维护者。

(4)正义性与诚信解释。当对于如何裁判案件存在两种不同方案,而两种方案均有其理由,一时难以判断哪一个方案更为妥当时,应采用诚信解释方法。先假定采用第一种方案裁判本案,并对所作出的判决结果进行评价;再假定采用第二种方案裁判本案,并对所作出判决结果进行评价。如果采用某一方案所作出的判决结果使当事人之间的利益关系丧失平衡,亦即使无辜的受害人没有得到救济,诚实守信的履约方的合法利益未受到保护,违反法律、违反合同的加害人、违约方非但没有受到惩罚,反而获得不正当利益,则应当判定这一裁判方案是错误的,当然不能采用。如果采用某一方案所作出的判决结果使当事人之间的利益关系大体平衡,亦即使无辜的受害人得到救济,诚实守信的履约方的合法利益受到保护,违反法律、违反合同的加害人、违约方受到惩罚,则应当判定这一裁判方案是正确的,应当采用这一方案裁判本案。

(5)实质正义与形式正义。社会正义,有形式正义与实质正义之分。形式正义,着重于程序公正。只要所适用的程序规则是公正的,具体案件的当事人之间是否实现了正义,则非所问。实质正义,则不满足于程序的公正,而是着重于在具体的案件当事人之间实现正义。按照现代法律思想,强调形式正义与实质正义的统一,形式正义只是手段,而实质正义才是目的,形式正义须服从于实质正义,并最终保障实质正义的实现。

程序规则、证据规则和举证责任分配原则,属于形式正义。具体案件裁判的妥当性,即最终在具体案件的当事人之间实现的正义,属于实质正义。值得注意的是,近几年来,在法院裁判工作中,出现了过分强调程序正义,以程序正义代替实质正义,甚至否定实质正义的倾向。必须指出,程序规则、证据规则和举证责任分配规则,都只是手段而绝非目的,裁判的目的只能是在具体案件的当事人之间实现实质正义。

让我们分析一下某地导致一对老人双双自杀的"欠条案"。原告以一张欠条证明自己对被告的债权,被告承认该欠条是自己亲笔所写,但主张不是自己的真实意思表示,因为是在原告拿着凶器威逼之下所写。可以肯定,要求被告就自己的"异议"承担举证责任,即证明自己是在原告手持凶器威逼之下写的欠条,实无可能;同样,要求原告证明被告写欠条之时自己没有手持凶器予以威逼,也是不可能的。可见,法官把举证责任加在谁身上,谁就败诉,而法官把举证责任加给哪一方,关键看法官的"内心确信"。

(6)特别要纠正死抠证据、死抠举证责任分配的倾向。按照自由心证主义的现代证据法理论,关于证据的取舍、各种证据证明力的大小及事实认定规则,均不取决于法律的预先规定,而是由法官依据自己的"良心"和"理性"自由判断,并最终形成"内心确信"。法官"内心确信"的形成,绝不是仅仅依赖"举证责任分配规则",还要依赖法官的"社会生活经验"、依赖法官对双方当事人身份、地位、相互关系及案件发生的环境、条件的了解,以及法官在庭审中对当事人、证人等的言行、举止、神态等的"察言观色"。"举证责任分配规则"既不是绝对的,也不是形成"内心确信"的唯一手段。

以判决借钱人归还借款为例。原告张某诉称,1993 年 8 月 31 日,某信用社内勤主任刘某找其借 1 万元,张某同意后,刘某派外勤信贷员丁某去取。丁某拿走 1 万元时,出具收据:"收条:今收现金 10000 元(壹万元),丁某代刘某收,8 月 31 日。"丁某拿走款后,张某曾打电话询问刘某,刘某称已收到该款。此后张某多次找刘某催款,刘某一直承认该欠款。张某还拿出自己的记账凭证、明细账复印件证明。丁某承认张某所述事实,并称回单位后就把1万元交给了刘某。刘某在法庭上否认借钱事实。武城县人民法院审理认为,丁某称从张某处拿回款就交给了刘某,未提供相应的证据,对其主张不予支持,应认定该款仍在丁某处。没有刘某收到借款的书面证据,因此刘某没有还款义务,于是2003年5月23日作出判决:丁某偿还原告张某1万元;被告刘某不承担民事责任。丁某觉得自己太冤枉,钱是刘某借的,自己当时就把钱给了刘某,自己仅是个中间人,却判决自己还钱,实在不能接受。于是上诉至德州市中级人民法院。德州市中级人民法院审理认为,丁某承认从张某处取走现金1万元,并打有收条,但辩称是替刘某取款,并在收条上注明“代刘某收”,丁某已将该款交与刘某这一主张只有张某的认可,而刘某并不承认,因此丁某有责任提供证据证明其从张某处所取走的1万元现金已交给刘某,提供不出有效证据应承担举证不能的不利后果,原审法院判令丁某承担还款责任并无不当。判决驳回上诉,维持原判。

法院裁判当然要讲程序规则、证据规则和举证责任分配规则,但切不可走向极端。片面强调程序规则、举证规则和举证责任分配规则,而忽视“法官”的作用,不仅违背法律的正义性,也违背裁判的本质。法院裁判的本质,是行使裁判权的“人”,对案件“事实”进行裁判。之所以需要程序规则、证据规则和举证责任分配规则,是为了帮助行使裁判权的“人”尽可能地“发现”案件的“事实真相”以形成“内心确信”,绝不是要“代替”案件的“事实真相”,代替法官的“内心确信”,更不是要取代“法官”。

七、结语:裁判的目的

(一)什么是裁判

裁判是裁判权的行使行为(不能混同于行政工作、学术研究、思想工作);裁判是法官行使裁判权的行为(法官是主体;法官素质:公正、知识、理论、方法、观念;学习型职业);裁判的对象是具体的民事(刑事)案件(具体案件具体分析、判决的妥当性、社会的复杂性和不断产生新型案件;如何对待理论? 以结果检验理论)。

(二)哪些要素在裁判中起作用

社会性决定事实认定;规范性、逻辑性、概念性决定法律适用;社会性、目的性、正义性决定裁判目的。怎样讨论案件? 通过事实认定:程序(不死抠程序);证据(不遗漏证据);举证责任分配;法律适用;构成要件;选法适当;解释方法;法律目的;实质正义;社会效果。

(三)裁判的目的何在

针对具体的案件,作出社会效果良好、符合实质正义、于法有据的妥当的裁判。什么是妥当性? 妥当性就是合法性(于法有据)、实质正义、社会效果的统一。法律的社会性和正义性决定,法院裁判一定要考虑社会效果。什么是社会效果? 社会效果就是综合考虑人情事理、公平正义、分辨善恶、保护弱者、国家政策、市场秩序、社会稳定、法律(法院)权威。

(四)法官的职责与裁判的妥当性

法律的正义性最终要通过法院的裁判予以体现。法律、法规所体现的社会正义,是理性的正义;通过法院裁判所实现的正义,才是实践的正义、现实的正义。因此,法官对于实践法律的正义负有神圣职责。裁判案件,不仅要考虑裁判是否于法有据,而且一定要考虑所作出的判决是否具有妥当性。当我们作出的判决真正做到了合法性(于法有据)、实质正义、社会效果的统一,才是正确的判决。反之,判决结果违背社会正义,不符合人情事理,产生不好的、消极的、恶劣的社会效果,无论在程序上和实体上如何“合法”，如何“于法有据”，都是错误的判决。

例如，银行将不良贷款剥离给资产管理公司，资产管理公司再以低价出卖给受让人（通常是律师或者律师事务所），受让人起诉债务人，法院在审理中以种种理由将银行列为被告，并判决银行对受让人承担责任。例如，甲公司于1997年4月17日向新野农行借款170万元，逾期后仅还30万元；于1999年9月7日签订新借款150万元的借款合同，借新还旧，甲公司出具150万元借据，农行出具已归还140万元本金和10万元利息的两份“还款凭证”。2000年5月，农行向长城资产管理公司剥离不良贷款，因1999年借款合同未到期，与甲公司商定恢复1997年借款合同，废除1999年借款合同，重新签订140万元借款借据，以此作为剥离不良贷款的债权凭证。然后农行、长城公司和债务人甲公司三方分别在《债权转让确认通知书》和《债权转让确认通知书回执》上签章，共同确认转让1997年借款合同借款140万元，农行将2000年甲公司重新出具的1997年借款合同的140万元借款借据移交长城公司。此后长城公司将该债权以26万元代价转让给万年青律师事务所（以下简称“万年青”）。万年青诉甲公司时，甲公司出示1999年以新还旧时农行出具的两份“还款凭证”，声称该笔贷款已经归还。万年青即以农行的行为导致其受让的140万元债权不能实现为由起诉农行，一审法院判决农行向万年青支付140万元及利息。

第一次债权转让：按照《合同法》关于债权转让的规定，农行将该债权转让给长城公司，即从债权债务关系中脱离，由长城公司取得债权人地位。

第二次债权转让：长城公司将该债权再转让给万年青，则长城公司亦脱离债权债务关系，而由万年青成为债权人。

按照《合同法》关于债权转让的规定，及合同相对性原则，无论万年青能否实现对甲公司的债权，农行和长城公司均不承担任何责任。

万年青无权起诉农行和长城公司,法院应当驳回万年青对农行的起诉。

即使在不良贷款剥离中存在不合法行为,也仅发生债权转让无效的效果,即农行与长城公司之间的债权转让无效,长城公司与万年青之间的债权转让无效,依《合同法》关于合同无效的规定恢复原状,恢复农行对甲公司的 140 万元债权,由长城公司退还万年青 26 万元价款。受让人万年青没有任何理由起诉农行。质言之,裁判活动的“主体”是“法官”,而不是“程序”,无论如何科学、精密的程序也取代不了“法官”。程序规则只是形成法官“内心确信”的工具,正如“程序正义”只是实现“实质正义”的手段。司法改革也好,庭审改革也罢,法官人格的塑造才是关键。正如自由法学和法社会学的倡导者埃利希所言:“唯有法官的人格,才是法律正义的保障。”

法律思维与学习方法*

一、法官的法律思维

关于什么是法律思维，这里不再详述。法律人的特殊思维方式，叫作法律思维。法律思维的本质特征是，严格按照法律条文进行判断。很多人可以纳入法律人的范畴，如法官、检察官、律师、法学教授、仲裁员、企业法务人员，等等。其中，法官、律师是法律人的典型。需要注意，法官进行法律思维，与律师进行法律思维肯定有所不同，法官的法律思维与法学教授的法律思维也有差别。根本原因在于，法官执掌裁判权，其法律思维的特殊性是由法官的特殊身份决定的。

法官法律思维的目的是公正裁判。与律师和法学教授的法律思维比较，法官的法律思维首先是目的不同。律师进行法律思维的目的，是为了依法保护委托人的合法权益。法学教授的法律思维，目的是探求法理，其在课堂上分析案例或者撰写论文研究案例，主要目的在于探求法律上的理论，研讨判决是否正确及其理由。法官不是站在当事人一方，也不是要探讨法律理论，法官法律思维的目的是公正裁

* 本文写作于 2015 年。

决案件。

法官进行法律思维,其目的在于公正裁决案件,这是由法官的特殊身份决定的。党的十八届四中全会要求公正司法,提出每一个案件都要体现公正。我认为这一提法非常正确,触及法官法律思维的本质。这一提法是科学的,有其重要的历史意义和实践意义。法官裁判案件会有各种解释意见和裁判方案,这些解释意见和裁判方案可能都有其理由,法官最终采纳哪一种解释意见、哪一个裁判方案,必须以达成公正裁决为唯一判断标准。所有的解释意见、裁判方案,都必须接受公正性检验,只有符合公正性、能够达成公正裁决的意见和方案,才是正确的和应当采取的。

法律生活与社会生活很难有绝对的真理。法学界讨论法律问题,往往有不同观点,各种观点都可能有其道理,但无论有什么样的道理,最后都必须服从公正这一判断标准。如果不能达成公正的裁决,那些道理都是假的,都是错的。法官进行法律思维,必须坚持以公正性为最终的判断标准,简称公正性标准。反过来,我们衡量一个已经作出的判决,或者评价法官,也必须坚持以公正为判断标准。这一点在我们多年的实践中没有得到始终一贯的强调,有时偏离了这个标准。

这里特别要谈谈关于判决书的说理问题。现在不少观点强调判决一定要加强说理,甚至以说理作为评判判决的标准。这个问题在 20 世纪 90 年代末期学界就曾提出。法官在判决中当然要说理,但是否应以说理及说理是否充分作为评判案件判决甚至作为评价法官的标准,对此存在争议。我当时就认为,裁判的目的是公正,即使说理不够充分,仍然是公正的判决。宪法要求法官进行公正裁判,并没有要求法官一定要说理,不要将法官混同于理论工作者和政治思想工作者。应当认识到,要通过判决书说服当事人、说服社会,有时是很困难的。法官不是理论工作者和政治思想工作者,法官的职责就是公正裁决案件,强调判决说理,往往忽视判决公正,偏离了法官的职责。

应当看到,在我们的法官队伍中,很多法官很正直,非常公正,却不擅长说理,撰写一份说理充分的判决有困难。这样的法官是大多数。反之,不可否认有个别法官特别擅长说理,但其公正性有疑问。我到各地法院讲座,都明确表示不赞成强调裁判说理。因为,对绝大多数案件来说,立法者已经将道理说清楚了,我们法官依法判决就可以了。需要法官说理的案件通常是特殊的案件,主要有两种情形:一是事实认定。一些复杂案件事实查明中证据较多,法官采纳什么证据、不采纳什么证据,应当说明理由。法官进行案件事实认定,在证据采信方面要适当说理。二是法律适用。在遇到法律规定不明确、不清晰的时候,需要通过解释予以明晰,进行扩张或者限缩解释,对于法律未有具体规定的案件,需要适用诚信原则或者根据立法目的填补法律漏洞,这种情形就应当适当说理。

对于裁判说理,要冷静看待。只能要求适当说理,不应当要求充分说理。说理说得越多,往往出现瑕疵,容易被人抓住把柄。“言多必失”这是社会生活经验。一段时间强调说理,一些法官的判决书写得很长,就像写法学论文,甚至还嫌不够,还要在判决书之后再附上所谓“法官寄语”。有的判决本来是公正的,就因为说理太多出现瑕疵,被当事人抓住把柄到处上访,这是有教训的。

如何评价判决,进而如何评价法官,应当始终坚持公正性标准,说理只是附带的。认定事实清楚,引用法条准确,就是一个好的判决。实际上,好些情形是无须说理的,例如“欠债还钱”,有什么道理好讲?引导法官提高理论水平包括中文写作水平、判决书写作水平,我是赞成的,但首先是裁判公正,其次才是判决书写得好不好。

法官的人格和理性是公正的最终保障,因此最高人民法院特别强调法官队伍的建设。我今天不谈法官的人格方面,主要谈法官的理性。法官的理性,包括法律专业基础,熟练进行法律思维,掌握各种解释方法,丰富的社会生活经验、裁判经验。判决书的撰写和是否擅长说理,当然也属于法官的理性方面。

二、法官法律思维中的被动性与主动性

法官法律思维的特征在于,在某个范围内法官是被动的,在另外的范围内法官是主动的。这可以简单表述为法官的被动性和主动性。这是由法官的特殊身份决定的,因为法官是裁判权的执掌者,这一特殊身份决定了法官法律思维的特殊性,即法官在进行法律思维时,既有被动性的一面,也有主动性的一面。这与律师的法律思维、法学教授的法律思维是不同的。对于哪些事项法官应当被动,对于哪些事项法官应当主动,界限在什么地方,我们对此要有清楚的认识,做到该主动的要主动,该被动的要被动。下面先谈被动性。

(一)法官的被动性

第一,法官受“诉”的限制。原告之“诉”限制了法官,简单说就是原告诉什么,法官就审什么。人家不告,法院无从受理案件,这是法官和法院工作的被动性一面。

有一个问题需要讨论,在涉及共同被告的时候,存在原告告谁、不告谁的问题。过去法院常依职权增列共同被告,近年来慢慢在改变。共同侵权是连带责任,但受害人只起诉共同侵权人中的一人,现在法院已经很少依职权增列共同被告,大多是进行释明。在法官释明提示原告之后,如果原告仍然坚持只告其中一个而不告其他共同被告,则应尊重原告的意愿,视为原告放弃对其他共同侵权人的请求权。如果没有其他共同被告,案件也可以查清楚,法庭应当只判本案被告承担其在共同责任中应分担的责任份额。如果因为没有增列某一个共同侵权人,导致案件事实查不清楚,法官就要判决当事人败诉。因此法官在释明时,应提示原告万一因缺乏共同被告查不清案件事实可能产生的法律后果。

第二,法官释明的界限。什么事项可以释明,什么事项不可以释明?究竟是释明权,还是释明义务?关于释明权和释明义务问题,是学理问题,今天我们不讨论。所谓释明,是指法官在法庭审理中,认为当事人的诉讼请求、事实陈述、证据资料和法律观点存在模糊、瑕疵和疏漏时,通过发问或者告知,以提示当事人予以澄清或者补充的诉讼行为。释明的范围,限于诉讼关系的事实方面和法律方面。特别是在法律规定请求权竞合的情形,常见的侵权责任与违约责任竞合,应当提示当事人明确其请求权基础,是依据合同法追究违约责任,或者是依据侵权法追究侵权责任。至于当事人依法主张免责、主张减轻责任,是其权利行使,不在释明的范围内。

第三,由谁"找法"?适用哪个法律条文裁判本案,应当由原告决定。过去的教科书中讲"法官找法",即法官在初步查清案情之后,要寻找本案应适用的法律条文。但在审判实践中,原告起诉状中已经提出了本案应当适用的法律条文,是原告和原告的代理人"找法"。这一点,我也是经过好多年才悟出的。法官的职责只是判断原告收集的法条是否适当。

原告诉状中所建议法庭适用的法律条文,现今法律理论上称为"请求权基础",就是支撑其请求权的法律根据。法官的职责是判断原告的请求权基础亦即所建议的法律条文是否适当。怎样判断?不是法官自己进行研究,而是看被告对此是否抗辩以及如何抗辩。原告提出根据《合同法》第几条追究违约责任,被告对此不抗辩或者不否认违约,法官就据此认为原告提出的法律条文是适当的,进而适用该条文裁判本案。如果被告对此进行抗辩,法官就应当审查被告的抗辩理由是否成立。如果经审查认为被告的抗辩理由成立,当然不应适用原告建议的条文;如果经审查认为被告的抗辩理由不成立,当然就要适用原告建议的法律条文。

被告的抗辩,通常可以分为适用范围抗辩、构成要件抗辩、免除责任抗辩和减轻责任抗辩。适用范围抗辩和构成要件抗辩,属于事实的抗辩。这两种抗辩都在讲案件事实,而查清案件事实是法庭的职责,对于适用范围抗辩和构成要件抗辩,即使被告不主张抗辩,法庭也要进行审查,因此法官对于被告是否主张抗辩可以进行释明。

免除责任抗辩、减轻责任抗辩,是被告用另一个法律规范对抗原告的请求,该法律规范的实质是赋予被告主张免除责任、减轻责任的权利。因此,免除责任抗辩和减轻责任抗辩属于权利的抗辩,被告有处分权。如果被告不抗辩,法官不应释明。例如,已过诉讼时效被告可以要求免除责任。对于这两种抗辩,法官不能进行释明,也不应主动审查,这是请求权基础问题。

（二）法官的主动性

法官在审判中并不是无所作为的。法官主动性的范围在哪里?下面介绍哪些问题或者事项法官应当主动审查。

第一,关于事实认定。案件事实的认定是法院的职责,法官在认定案件事实时要注意以下几个要点。

一是分配举证责任。事实认定要根据证据,法官要认定案件事实,对本案当事人承担举证责任有分配的权限,应当根据双方当事人掌握信息资料的具体情况,分配举证责任。例如,关于是否付款事实的认定,应当让付款方(债务人)承担举证责任,不能让接受付款方(债权人)承担举证责任。因为,按照社会生活经验,如果是现金付款,付款方手里有对方出具的收据;如果是通过银行支付,付款方手里必定有银行的付款凭条。关于对是否交货事实的认定,要让交货方承担举证责任,按照社会生活经验,如果已经交货,他手里必定有买受人,或者买受人的代理人,或者买方指定的承运人出具的收货凭据。应当注意,法官应当根据案件当事人掌握信息资料的具体情况,在当事人间分配举证责任。举证责任是多年来困扰法官的问题,举证责任的承担不是固定不变的，举证责任的承担不能排除法官的活动，法官有分配举证责任的主动权。

二是举证责任转换。法官不仅有权决定举证责任的负担，而且在案件审理的过程中，有权决定举证责任的转换。“谁主张、谁举证”的举证责任原则，不是僵化的、绝对的，不是所有的事实都要求原告举证，也不是都要求达到充分证明的程度。例如，当事人主张已经付款，拿出银行划款的凭条就可以了，虽然仅根据该划款凭条达不到充分证明的程度。此时，对方如果争执说没有收到款项，则法官应当责令对方承担否定付款事实的举证责任。这涉及事实抗辩，法官应当要求抗辩方就抗辩所依据的事实举证。原告提出证据证明某项事实存在，虽然达不到充分证明的程度，法官应当转而要求被告就该项事实的不存在承担举证责任。举证责任转换，是法官认定事实的灵活手段。

三是法官直接认定案件事实。对于某些案件事实，法官不应当要求当事人举证，而是自己依据社会生活经验予以认定，这叫“经验法则”，或者“日常生活经验的推定”。另外，有的案件事实，法律明文规定了判断标准，法官应当根据法律规定的标准予以认定。例如，根据《侵权责任法》第 55 条关于说明义务和取得书面同意的规定，如果没有说明、没有取得患者方面的书面同意，法官即应认定医疗机构有过错。根据《侵权责任法》第 57 条的规定，医疗机构如果未尽到与当时医疗水平相应的诊疗义务，法庭即应认定其具有过错。如果不知道本案具体情形“当时的医疗水平”，可以委托权威专家鉴定，实际是由权威专家告诉法庭“与当时的医疗水平相应的诊疗义务”是什么，再由法庭认定医疗机构是否有过错。还有，按照《侵权责任法》第 58 条关于不可推翻的过错推定的规定，如果具有该条规定的三种情形之一的，法庭就应当直接认定医疗机构存在过错。

第二，法官对合同有效性的审查。20 世纪八九十年代，在法院合同纠纷案件的判决书中，几乎都有一段关于合同是否有效的判断，例如,“本合同是双方当事人真实意思表示,不违反法律规定,应当认定有效”这样一段话。我当时就提出意见,双方当事人对合同的成立、生效没有争议,为什么要审查合同的成立、生效呢?并不是所有的合同纠纷案件都要审查合同的成立、生效。原告起诉追究被告违约责任,如果被告抗辩说自己不违约,表明双方对合同的成立和生效没有争议,争议在于被告是否违约,法庭应当审查被告是否违约,不应当审查合同的成立、生效;如果被告抗辩说没有合同、合同未成立或者合同无效,法庭须判断原、被告之间是否存在有效的合同关系,这种情形才需要审查合同是否成立、是否生效。

是否所有的案件法官都不主动审查合同效力呢?当然不是。合同是否属于法律规定的无效合同,法官应当主动进行审查。例如,《合同法》第 51 规定的无权处分他人财产合同、第 52 条规定的无效合同、第 53 条规定的免责条款无效,无论当事人是否主张,法官都应主动审查。法律上规定合同无效,限于损害国家利益、公共利益和第三人利益的情形,法官应当主动审查。因为维护国家利益、社会公共利益和第三人利益,属于法院的职责。在法律理论上,上述条文属于法律强制性规定,法庭须依职权予以适用。此外,《合同法》第 39 条、第 40 条和第 41 条格式合同条款的规制规则,也属于强制性规定。规制格式合同条款,属于国家保护消费者的特别制度,即使当事人不主张,法官也要主动审查。

第三,对合同内容公正性的审查。法庭对于任何合同、合同条款和约定,都有进行公正性审查的职权。《合同法》规定的合同自由,是有限制的、在法律规定范围内的自由,不允许滥用合同自由损害国家利益、公共利益、对方当事人利益和第三人利益。因此,法庭对合同内容是否公正有主动进行审查的职权,任何合同、合同条款和约定都必须接受公正性审查。

例如,合同约定了巨额违约金,约定违约金超过合同总金额甚至超过若干倍时,依《合同法》第 114 条第 2 款的规定,违约方可以请求法院予以调整。如果属于被告缺席审判,或者被告未以抗辩方式请求法院调整,这种情形,法庭应当对违约金约定进行公正性审查,并依据《合同法》第 40 条或者第 6 条否定其效力。

再如,合同约定"无论出现什么情形的违约,哪怕是轻微违约,都有权解除合同"。法官如何看待这种条款?《合同法》第 94 条将法定解除限定为根本违约及一般违约导致合同落空的情形。《合同法》不允许一方随意解除合同,损害对方的合法利益。轻微违约不能解除合同,是诚实信用原则的要求。因此,法官应主动适用《合同法》第 6 条诚信原则,否定该项约款的效力。

还有一种情形,合同约定以债务人一方的第三人的行为作为债务人履行义务的条件,或者作为合同解除的条件。如购房合同约定,如果购房人自己的债务人向购房人支付款项,购房人才向出售方支付房款;商品房预售合同约定,如施工单位不能按时竣工则预售方有权解除合同。这种约定的实质是,由当事人自己决定是否履行义务,将自己一方的风险转嫁给对方,剥夺对方的合同权利,显然违背公平原则和诚信原则。对于这样的合同约定和约款,法官应当主动审查其是否公正,经审查认为不公正的,如果属于格式合同,应适用《合同法》第 40 条否定其效力;如果不是格式合同,则应适用《合同法》第 6 条诚实信用原则否定其效力。

第四,关于规避行为和虚假行为。法官应当主动审查本案合同是否属于规避行为和虚假行为。规避行为和虚假行为,都是双方串通的,当事人自己不会主张其无效,法官应当主动进行审查。这类合同往往违反社会生活经验,违背常情、常理。凡是反常的案件和奇怪的案件,大抵属于规避行为和虚假行为。例如,标的额 1 亿多元的股权转让合同,以"合同签署之日起一年之内目标公司在港交所挂牌上市"为合同解除条件。别说在港交所,即使在上交所、深交所上市,一年之内也绝难做到。双方当事人同时签订一份股权转让合同和一份回购协议,也是反常的,属于规避金融管制的行为。

20 世纪 90 年代末出现不少反常案件、奇怪案件。例如,借款合同纠纷案件,出借人是典当行,借款人是银行,典当行要求法院判决银行归还借款。实际是典当行违法收当承兑汇票,将所收当的承兑汇票交给被告某银行营业部,由该银行营业部出具借款凭据(约定借款金额、还款期限、违约金等),然后将汇票交给地下钱庄,由地下钱庄向该银行营业部付款,地下钱庄再持汇票到承兑银行承兑。原告典当行和被告银行营业部提交给法庭的借款合同是虚伪表示,被掩盖的典当行、银行营业部、地下钱庄之间"串汇票"的违法行为属于隐藏行为。现实中存在规避行为、虚假行为甚至虚假诉讼,法官不要轻信当事人提供的材料和陈述,凡是可疑、反常、奇怪的案件,当事人提供的材料往往是假的。为稳妥起见,法官至少不要匆忙判决。

第五,关于法律漏洞填补。法律不可能完美无缺,总会遇到现行法没有具体规定的案件,这种情形称为法律漏洞。这种情形,法官应当运用各种漏洞补充方法,填补法律漏洞,裁判法律未有规定的案件。常用的补充方法有:适用习惯法、类推适用、目的性扩张或者限缩、反对解释以及直接适用诚信原则。运用各种方法填补法律漏洞、裁判法律没有具体规定的案件,体现了法官的主动性。裁判实践中已经有好多成功的经验。

例如,(2010)青民二商终字第 562 号民事判决:解除权人未行使解除权,经过 5 年时间,致相对人有正当理由信赖其将不再行使解除权时,依据诚信原则,不允许其再行使解除权。再如,最高人民法院(2008)民二终字第 135 号民事判决:债务人有多个普通债权人,在债务人已陷入支付危机、濒临破产、其财产已经不足以清偿全部债务的情况下,债务人与其中一个债权人恶意串通,将其全部或者部分财产抵押给该债权人,导致其降低或者丧失履行其他债务的能力,侵害其他债权人的合法利益,应依据诚实信用原则,认定这种事后抵押无效。前一判决创设“权利失效”规则,后一判决创设“事后抵押无效”规则,体现了法官的主动性和创造性,具有重大意义。

第六,行使自由裁量权。民法中有很多法律条文授予法官自由裁量权。例如,《侵权责任法》第 9 条第 2 款规定,教唆、帮助无民事行为能力人、限制民事行为能力人实施侵权行为的,应该承担相应的侵权责任。是什么性质的侵权责任?全部责任还是部分责任?连带责任还是按份责任?均未明确规定,实际是委托法官根据具体案件自由裁量:如果教唆人、帮助人有赔偿能力,可判决其承担全部责任或者主要责任;如果没有赔偿能力,则可判决其承担连带责任。再如《侵权责任法》第 34 条关于使用人责任的规定,未明确使用人在承担赔偿责任之后,可不可以对具有故意、重大过失的被使用人行使追偿权,实际是包含了一项委托授权:由法官结合案件事实决定是否许可使用人行使追偿权。此外,《侵权责任法》有关“相应的责任”“相应的补充责任”的规定,同样是委托法官行使自由裁量权。凡是条文有“相应的”一语,均包含对法官的委托授权。单独责任不能判全额赔偿,补充责任不能补充全额,究竟判决全额的百分之几,由法官结合具体案件自由裁量。

第七,法官的衡平权。如果造成的损失金额过大,应不应该判决被告全额赔偿?例如出租车与豪车相撞,出租车不过几万块钱,造成对方几百万元的损失,即使出租车一方负全责,那么判其赔偿对方几百万元行不行?违约责任案件,合同总金额才几十万元,判决违约方赔偿几百万元行不行?法官要考虑原、被告双方当事人之间利害关系的平衡问题,法官有协调双方利害关系的职权,我们可以称之为衡平权。法官行使衡平权,协调当事人之间的利害关系,当然要有法律依据,合同法、侵权责任法都有这样的制度。在审理违约责任案件中,法庭据以协调双方利害关系的法律规则,是《合同法》第 119 条减损规则和第 113 条第 1 款末句规定的不可预见规则,以及情事变更解释规则。审理侵权责任案件,供法庭最后权衡双方利害关系的法律规则,是《侵权责任法》第26条过失相抵规则。法庭审理侵权责任案件,计算出来的损失金额过大,法庭觉得都让被告赔偿,一是被告赔不起,二是即使赔得起也不公正,就要适用《侵权责任法》第26条过失相抵规则,减少被告的赔偿责任,将赔偿金减少到法庭认为比较公平合理的数额。适用过失相抵规则,当然要认定受害人对于损害的发生有过错,至于怎么认定他有过错,是法官的智慧。开豪车就要比开普通汽车更加仔细小心,你没有及时采取措施避免损害的发生,这就是过错。祖传几代的古董花瓶,你没有采取特别措施保护,随便摆放在客厅,以致被客人损坏,这就是过错。裁判的目的是,作出一个法庭认为比较公正合理的判决,法律规则是供法庭达成目的的手段。

三、当前法官法律思维中存在的问题

第一,混淆解释论与立法论。审判实践中的一种倾向是,法官在讨论案件时,往往无视法律规定、脱离法律条文,引用学术观点甚至外国理论,谈论案件应该怎么样处理、不应该怎么样处理。问题是混淆了立法论与解释论。讨论某项法律(法律制度、法律条文)的制定或者修改,探讨其理论根据、立法理由和具体方案,当然可以引用学术观点和外国理论,这叫立法论。法官讨论具体案件如何裁判,应当紧扣案件应适用的具体法律规定(法律条文),分析该法律条文的适用范围、构成要件和法律效果,及为什么应当适用该条而不适用其他条文,分析该法律条文的立法目的、政策判断及司法解释,这叫解释论。法谚云:任何法律条文不经解释不能适用。法官的职责是解释适用具体的法律条文裁判待决案件,绝不是为待决案件创制法律规则、提出立法方案。法官在讨论待决案件时,必须从法律条文出发,紧扣法律条文,讨论何以必须适用该法律条文裁判案件。解释论是法官的本职工作,仅在本职工作之外,讨论某项法律的制定、修改,为立法机关提供立法建议或者撰写学术论文,才有从事立法论的可能。解释论和立法论,一定要严格区分,不允许混为一谈。

第二,死抠法律概念。由于我国的民事立法逐步完善,法律条文越来越多,加之法官大多经过法学院专业学习,因此容易套用法律概念来解决问题。例如,有法官问“原告只要求退货,没要求退款,怎么办?”须知法律概念与生活用语不一致,法律上叫“解除合同”,但生活中通常说“退货”。买方“退货”,卖方当然要“退款”。法律概念不能叫“退货退款”,因为解除合同的结果还可能有损害赔偿。再如,被告(一楼住户)在露台上擅自搭建,对原告(二楼住户)造成妨害,法官认为是“共享空间”问题。实际是物权法上的“违章搭建”,无须使用所谓“共享空间”概念,应适用《物权法》第83条关于“违章搭建”的规定,判决责令拆除即可。又如,被告名义上是公司,但既没有公司机构(董事会)也没有公司账簿,经营财产与个人财产混而不分,有法官认为应“揭开公司面纱”。实际是名为公司、实为个体经营,按照清产还债程序,公司财产不足清偿债务,再由被告个人赔偿即可,没有必要套用所谓“揭开公司面纱”概念。

另外,合同法司法解释将《合同法》第52条第5项“强制性规定”区分为效力性强制规定和管理性强制规定,这当然是对的,但这两个概念不能到处套用。有法官问,《公司法》第16条第2款关于公司为公司股东或者实际控制人提供担保应经股东会或者股东大会决议的规定是否属于效力性强制规定?实际上《公司法》第16条既不是效力性强制规定,也不是管理性强制规定,而是一种程序性的规定,公司未经股东会或者股东大会决议为股东或者实际控制人提供担保,这样的担保合同是否有效,须适用《合同法》第50条表见代表规则。

第三,忽视法律逻辑性。例如,法院审理无效合同纠纷案件,有的依据《合同法》第52条判决合同无效就完了,不处理当事人已经支付的货款、交付的货物的返还问题。当事人提出返还请求,法庭告诉当事人依据《合同法》第 58 条另案起诉。还有的法院，在审理违约责任案件中认为合同无效，就利用所谓释明权告知原告变更诉讼请求，变更为根据《合同法》第 58 条要求返还财产之诉。原告按照告知变更为依据《合同法》第 58 条要求返还财产之诉后，法庭作出返还财产的判决。上诉到二审，二审法院审查认为合同并不违法，属于合法有效的合同，本应判决被告承担违约责任，但二审法院遇到了难题：一审诉求已经变更为请求返还财产之诉，二审法院没有办法改判被告承担违约责任。当然二审法院可以撤销原判发回重审，但新修改的《民事诉讼法》规定，只能发回重审一次，第一次裁定撤销原判决发回重审，如果一审法院重审后仍然维持原判，第二次上诉二审法院不能再发回重审，必须改判，但二审法院没法改判为承担违约责任。问题出在什么地方？按照民法原理，法律行为的无效，是指不发生当事人所希望的法律效果，但一定要发生法律规定的法律效果。《合同法》第 52 条规定合同无效的要件（原因），第 58 条规定合同无效的法律效果，第 52 条加上第 58 条才构成一个完整的法律规范。法庭在依据第 52 条认定合同无效之后，应当依职权适用第 58 条关于合同无效法律效果的规定。

例如，法庭审理无权处分他人财产合同案件，也不能仅依据《合同法》第 51 条认定合同无效就完了。应当注意《合同法》第 51 条关于无权处分他人财产合同的规定，与《物权法》第 106 条关于善意取得的规定，两个条文之间的逻辑关系。在依据《合同法》第 51 条认定合同无效的情形，如果买受人属于善意，并且想要得到标的物，他会根据《物权法》第 106 条主张善意取得。只要买受人主张善意取得，法庭就必须再适用《物权法》第 106 条，如果经审查符合善意取得的条件，法庭就应当判决买受人已经善意取得标的物所有权。如果买受人不主张善意取得，或者买受人虽然主张善意取得，但是法院经过审查认为不符合《物权法》第 106 条规定的善意取得要件，这两种情形，法庭在根据《合同法》第 51 条认定合同无效之后，还要依职权适用《合同法》第

58 条,判决恢复原状,双方退货退款。因此,我们必须注意《合同法》第 51 条、第 58 条和《物权法》第 106 条之间的逻辑关系。《物权法》第 106 条的适用,必须买受人主张,法庭不能依职权适用,而《合同法》第 58 条是法律强制性规定,无须任何人主张,法庭应当依职权适用。忽视法律条文之间的逻辑性这个问题,民法学界也有责任,我自己也是近年才认识到。

四、转换法官法律知识结构的建议

上述倾向的存在,与法官的知识结构有关。现今法官队伍中,绝大多数法官都经过法学院的系统学习训练,法官从法学院课堂上学习掌握的一整套法律概念、原则、制度和理论体系(简称法律概念体系),构成法官的专业知识结构。进入法院、担任法官之后,还没有将这套法律概念体系转换为现行法律条文体系,而如果不掌握现行法律条文体系、不用现行法律条文体系代替法律概念体系,就难以正确进行法律思维,难以提高法官法律思维的水准,难以公正裁判案件。道理很简单,法律思维是规范性思维、紧扣法律条文思维,法官裁判案件,只能(必须)依据现行法律规范(条文),而不能依据法律概念或者法律理论。所谓"以事实为根据、以法律为准绳",就是这个意思。(补充一点,法官具有广博的法律理论包括外国法理论,将有助于对我国现行法律条文的正确理解、解释和适用)现在的问题是,法官如何转换法律知识结构,如何将原有的法律概念体系转换为现行法律条文体系?我建议采用学习民法的第三种方法。

学习民法的第一种学习方法,即在法学院学习法律的方法。通过老师的课堂讲授和对教科书的学习,目的是掌握一整套法律概念、原则、制度和理论的体系。这样的学习方法(教学方法)称为教义学的方法,这是大陆法系传统的方法。第二种学习方法,即所谓案例教学(学习)方法。通过对具体案例的分析,归结到某个法律概念,最后归结到某个现行法律条文。第三种学习方法,即以法律条文为中心的学习方法。这有三个要点:一是直接阅读、记忆现行法律条文;二是在阅读、记忆现行法律条文的同时,要求掌握每个法律条文在法律条文体系中的逻辑位置,及与其他有关条文之间的逻辑关系;三是通过法律条文贯穿立法、理论和实务。下面稍加说明。

第一个要点是直接阅读、记忆现行法律条文。但现行法律条文非常多,例如,《合同法》有 428 个条文,难道要记住每个条文?当然不是。我们直接阅读、学习、记忆的是现行法律的基本条文、重要条文和常用条文。这样的法律条文,往往规定在“总则”部分,例如,《合同法》前七章、《物权法》前三章、《侵权责任法》前四章(第四章非总则)。在记忆、掌握总则部分条文的基础上,再根据法官自己工作的需要,学习、记忆有关分则中重要的、常用的条文。例如,主要审判买卖合同纠纷案件的法官,除记忆、掌握《合同法》总则部分外,还需要记忆、掌握分则第九章买卖合同的重要条文;主要审判医疗损害侵权案件的法官,除记忆、掌握《侵权责任法》前四章外,还要记忆、掌握分则第七章医疗损害责任部分。

第二个要点是理解、掌握法律条文的逻辑位置及与其他条文的逻辑关系。这在前面已经谈到,学习《合同法》第 52 条,一定要掌握第 52 条与第 58 条之间的逻辑关系,第 52 条规定无效原因,第 58 条规定无效的法律后果,两条结合在一起构成一个完整的法律规范。《合同法》第 51 条不仅与第 58 条有逻辑关系而且与《物权法》第 106 条有逻辑关系,在依据《合同法》第 51 条认定合同无效情形时,如果买受人主张善意取得还需要适用《物权法》第 106 条;在买受人不主张善意取得或者经审查不符合《物权法》第 106 条规定时,还应依职权适用《合同法》第 58 条。

第三个要点是通过阅读、学习、记忆法律条文,将立法、理论和实务贯串起来。这个条文是什么概念,叫什么制度?要解决社会生活中的什么问题？为什么要制定这个条文？立法者参考的是哪一个立法例、哪一项司法解释规则、哪一个判例规则？它的立法目的是什么，是要保护谁、制裁谁？它的构成要件、适用范围、法律效果如何分析？对于这个条文的理解和适用，最高人民法院作过什么样的解释，《最高人民法院公报》刊登过什么样的典型案例？都要通过条文联系起来一体把握，这里就不举例了。

现行法律条文已经相当完善，我相信法官队伍当中有不少法官已经通过对现行法律的学习，将自己的专业知识结构转换为现行法律条文体系，因此这些法官的法律思维能力很强。特别建议进入法官队伍时间不久的年轻法官，要重构法官的法律专业基础，从原来的概念体系转换为现行法律的条文体系，在此基础上提高法律思维水准。

最后谈一下法律条文的记忆。应当说，记忆法律条文比记忆其他文本更容易。例如，我们中学时期背过好多古诗古文，过后很快就忘记了，因为记忆诗文一定要有提示性的文字(关键词)。背诵诸葛亮的《前出师表》，如果记得开头四个字“先帝创业”，你就能背下去，“先帝创业”就是提示记忆的关键词。背诵白居易的《长恨歌》，开头四个字“汉皇重色”就是关键词。我们记忆法律条文要容易得多，首先是有条文序号提示我们，《合同法》第 93 条之后必定是第 94 条，第 94 条之后必定是第 95 条；其次每一个条文都有一个法律概念，这个法律概念就是关键词，《合同法》第 93 条第 1 款是协议解除、第 2 款是约定解除权条件，第 94 条是法定解除，第 95 条是解除权的期限，第 96 条是解除权的行使。再如《合同法》第 94 条法定解除权的原因，不可抗力、预期违约、根本违约、目的落空，都是提示记忆的关键词。还有，法律条文之间的逻辑关系，也可起到提示记忆的作用。我的经验是记忆法律条文比较容易。总之，建议采用第三种学习方法，即直接阅读、记忆法律条文的方法，将自己的专业知识结构转换为现行法律的条文体系，提高法律思维能力和水准。

附录

民法学编辑工作中的些许体会

——对当前民法学研究的观察与思考

冯　珏*

十几年的编辑生涯，见证了民法学的重大进步。《民法典》这一作为市场经济的基本法、社会生活的百科全书、民事权利保护的宣言书的出台，是我国民事立法的集大成者，凝结了几辈民法学人的智慧与心血。但是，民法学的知识体系和学术体系却难言已完备构建，当下的民法学研究中，仍存在不少瓶颈有待突破。以下提及的几个问题，是我的一些不成熟的观察和思考，不当之处，期待学界同仁不吝批评指教。

一、多学术观点而少学术通说

应该说，无论是从研究队伍还是从研究成果来看，民法学的研究都取得了极大的发展。但是，翻阅林林总总的教科书、学术专著和学术论文，我却很难说得清，对于某个问题我国民法学界的通说究竟是哪一种。举例来说，物权行

* 冯珏，中国社会科学院大学法学院教授，中国社科院法学研究所编审。

为理论一直是聚讼纷纭之地。反对该理论的学者一般都指出，目前我国通说没有采纳物权行为理论。[①] 但是，赞成该理论的学者指出，我国学界已经逐渐接受了该理论。[②] 那么，如何判断何种是学术通说，又如何形成学术通说呢？

在此之前，先谈谈学术通说究竟有何意义。首先是对立法和司法的指导意义。《民法典》总则编通过后的一次学术研讨会上，有学者批评《民法典》总则编制定过程中的组织保障工作，批评我国由全国人大法工委起草法律草案的模式。但是反躬自省，我国民法学界没有形成学术通说，在重大问题（如人格权是否独立成编）上存在重大分歧，是否就适合作为《民法典》总则编草案的起草者？其实，学者们也没有闲着，各路“诸侯”纷纷拟定自己的学者草案建议稿。这种形势下，法学界的力量被极大地分散，且无法自发形成学术权威，只能依赖于学界之外的力量，在我国的社会结构中，由其他形式的权威来取代学术权威，似乎就成为必然。

司法实践中也存在这个问题。我们非常羡慕德国司法实务与学理研究的互动。但是反观我国，最高人民法院的研究室、各高级人民法院的研究室，都不乏高学历的人才，那么他们为什么还要听学界的意见？司法解释、指导性意见的制定过程中征求专家意见，是不是越来越流于形式了呢？实务部门的同志会觉得，他们自己也是专家，而且更了解实际情况，而理论学说又各有道理，无从选择，所以还不如按照自己的理论认知和实践经验来做判断。这样的现状，一定程度上也可以归因于学术通说的缺位。

---

① 参见王利明：《论债权形式主义下的区分原则——以〈民法典〉第215条为中心》，载《清华法学》2022年第3期。

② 参见孙宪忠：《中国民法典采纳区分原则的背景及其意义》，载《法治研究》2020年第4期；李永军：《民法典物权编的外在体系评析——论物权编外在体系的自洽性》，载《比较法研究》2020年第4期。

学术通说对于立法与司法实践的指导意义，一定程度上是通过其配置论证责任来实现的。学术通说的价值在于，赞同通说的人，承担的论证责任小；反对通说的人，承担的论证责任大。这对维持民法学体系的稳定性来说，是非常必要的。这样，如果立法或司法实践采纳学术通说，就可以减轻立法者与司法者的论证责任，立法者与司法者也就会更尊重学术通说，有利于法律理论与法律实务的良性互动。

学术通说的价值当然不仅是我的这些粗浅理解。研究法学方法论的学者对此都有自己独到的见解。但即使是这些粗浅的理解，也足以说明学术通说的重要性与必要性。

那么，如何形成学术通说呢？当然不能是简单地人多势众，甚至是站队表态，而是要以理服人。科学是一个讲究理性的场域，需要开展理性的论辩。某种学说只有经受住各种质疑，得到多数同行学者的拥护，才能成为通说。这就需要学者梳理、评析各种学说，为通说的形成做好铺垫。我深切地感受到我国学界在此方面的不足。

具体来说，我国学者似乎每个人都在做自己的研究、自己的体系，对于其他学者的研究则甚少关心。这就分散了学术研究的力量，无法集中力量构建我国的民法学术通说体系。此点与德国人存在很大的差异。如果购买了西门子洗碗机，你就会发现这样一个现象：为了推行自己的洗碗机，德国人制造的餐具，包括红酒杯、碗、碟子、勺子等，都是适用于洗碗机的。换句话说，德国人是在一起做一个大体系。再看德国的汽车工业也是如此，其能够领先全球也是有原因的。德国的学术研究同样如此。《法学研究》2017 年第 3 期发表了德国弗莱堡大学卜元石教授的论文，主题是重复诉讼禁止原则在知识产权诉讼中的应用。[③] 刚读卜教授的论文时，我就觉得与国内的研究存在差异，但是

③ 卜元石：《重复诉讼禁止及其在知识产权民事纠纷中的应用——基本概念解析、重塑与案例群形成》，载《法学研究》2017 年第 3 期。

到底有何不同,一时也说不上来。后来,我粗浅地理解到,卜教授的研究思路确实与国内学者不同。具体来说,她也对国内关于这个主题的研究成果做了全面的梳理和研究,但是她研究的着眼点不是单纯地批评既有研究的不足,而是朝着形成学术通说的方向努力。卜教授长期在德国执教和从事研究,想必是受到了德国学术研究思路和方向的影响,所以她的研究成果才与国内的研究成果存在差异。

学术通说的形成,离不开学术共同体和学术权威的形成。学术共同体作为一种组织,必须有权威。没有权威,有组织的共同体就无法存在。为了保持学术共同体的独立性与自主性,学术权威的产生需要一种自发的过程,尤其需要脱离权力因素和市场经济的双重影响。我国民法学界学术权威的形成,一定程度上参杂了非学术因素,使得科学领域原本崇尚的自由平等结构,一定程度上异化为差序结构。学术资源的配置、学术地位的升迁,都受到这种结构的影响。这种结构影响了学术讨论和学术批评的展开,在学术论辩中难以畅所欲言,在各学说的取舍上又不能随心所欲。知名学者的一个尚不成熟甚至是错误的观点,常常被引为当然,并以之为基础做进一步的推演,而对这种观点提出质疑的学者则寥寥。偶尔看到的学术观点之争,却无法以某一方的心服而告终,常常导致学者之间的意气之争。这些都在一定程度上滞碍了学术通说的形成。

中央电社台的"百家讲坛"栏目曾经邀请曾仕强教授讲过《易经》。曾教授对于"谦卦"的讲解,令我印象深刻。谦卦前四爻和后两爻似明显不同。前四爻是说,无论处于何种身份地位,人都要谦虚;处于不同身份地位的人,面对不同身份地位的人,要把握各自谦虚的分寸。但是后两爻则不同,是要指责别人不对的地方,所以"利用侵伐""利用行师"。曾教授将第四爻和后两爻,比作"老大和大佬"的关系,因为第四爻所比拟的人物形象,已经位极人臣。曾教授意味,即使已经成为"老大",仍然要谦虚,要听得进不同的意见。但是"大佬"就不同了,大佬就不能再谦虚了,对于作祟的小人,一定要指出并严厉批评,才能为"君子谦谦"创造良好的环境。上海社科院的周山教授在其《读易随笔》中也说,谦虚是一种美德,其用是以德感人,但是也有坚持原则的刚毅一面。当正当的利益受到非正义外来势力侵害时,若再言谦让,便是一种投降主义了。学术界的权威,既为"大佬",理当为学术共同体的形成、为学术交流和学术批评搭建良好的平台。只有不断的学术交流和学术批评,才能逐渐去芜存菁、去伪存真,才能逐渐积累共识,最终形成学术通说。

二、重学术创新而轻学术批评

创新是社会发展的源泉。其实,我们的学术论文也是求新的。人们时常说,论文要有新意,在选题、材料、论证、方法等诸多方面,至少要有某一方面的创新。随着我国学术研究的深入和研究成果的丰硕,学者的学术研究能力和学术自信也得到了较大的提升,这也为学术创新提供了条件。但是,在学术创新的过程中,个人以为,还存在这样那样的误区。

第一,将民法学的例外问题当作普遍问题。例如,以"情谊行为"为民法学论文甚至是博士论文的选题。情谊行为这个概念,是为了说明这种行为不是法律行为,是为了区分处于社会关系之中的表意行为哪些具有法效意思、哪些不具有法效意思。原则上,我们澄清了法律行为(意思表示)的概念和要件,情谊行为自然不在民法的调整范围之内。虽然民法学教科书在讨论法律行为时,要论及情谊行为,但是这个概念恰恰在民法学体系之外。将民法学体系之外的概念作为论文的基本问题,只能得出"法律行为不是什么"的否定性结论,而无法得出"法律行为是什么"的肯定性结论,在我看来,这样的选题不成功。

至于情谊侵权行为、情谊无因管理等,似乎更远了。英美侵权法中确实讨论"好意同乘"对侵权构成的影响,但着眼点仍然在于是否构成侵权,被告是否有权抗辩。也就是说,仍然是侵权行为的构成问题。所谓的“情谊侵权行为”,于民法学体系构建而言似无意义。“情谊无因管理”也存在类似的问题。

第二,生造概念。上面所提的“情谊侵权行为”,已经属于生造概念了。又如“冒名处分”这个概念。作为社会生活中实际存在的一种现象,冒名处分行为确实存在。但当我们透过法学理论来观察这种社会现象时,是否还需要一个新的冒名处分概念?简而言之,冒名处分究竟是有权处分还是无权处分?显然不是有权处分,因为真实权利人并没有处分意思和处分行为,那么当然就是无权处分了。既是无权处分,那么现有的“无权处分—善意取得”的分析框架或者表见代理的分析框架能否解决冒名处分的问题?观察概念提出者的解决方案,仍然是用善意取得或表见代理制度来解决问题,既如此,为何还要提出冒名处分的概念?

学界提出的不动产冒名处分,已经对法学学子产生了一定的影响。我去某高校参加硕士学位论文答辩,其中一篇硕士学位论文就是《动产的冒名处分》。我问学生,动产究竟如何冒名处分?处分人究竟是假冒谁的名义?本来占有即是动产物权的证明,可是这位处分人先要说明这个动产是谁的,然后再说明自己正是此人,这不是舍近求远吗?

第三,不顾外国理论学说的提出背景、实际影响,不加反思地盲目引进。《法学研究》2017 年第 2 期发表解亘、班天可合作的评论性文章《被误解和被高估的动态体系论》。这篇文章是我向解亘老师约稿的,后来解亘老师邀请班天可老师加入此项研究。大家知道,动态体系论最早就是解亘老师通过翻译日本学者山本敬三教授的论文而引入我国的,这篇译文发表在梁慧星老师主编的《民商法论丛》(第 23 卷)上。由解亘老师来评论我国学理对于这一理论的继受情况,我想是再合适不过了。据解亘老师的梳理,自我国制定侵权责任法以来,这一理论在学界的影响日渐扩大，越来越多的学者运用这一理论形成了一批研究成果，一时成为显学。但是，对于该理论的基本内容、运用前提、适用范围、适用局限等，国内学者却少有反思。从两位老师合作论文的标题来看，读者就可以判断他们对于我国学界继受这一理论的基本评价。当然，这样的评价未见得能令所有的人信服，但是在我国学术大发展的当下，暂时停下脚步来反思一下，至少是非常必要的。古人云，“吾日三省吾身”。时时反思自己哪里做得不好，才能及时改正。学术研究亦同此理。

从清末变法以来，我国民事立法和民法学的发展走的主要是一条继受的道路，这一点当然不可回避。但是，不仅是主流媒体一再宣传和强调我国法治的社会主义特色，其实每个学者心中，也是不甘于久居后进的，民族独立和自主的意识内化于中国每个学者的骨血之中。尤其是我们有了近 40 年的学术发展和学术积淀之后，在引进和继受外国理论时，就需要仔细考虑该理论的本土条件、适用前提、实践效果、发展演变等，而不是为了所谓的创新而拿来就用。

第四，为赋新词强说愁。可能本来没有多少问题，或者说没有多大的问题，但是为了显示研究的价值，作者倾向于夸大甚至是虚构问题，并且围绕问题展开云山雾罩的阐述，有时候确实是很迷惑人的，让人以为问题真的存在、真的很重大。但是，对文章做仔细梳理以后，却发现其实问题并没有说得那么严重，可能只是一些细枝末节的问题，又或者这样的问题已经被其他学者甚至是实务部门注意到了，正在着手解决，那么这篇文章的意义也就大打折扣了。

社会生活丰富多彩。理论的价值之一，正在于它的抽象和剪裁，把复杂的问题简单化，我们才能处理和解决。计算机现在能处理的信息虽然越来越多，但也都必须还原到二进制代码，才能为计算机所处理。把复杂的社会问题抽象、简化，构造理论模型，在理论层面思考和解决问题，再把理论上的解决方案具象到实践中去，虽然比不得从具体到具体来得直接,但却是我们处理复杂问题的必经环节。我们从小就培养孩子的抽象的数的观念,用一个苹果、一个桃子、一本书这样的具象观念来培养抽象的“1”的观念,就是为了日后能够用这个“1”来指代无数的具象,其实道理是一样的。所以,理论的一项很重要的工作,就是对问题进行“降阶”处理,不断地降低问题的难度,直到我们可以处理和解决。深入而浅出,对理论工作者而言实在是非常必要的。可是,有的研究却反其道而行之,将简单的问题复杂化,本来很清楚的问题,读完文章之后反倒糊涂了。也可能问题确实存在,但是不会对问题做“降阶”处理,文章洋洋洒洒两三万字,除了表明问题的复杂性,对于问题的解决没有助益,这也是不可行的。

以上讨论了一些学术创新中的误区。但是接下来的问题更重要,学术创新本来就是冒风险的,谁能保证自己提出的观点一定站得住脚呢?如果害怕出错就停止创新,实在是因噎废食。学术创新要有可持续性,就需要有配套的机制,这一机制就是学术质疑和学术批评。有了学术质疑和学术批评,就可以把学术创新中成功的部分保留下来,把不成功的部分淘汰出去,既避免混淆视听,又利于学术的创新和发展。但遗憾的是,我国学界恰恰缺少这样一种“大浪淘沙”的机制。对于种种学术创新,唱赞歌的人当然不少,有不同意见者则大多缄默不语,结果就是我国只讲创新而没有淘汰机制,创新就可以没有规矩、没有章法,不仅不必承担学术责任,反而可以获得各种好处,何乐而不为?各种学术创新首先是在数量上占有明显的优势,加之我国现在以量取胜的学术评价体系,无论创新是否成功都是学术成果的现象,导致创新就越来越不讲究质量,而只讲求数量。

即使是少有的学术批评性论文,也存在另一个毛病,就是不能一针见血地指出某种观点究竟错在哪里,为什么不可取。这样,各种观点就仅是民法学的解释选择问题,没有对错之分。当初我撰文质疑或有期间这一概念,是因为在一次沙龙上评阅了耿林老师的文章。耿老师的《论除斥期间》一文后来发表在《中外法学》上,其中也对或有期间概念提出质疑。④ 但是耿老师的基本思路是,传统的民法学理论,具体来说是除斥期间理论,能够解释保证期间和买受人的异议期间这样的问题,所以无须引入新的概念。我当时的评论意见是,对于或有期间的这种质疑,肯定无法让概念提出者信服。

这一问题的出现,源于我们构造驳论的能力还不高,构造驳论的训练还远远不够。有时候我给作者的修改意见中也会提及,作者对于某种观点的质疑,未触及该观点的根本,所以驳论构建得不成功。当然,事非经过不知难。我自己在构造驳论的时候,也深感困难。一万多字的文章,其实花费了近半年的时候才做完驳论部分,实在是惭愧。⑤ 而且这个驳论到底是否成功,其实我自己也没有十足的把握,尚待学界的检验。让我欣喜的是,我后来确实看到了与我商榷的论文发表。⑥ 不同意见的充分表达,才更利于学界同仁在各种观点中作出取舍。

我国学界缺少学术质疑和学术批评,原因是多方面的。前面提到的学术共同体、学术权威存在的一些问题可能是部分原因,也可能还存在其他的原因,如中国人的传统文化要求"罔谈彼短,靡恃己长",不要多谈论别人的不足,也不要对自己的优点沾沾自喜。确实有些质疑性文章言辞过于激烈、有一定的攻击性,不是良性的学术批评。其实,我自己写完对或有期间的驳论文章后,也一直犹豫要不要发表,是不是会得罪概念提出者,言辞有没有过激,以至于一度决定再不写驳论性文章。虽然后来还是决定交由学界检验,但仍然心中忐忑。这种心

④ 参见耿林:《论除斥期间》,载《中外法学》2016 年第 3 期。

⑤ 参见冯珏:《或有期间概念之质疑》,载《法商研究》2017 年第 3 期。

⑥ 参见沈健州:《民法解释选择问题的分析框架——以或有期间概念为分析范例》,载《中外法学》2019 年第 4 期;包晓丽:《认真对待或有期间——民法价值判断问题的分析范例》,载《法治研究》2020 年第 1 期。

理感受,也源于并反映出我们缺少学术质疑和学术批评的传统。

三、亲解释问题而远理论问题

作为民法学编辑,我有一个深刻的感受,就是民法学的论文与其他学科尤其是公法学的论文相比,多显得具体而细小。曾有公法学者提出批评,称我们是“精细的绣花针”。虽然每个法学学科有自己的话语体系和发展脉络,无法直接进行比较和衡量,但我在选稿时,也发现这个问题确实在一定程度上存在。

在某种意义上,民法学已经实现了从立法论向解释论的转向。[7]但是,如果解释论缺少了理论体系作为依托,就会存在这样一个问题,即各种法律解释,只要自身没有自相矛盾之处,似乎都是可以成立的。这种情形很糟糕。最重要的问题是,解释论本是给实务部门看的,可是学界却说各种解释都行得通,这就只能让实务部门觉得理论过于复杂,进而疏远之。

再精致的解释论,也必须置于解释者自身的理论体系脉络之中进行评价。当然,解释者可能还没有构建起一个理论体系,他在解释法律问题时,可能每个问题都能自圆其说,但是当把这些问题放在一起来考虑时,就不一定如此了。这就要求编辑能够尽量熟悉每位作者的学术思想脉络,将一篇文章的背景知识也加进来一起评价。当然,这个要求其实是非常高的。

解释论之所以会存在这样那样的问题,从根本上说,是因为解释论可以与体系思维相脱节,在一定程度上,解释论也可以与法律现实

---

⑦ 笔者于2021年应邀参加几所高校民商法学博士生的论文比赛评奖工作,一个深刻的印象是,博士生也较多尝试难度较小的解释论,而较少对基础理论问题的攻坚。其实,博士生阶段是一个人最富创造力、最有时间和精力作出理论创新的时期,这个阶段选定的题目和提出的理论假说,可能值得用一生的时间来检验、充实、完善、传播、应用等。目前的选题方向令人惋惜。

主义结盟。一旦解释论脱离了理论体系的引导,就会真正成为“解释选择”问题,而失去了“可证伪性”,法律解释就从一个真伪问题转变为一个选择问题。

解释论面临的另一个问题在于,其学术生命力有限。有人曾说,立法者修改一个条文,无数的研究成果就会变成一堆废纸。这虽不无夸张的成分,但却一语中的。更有甚者,解释论的对象不仅包括立法,还有针对司法解释展开的解释论,这种解释论的生命力可能就更为有限了。不仅如此,由于解释论是回应法律在实践中的解释和适用时遇到的问题,受到的实践约束条件较多,抽象度不高,覆盖面就相对有限。在理论研究中,恰恰需要摆脱实践中的约束条件包括实在法的既有规定,才能从理论层面评价实在法本身的得失。当然,也不是说解释论都不可取。当实践中对法律的理解和适用存在较大分歧时,例如新法的规定较为原则(如《个人信息保护法》相关原则和规则的理解和适用),或者不同解释方案之间的角力处于胶着状态(如《民法典》规定的所有权保留究竟采担保权构成还是所有权构成),解释论仍然具有一定的价值,但仍然期待论者的解释论背后是有基本理论和整个民法学体系支撑的。

与解释论的繁荣相比,对民法学基础理论问题的研究,则相对冷清。那么,什么样的问题才是理论问题?什么样的文章才是具有一定理论深度的文章?民法学是一门专门的、系统的学问,按德国学理的见解,民法学体系虽然是一个由概念构成的体系(外在体系),但是这一体系也反映了民法学所蕴含的价值观念(内在体系)。原则上,对于民法学体系中处于较高位阶的法律思想、价值观念、法律原则、原理、概念及其相互之间关系的讨论,属于民法学中的理论问题;对于民法学基本概念、原则、原理等的探究和追问,是典型的理论问题。由于对一个体系来说,概念的位阶越高,其抽象度越高,因此理论问题也是具有一定抽象度的问题。当然,即便是民法学体系中最底层的概念,也不是绝对不具有研究价值,但是对其的研究也需要从民法学体系的视角出发,做到牵一发而动全身。

民法学中的理论问题,有的是学界已经提出但尚未解决或者没有穷尽其解答的问题。例如,民法学体系为什么表现为一个权利体系?权利体系与请求权体系之间是什么关系?请求权体系与责任体系之间是什么关系?这样的问题一般而言抽象度较高,要求论者对民法学体系有全面的思考与研究,难度较大。研究这样的问题,需要论者不断地与历史上曾经研究过这一问题的经典作家(不限于我国)进行超越时空的交流与对话,需要论者在抽象层面思考问题,摆脱一国实在法体系和司法运行系统对该问题所额外施加的约束条件,以保证理论研究的一般性与纯粹性。

民法学中的理论问题,也有的是随着社会、经济、技术等的发展,使得民法学既有体系表现出一定的不适应性,无法完备或者恰当地调整新出现的社会关系,从而需要从理论层面考虑如何调整或变革既有民法学体系的问题。例如,当企业成为社会生产的主要组织方式的时候,法人概念被加入到民法学体系之中,虽然学界至今未对法人的本质达成共识,但是对于法人概念的讨论无疑是一个理论问题。又如,当平台成为一种新的社会生产组织方式的时候,民法学对于平台的关注和讨论也不断升温。但是,与法人不同,平台这一概念还主要停留在生活事实层面,抽象度有限,尚未经过理论的过滤和概念的严格界定,这也是论者对平台的观察和认识千人千面的原因所在。理论研究者应习惯于和擅于从理论角度观察和思考问题,始终从民法学体系的角度和高度观察、思考新的社会现象和新的问题并作出理论层面的回答。再如,个人信息保护、数据权利等因计算机自动化收集和处理数据所引发的新的资源分配和利益冲突问题,也引起了学界极大的兴趣,相关研究成果如雨后春笋般问世。细究不同观点之间分歧的实质,大多源于论者理解、把握和运用民法学基本理论以及民法学与其他法学学科之间关系方面的殊异,理论研究的重要性与难度也由此可见一斑。

总结来看,关于什么是理论问题,其实是有尺度的,这个尺度就是既有的作为一门系统学问的民法学体系。一个问题是否从民法学体系出发、涉及民法学体系中哪个层次或位阶的问题、新的社会现象和新的社会关系是否必须通过调整民法学体系中的既有概念和原理等才能恰当应对,大概是判断一个问题是否为理论问题的基本思路。

必须承认,理论问题的研究难度很大,要突破前人的既有研究、对学术的发展作出一定的贡献,或者透过社会中层出不穷的新问题的表象、提炼出法学理论层面的问题并解决之,均非易事。在一次交流会中,有人问道,既然《法学研究》一直以基础理论为选稿的重点,为什么也有不少制度层面的文章包括解释论刊发?对此,我的回答是,“取法其上,得乎其中,取法其中,得乎其下”。正是因为基础理论研究难度很大,所以失败的机率也相对较大。虽然我们期待优秀的理论研究成果,但实际上能够真正推动学术进步的此类研究成果非常稀缺。从经济学的角度来看,学者对某个问题的研究,都存在一定的机会成本,即他在同一时间段内放弃了对另一个问题的研究以及可能由此产生的成果。原则上,越是有名望的作者,他的机会成本越高;年轻学者则相反。考虑到基础理论问题研究的失败概率较高,而年轻学者的机会成本较低,此类问题实际上更适合有学术勇气和钻研精神的年轻学者来攻坚。

沉湎于解释论之中的民法学研究现状,从一个侧面反映出学者们受到的选题训练还不够。学者们将实务部门在实践中遇到的法律解释与适用问题,直接拿来当作理论研究的课题,失去了选题的独立性与自主性,也因此失去了发现理论问题的能力。能够提出理论问题,才是理论突破和学术发展之关键所在。

法学教育从研究生起,每年有一篇学年论文,硕士毕业有一篇硕士学位论文,博士毕业有一篇博士学位论文。相对来说,可以得到训练的机会也仅此几项。虽然有的高校对在读博士生有发表论文的要求,但是多数博士生会从博士论文中抽取出一两个部分来发表,或者是参与导师课题的研究成果,其实也没有新的选题。仅就这些选题而言,还有的老师倾向于让学生写"命题作文",实际上剥夺了学生得到选题训练的机会,未见得好。关于此点,梁老师在其《法学学位论文写作方法》中也有专门提及。[⑧] 回想当年写博士论文,我原来想写信托,但是梁老师说这个题目写作难度太大,不仅对英美法中的信托要有精深的研究,而且尤其要考虑如何在大陆法系民法体系中引入信托,所以建议我换一个题目。这正是一次让我获益非浅并且至今记忆犹新的选题训练。

提出任何一个选题,都首先要做文献综述的工作。当然,我国目前期刊上发表的法学学术论文,在形式上并不是必须要有这一部分内容,但这不是说这项工作可以省略。这项工作首先可以避免一个低级错误,如果这个选题已经有人做了深入研究,已经可以解决你的问题,再以此为题,就是重复研究了。文献综述更重要的目的在于,梳理出学界的研究现状、研究瓶颈,从而找到自己研究的拟突破之处和突破思路。博士学位论文都有开题报告,这个开题报告其实就是要汇报博士候选人的文献综述工作,导师只有通过博士生的文献综述工作,才能进一步判断选题的价值、难度、对于资料和语种的要求、博士论文的篇幅等,可见文献综述的重要性。有的作者也会拿出一些选题来征求编辑的意见,但是提出的这些选题都没有文献综述的支撑,是否可行,编辑确实也无从判断。

关于优秀的文献综述,我经常提及两例:一是著名法理学家哈特的《法律的概念》;二是黄家镇老师新译的拉伦茨《法学方法论》(全译

---

⑧ 参见梁慧星:《法学学位论文写作方法》,法律出版社 2017 年版,第 14 页。

本)中的历史的、批判的部分。两位法学大家的综述都旨在表明,为什么既有研究无法回答他们提出的疑问,这就为他们专著的本体部分的展开奠定了基础。按我的浅见,文献综述是问题导向的,起源于研究者对于研究对象在心理上存在的疑惑、不解和质疑。通过文献综述工作,如果学界对该问题的既有研究已经能够解决研究者的疑惑、不解和质疑,问题就此解决,无须进一步的研究;如果学界对该问题的既有研究仍然无法解决研究者的疑惑、不解和质疑,那么这个问题就是一个尚待解决的真问题,就值得研究者展开进一步的研究工作。所以,文献综述的根本目的,正是要表明既有研究尚未解决研究者提出的问题,因而文献综述也要围绕研究者提出的问题来展开,而不是简单地罗列既有的研究成果。

有的文献综述对既有学说的归纳和抽象做得不够。我国台湾地区的法学文献,就所涉的存在争议的问题,一般都会归纳出甲说、乙说、丙说。这些已经归纳出来的学说现今却成为很多法学研究生撰写论文时凑字数和偷懒的方法,常常照搬所有学说,再表明自己赞同某说或者采折中说,相关分析和说理却极为有限。但是,一名法学学子表态赞同哪种学说,对学术发展有意义吗?但是反过来,如果没有现成的甲说、乙说、丙说,又会发生另外一个问题,就是归纳和抽象得不够,往往是把相关论文、论著及其观点都罗列在那儿,然后做一点简要的评析,说都存在这样那样的问题,还有争论,所以有进一步研究的必要。但是,究竟各说有什么不同、基本分歧点在哪里,却不明了,留待读者自己去归纳。这样的文献综述,虽然可以避免低级错误,但对于问题的进一步研究和进一步展开,却没有多大的帮助。

我们评价某位作者擅于选题,其实是说这位作者擅于提出问题,具有较高的提出问题的能力。选题训练就是对这种能力的培养。这种能力对任何一门学科而言,都是非常重要的。孩子的数学书上经常有这样的题目:你还能提出什么数学问题?我看到后,觉得这样的题目非常好。虽然全班四十多个孩子,能提出有价值问题的肯定寥寥甚至没有,但是鼓励孩子们提问题、在提出好问题时予以充分肯定,就是在培养他们提出问题的能力。这种方法也适用于我们在对法学包括民法学的研究中提出理论问题,只是评判选题成功与否的人,是学界的其他同行以及学界自发形成的权威。

因此,如何选好题,需要各位作者在研究中不断摸索、不断试错,并且接受学界的评判和检验。这里要提到做编辑的为数不多的好处之一,就是可以看到很多失败的事例。接任《法学研究》编辑之初,我的一位老师就建议,要通过看稿件,看清楚文章存在哪些方面的问题,引以为戒。老师的话饱含深刻的道理。投给《法学研究》的每一篇稿件,都是作者倾注了大量的时间和精力完成的。作者花费了数月甚至是数年写就的文章,编辑通常一两个小时就读完了,偶尔有需要花费半天甚至是一天来读的,与作者花费的时间相比,也是小巫见大巫。编辑只花费一两个小时,就得到了别人花费数月才得到的经验教训,岂不幸哉?在社科院的科研体制下,编辑属于科研辅助岗位,没有多少人愿意当编辑。希望我说的这个好处,能够吸引更多的人才投入到编辑岗位之中。

梁慧星老师不仅长期担任《法学研究》主编,而且主编《民商法论丛》数十卷,目前民法学领域的学术中坚,几乎没有人未在这两个载体上发表过论文。梁老师还主编了"中国民商法专题研究丛书",致力于学术发展和人才培养,对于未成名的年轻学者的提携和帮助居功至伟。梁老师不仅是一位对民法学理论发展以及党和国家的法治事业作出重大贡献的知名学者,也是一位立意高远、胸怀宽广、春风化雨的编者。鄙人不才,唯愿跟着梁老师的脚步,在编辑事业上继续努力耕耘。谨以此文恭贺恩师梁慧星教授八十华诞。